譯註 續三綱行實圖

譯註

續三綱行實圖

정우영
이정일
정상훈

한국문화사

저자와의
협의하에
인지생략

역주 속삼강행실도

2008년 8월 10일 초판 1쇄 인쇄
2008년 8월 15일 초판 1쇄 발행

지은이 정상훈 · 이정일 · 정우영
펴낸이 김 진 수
편 집 진 정 미
펴낸곳 한국문화사

133-823 서울시 성동구 성수1가 2동 656-1683 두앤캔B/D 502호
전화·02)464-7708(대표) 3409-4488(편집부) 468-4592~4(영업부)
팩스·02)499-0846
등록번호·제2-1276호(1991.11.9 등록)
e-mail·hkm77@korea.com
homepage·www.hankookmunhwasa.co.kr

책값은 뒷표지에 있습니다.

ISBN 978-89-5726-582-6 93710

잘못된 책은 교환해 드립니다.

■ 머리말 ■

　우리나라 역사상 온 백성의 윤리도덕을 순화하고 미풍양속을 구현하고자 여러 가지 책들이 간행되었지만, 가장 광범위한 독자층을 겨냥하여 제작된 책은 아무래도 행실도(行實圖)류 문헌이 아닐까 싶다. 그 중에서도 가장 대표적인 것을 들라면 ≪삼강행실도(三綱行實圖)≫를 지목하지 않을 수 없는데, 이것은 처음에는 훈민정음 창제 10년 전에 한문판으로 간행되었다가 1443년 훈민정음 창제를 계기로 하여 새로운 모습으로 태어나 조선 후기까지 판을 바꾸어 여러 차례 출판·보급된 사실만 보아도 충분히 짐작되는 일이다.
　행실도류 문헌은 당대의 엄정한 윤리·도덕의식을 기준으로 모범이 될 만한 인물을 선정하고, 그 대상 인물의 행적을 그림(도판)과 언어(훈민정음·한문)로써 묘사해낸 정부 간행물이다. 이들 책은 당대의 언어는 물론이고 미술·출판 등 문화적 기반이 망라되어 있는 윤리도덕 교과서이다. 따라서 이것은 언어·미술·출판 등 각 분야의 시대적 위상을 구체적으로 이해할 수 있는 기본 자료이며, 이들의 간행은 각 시대 위정자들의 윤리적 지향점을 파악할 수 있는 지표가 된다.
　세종·세조대에 우리말·글로 번역된 <삼강행실도>는 일반인에게까지도 잘 알려져 있다. 그러나 이번에 소개하는 <속삼강행실도>는 제목도 낯설지만 내용도 잘 알려진 책이 아니다. 현전하는 책의 숫자도 적거니와, 학계에 알려진 판본도 <삼강행실도>에 비해 다양하지 못하다는 점이 이를 반증한다. 그러나 <삼강행실도>가 주로 중국에서 칭송되는 효자·충신·열녀 등을 주요 대상으로 삼았다면, <속삼강행실도>는 우리나라 인물 중에서 이 방면의 모델이 될 만한 인물을 대상으로 함으로써 우리 조상들의 삶의 궤적을 조감할 수 있다는 점에서 남다른 특징이 있다.

국어사 연구자들에게 있어서 자료는 생명체에게 산소와 같은 존재이다. 연구자들이라면 누구나 연구에 필요한 옛 문헌자료까지 모두 갖추어놓기를 꿈꾸지만, 현실은 연구자 개인이 소장처를 찾아가 직접 조사하는 것조차 그리 용이한 일이 아니다. 근래에 시절이 좋아져 도서관을 찾아가지 않고서도 인터넷을 통해 귀중본을 실물처럼 이용할 수 있게는 되었으나, 귀중본의 공개를 꺼리는 것은 예전과 비교해 크게 바뀌지는 않았다.

이 책에서 다룰 ≪속삼강행실도(續三綱行實圖)≫는 서울대 규장각, 일본의 동양문고, 한국학중앙연구원 장서각 등에 전하는 귀중본들이다. 이들 실물을 직접 조사하고 사진까지 확보할 수 있게 된 것은 오래 전의 일로서, 옛것을 보배처럼 여기는 우리 연구자들의 오랜 발원(發願)에 대한 행운이었다고 생각한다. 이 자료들을 조사·연구한 바에 의하면 현재 1514년 초간본은 남아 있지 않고, 원간본 계통의 후대 복각본만 전하는 것으로 추정된다. 그렇다고 하여 이 책의 가치가 떨어지는 것은 아니다. 15,6세기 국어사 지식을 기반으로 이 세 판본을 면밀히 대조 연구한다면 1514년 원간본은 물론이고 오류가 없는 새로운 정본까지도 재구해낼 수가 있다. 그런 점에서 이 책은 국어사 연구자들의 연구 의욕을 북돋울 만한 보석 같은 존재라 할 수 있다.

오늘 이 책의 출간은 오래 전 중세국어자료강독 강의가 출발점이 되었다. 여기 공저자로 참여한 이정일·정상훈 두 분은 현직교사로 있으면서 국어학에 뜻을 둔 제자 선생님들이자 동학들이다. 옛 자료에 대한 이들의 애정과 학문적 열정이 오늘에서야 작은 결실로 빛을 보게 되었다. 자료의 수집·정리, 내용 분석, 국어사적 사실에 대한 새로운 견문은 앞으로 국어사 연구에 자양분이 되리라 확신한다. 이 작업이 진작 끝났으면서도 그 결과를 이제야 세상에 내놓게 된 것은 스스로 부끄러운 마음에 여러 날을 주저한 때문이다. 학문의 태산은 저리도 높은데 여기서 멈춰 있을 수 없기에, 미완의 연구물을 세상에 내놓는 것도 후속 연구자들에게는 원석(原石)을 제공하는 것과 같아 그 나름대로 의미 있는 일이라 용기를 내게 되었다. 독자 여러분의 애정 어린 충고는 우리 연구자들에게 학문적인 기반을 다지는 보약이 될 것이라 믿는다. 이 책에서 부족한 설명과 자료는 계속적으로 수정·보완해 독자 여러분께 제공해드릴 것을 약속드린다.

끝으로 어려운 여건에서도 전문서 출간을 허락해주신 한국문화사 김진수 사장님께 감사드리며, 여러 차례 출판이 미루어졌지만 묵묵히 기다리며 보기 좋은 책으로 다듬어주신 편집진 여러분에게도 감사의 마음을 전한다.

2008년 7월
목멱(木覓) 기슭 연구실에서 연구자 대표 정우영 삼가 씀

일러두기

《續三綱行實圖》(1514)는 申用漑 등이 中宗의 명으로《三綱行實圖》(세종 연간에 원고 완성, 1481년에 간행)에서 빠진 효자 36명, 충신 5명, 열녀 28명에 대한 사적을 수록하고 언해하여 목판으로 간행한 책이다. 원간본 계통의 책은 서울대 규장각 가람문고와 일본 동양문고에, 중간본의 경우에 국내에는 국립중앙도서관과 서울대 규장각에, 국외에는 일본 내각문고와 국회도서관, 대만의 중앙도서관 등에 소장되어 있다.

이 책의 국어학적 해설 및 역주는 1514년(중종 9년) 원간본으로 추정되는 가람문고본을 저본으로 하였다. 이 책은 앞에 저본의 사진을 제시하고, 그 밑에 언해문을 입력하였으며, 바로 밑에는 한문 원문을 옮겼다. 오른편에는 국어학적 주해와 해설을 달았으며, 그 아래에는 언해문을 현대어로 풀어서 옮겨놓았다. 그 원칙은 대체로 다음과 같다.

1. 언해문(諺解文)은 한문 원문을 당시의 우리말과 글로 번역해 써 놓은 글인데, 한글 맞춤법을 기준으로 하여 띄어 썼으며, 단락의 첫머리에는 항상 장차(張次)와 앞뒷면(ㄱ·ㄴ)을 표시하였다. 방점은 교감(校勘)을 행하지 않고 저본에 나타난 대로 옮겨놓았다.
2. 한문 원문은 저본에 나타난 것을 그대로 입력하되, 책이 훼손되어 보이지 않는 글자는 동양문고본을 참고하여 [ ] 안에 보충하였다. 한문의 구두는 독해의 편의를 위해 적절히 띄어서 제시하였다.
3. 주해(註解)는 언해문에 나타난 구절에 대한 설명이 필요하다고 판단되는 곳을 골라 알기 쉽게 풀이한 것이다. 주해에서는 언해문을 구

성하는 낱말 또는 어절을 표제어로 삼아 표기, 음운, 문법, 어휘 정보 등을 분석 설명하였다. 대개 학교문법의 기술 방식을 따랐으나, 적절치 않다고 판단될 경우에는 새로운 설명을 하였다.
4. 현대역(現代譯)은 언해문을 현대국어로 번역한 것인데, 어학적 분석 결과를 토대로 직역 원칙으로 하였다. 보충은 ( )에, 유사한 뜻은 (=)에 넣되, 언해문과 현대역이 문법적 등가가 되도록 하였다.

속삼강행실도 해제

1. 머리말

≪속삼강행실도≫를 이해하려면 먼저 세종대에 간행된 ≪삼강행실도(三綱行實圖)≫ 한문본과 그것을 우리말로 번역한 ≪삼강행실도≫ 언해본을 이해해야 한다. ≪삼강행실도≫ 초간본은 1434년(세종 16년) 세종의 명으로 설순(偰循) 등이 중국과 우리나라의 효자충신·열녀 각각 110명의 행적을 그림과 곁들여 3권 3책으로 편찬·간행한 한문본이다. 앞면에는 그 행실을 그림으로 그리고 뒷면에는 한문으로 사적과 시(詩)와 찬(讚)을 붙였으며 특이하게도 난상에 언해를 첨가하는 방식을 취하였다. 이러한 ≪삼강행실도언해≫에서 누락된 효자 36명, 열녀 28명, 충신 5명을 뽑아서 1514년 중종이 신용개(申用漑) 등에게 명하여 孝子·忠臣·烈女들에 대한 사적을 한문과 그림으로 설명하고 한문으로 된 사적을 우리말로 번역 간행한 책이 ≪속삼강행실도≫이다.

≪속삼강행실도≫의 체재나 언해 방식은 ≪삼강행실도언해≫의 것을 그대로 따랐으며, 여러 차례 복각 또는 개간되면서 언해가 조금씩 달라진 부분이 있다. 이것은 국어사 연구에 있어 언어사실의 변화를 규명하는 데 좋은 자료가 된다.

2. 간행 경위 및 서지

2.1. 간행 경위

≪속삼강행실도≫의 편찬에 관한 기록은 ≪중종실록(中宗實錄)≫에 다음과 같이 실려 있다.

(2) 가. 앞서 상이 중외에 교유하기를 "본조(本朝) 충신·효자·열부의 사적이 미처 도사(圖寫)되지 못한 자를 빠짐없이 찾아내어 속간(續刊)하여 책을 만들라." 하였는데, 예조가 각도에 이를 알려서 절의(節義)로 정표할 만한 사람의 성명·직함을 빠짐없이 적어 올리게 하였다. 이에 전라도 관찰사(全羅道觀察使) 남곤(南袞)이 다음과 같이 아뢰었다.1)　<중종실록 권15, 7년 5월 9일 임자조>

나. 전교하였다. "근래에 삼강(三綱)이 땅에 떨어져 풍속이 문란하므로 백성이 본성(本性)을 잃어 순후하여질 줄을 모른다. 조종(祖宗) 때에 강상(綱常)을 굳게 세우기 위하여, 충신·효자·열녀들의 초상(肖像)을 그리고 사적을 기록하여 하나의 책을 만들되, 이름을 삼강행실(三綱行實)이라 하여 중외(中外)에 반포하매, 여항(閭巷)의 소민(小民)이 보고 감동을 일으켰으니, 어찌 다스림에 도움이 되지 않았겠는가! 내가 이런 생각이 나서 전과 같이 형상을 그려서 속편(續編)을 편찬하고자 하니 속히 국(局)을 설치하도록 하라."2)
<중종실록 권17, 7년 10월 8일 무신조>

다. 찬집청(撰集廳)이 아뢰기를 "속삼강행실을 지금 막 찬집(撰集)하는 중이니 중국 및 본조(本朝)의 인물 중 수록되지 아니한 사람을 모두 수집하여 실어야 하겠습니다."3) <중종실록 권17, 7년 12월 4일 갑진조>4)

위의 기록으로 보아 ≪속삼강행실도≫의 편찬이 시작된 것은 1512년(중종 7년)이며 중종은 ≪삼강행실도≫에 빠져 있는 효자, 충신, 열녀에 대한 사적을 묶어 속편의 편찬을 하명하였고 이를 찬집청에서 수집하기 시작하였음을 알 수 있다.5)

---

1) 先是 上敎諭中外曰 本朝 忠臣·孝子·烈婦事績 未及圖寫者 竝無遺搜撫 續印成冊 禮曹行移各道 節義可旌人姓名職銜 使無遺牒報 至是 全羅道觀察使南袞啓.
2) 傳曰 邇來三綱墜地 風俗淆訛 民失本性 莫知歸厚 祖宗朝務扶植綱常 忠臣·孝子·烈女·圖形記事 作爲一書 名之曰 三綱行實 頒諸中外 閭巷小民 觸目生感 豈非爲治之一助 予爲是念 欲依前圖形續撰 其速設局.
3) 撰集廳啓曰 續三綱行實 今方撰集 中朝及國朝人物不載者 竝皆搜撫而錄之.
4) 이영경(1995)에서는 '11월 갑진조'로, 윤소희(1997)에서는 '11월 갑신조'로 잘못 기술하고 있다. 이를 정정하여 '12월 갑진조'로 바로잡는다.

(3) 가. 전교하였다. "삼강행실을 속찬(續撰)할 때에 조종조(祖宗朝)및 반정(反正) 후의 일을 모두 수록하도록 하라. 그리고 조종조에서 인쇄한 것은 여항(閭巷)의 우민(愚民)으로 하여금 모두 알기 쉽도록 해서 언자(諺字:한글)로 번역한 것이나, 다만 자체(字體)가 너무 작으니 큰 글자로 인쇄하여 보기에 편하도록 하라. …(중략)… 서문을 지을 때에 이 뜻을 서술해야 하리라."6)　　　　　<중종실록 권20, 9년 4월 2일 을미조>

나. 정덕9년(正德九年) 갑술 6월 하한(甲戌六月下澣)7)
<남곤(南袞)의 서문(序文)>

다. 정덕9년(正德九年) 10월 초10일(十月初十日)
<신용개(申用漑)의 전문(箋文)>

(3가)는 ≪삼강행실도≫의 속찬인 ≪속삼강행실도≫를 편찬할 때 일반 백성들이 모두 알기 쉽도록 언문으로 번역하고 보기 편하게 큰 글자로 인쇄하라는 중종의 하명이다. 이에 따라 ≪속삼강행실도≫에 와서는 자체가 약간 커진 것으로 보인다. (3나-다)는 ≪속삼강행실도≫의 간행이 1514년(중종 9년, 정덕 9년)에 이루어졌음을 분명히 밝혀주는 근거 자료이다.

2.2 책의 체재

≪속삼강행실도≫는 ≪삼강행실도≫ 이후의 유명한 효자 36인, 충신

---

5) 중종은 연산군을 몰아내고 왕위에 오른 임금으로 연산조의 반인륜적 행위를 부각시켜 반정(反正)의 정당성을 합리화할 의도로 효행(孝行)을 강조하여 재위 기간 내내 '행실도'의 간행과 보급을 통한 대민교화에 국가정책의 우선을 두었던 것으로 보인다. 이러한 사실은 실록의 기록을 통해 입증되고 있는데, 중종의 재위 39년 동안 31건의 행실도 관련 기사가 추출될 정도이다(송일기·이태호 2001).
6) 傳曰 三綱行實 續撰時 祖宗朝及反正後事 並令撰集 祖宗朝所印 欲使閭巷愚民 皆得易知 故用諺字飜譯 但字體微小 今以大字印出 以便觀覽……製序之時 宜述此意.
7) 명나라의 연호 정덕 원년(元年)은 1506년(조선 중종1년)에 해당되므로, 정덕 9년은 1514년(조선 중종 9년)을 나타낸다.

6인, 열녀 28인을 수록하고 각 예의 끝머리에 7절 2수(首)의 찬시를 붙이고, 각 사례마다 삽화를 하나씩 그려 넣어 그 행실(行實)을 기린 책이다.

이 책의 편찬의도가 유학적 가치 덕목을 민간에 이식하고자 한 것이기 때문에, 교화의 목적상 그림[圖版]이 앞서고 그 뒤에 설명[傳記]이 뒤따르는 '前圖後說'의 체재를 취하고 있다. 또한 언해방식은 ≪동국신속삼강행실도≫나 ≪오륜행실도언해≫에서 사용되었던 본문 언해 방식이 아닌 난상 언해 방식을 취하고 있는데, 아마도 이것은 기존 한문본의 板木에 언해 부분을 덧댄 것으로 보인다.

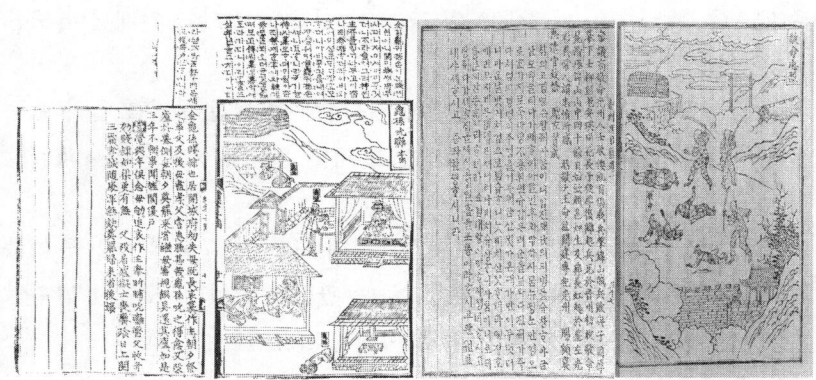

<속삼강행실도(1514)>　　　　<동국신속삼강행실도(1617)>

특히 ≪속삼강행실도≫의 도판은 한문이든 한글이든 문자를 해독하지 못하는 백성들을 위해 시각 자료를 이용하여 윤리 교육을 행할 목적으로 제작된 것이다. 그런 측면에서 이 문헌의 도판은 한국판화의 역사에 있어서 매우 중요한 자료가 된다.

≪삼강행실도≫의 밑그림은 안견(安堅) 등에 의해 그려졌다고 알려져 있다.8) 그러나 ≪속삼강행실도≫는 누가 그렸는지 그 기록을 찾을 수 없

---

8) 김원룡(1982)에서는 ≪삼강행실도≫ 편찬시(1428~1432년)의 화원으로는 안견, 최경, 안귀생, 배련 등이 있다고 하였는데, 1447년(세종 29년)에 안평대군의 부탁으로 '몽유

다. 다만 ≪속삼강행실도≫의 제작이 국책 사업이었던 것을 고려한다면 밑그림을 그린 화원은 당대 활동했던 유명한 화원이었을 것이라고 짐작될 뿐이다. '삼강행실도'류 책의 기원은 ≪삼강행실도≫이므로 도판의 형식도 ≪삼강행실도≫를 그대로 답습하면서 시대적 변화를 반영하였을 것이다.9) ≪속삼강행실도≫ 도판의 형식을 보이면 다음과 같다.

첫째, 행적을 모두 나타내는 것이 아니라 중요한 장면을 간추려 시간 순서별로 여러 장을 표현하고 있다. 이 때 시간차를 보여주기 위해서 선, 구름, 산, 강, 언덕, 건물 등을 경계로 삼아 대체로 3장면 내외에서 많게는 5장면 이상까지도 보여주고 있다. 내용에 따라 지그재그나 수평으로 그려져 있으며, 대다수는 아래에서 위, 위에서 아래로 사건이 전개된다(도판 1~4 참조).

둘째, 그림들은 주제를 나타내기 때문에 본문의 핵심 문장을 알려 주는 역할을 한다. 백성들은 그림을 먼저 보고 어떤 문장이 중요한지를 파악할 수 있게 된다.

셋째, 항상 주인공을 중심으로 표현되는데 도판 각 부분에 주인공 이름을 네모 속에 써서 표시한 것과 밀접하게 관련되어 있다. 오늘날 만화의 말풍선과 같은 기능을 하는 것으로 이해된다(도판1~4참조).

2.3. 서지

현재 ≪속삼강행실도≫는 原刊本 계열 3종과 중간본 계열 2종이 있다.

도원도(夢遊桃源圖)'를 그린 안견은 ≪삼강행실도≫ 편찬 당시 화원 중 제1인자로서 활약하고 있었을 것이므로 ≪삼강행실도≫ 작성에 참여하지 않았을 리가 없다고 하였다. 정병모(1998)에서도 규장각에 소장되어 있는 ≪동국신속삼강행실도의궤(東國新續三綱行實圖儀軌)≫에서 ≪삼강행실도≫의 작자에 대한 내용을 인용하면서 안견이 참여했을 것이라고 추정하고 있다.

9) ≪삼강행실도≫ 판화에 대한 자세한 논의는 정병모(1998) 참조.

(1) 원간본 계열
　가. 가람문고본(서울대 규장각)
　나. 일본 동양문고본
　다. 장서각본(한국학중앙연구원)

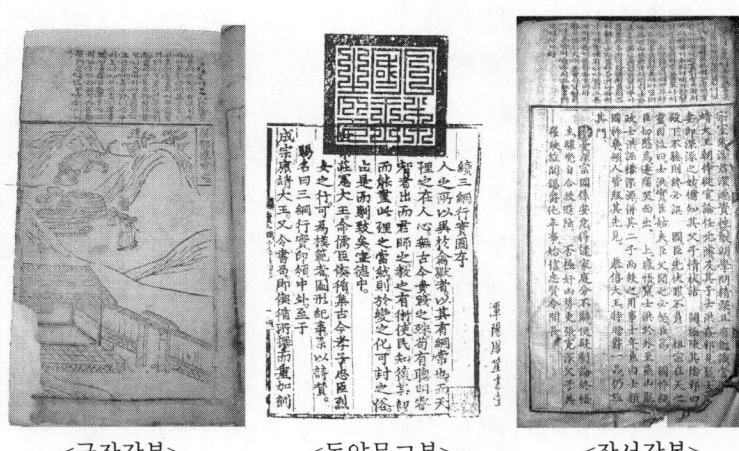

　　　<규장각본>　　　　　<동양문고본>　　　　　<장서각본>

(2) 중간본 계열
　A. 1581년(선조 14년)　　　B. 1727년(영조 3년) 평안도 감영 개찬본
　　가. 일본 內閣文庫　　　　　가. 국립중앙도서관 - 디지털 한글박물관
　　나. 일본 국회도서관　　　　나. 서울대 규장각[古1149-7]
　　다. 대만 중앙도서관

중간본 계열 중, (2-A)의 1581년 중간본은 국내에 소장되어 있다는 보고는 아직 없으며, 일본과 대만에 전해지는 것으로 알려져 있다(안병희 1979). (2-B) 자료는 국립중앙도서관과 서울대 규장각 한국학연구원[古1149-7]에 소장되어 있으며, 1988년 홍문각에서 영인·소개되었다. 국내 학계에서는 후자를 1581년의 중간본 또는 1607년에 간행한 자료로 오해하여 연구한 경우도 있다. 그러나 (2-B) 자료는 다음 몇 가지 근거로 볼 때, 안병희(1990: 16)에서 추정한 것과 같이 1727년 평양감영판[箕營開刊]

이라는 주장이 설득력이 있다.

첫째, (2-B) ≪속삼강행실도≫ 자료의 말미 <열녀도 28ㄴ>에 표시된 간기의 형식이 평양감영판 ≪이륜행실도≫의 말미에도 표시된 것과 동일하다. 즉 ≪속삼강행실도≫ 한시 다음 행인 10행부터 12행 하단에 2행으로 "丁未閏三月 日/ 箕營開刊"(/는 줄바꿈)이 표시되어 있고, 13행에는 권말서명 <續三綱行實烈女圖終>이 이어진다. 그런데 이와 같은 간기가 1727년에 간행된 평양감영판 ≪이륜행실도≫의 말미에도 그대로 되어 있는 것이다. 즉 48장 뒷면의 10행~12행에 "丁未四月 日/ 箕營開刊"이 표시돼 있고, 13행에는 <二倫行實圖終>으로 끝난다.

둘째, 두 자료의 언해문 및 간기 등에 사용된 한자 및 한글의 서체가 동일하다는 점이다. 이것은 구체적인 사례를 적시하지 않더라도 두 자료를 대비해 보면 바로 확인되는 객관적인 사실이다.

그 밖에, (2-B) 자료에 나타난 국어 표기법이 1727년에 간행된 평양감영판 ≪이륜행실도≫와 동일한 양상을 보인다. 즉 ① 종성 표기가 'ㄷ>ㅅ'으로 통일된 점, ② 초성 'ㅿ>ㅇ'로 완전히 변화된 것, ③ 중철 표기의 빈번한 사용된 것 등.10) 이 같은 국어 표기법의 양상은 주로 18세기 문헌에서 나타나는 경향이다. 따라서 (2-B) 자료는 16세기나 17세기 자료가 아니라, 간기에 나타난 "丁未閏三月 日" 즉 1727년 윤3월에 평양에서 간행한 개찬본 자료인 것으로 판단된다.11) 그렇기 때문에 21세기 세종계획에 의해서 구축된 자료도 1581년이 아닌 1727년으로 수정되어야 할 것이다.

---

10) 구체적인 예로는 다음과 같다. ① 옂ㅈ바눌>엿ㅈ와눌(속삼,효12ㄱ), '몯홀가>못홀가' (이륜30ㄴ). ② 브스름>브으롬(속삼, 효10ㄱ), 어버싀>어버이(이륜3ㄱ). ③ 짓고>짓꼬 (속삼, 효25ㄱ), 앗끼디(이륜29ㄱ) 등.

11) 이 밖에도 (2-B) 중간본에는 과잉 분철표기(엄의, 효자도8ㄱ), 어두 유기음화 표기(칼[劍], 효자도34) 등, 16세기 국어의 일반적 어형보다 후대의 것들이 상당수 발견된다. 이들은 대개 17세기 이후 근대국어 자료에 나타나는 특징으로 (2-B) 문헌의 시대적 위상을 가늠하는 증거라 하겠다.

2.4. 체재

원간본의 하나인 규장각 가람문고본 ≪속삼강행실도≫의 체재를 살펴보면 다음과 같다.

이 책은 3권 1책으로 되어 있으며 표지에는 제첨(題簽)이 붙어 있지 않으며 붓으로 제목을 써놓은 흔적이 보인다.

목판본인 이 책의 크기는 세로 35.4cm, 가로 20.6cm 정도이며, 판식은 四周雙邊, 半郭의 크기는 세로 23cm, 가로 16cm이다. 版心은 上下內向黑魚尾이고, 版心題는 '續孝子圖, 續忠臣圖, 續烈女圖'이다. 行款은 每面有界 13行, 字數 22字이고, 欄上에 諺解文이 있는 점이 특이하다.

가람문고본의 특기할 부분은 효자도 3장[趙娥復讎]과 4장[仁厚廬墓] 부분이 붓으로 보사(補寫)되어 있다는 점이다.12) 난상 언해의 필체와 그림이 다른 장들과 비교해 보면 확연히 다르고 방점도 찍혀 있지 않다. 한문 원문도 다른 장들과 비교해 보았을 때 자체가 다르며 구두점도 보이지 않는다. 이는 낙장된 것을 후대에 붓으로 보사한 것으로 보인다.

3. 어학적 특징

3.1. 표기 및 음운

3.1.1. 'ᄫ'

---

12) <효자도> 4장[仁厚廬墓] 난상 언해에 '사르미라'는 ':사·ᄅ·미·라'가, '侍시墓묘'는 '侍:씨墓·모'가 맞는 표기라 짐작된다. 다른 장들과의 비교와 동양문고본의 같은 장과의 비교를 통해 잘못된 표기로 드러나는데, 이는 후대에 보사된 부분이라 그러하다. 그리고 다른 장에서는 ≪삼강행실도≫의 체재를 따라 ':옐ᄌ·ᄫㅏ·ᄂᆞᆯ'로 표기되어 있는데, <효자도> 4장[仁厚廬墓]에서는 당시의 일반형인 '엳ᄌ와ᄂᆞᆯ'로 표기한 것도 후대에 보사된 부분이기 때문이다.

일반적으로 국어의 한 음소였으나 훈민정음의 초성 17자 체계에 포함되지 않았던 'ㅸ'은 세조 7년(1461)에 간행된 활자본 ≪楞嚴經諺解≫에서부터 공식적으로 폐지된다. 이는 그 이듬해인 1462년 목판본 ≪楞嚴經諺解≫를 비롯한 후대 문헌 표기에도 그대로 계승되어 우리말 표기에서는 더 이상 쓰이지 않게 된다. 그러나 ≪續三綱行實圖≫에서는 이미 15세기에 소실된 문자 'ㅸ'를 발견할 수 있다.

(1) 가. 열ᄌᆞᄫᆞᄂᆞᆯ (속삼 효2a)
 나. 위ᄒᆞᅀᆞᄫᅡ (속삼 효32b)
 다. 禮례다ᄫᅵ (속삼 열2b)
 라. ᄆᆞ리ᄫᅡᄃᆞ며 (속삼 열19a)

(2) 가. 여ᄌᆞ와ᄂᆞᆯ (속삼 효4a)
 나. 치움 더움 (속삼 효2a)
 다. ᄃᆞ윈 (속삼 열10a)

간행 당시의 표기법상 (2)처럼 'ㅸ'이 쓰이지 않았을 것이나 (1)처럼 'ㅸ'이 표기에 남아 있는 것은 아마도 ≪삼강행실도언해≫의 표기에 따라 'ㅸ'을 유지한 것으로 볼 수 있다.

3.1.2. 'ㆆ'

훈민정음의 후음 전청자 'ㆆ'은 중국음운학에서 影母 초성 /ʔ/에 해당되는 음소이며, 한자음 표기를 위한 동국정운의 23字母로는 "挹(읍)字初發聲"의 음가를 지닌 후두폐쇄음을 나타내는 문자이다.

'ㆆ'은 동국정운 한자음의 초성(ㆆ)과 以影補來(ᄚ)를 표시하기 위해 쓰였다. 또한 받침 없는 종성으로 끝난 한자어와 무성자음 사이에, 그리고 선행어말음 'ㄹ'과 후행어 두음이 무성자음인 환경 사이에서 사잇글자로 쓰였다. 또한 미래 관형사형 어미 '-ㄹ'과 후행어가 통합할 때에 舌內入聲

字에 대한 '以影補來'(東國正韻序)와 같은 방법으로 쓰였다(정우영 1995).

훈민정음 해례 용자례에도 빠져 있던 'ㆆ'은 한자음에서는 1495년까지, 국어표기에서는 대체로 1464까지 사용되다가 소실되었는데 ≪續三綱行實圖≫에서는 한자음에서만 보이고 한글 표기에서는 보이지 않는다.

(3) 가. 井졍邑흡 (속삼 효20a)
    나. 咸햠悅·엷 (속삼 효22a)

3.1.3. 'ㅿ'

'ㅿ'은 훈민정음에 불청불탁의 반치음으로 규정되어 있다. 불청불탁음에는 'ㆁ, ㄴ, ㅁ, ㅇ, ㄹ'등이 속하므로 'ㅿ'은 유성음임을 알 수 있으며, 치음 'ㅅ, ㅈ, ㅊ'등과 같은 위치에서 발음되었을 것이므로 음가는 유성치음 [z]로 추정할 수 있다.

이러한 'ㅿ'이 이 문헌에서도 많이 쓰이고 있다.

(4) ᄆᆞᅀᆞ히 (속삼 효,1a), 두ᅀᅥ히(속삼 효5a), 후에ᅀᅡ(속삼 효6b)
    아ᅀᅡ오나ᄂᆞᆯ(속삼 효9a), 무덤ᄭᅡᅀᅢ(속삼 효11a), 기ᅀᅳᆷ(속삼 효15a)
    니ᅀᅥ(속삼 효18a), ᄆᆡᅀᆞᆯ(속삼 효21a), ᄒᆞᅀᅡ셔(속삼 효22a)
    어버ᅀᅵ(속삼 효23a), 딥고ᅀᅡ(속삼 효29a), 위ᄒᆞᅀᆞᄫᅡ(속삼 효32b),
    지ᅀᅥ(속삼 효33a), 처ᅀᅥᄆᆡ(속삼 효33b), ᄒᆞᅀᅡ(속삼 효34a),
    아ᅀᆞ(속삼 충4a), 아ᅀᆞ려(속삼 충5a), ᄀᆞᅀᅢ(속삼 열8a), 후에ᅀᅡ(속삼 열17b)
(5) 녀름지이(속삼 효1a), ᄆᆡ양(속삼 효31a), 어버이(속삼 효31a)
    ᄉᆞ이(속삼 효31ㄱ), ᄆᆡ일(속삼 효6ㄱ), 명일(속삼 효27ㄱ)

그러나 (5)처럼 'ㅿ'이 쓰여야 할 곳에 쓰이지 않는 경우도 있다. 이는 'ㅿ'이 16세기 중반에 소실된 것으로 본다면 이 문헌에서 'ㅿ' 탈락 형태가 보이는 것이 이채로울 것이나 두시언해(1481)에서도 'ㅿ'이 탈락된 형태가 보이므로 15세기 후반부터 'ㅿ'의 음가가 소실되기 시작했으리라 추측할 수 있다.

3.1.4. 'ㆁ'

'ㆁ'은 훈민정음 체계에서는 牙音으로 규정되었으며 초성, 종성에 관계없이 [ŋ]으로 실현되었다. 이후 'ㅇ'와의 구별이 없어지게 되어 초성의 'ㅇ'은 소리 없는 글자를, 종성의 'ㅇ'은 [ŋ]을 나타내게 되었다.

이 책에서는 'ㆁ'의 표기가 초성과 종성 모두에 쓰이고 있다.

(6) 가. 鯉리魚어 (속삼 효26a)
　　나. 病뼝ᄒᆞ야 (속삼 효8)
　　다. 百빅姓셩 (속삼 효15)
　　라. 밍글며 (속삼 효7)
　　마. 즘싱 (속삼 효10)

3.1.5. 초성표기

훈민정음 창제 당시 자음체계를 보면 기본 17자의 형태를 합용하여 각자병서 'ㄲ, ㄸ, ㅃ, ㅉ, ㅆ, ㆅ'가 있고, 이들 외에 정식으로 규정된 바는 없으나 당시의 실제 문헌에 사용된 자음 글자로 각자병서에 'ㅇㅇ, ㅥ'이 있고, 합용병서에는 'ㅂㄷ, ㅂㅈ, ㅂㅅ, ㅂㅌ; ㅅㄱ, ㅅㄴ, ㅅㄷ, ㅅㅂ; ㅂㅅㄱ, ㅂㅅㄷ'과 같은 합용자가 있다. 그리고 순경음 'ㅸ, ㅹ, ㆄ, ㅱ'이 있다.

≪속삼강행실도≫에서 보이는 초성표기는 다음과 같다.

[1] 각자병서
　(7) 가. 어버이 ᄀᆞ장 ᄉᆞ랑ᄒᆞ야 싸회를 굴ᄒᆞ야 (속삼 열7a)
　　　나. 말ᄉᆞᆷ을 써 (속삼 열7b)
　　　다. 浙東쩍 싸홈 사호매 (속삼 충1a)

라. 싸호매 죽거놀 (속삼 열11a)

이 문헌에서는 초성의 각자병서로는 (7)처럼 'ㅆ'의 용례만 보인다.

[1] 합용병서
≪續三綱行實圖≫에서는 ㅂ계와 ㅅ계 그리고 ㅄ계열의 합용병서의 용례가 나타난다.

(8) ㅳ : 뻐나디(속삼 효6a), 뿔와(속삼 효19a), 뛰여나거놀(속삼 효28a), 뜨들(속삼 충2a), 뛰며(속삼 열18a)
    ㅄ : 뿔(속삼 효6a), 쓰ᄂ니(속삼 효22a), 뿔(속삼 효26b), 자바 쓰니라(속삼 효27b)

(9) ㅅㄱ : 하눐ᄠᅴ(속삼 효2a), ᄠᅴ이여(속삼 효9a), 무짓고(속삼 충1a), 다ᄒᆞᄠᅴ(속삼 충2a)
    ㅼ : ᄯᅩ(속삼 효2a), 따홀(속삼 효11a), ᄯᅩ리라(속삼 효15a), 따해(속삼 효22a), ᄯᅩ이라(속삼 열19a), 찌여셔(속삼 열21a), 어릿쩌니(속삼 열26a)
    ㅴ : ᄲᅡ리면(속삼 효5a), ᄲᅡ인대(속삼 효5b), ᄲᅧ만(속삼 효6a), ᄲᅡ며(속삼 효10a), ᄲᅡ뎌(속삼 열8a), ᄲᅡ딘(속삼 열8a), 사홀ᄲᅡ몰(속삼 열15a)

(10) ㅵ : ᄢᅥ드러(속삼 효27a) ᄢᅥ들며(속삼 효31a) 홈ᄢᅧ(속삼 효3a)

'ㅂ'계열 합용병서 중 'ㅄ'과 'ㅲ'의 용례는 보이지 않는다. 그리고 'ㅅ'계열 합용병서 중에서 'ㅼ'이 보이지 않는데, 이 'ㅼ'은 ≪석보상절 19, 14,17≫에서만 '싸히'로 잠깐 나타났다가 소멸했기 때문이다. 또한 'ㅄ'계열 합용병서 중에서는 'ㅵ'의 용례만 나타나지 않는다. 이는 문헌의 내용상 'ᄢᅢ(時)'와 같은 어휘가 쓰이지 않았기 때문이다.

3.1.6. 종성표기

≪續三綱行實圖諺解≫에서는 ≪訓民正音≫ 해례에 "初聲合用則竝書

終聲同"에 따라 합용병서 'ㄼ, ㄺ'의 합용병서의 용례가 보인다.

(11) ㄼ: 숣퍼보물(속삼 효2a) 앏퓌(속삼 효3a)
　　　　여듧이러니(속삼 효19a) 집앏(속삼 열18a)
　　ㄺ: 훍과(속삼 효11a) 훍지여(속삼 열19a)

≪속삼강행실도≫ 원간본에서는 일반적으로 (13)처럼 8종성법을 따르고 있으나 중간본에서는 (14나)처럼 7종성법도 간혹 보이고 있다.

(12) 딛-(<딯-) 病이 딛거늘(속삼 효2a)
　　　븓-(<븥-) 제 지비 니서 븓거늘(속삼 효18a)
　　　좃-(<좇-) 좃디 아니ᄒᆞ니라(속삼 열1a)
　　　맛-(<맞-) 사ᄅᆞ미 길헤 맛보아(속삼 열25a)
(13) 가. 나돌 (속삼 효9a) [원간본]
　　　　　받　(속삼 효22a) [원간본]
　　　나. 낫을 (속삼 효9a) [중간본]
　　　　　밧 (속삼 효22a) [중간본]

3.1.7. 한자음

≪속삼강행실도≫의 한자음 표기는 대개가 동국정운식 표기를 따랐지만 (15)처럼 올바르지 못한 표기를 하는 경우도 있다.

(14) 가. 薛·셣包봉 (속삼 효22a)
　　　나. 侍:씨墓·모 (속삼 효23a)

동국정운식 표기에서 'ㅿ'이 'ㅅ'으로 전사되는 경우는 없다. 따라서 (15가)의 동국정운식 한자음 표기는 '셟'이 옳은 표기이다. 그리고 동국정운식 한자음 표기는 종성이 없을 때에는 喩母(ㅇ)를 다는 것이 일반적이나 이를 표기하지 않은 (15나)과 같은 것도 있다. 따라서 이것은 세종조에

완성되어 성종조에 간행된 ≪삼강행실도언해≫의 표기법을 계승한 결과
로 나타난 현상으로 볼 수 있다.
　또한 이 책에서는 현실한자음을 그대로 표기한 것도 보인다.

(15) 가. 紅삥門문 (속삼 효 7a, 29a, 30a, 35a)
　　 가'. 紅삥門몬 (속삼 효 9a, 13a, 17a, 18a, 19a, 20a, 21a, 25a, 31a, 33a, 36a)
　　 나. 脫·탈喪상 (속삼 효36a)
　　 다. 徐써萬·만 (속삼 효28a)
　　 라. 宣션德·덕 (속삼 열4a)

(15가)처럼 '門문'으로 표기한 것이나 (15나)의 '喪상', (15다)의 '萬만',
(15라)의 '德덕'의 표기는 현실 한자음의 반영이라 볼 수 있다.
　또한 한자를 쓰고 한자음을 병기할 때는 동국정운식 한자음으로 표기
하지만 한자음만을 쓸 때는 이미 상용화된 음으로 보고 현실한자음을 쓰
고 있다.

(16) 가. 일뎡ᄒ얏더니 (속삼 열11a)
　　 나. 향 퓌오고 (속삼 효29a)

(16가)의 '일뎡'은 한자어 '一定'에 대한 현실 한자음 표기이고 동국정운
음은 '·ᅙᅵᆶ·뗭'이고 (16나)의 '향'은 '香'의 현실 한자음 표기이다.

　3.2. 새 어휘 및 희귀어휘

　문헌의 내용상 특이하게 나타나는 어휘는 많지 않으나, 같은 시대 문헌
들에서 흔히 나타나지 않는 어휘들이 보인다.
　(17)의 예는 이 문헌에만 나타나는 새로운 어휘이다

(17) 겁틱ᄒᆞ다[劫迫], 구실[租賦], 다딤[供述], 됴쿠지[吉凶], 됴[株], 들ㅎ[野], 모시다[侍], 믓ᄀᆞ[河邊], 분지/분지[糞尿器], 브르지지다[呼・號], 브스럼[癰・瘡], 브스티다[碎], 브효[不孝], ᄇᆞ렵다[癢], ᄯᅩᆯ오다[追], 사ᄒᆞᆯ날재[三日], 슬탈히[哀], 의식[必], 쟝만ᄒᆞ다[具], 하뎐[婢], 효도롭다[효성(孝誠)스럽다], 훗남진[後夫], 훗어미[繼母], 홈ᄢᅦ[同]

(18)의 예는 흔히 나타나지 않는 희귀어휘이다.

(18) 구틔우다[강요(强要)하다], 도도혀다[돋우다], 딛옷[衰麻], 받내다[奉], 번드듸다[據], 에위다[圍], 한父母[祖父母]

(19)는 이 문헌에 처음 나타나거나 15세기 문헌에서 찾아보기 힘든 한자 어휘이다. 특히 장례와 관련된 어휘가 많은 것은, 제사를 중시하던 당시 시대상을 반영한 결과이다.

(19) 免役, 飯祭, 朔望祭, 心喪 三年, 影堂, 祭服, 薦新, 遷葬, 草葬 등.

4. 맺음말

1514년 중종의 명으로 ≪삼강행실도≫에서 누락된 효자, 열녀, 충신을 뽑아서 ≪삼강행실도≫와 같은 체제로 편찬한 이 책은 조선조에 반복해서 간행됨으로써 16세기 국어의 모습을 보여 주는 귀중한 자료이다. 이 책의 특징을 간략히 살펴보면 다음과 같다.

(1) ≪속삼강행실도≫의 원간본 계열로는 ① 가람문고본, ② 일본 동양문고본, ③ 장서각본 등 3종류가 현존한다. 그리고 이들 판본은 모두 1514년의 원간본은 아니며 원간본 계열의 복각본으로 추정된다.
(2) 1581년 중간본은 국내에는 보고된 바가 없으며 일본과 대만에 존재

하는 것으로 알려져 있다. 국어학계에서 1581년 또는 1607년에 간행된 자료로 알려져 있는 규장각(古1149-7,홍문각 영인본)은 언해 양식, 표기법, 간기형식 면에서 볼 때 1727년 평양감영판이 확실하다.

(3) 국어학적 특징으로는 'ㅸ'이 ≪삼강행실도≫의 영향을 받아 표기에 부분적으로 나타나고 있으며, 'ㅿ'의 경우는 'ㅿ>ㅇ'으로 변화한 예들이 5개 이상 나타난다. 그 밖에 방점이 사용되었으나 규칙성을 발견하기 힘들며, 한자음은 동국정운 한자음을 사용하고 있으나 부분적으로 현실한자음이 사용된 예들이 많이 발견된다.

(4) 이 책에 새롭게 등장한 어휘는 총 24개, 희귀어휘는 7개가 나타난다. 한글문헌에서 출현빈도가 낮은 한자어의 경우는 총 9개이며, 특히 장례 또는 제사와 관련된 어휘가 대부분이다.

〈참고문헌〉

고니시도시오(1995), "『三綱行實孝子圖』의 漢文과 諺解文 對照", 국어학논집 2, 서울대 국어국문학과 편, 태학사.
高永根(1991), "三綱行實圖의 飜譯年代", 金英培先生 回甲紀念論叢, 慶雲出版社.
金元龍(1965), "三綱行實圖 刊本攷", 東亞文化 4.
金元龍(1982), "三綱行實圖에 대하여", 三綱行實圖, 世宗大王紀念事業會.
金恒洙(1998), "≪三綱行實圖≫ 편찬의 추이", 震檀學報 85.
金勳埴(1998), "≪三綱行實圖≫ 보급의 社會史的 考察", 震檀學報 85.
박문성(1991), "<五倫行實圖>를 중심으로 한 <三綱行實圖> <東國新續三綱行實圖> <二倫行實圖> 비교, 대전어문학 (대전대) 8.
석주연(2001), "대영도서관 소장 국어사 자료에 대하여", 국어국문학 129.
宋日基·李泰浩(2002), "朝鮮時代 '行實圖' 板本 및 板畵에 관한 硏究", 書誌學硏究 21, 書誌學會.
신선경(1995), "삼강행실도의 이본 비교", 국어학논집 2, 서울대 국어국문학과 편,

　　　　태학사.
신선연(2008), "≪續三綱行實圖諺解≫연구, 동국대 대학원 석사학위논문.
安秉禧(1979), "중세어의 한글 자료에 대한 종합적 고찰", 奎章閣 3.
安秉禧(1990), "奎章閣所藏 近代國語資料의 書誌學的 檢討", 季刊書誌學報 2, 韓國書誌學會.
柳鐸一(1974), "初刊 三綱行實圖에 대하여", 國語國文學 11, 釜山大.
이영경(1995), "<續三綱行實圖> 研究", 국어학논집 2, 태학사.
이영경(2001), "三綱行實圖(諺解), 續三綱行實圖", 奎章閣所藏語文學資料, 서울대 규장각.
李元浩(1991), "三綱行實圖", 한국민족문화대백과사전, 한국정신문화연구원.
李昌敎(1974), "三綱行實圖 - 珍本巡禮 -", 高大新報 6월 25일.
이혜순(1998), "열녀상의 전통과 변모 - 삼강행실도에서 조선 후기 열녀까지", 震檀學報 85.
鄭炳模(1998), "≪삼강행실도≫의 판화에 대한 고찰", 震檀學報 85.
정우영(1999), "三綱行實圖 諺解本에 나타난 漢字音 表記의 樣相", 동악어문논집 34.
洪允杓(1998), "≪三綱行實圖≫의 書誌 및 國語史的 意義", 震檀學報 85.
황인권(1989), "<續三綱行實圖>에 대한 국어사적 고찰", 한남어문논집 14.
德田 進(1961), "三綱行實孝子圖の複製とその影響", 高崎經濟大學論集 5.
小倉進平(1940), "三綱行實圖について", 書物展望, 昭和 15년 4월호, 東京.
奧平武彦(1942), "'三綱行實圖' 板本攷", 積翠軒先生華甲壽記念論纂, 東京.
志部昭平(1989), "諺解三綱行實圖の傳本との系譜, 東洋學 19.
志部昭平(1990), 諺解三綱行實圖の文獻學的研究, 東京: 汲古書院.
志部昭平(1991), "宣祖改譯三綱行實とその異本", 金英培先生 回甲紀念論叢, 慶雲出版社.
志部昭平(1992), "宣祖時改譯の三綱行實について - 主に壬辰之亂前古本について -", 朝鮮學報 145.
平木實(1982), "續三綱行實圖と教化教育", 朝鮮學報 105.

차 례

머리말 v
일러두기 viii

1. 효자도

1-01	王中感天(왕중감천)	本朝	2	1-19	二朴追虎(이박추호)	本國	41
1-02	周炳致獐(주병치장)	本朝	4	1-20	思用擔土(사용담토)	本國	43
1-03	趙娥復讎(조아복수)	本朝	6	1-21	龜孫吮癰(구손연옹)	本國	45
1-04	仁厚廬墓(인후여묘)	本國	8	1-22	叔咸侍藥(숙함시약)	本國	48
1-05	姜廉鑿氷(강렴착빙)	本國	10	1-23	閔文圖形(윤문도형)	本國	51
1-06	德崇全孝(덕숭전효)	本國	13	1-24	得仁感倭(득인감왜)	本國	53
1-07	韓述疏食(한구소사)	本國	17	1-25	友明純孝(우명순효)	本國	56
1-08	正命分蝨(정명분슬)	本國	19	1-26	慶延得鯉(경연득리)	本國	58
1-09	延守劫虎(연수겁호)	本國	21	1-27	趙錦獲鹿(조금획록)	本國	61
1-10	克一馴虎(극일순호)	本國	23	1-28	徐萬得魚(서만득어)	本國	64
1-11	梁郁感虎(양욱감호)	本國	25	1-29	應貞禱天(응정도천)	本國	67
1-12	信之號天(신지호천)	本國	27	1-30	從孫斷指(종손단지)	本國	70
1-13	邦啓守喪(방계수상)	本國	29	1-31	得平居廬(득평거려)	本國	72
1-14	玉良白棗(옥량백조)	本國	31	1-32	鄭門世孝(정문세효)	本國	74
1-15	今之撲虎(금지박호)	本國	33	1-33	自華盡孝(자화진효)	本國	77
1-16	漢老嘗痢(한로상리)	本國	35	1-34	有文服喪(유문복상)	本國	80
1-17	祿連療父(녹연요부)	本國	37	1-35	淑孫立祠(숙손입사)	本國	83
1-18	乙時負父(을시부부)	本國	39	1-36	繼周誠孝(계주성효)	本國	85

2. 충신도

2-01	孫炎不屈(손염불굴)	本朝	88	2-04	云革討賊(운혁토적)	本國	95
2-02	易先守城(역선수성)	本朝	91	2-05	金同活主(김동활주)	本國	98
2-03	何忠罵賊(하충매적)	本朝	93				

3. 열녀도

3-01	白氏盡姑(백씨진고)	本朝	102	3-15	金氏自經(김씨자경)	本國	139
3-02	張氏負屍(장씨부시)	本朝	104	3-16	仇音方逃野(구음방도야)	本國	141
3-03	陳氏剪髮(진씨전발)	本朝	107	3-17	孫氏守志(손씨수지)	本國	143
3-04	許梅溺水(허매익수)	本朝	110	3-18	梁氏抱棺(손씨수지)	本國	146
3-05	劉氏投地(유씨투지)	本國	113	3-19	權氏負土(권씨부토)	本國	149
3-06	俞氏從死(유씨종사)	本朝	116	3-20	金氏衣白(김씨의백)	本國	151
3-07	馬氏投井(마씨투정)	本朝	119	3-21	性伊佩刀(성이패도)	本國	153
3-08	袁氏尋屍(원씨심시)	本朝	122	3-22	禹氏負姑(우씨부고)	本國	156
3-09	藥哥貞信(약가정신)	本朝	125	3-23	姜氏抱屍(강씨포시)	本國	159
3-10	宋氏誓死(송씨서사)	本國	127	3-24	召史自誓(소사자서)	本國	161
3-11	崔氏守節(최씨수절)	本國	130	3-25	玉今不汚(옥금불오)	本國	163
3-12	徐氏抱竹(서씨포죽)	本國	132	3-26	玉今自縊(옥금자액)	本國	165
3-13	石今捐生(석금연생)	本國	134	3-27	鄭氏不食(정씨불식)	本國	167
3-14	仇氏寫眞(구씨사진)	本國	136	3-28	李氏守信(이씨수신)	本國	170

* 조선국 시호(諡號) 및 중국 연호 대조표   173
* 續三綱行實圖 언해문의 대조 - 原刊本과 重刊本의 比較   175

색인

1. 한문색인   226
2. 한글색인   230

부록

속삼강행실도(동양문고본)   245

孝子圖

1. 王中感天(왕중감천) 本朝 ……… 2
2. 周炳致獐(주병치장) 本朝 ……… 4
3. 趙娥復讎(조아복수) 本朝 ……… 6
4. 仁厚廬墓(인후여묘) 本國 ……… 8
5. 姜廉鑿氷(강렴착빙) 本國 …… 10
6. 德崇全孝(덕숭전효) 本國 …… 13
7. 韓逑疏食(한구소사) 本國 …… 17
8. 正命分鹹(정명분함) 本國 …… 19
9. 延守劫虎(연수겁호) 本國 …… 21
10. 克一馴虎(극일순호) 本國 …… 23
11. 梁郁感虎(양욱감호) 本國 …… 25
12. 信之號天(신지호천) 本國 …… 27
13. 邦啓守喪(방계수상) 本國 …… 29
14. 玉良白棗(옥량백조) 本國 …… 31
15. 今之撲虎(금지박호) 本國 …… 33
16. 漢老甞痢(한로상리) 本國 …… 35
17. 祿連療父(녹련요부) 本國 …… 37
18. 乙時負父(을시부부) 本國 …… 39
19. 二朴追虎(이박추호) 本國 …… 41
20. 思用擔土(사용담토) 本國 …… 43
21. 龜孫吮癰(구손연옹) 本國 …… 45
22. 叔咸侍藥(숙함시약) 本國 …… 48
23. 閏文圖形(윤문도형) 本國 …… 51
24. 得仁感倭(득인감왜) 本國 …… 53
25. 友明純孝(우명순효) 本國 …… 56
26. 慶延得鯉(경연득리) 本國 …… 58
27. 趙錦獲鹿(조금획록) 本國 …… 61
28. 徐萬得魚(서만득어) 本國 …… 64
29. 應貞禱天(응부도천) 本國 …… 67
30. 從孫斷指(종손단지) 本國 …… 70
31. 得平居廬(득평거려) 本國 …… 72
32. 鄭門世孝(정문세효) 本國 …… 74
33. 自華盡孝(자화진효) 本國 …… 77
34. 有文服喪(유문복상) 本國 …… 80
35. 淑孫立祠(숙손입사) 本國 …… 83
36. 繼周誠孝(계주성효) 本國 …… 85

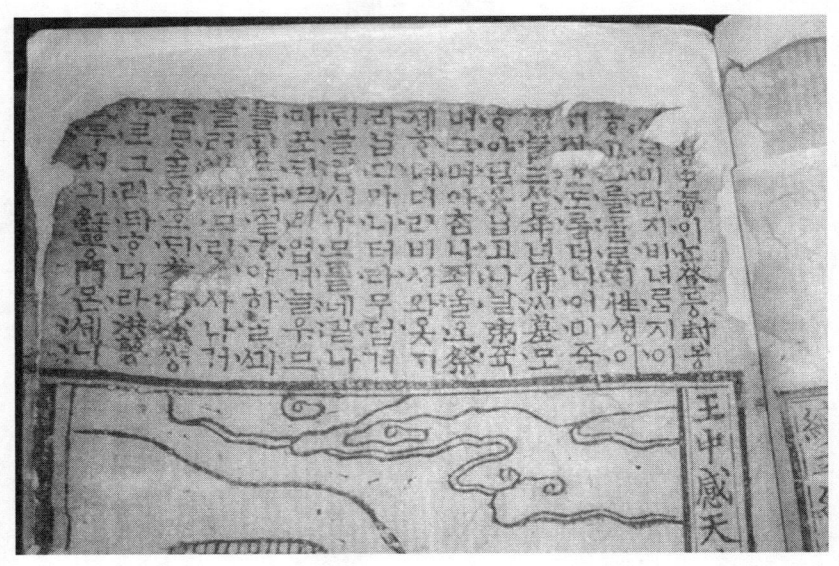

〈孝子圖 1ㄱ〉　　　　　　　王中感天 本朝

[王]왕中듕·이·는 登등封봉 :[사]·ᄅ·미·라 지·비 녀·롭지·이ᄒ·고 [그]·를 :몰로·딕 性·셩·이 ᄀ[쟝 효]·도·롭더·니 ·어·미 죽[거]·늘 三삼年년 侍·씨墓·모ᄒ·야 ·딜·옷 닙고 ·나·날 粥·쥭 머·그·며 아ᄎᆷ 나죄 :울·오 祭·졔ᄒ·며 머·리 비·시와 ·옷 ᄀ·라닙·디 아니터·라 무·덤 겨·ᄐᆡ ·믈 :업·서·우·므·를 :네 :길 ·나마 포·딕 ·므·리 :업거·늘 우·므·를 횟도·라 ·졀·ᄒ·야 하·늘·ᄭᅴ 블러 [:빈]·대 ·므·리 [소]·사 나거·늘 ᄆᆞ·술[·]히 ·호·딕 [孝·효誠]·셩·으로 그·러·타 ·ᄒ더·라 洪홍[武]·무 저·긔 洪홍門몬 :셰·니[·라]

〈孝子圖 1ㄴ〉

王中。登封人。家業農。未嘗知書。性[至孝。母歿廬墓三年。身]被衰麻。日食饘粥。旦夕哭奠。未嘗櫛[髮易衣。墓側無水。浚]井四丈餘。不得泉。中遶井再拜[顧]天。泉內湧出。鄕里以爲孝誠所感。洪武間表其門

⟨효자도 1, 왕중감천 본조⟩

王中(왕중)이ᄂᆞᆫ 왕중이는. '-이'는 받침 있는 고유명사 뒤에 붙어 소리를 고루는 기능을 하여 접미사처럼 쓰이는 유사접사이다. (허웅 1975:39, 229)

사ᄅᆞ미라 (:사·ᄅᆞ·미:라) 사람이다. '샹셩-거셩-거셩-거셩'이 일반적인 표기인데 여기서는 특이하게도 ':라'가 샹셩으로 되어 있다. ':라'는 <효자도 2, 5, 6, 7 …>에서는 '·라'로 거셩.

지비 집이. 집[家]+-이(주격조사)

녀름지이 농사짓기[農事]. '녀름'은 15세기에는 보통 '녀름'이었다. '지이'는 본래 '지ᅀᅵ'였으나 'ㅣ' 앞에서 'ᅀ>ㅇ'로 변하였다.

侍墓(시묘) 부모의 거상 중에 3년 간 그 무덤 옆에 움막을 짓고 삶. 동국정운식 한자음 표기는 종성이 없을 때에는 喩母(ㅇ)를 다는 것이 일반적이나 이를 표기하지 않은 것은 '월인천강지곡'과 '삼강행실도' 표기법의 전통을 계승한 결과이다.

딛옷 [衰麻최마]. 삼베로 지은 상복. 15세기 국어문헌에는 보이지 않는 희귀 어휘이다. 19세기에 '깃옷'이 보임.

나날 나날이. 날날[日日]→나날. 'ㄴ' 위에서 'ㄹ'이 탈락된 형태.

나죄 저녁에. '나조ㅎ' 또는 '나죄' 두 형태로 나타나며, 부사격 조사의 통합형에는 '나죄' 외에 '나조희'가 있다.

울오 울고. 울-[泣]+고. '고→오'는 'ㄹ' 아래에서 ㄱ이 후음 'ㅇ'로 약화되는 음운규칙이 적용된 결과이다.

祭(제)ᄒᆞ며 제하며, 제사 지내며.

머리비시와 옷ᄀᆞ라닙디 머리 빗기와 옷 갈아입기. [머리 비시]와 [옷ᄀᆞ라닙-]디 아니터라. '비시'는 '빗-'에 명사파생접사 '이'가 통합한 파생어.

겨틔 곁에. 곁+익, 15세기에는 '곁+의'가 통합한 '겨틔'가 일반형이나, '의' 대신 '익'가 결합된 이례적 표기이다.

우므를 우물을. 우믈[井]+을. '우믈'은 근대국어시기에 순음 'ㅁ' 아래에서 원순모음화하여 '우물'로 변화한다.

네 길 나마 네 길 넘어. '나마'는 '남[餘]+아.

블러 부르짖어. 원문의 '籲(유)'는 '疾首呼號'(질수호호) 즉 '부르짖다'의 뜻이고, 언해문의 ':빌다'는 뜻의 '祈'도 '叫號請事'(규호청사)로 "부르짖어 일을 청하다"는 뜻으로 적극적인 청원 행위로 이해된다.

횟도라 휘돌아. 횟돌-+-아

빈대 비니, 기원하니까. 빌-[祈]+ㄴ대.

그러타 그러하다. '그러ᄒᆞ다'의 축약형.

셰니라(:셰니라) 세우니라, 세웠다. 어간 ':셰-'는 '셔-[立, 평성]+ㅣ (사동접사, 거셩)'의 통합에 의한 것으로 음운 축약으로 샹셩의 [:셰-]가 되었다.

현대역 왕중이가 하늘을 감동시키다

왕중(王中)이는 등봉(登封) 사람이다. 집이 농사짓기를 하고 글을 모르되 성(品)이 매우 효성스럽더니 어미가 죽거늘 삼 년을 시묘하여 깃옷[상복] 입고 나날이 죽을 먹으며 아침저녁으로 울고 제사 지내며 머리 빗기와 옷 갈아입기를 아니하더라. 무덤 곁에 물이 없어 우물을 네 길 넘어 파되 물이 없거늘 우물을 휘돌아 절하여 하늘께(=천지신명께) 부르짖어 비니(=기원하니까) 물이 솟아나거늘 마을(사람들)이 말하기를, 효성으로 그렇게 되었다고 하더라. 홍무(洪武) 적에 홍문을 세웠다.

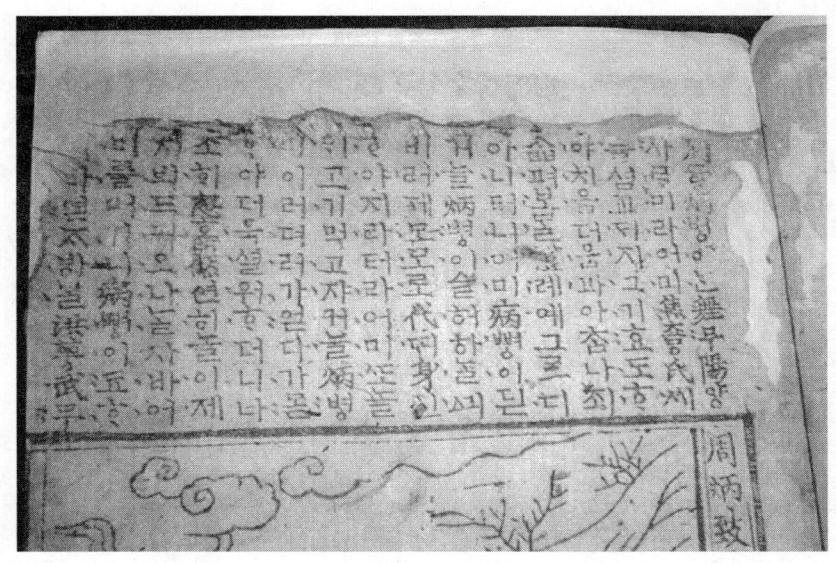

〈孝子圖 2ㄱ〉　　　　　　　　周炳致獐 本朝

[周쥬炳:병·이]·는 舞:무陽양 :사 ㄹ미·라 ·어·미 焦쵸氏·씨[를] 셤교·딕·지
·그·기 :효·도· ᄒ·야 ·치·움 더·옴과 아춤나죄 솗·펴:보·믈 禮·례·예 그르·디
아니터·니 ·어·미 病·뼝·이 딛거·늘 炳:병·이 슬허 하늘·씌 비·러 제 :모
·모·로 代·ᄃᆡ身신·ᄒ·야 지·라 터·라 ·어·미 쏘 놀·이 고·기 먹·고 쟈·커·늘
炳:병[이] 이·러 ·더·러 ·가 :얻다·가 :몯·ᄒ·야 더·욱 ·셜·워·ᄒ더·니 나조
·히 忽·홀然션·히 놀·이 제 지·븨 드[·러]·오·나·늘 ·자·바 ·어·미·를 머
[·기]·니 病·뼝·이 :됴·ᄒ[·니]라 :열·ᄌ·바·늘 洪薨武:무[저·긔 洪薨門몬
:세·니·라]

〈孝子圖 2ㄴ〉

[周炳。舞]陽人。事母[焦氏至孝。溫清定省無違禮。母嘗病甚炳哀號
籲]天。願以身[代。母又思獐肉。炳四出求之不得。悲痛愈切]。忽有
獐入其室。殺以啗母[病愈。事聞。洪武中。旌表其門]

〈효자도 2, 주병치장 본조〉

셤교디 섬기되. 셤기-[事]+오디.
지그기 지극히. 지극(至極)+이(부사화 접사)
치옴 더옴 추움과 더움. 칩-[冷]+움(명사형), 덥-[暑]+움(명사형). 이들은 ㅂ불규칙용언인 어간 '칩-, 덥-'에 명사형어미 '-움'이 결합한 어형이다. 1460년까지도 '치봄, 더봄' 등으로 표기되었으나 1461년 'ㅸ'의 폐지로 이처럼 나타난다. 명사의 파생은 이들 어기(語基)에 접사 '-의'가 결합된 치위(<치뵈, 석 9:9), 더위(<더뵈, 석 9:9)이다. '冬溫夏淸'(줄여서 溫淸) 즉 '겨울에는 따뜻이 해드리고 여름에는 서늘히 해드린다.'는 한문구에 대한 번역이다. 溫淸定省(온청정성).
아춤나죄 아침저녁에. 아춤+나죄. '昏定晨省' 즉 '저녁에 잠자리를 보아드리고 새벽에 살펴본다.'는 한문구에 대한 번역이다.
솔펴보물 아침저녁에 살펴봄을. '솔펴'의 '솔피'는 '省'에 대한 풀이로서 15세기 문헌에는 '술피-'로 표기되었으나, 16세기 문헌에는 중철표기 형태인 '솔피-'와 공존하며, 따라서 '술피-', '솔피-'는 음운론적으로 동일하다. 이는 표기자가 형태소 내부에서 격음 'ㅍ'을 양음절성(ambisyllabicity)을 지닌 것으

로 인식하여 제1음절 말음에 미파음 'ㅂ'[pㄱ]을 적어 '솔'으로 표시한 것이다.
슬허 슬퍼하여. 슳-[悲]+어.
딛거늘 짙거늘, 심해지거늘. 딭-[甚]+거늘
모모로 몸으로. 몸[身]+오로. 조사 '오로'는 '-ᄋᆞ로'가 끝음절 모음 'ㅗ'의 영향으로 제1음절 'ᄋᆞ'가 'ㅗ'로 역행동화(원순모음화)한 것으로 본다. 보야호로(<보야ᄒᆞ로 효자도5), 늙도록(<늙드록 효자도36)
代身(대신)ᄒᆞ야지라 대신하여지라, 대신하고 싶어라. '지-'는 전후 환경으로 볼 때 '…하고 싶다'는 정도로 주어의 [소망]을 표현하던 보조동사였으나, 점차 선어말어미로 문법화해 가는 것으로 파악된다.
놀이 노루의. 노ᄅᆞ+이(관형격조사). 獐 노ᄅᆞ쟝(훈몽, 상10) cf. 노로爲獐(정음해례 용자). 모음으로 시작하는 조사와 결합할 때 특이한 변동을 보인다. 예) 시르[甑]·ᄌᆞᄅᆞ[柄]·ᄒᆞᄅᆞ[一日] + 을 → 실을·줄을·홀롤.
이러 뎌러 여기 저기, 이리 저리. 이러 뎌러셔(번소 10:8)
됴ᄒᆞ니라 좋아지니라, 병이 나으니라. 둏-[愈]+(ᄋᆞ)니라.
엳ᄌᆞ바놀 여쭙거늘. <효자도13> 참조.

[현대역] 주병이가 (어머니에게) 노루를 바치다

주병(周炳)이는 무양(舞陽) 사람이다. 어미 초씨를 섬기되 지극히 효도하여 추움 더움과 아침저녁으로 살펴봄을 예(禮)에 그르지 아니하였다. 어미의 병이 짙어지거늘 주병이가 슬퍼하여 하늘께 빌어 제 몸으로 (어미의 병을) 대신하고 싶다고 하였다. 어미가 또 노루의 고기를 먹고 싶다고 하거늘 주병이 이리 저리 가서 구하다가 얻지 못하여 더욱 더 슬퍼하더니 저녁에 홀연히 노루가 저(=주병이)의 집에 들어오거늘 잡아서 어미에게 먹이니 병이 좋아지니라. (관아에서 이러한 사실을 조정에) 여쭙거늘 홍무(洪武) 적에 홍문을 세웠다.

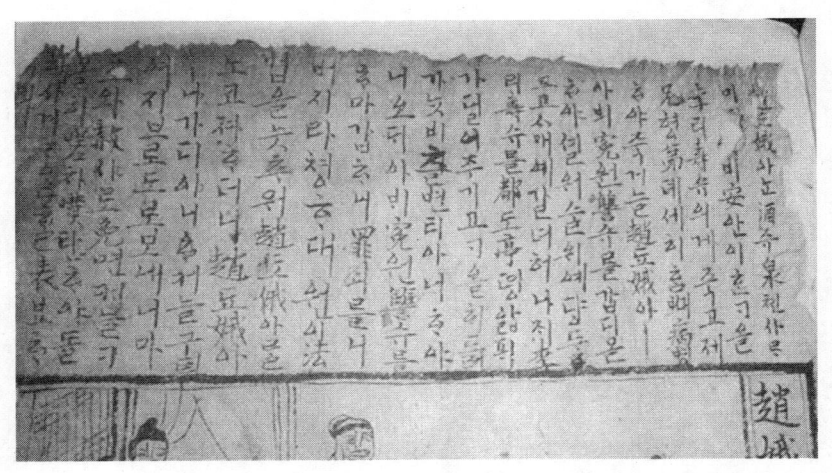

〈孝子圖 3ㄱ〉　　　　　　　　　趙娥復讎 本朝

[趙]됴娥아는 酒쥬泉쳔 사ᄅᆞ미[라 아]비 安안이 ᄒᆞᄀᆞ올 李리壽슈의게 죽고 제 兄형弟뎨 세히 홈ᄭᅴ 病병ᄒᆞ야 죽거늘 趙됴娥아ㅣ 아븨 冤원讐슈를 갑디 몯ᄒᆞ야 셜워 술위예 댱 [두르]고 ᄉᆞ매예 갈 녀허 나죄 李리壽슈를 都도亭뎡 앏픠 가 딜어 주기고 ᄀᆞ올히 드러가 ᄂᆞᆺ비츨 변티 아니ᄒᆞ야 니ᄅᆞ되 아븨 冤원讐슈를 ᄒᆞ마 갑ᄒᆞ니 罪죄를 니버지라 쳥ᄒᆞ대 원이 法법을 늣추워 趙됴娥아를 노코져 ᄒᆞ더니 趙됴娥아ㅣ 나가디 아니커늘 구틔여 지브로 도로 보내니 마초와 赦샤로 免면커늘 ᄀᆞ올히 嗟차歎탄ᄒᆞ야 돌해 사겨 ᄆᆞ을ᄒᆞᆯ 表표ᄒᆞ[니]라

〈孝子圖 3ㄴ〉

趙娥。酒泉人。父安。爲同縣李壽所殺。兄弟三人。同時病死。娥自傷父讐不報。乃幛車袖劒。白日刺壽於都亭前。徐諸縣。顔色不變曰。父讐已報。請受戮。縣長伊嘉。欲施法縱娥。娥不肯去。強載還家。會赦得免。州郡嘆賞。刊石表閭

〈효자도 3, 조아복수 본조〉 - 낙장으로 후에 보사(補寫)한 부분.

방점이 없고 글씨가 조잡하며 한자음이 현실음인 것으로 보아 16세기 중반 이후 17세기에 기워쓴 것[補寫]으로 짐작됨.

ㅎㄱ올 같은 고을. 'ㄱ옳' 휴지 앞에서는 'ㅎ'이 탈락하여 'ㄱ올'로 나타난다. ㄱ올>고을

李壽(이수)의게 이수에게. 李리壽슈+의게.

홈끠 함께. 홈쁴.{호(관형사)+ 쁴(의존명사)} '혼쁴'에서 '홈끠'로 변하는 과도기적 표기.

병ㅎ야 병들어. 병(病)+ㅎ야

죽거늘 죽거늘. 죽-[死]+거늘

셜워 서러워, 괴로워. 셟-+어. 셜버(15세기)>셜워.

술위예 수레에. 술위[車]+예. '예'는 모음 'i' 또는 'ㅣ'후행중모음 'y' 뒤에서 나타나는 부사격조사(처소).

댱 휘장[帳].

둘로고 두르고..

ㅅ매예 소매에. ㅅ매[袖]+예

갈 녀허 칼을 넣어. 갈>칼(유기음화)

나죄 저녁에. '나조ㅎ' 또는 '나죄' 두 형태로 나타나며, 부사격조사의 통합형 '나조희'도 쓰였다.

都亭(도졍) 도정역(都亭驛). 신라 때에 공무로 출장 중인 벼슬아치에게 숙박 따위의 편의를 제공하던 관아로 여기서는 이에 준하는 관아로 보인다.

앏피 앞에. 앒>앞, 종성 'ㅍ->ㅂ'은 8종성 표기, '앏>앞' ('ㄹ'탈락).

딜어 주기고 찔어 죽이고. 딜-[刺]+어 딜어 ; 갈ㅎ로 딜어 주겨<삼강,열18> 딜오다 ; 밠바당 딜오미<구방,하 15> 딜이다 ; 물 뼈에 딜이며 <구방,상 15> 디르다 ; 갈ㅎ로 디르는 둣ㅎ야 <구방,상 18>

ᄂᆞᆺ비츨 낯빛을. 늧[面]+빛[色].

변티 변하지. 변ㅎ-+디(음운축약) '변ㅎ-'에 '디'가 결합할 때 'ㆍ'가 탈락하여 '변티'로 축약됨.

니오디 이르되. '닐오디'의 오기.

ㅎ마 이미, 벌써.

갑흐니 갚으니. '가프니'의 'ㅍ'을 'ㅂ'+'ㅎ'으로 이해하여 '갑흐니'로 쓴 재음소화 표기. 동양문고본 '가프니'.

니버지라 입고 싶어라.

쳥ㅎ대 청하되. 쳥ㅎ-+(오)디. '오'탈락은 16세기 후반부터의 변화임.

노코져 놓고자. 놓-+고져

구틔여 강제로[强].

마초와 마침. 마초+w+아 (활음 w첨가).

赦(사)로 免(면)커늘 용서하여 면하게 하거늘.

嗟歎(차탄)ㅎ야 감탄하여.

돌해 돌에. 돌ㅎ[石]+애.

사겨 새기어. 사기-[刻·刊]+어

ᄆᆞ슐흘 마을을. ᄆᆞ슐ㅎ(里)+을.

> **현대역** 조아가 (아비와 형제의) 원수를 갚다

조아(趙娥)는 주천(酒泉) 사람이다. 아비 안(安)이 같은 고을 이수(李壽)에게 죽고 제 형제 셋이 함께 병들어 죽거늘 조아(趙娥)가 아비의 원수를 갚지 못하여 괴로워하다가 수레에 휘장을 두르고 소매에 칼을 넣고 저녁에 이수(李壽)를 도정(都亭) 앞에 가서 찔러 죽이고 고을에 들어가 낯빛을 변하지 아니하고 말하기를 아비의 원수를 이미 갚았으니 죄를 입고 싶다고 (원님에게) 청하니 원님이 법을 늦추어 조아(趙娥)를 놓아주고자 하니 조아가 나가지 아니하거늘 굳이 집으로 도로 보내니 마침 용서하여 (죄를) 면하게 하거늘 고을(사람)이 감탄하여 돌에 새겨 마을을 표창하였다.

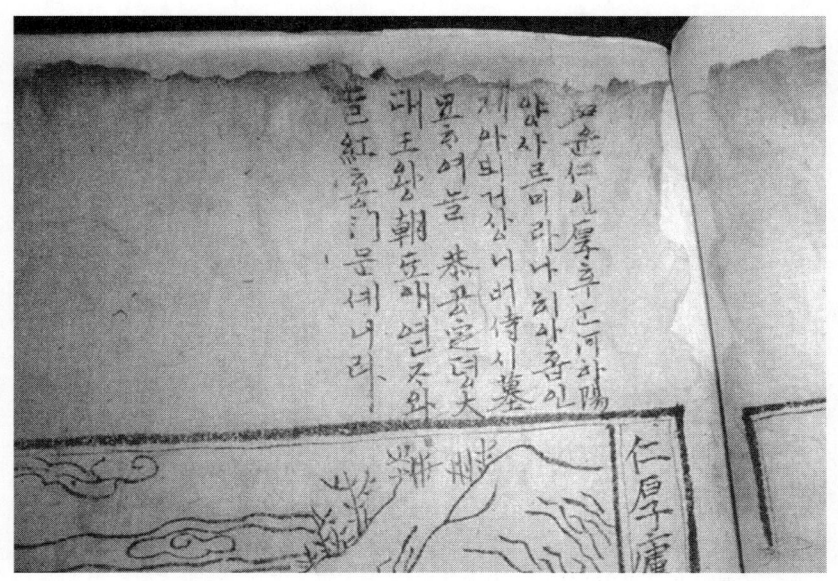

〈孝子圖 4ㄱ〉　　　　　　　　　　**仁厚廬墓 本國**

尹윤仁인厚후ᄂᆞᆫ 河하陽양 사ᄅᆞ미라 나히 아홉인 제 아븨 거상 니버 侍시墓묘ᄒᆞ여늘 恭공定뎡大대王왕 朝됴애 엳ᄌᆞ와늘 紅홍門문 셰니라

〈孝子圖 4ㄴ〉

尹仁厚。河陽人。年九歲。遭父喪。廬於墓側。恭定大王朝。事聞。旌閭

〈효자도 4, 인후여묘 본국〉 - 보사(補寫)한 부분.

이 장도 〈효자도 3〉과 함께 후대(16세기 후반~17세기)에 기워 쓴 부분임.

사르미라 사람이다. 다른 장에서는 '사르미라'로 표기되어 있다. 이것으로도 이 부분이 후대에 보사된 것으로 추정할 수 있다.
나히 나이가. 나ㅎ[歲]+이(주격).
아븨 아비의. 아비+의(관형격). 'ㅣ'로 끝나는 명사에 '의/이'가 오면 'ㅣ' 탈락함.
거상 거상(居喪). 상중(喪中)에 있음.
니버 입어. 닙-[遭]+어
侍墓(시묘) 부모의 거상 중에서 3년 간 그 무덤 옆에서 움막을 짓고 삶. 다른 부분에는 '侍씨墓모'로 되어 있다.
ᄒᆞ여늘 하거늘.
恭定大王(공정대왕) 조선 3대 태종(太宗)을 가리킴. '공정(恭定)'이라는 시호(諡號)는 중국 명나라에서 내린 것이다. 조선에서의 시호는 '성덕신공문무광효대왕(聖德神功文武光孝大王)'이다. 재위기간은 1402~1418년이다.
엳ᄌᆞ와ᄂᆞᆯ 여쭙거늘. 엳줍-+거늘. 다른 부분에 ':엳ᄌᆞ·ᄫᅡ·ᄂᆞᆯ'로 표기한 것은 당시의 표기는 ':엳ᄌᆞ와ᄂᆞᆯ'이 일반형이나, '삼강행실도' 표기를 따라 'ᄫ'을 유지한 것으로 보인다. 이렇게 'ᄫ'으로 표기한 예로는
① :엳ᄌᆞ·ᄫᅡ·ᄂᆞᆯ 〈효자도 2, 5, 6 7…〉
② 禮·례·다ᄫᅵ 〈열녀도 2〉
③ ᄆᆞ·리바ᄃᆞ·며 〈열녀도 19〉 등.
紅門(홍문) 홍살문. 능(陵), 원(園), 묘(廟), 대궐, 관아(官衙) 따위의 정면에 세우는 붉은 칠을 한 문. 둥근 기둥 두 개를 세우고 지붕 없이 붉은 살을 세워서 죽 박는다.
셰니라 세우니라. 셰-+니라
本朝(본조) 현재의 왕조.
本國(본국) 우리 나라.

✍ 중세국어에서 처격을 나타내는 격조사는 '애/에, 예, 의/의'가 있는데, 이 처격조사들은 서로 상보적 분포를 이루고 있어 '예'는 선행체언의 말음절 모음이 '이'/i/ 혹은 반모음 'ㅣ'/y/인 경우에, '애/에'는 선행체언의 모음에 따라 양성이면 '애', 음성이면 '에'가 실현되었다. '의/의'는 속격조사와 같은 형태이나 처격을 나타내는 특수한 처격조사이다.

[현대역] **인후가 여묘(廬墓)하다**

윤인후(尹仁厚)는 하양(河陽) 사람이다. 나이 아홉인 때 아비의 거상을 입어 시묘하거늘 공정대왕(恭定大王) 조(朝)에 (관아에서 이러한 사실을 조정에) 여쭙거늘 홍문을 세웠다.

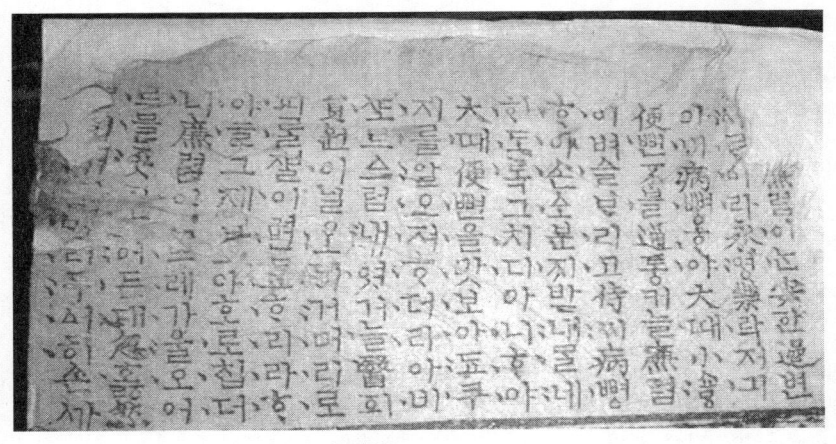

〈孝子圖 5ㄱ〉　　　　　　　姜廉甞氷 本國

[姜강]廉렴·이·는 安한邊변 :사ᄅ·미·라 永:영樂·락 저·긔 아[·비] 病·뼝·ᄒ
·야 大·때小:숖便·뼌 不·블通통커늘 廉렴·이 벼·슬 ᄇ·리·고 侍:씨病·뼝·ᄒ·야
·손·소 분·지 받·내·믈 :네 ·ᄒ·도·록 그·치·디 아·니·ᄒ·야 大·때便·뼌·을 ·맛
·보·아 :됴·쿠·지·를 :알·오·져 ·ᄒ·더·라 아·비 ·ᄯᅩ 브·스·럼 :내·엿·거·늘 醫희
員원·이 닐·오·ᄃᆡ :거·머·리·로 ·피·를 ᄲᆞᆯ·이·면 :됴·ᄒ·리·라 ·ᄒ야·늘 그제
[바야]호·로 ·침·더·니 廉렴·이 [·므]·레 ·가 :울·오 어·르·믈 :좃[·고] :어·든
·대 忽홇然[·션·히 :거]·머·리 두·서·히 손ᄭᅡ<5ㄴ>☞락·애 브[·터] ·나·거
·늘 가·져·다·가 브·스·르·믈 ᄲᆞᆯ·인·대 아·빅 病·뼝·이 ·즉제 :됴·하 ·나·히 아
[·흔 ·다]·ᄉ·시·도·록 :사·니·라 :열[·즈]·바·늘 紅홍門몬 :셰·니·라

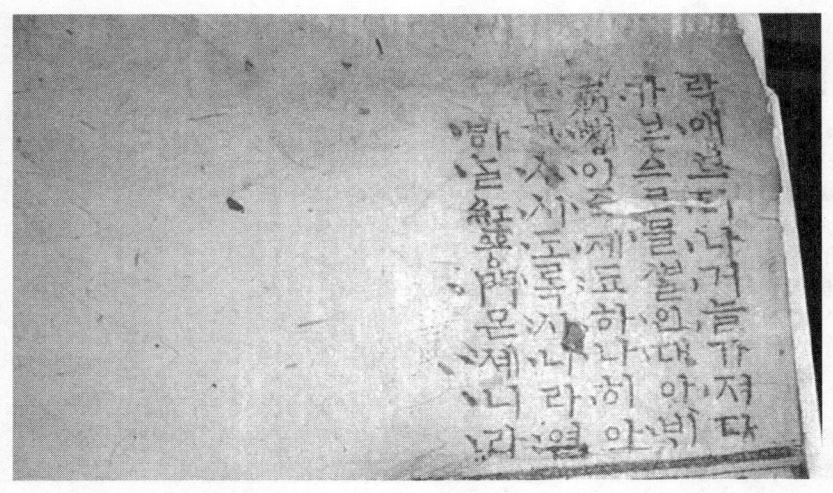

〈孝子圖 5ㄴ〉

姜廉。安邊人。永樂中。父淮祖。嘗患便澁不通。廉棄官侍病手奉溷器。四年不輟。至嘗糞以驗吉凶。父又患癰。醫云水蛭吮血可治。時方寒沍。廉就淵上呼泣。鑿氷求之。忽有水蛭數三。附手指而出。持以吮其癰。父病卽愈。壽至九十五歲。事聞。旌閭

〈효자도 5, 강렴착빙 본국〉

永樂(영락) 중국 명나라 성조의 연호(1403~1424).
져긔 적에, 때에. 적+의.
아비 아비가. 아비+ø주격.
病(병)ᄒ야 병이 들어.
大小便(대소변) 대변과 소변.
不通(불통)커늘 불통하거늘.
ᄇ리고 버리고. ᄇ리-[捨]+고.
시병ᄒ야 간병하여. 병구완하여.
두서히 두엇이. 두서ᄒ[二三]+이.
즉제 즉시, 곧. 15세기에는 '즉자히, 즉재' 형이 일반적이었다.
손소 손수.
분지 '분지'의 오각(동양문고본). 대소변 그릇, 똥과 오줌 그릇을 이르는 말. [糞-] cf. 분지(尿盆) <박초,상56>.
받내믈 받아냄을. 받-+내-(어근+어근)
☞ 중세국어의 복합동사는 부동사어미 '-아/어'를 두 개의 동사어간 사이에 개재시키는 통사적 합성어와 '동사어간+동사어간'으로 구성하는 비통사적 합성어가 있다.
네히도록 4년이 될 때까지. '도록'은 '드록'의 'ㅡ'에서 역행동화한 예.
그치디 끊지. 그치-(斷)+디
됴쿠지 좋고 궂음 [吉凶]. 둏-+궂-+이(명

사화접미사), 합성이 이루어진 다음에 다시 파생이 된 경우이다.
알오져 알고자. 알-+고져('ㄱ'약화)
내엿거늘 내었거늘. 났거늘.
브스럼 부스럼. 브스름(원각, 훈몽)
ᄲ이면 빨게 하면. ᄲ-+이(사동)+면, 사동의 경우는 분철로 표기된다.
됴ᄒ리라 쾌차할 것이다. 좋아질 것이다.
보야호로 바야흐로[方].
보야ᄒ로>보야호로>바야흐로.
조사 '-오로'는 '-ᄋ로'가 끝음절 모음 'ㅗ'의 영향으로 제1음절 'ᄋ'가 'ㅗ'로 역행동화 (원순모음화)한 것으로 본다. 보야호로(< 보야ᄒ로 효자도 5), 늙도록(<늙드록 효자도 36)
므레 물에. 믈>물(원순모음화).
좃고 쪼고, 뚫고, 깨고. 좃-[鑿]+고.
어든대 찾으니, 얻으니.
손까락애 손가락에. 분철표기 사례가 늘어남.
됴하 좋아, 좋아져. 둏[愈,癒]-+아
ᄲ인댄 빨리니. 빨게 하니까. ᄲ-+이+ㄴ댄
아비 아비의. 아비+이(관형격). 'ㅣ'탈락.
恭定大王(공정대왕) <효자도 4> 참조.

현대역 강렴이 얼음을 뚫다

강렴(姜廉)이는 안변(安邊) 사람이다. 영락(永樂) 때에 아비가 병들어 대소변을 보지 못하거늘 렴(廉)이 벼슬을 버리고 간병하여 손수 대소변 그릇을 받아 내는 것을 네 해 되도록 그만두지 아니하고 대변을 맛보아 좋고 나쁜지를 알고자 하였다. (그의) 아비가 또 부스럼이 났거늘 의원이 이르되 "거머리로 피를 빨리면 좋아지리라." 하거늘 그 때 바야흐로 춥더니 렴(廉)이 물에 가서 울고 얼음을 쪼고 찾으니 홀연히 거머리 두어 (마리)가 손가락에 붙어 나오거늘 가져다가 부스럼을 빨리니 아비의 병이 즉시 좋아져 나이 아흔다섯이 되도록 살았다. (관아에서 이러한 사실을 조정에) 여쭙거늘 홍문(紅門)을 세우니라.

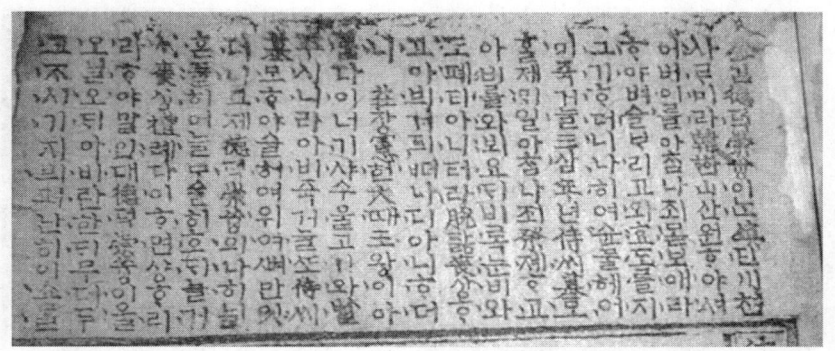

〈孝子圖 6ㄱ〉　　　　　　　　德崇全孝 本國

金김德·덕崇슝·이·논 鎭·딘川쳔 :사ᄅ·미·라 韓한山산 원ᄒ·야·셔 어버·이
·를 아츰 나죄 :몯 ·보·애·라 ·ᄒ·야 벼·슬 ᄇ·리고 ·와 :효·도·를 ·지·그·기
·ᄒ·더·니 ·나히 여:슌둘·헤 ·어·미 죽거·늘 三·삼年년 侍:씨墓·모 홀 제 :ᄆᆡ
일 아츰 나죄 祭·졔ᄒ·고 아:비·를 ·와 :뵈·요·ᄃᆡ 비록 :눈·비 :와·도 ·폐·티
아니터·라 脫탏喪샹ᄒ·고 아·븨 겨틔 ·ᄠᅥ나·디 ·아·니·ᄒ·더·니 莊장憲·헌
大:때王왕·이 아·ᄅᆞᆷ다·이 너·기·샤 수·울 고·기·와 ·ᄡᆞᆯ 주·시·니·라 아비 죽
거·늘 ·ᄯᅩ 侍:씨墓·모·ᄒ·야 슬·허 여·위·여 ·ᄶᅧ만 잇·더·니 그·제 德·덕崇슝
·의 ·나·히 닐·흔 :둘·히어·늘 ᄆᆞ·슬·히 ·호·ᄃᆡ 늘거셔 喪샹禮:례·다·이 ·ᄒ·면
샹ᄒ·리·라 ·ᄒ·야 말인·대 德·덕崇슝·이 :울·오 닐·오·ᄃᆡ 아·비·란 ·ᄒᆞᆫ·ᄃᆡ
무·더두·고 ·ᄌᆞ·시·기 지·븨 펴난히 이·쇼·ᄆᆞᆯ <6ㄴ>☞ ·ᄎᆞ·마 :몯·ᄒ·애·라
·ᄒ·더·라 새배 니·러 의식 무:덤 [앏]·ᄑᆡ ·가 :울·오 脫·탏喪샹ᄒ·고·도 더
·욱 슬·코 ·그·려 어버·의 샹·녜 안·썬 ·듸·를 ·보·와·든 恭공敬·경호·ᄆᆞᆯ
:산·적·ᄀᆞ·티 ᄒ·며 ·ᄯᅩ 祀[ᄊᆞ]堂땅·애 아츰 나죄 의·식 절ᄒ·고 朔:삭望·망
祭:졔·와 薦·쳔新신[을] ·궐·티 아·니ᄒ·며 :일 잇거·든 의식 告곻흔 :후
에·사 ·ᄒ·더·라 죽거·늘 :두 [아]·ᄃᆞᆯ 벼·슬:히·시·고 무·덤·의 碑비 :셰·시·니
·라

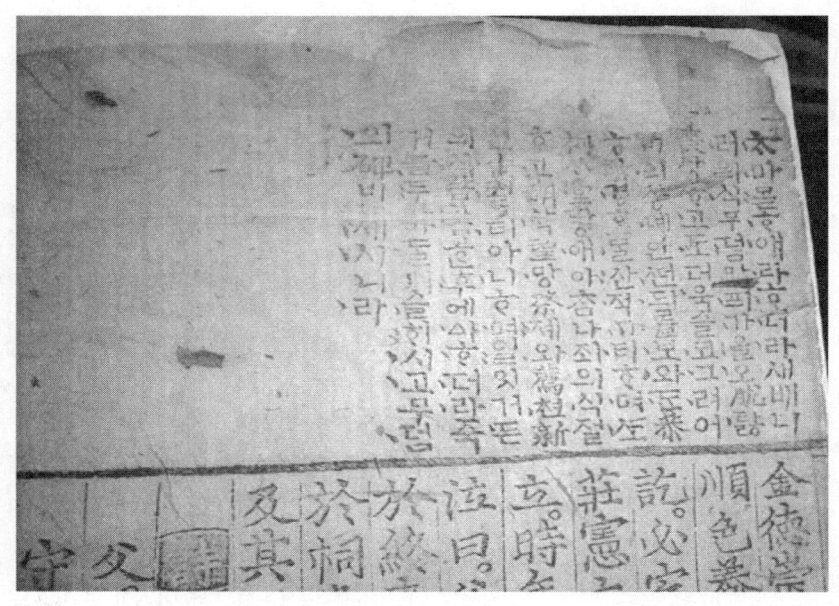

〈孝子圖 6ㄴ〉

金德崇。鎭川縣人。嘗宰韓山郡。念定省久曠。棄官而歸。承順色養至誠無怠。年六十二。遭母喪廬墓三年。每朝夕訖。必定省於父。雖雨雪不廢。眼闋。不離父側。奉養彌薦。莊憲大王。嘉其誠孝。特賜酒肉米。父亡。又廬墓。哀毀骨立。時年已七十二。鄕黨以衰年執喪。必至傷性。止之。德崇泣曰。父病於野。子安於家。吾所不忍。晨興。必哭于墳前。至於終喪。哀慕盖切。見父母平昔之座。輒哽咽敬之如在。又於祠堂晨夕必拜。朔望必祭。時物必薦。有事必告而後行。及其歿。命官其二子。立碑於墓。而旌之

〈효자도 6ㄱ, 덕숭전효 본국〉

金德崇(김덕숭)이는 김덕숭이는. '-이' 는 받침 있는 고유명사 뒤에 붙어 소리를 고루는 기능을 하여 접미사처럼 쓰이는 유사접사이다. 동국정운음은 德[·득].
어버이 어버이. 이 책에서는 '어버이'와 '어버싀'(효자도 13, 23 등)가 혼기되어 나타난다.
15세기 문헌에는 대개 '어버싀'로 나타난다.(석 6:3). 1475년 내훈(3:50)에는 '어버시'로 표기돼 특이한 모습을 보인다. '어버이'의 경우는 이 책의 예가 가장 빠르다.
원 ᄒᆞ야셔 원님[宰]을 하여서.
보애라 보는구나. 보아-+이라.
지그기 지극히. 지극+이.
나히 나이[歲]. 나ᄒ[年齡]+이(주격)
여슌둘헤 예순둘에. 둘ㅎ(ㅎ종성체언)+에
侍墓(시묘) 부모의 거상 중 3년간 그 무덤 곁에서 막을 짓고 사는 일을 말함.
아ᄎᆞᆷ나죄 아침저녁에. 아ᄎᆞᆷ+나죄.
뵈요디 뵙는데. 뵈-[謁]+오디
폐티 그만두지. 폐(廢)ᄒᆞ-+디
脫喪(탈상)ᄒᆞ고 어버의 3년상을 마치고.
겨틔 곁에.
ᄠᅥ나디 떠나지. ᄠᅥ나-+디

莊憲大王(장헌대왕) 조선 4대왕 세종(世宗)을 말한다. '장헌(莊憲)'은 명에서 준 시호(諡號)이다. 조선에서의 시호는 '영문예무인성명효대왕'(英文睿武仁聖明孝大王)이다. 재위기간은 1419~1450년이다.
아ᄅᆞᆷ다이 아름답게. 아ᄅᆞᆷ다비(월석 17:93) 아ᄅᆞᆷ다이.
너기샤 여기시어. 너기-+샤+아.
수을 술[酒]. 계림유사(1103)에는 '酥孛'(*수블), 조선관역어(1408)에는 '數本' (*수블), 15세기 문헌에는 '수울' (두초 8:28), '수을'(석 9:37), '술'(능 7:53) 등 세 가지 어형이 등장한다.
ᄡᆞᆯ 쌀[米]. ᄡᆞᆯ > 쌀. 漢菩薩(힌ᄡᆞᆯ)<계림유사>
여위여 야위어.
ᄆᆞᅀᆞᆯ히 마을(사람)이. ᄆᆞᅀᆞᆯㅎ[鄕]+이.
cf. 曹 마ᄉᆞᆯ 조<자회,중4c>
ᄲᅧ 뼈[骨]. ᄲᅧ>뼈
喪禮(상례)다이 상례대로, 장사의 예대로
샹ᄒᆞ리라 상[傷]할 것이다.
말인대 말리니까. 말이-+ㄴ대.
한듸 한데, 추운 데, 바깥에.
cf. ᄒᆞᆫ듸-한 곳에.

현대역 덕숭이 온전하게 효도를 하다

김덕숭(金德崇)이는 진천(鎭川) 사람이다. 한산(韓山)의 원님을 하면서 어버이를 아침저녁으로 못 보는구나 하여 벼슬을 버리고 (그만두고)와서 효도를 지극히 하더니 나이 예순둘에 어미가 죽거늘 삼 년 시묘할 때 매일 아침저녁에 제사하고 아비에게 와 보이되 비록 눈비가 와도 그만두지 아니하더라. 탈상하고 아비 곁에서 떠나지 않더니 장헌대왕(莊憲大王)이 아름답게 여기시어 술과 고기와 쌀을 주시었다. 아비가 죽거늘 또 시묘하여 슬퍼하여 여위어 뼈만 있더니 그때 덕숭의 나이 일흔둘이거늘 마을(사람)이 말하기를 늙어서 상례(喪禮)대로 하면 (몸을) 상하리라 하여 말리니 덕숭이 울고 이르기를 아비는 추운 데 묻어두고 자식이 집에 편안히 있는 것을

〈효자도 6ㄴ, 덕숭전효 본국〉

새배 새벽에. 새배[晨]+∅.
니러 일어나. 닐-[起]+-어.
의식 반드시.
☞ 15세기에는 나타나지 않는 어휘이다. 15세기 말 '신선태을자금탄'에서 처음으로 보이는데, (정우영, 1993 참조.) 16세기에는 경상도 간행 문헌에서 보인다. 15세기의 '반ᄃ기, 모로매, 당이'에 대응되는 단어이다. 중앙판에서는 '반ᄃ시'로 바뀌어 나타난다. 이러한 어휘의 출현은 방언화자나 간행지를 추측할 수 있는 근거가 될 수 있다.
그려 그리워하여.
울오 울고. 'ㄱ'을 약화시켜 'ㅇ'로 적음
지븨 집에. 집[家]+의(처격).
펴난히 편안히.
이쇼몰 있음을. 이시-[有] + -옴(명사형

어미) + 올(목적격 조사).
어버싀 어버이의. 어버싀+의.
샹녜 상례[常例], 항상.
보와돈 보거든. 보는데. '보아돈'에서 제2음절 '아→와'는 활음 'w' 첨가.
朔望祭(삭망제) 종묘나 문묘 따위에서 매달 초하룻날과 보름날에 간략하게 지내는 제사.
薦新(천신) 철따라 새로 난 과실이나 농산물을 먼저 신위(神位)에 올리는 일.
궐티 빠뜨리지. 궐[闕]+ᄒ+디.
의당 반드시. '의식'과 동의어로 사용함.
벼슬히이시고 벼슬하게 하시고, 벼슬시키시고.
후에ᅀᅡ 후에야.
☞ '-ᅀᅡ'는 중세국어에서 강세를 표시하는 첨사로 쓰였다. '沙>ᅀᅡ~사>아~야.

현대역 앞에 부분 계속 ☞

차마 못하겠도다 하였다. 새벽에 일어나 반드시 무덤 앞에 가서 울고 탈상하고도 더욱 슬퍼하고 그리워하여 어버이가 항상 앉던 데를 보면 공경하기를 살아 계실 때와 같이 하며 또 사당에 아침저녁으로 반드시 절하고 삭망제(朔望祭)와 천신(薦新)을 빠뜨리지 아니하며 (무슨) 일이 있으면 반드시 알리고 난 후에야 하더라. (김덕숭이가)죽거늘 (나라에서)두 아들을 벼슬하게 하시고 무덤에 비를 세우셨다.

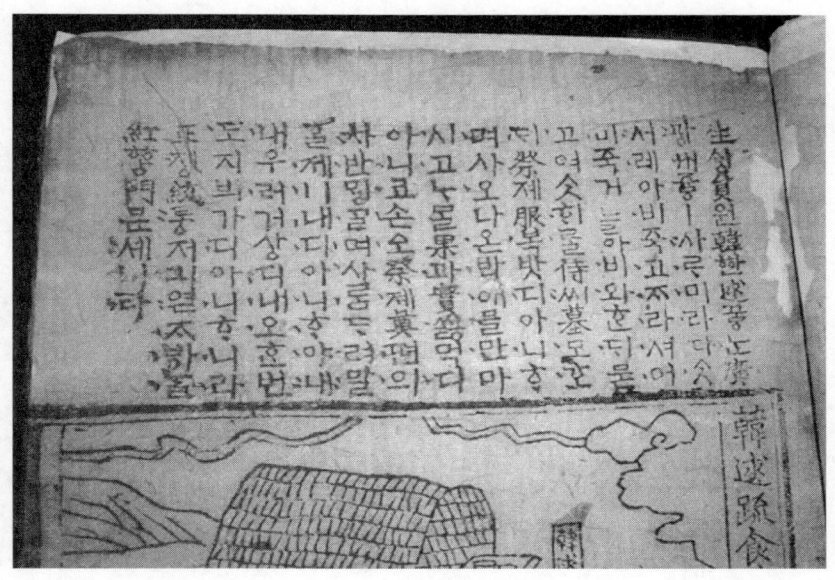

〈孝子圖 7ㄱ〉　　　　　　　　韓述疏食 本國

生싱員원 韓한述슗는 廣:광州즁ㅣ :사ᄅ·미·라 다·ᄉᆞᆺ :서·레 아비 죽고 ·ᄌᆞ·라·셔 ·어·미 죽거늘 아·비·와 ᄒᆞᆫ·ᄃᆡ 묻·고 여·ᄉᆞᆺ ·ᄒᆡ·를 侍:씨墓·모·호·ᄃᆡ 祭졔服·복 밧·디 아·니ᄒᆞ·며 사오나온 ·밥애 ·믈만 ·마시·고 ᄂᆞ·믈 果·과 實·씷 먹·디 아·니·코 ·손·소 祭·졔奠·뎐·의 ·차반 밍·ᄀᆞᆯ·며 ·사ᄅᆞᆷᄃᆞ·려 :말 ᄒᆞᆯ ·제 ·니 ·내·디 아·니ᄒᆞ·야 :내·내 우·러 거상:디·내·오 ᄒᆞᆫ번·도 지·븨 가 ·디 아·니ᄒᆞ·니·라 正·졍統:통 저·긔 :열·ᄌᆞ바·늘 紅紅門문 :셰·니·라

〈孝子圖 7ㄴ〉

生員韓述。廣州人。五歲父歿。及長喪母。合葬父墓。居廬六年。不脫絰帶。疏(疏)食水飮。不食荣菓。躬執尊饌。與人言。未嘗啓齒。泣血終喪。一不到家。正統中。事聞。旌閭

〈효자도 7, 한구소식 본국〉

生員(생원) 소과(小科)인 생원과에 합격한 사람.
韓逑(한구)는 한구는. 모음조화에는 '는'이 맞음.
廣州(광주)ㅣ 광주의. 廣광州쥬+ㅣ(속격조사)
사ᄅᆞ미라 사람이라. 원간본의 연철이 중간본에서는 '사름이라'로 분철됨.
서레 살에. 설[歲]+에.
ᄒᆞᆫ듸 한곳에. 함께.
묻고 묻-[埋]+고. 중간본에서는 '뭇고'로 되어 있다. 종성 'ㄷ' > 'ㅅ'은 7종성법에 의한 표기.
아·비 아비가. 아비+∅. 주격조사의 'ㅣ' 생략. '·비'가 거성이므로 성조의 변화 없음.

☞ 중세국어에서 주격을 표시하는 조사의 쓰임은 다음과 같다.
  (1) 체언어간의 말음이 자음일 때는 '이'로 실현됨.
  (2) 체언 말음이 '이'(i)나 'ㅣ'(y) 이외의 모음일 때 : 'ㅣ'(y)
  (3) 체언 말음이 '이'(i)나 'ㅣ' (y)로 끝나고 평성일 때: 주격조사 생략 (성조가 상성이 됨)
  (4) 체언 말음이 '이'(i)나 'ㅣ' (y)로 끝나고 거성이나 상성일 때: 주격조사 생략(성조 변화 없음)

侍墓(시묘)ᄒᆞ되 시묘하되. 侍墓란 부모의 거상 중 3년간 그 무덤 곁에서 막을 짓고 사는 일. 侍墓ᄒᆞ-+-오되.
밧디 벗지. 밧-[脫]+디(연결어미)
사·오나·온 사나온, 사오납-[疏]+-온> 사오나온. 15세기 중반 '사오나ᄫᆞᆫ'.
믈만 물만. 믈[水]>물(원순모음화)
ᄂᆞ물 나물. 15세기에는 ㅎ종성체언.
果實(과실) 과실. 중간본에는 '실과'로 되어 있다.
손소 손수. 손소>손조. 손소<청주55:22>.
祭奠(제전) 의식을 갖춘 제사와 갖추지 아니한 제사를 통틀어 이르는 말.
차반 음식.
ᄆᆡᆼᄀᆞᆯ며 만들며. 중간본에서는 'ᄆᆡᆼᄀᆞᆯ며>ᄆᆡᆼᄀᆞᆯ며'로 '·、'가 혼기됨.
사ᄅᆞᆷᄃᆞ려 사람에게. 사ᄅᆞᆷ+-ᄃᆞ려
니 내디 이빨을 나오게 하지. 니[齒] 내디.
디내오 지내고. 디내-+-고(ㄱ약화).
지븨 집에. 집[家]+-의(처격).
正統(정통) 중국 명나라 영종 때의 연호 (1436~1449). 우리나라에서는 세종(世宗) 때이다.
져긔 적에. 적+-의.
엳ᄌᆞ바ᄂᆞᆯ(:엳·ᄌᆞ·바·ᄂᆞᆯ) 여쭙거늘, 엳줍-+아ᄂᆞᆯ. 당시에는 '엳ᄌᆞ와ᄂᆞᆯ'(효자도 4)이었을 것이나, '삼강행실도'의 표기를 따라 'ㅸ'을 유지한 것으로 보임.

현대역 한구의 거친 밥

생원(生員) 한구(韓逑)는 광주(廣州) 사람이다. 다섯 살에 아비가 죽고 자라서 어미가 죽거늘 아비와 한곳에 묻고 여섯 해를 시묘하되 제복을 벗지 아니하며 거친 밥에 물만 마시고 나물과 과실을 먹지 아니하고 손수 제전(祭奠)에 차반을 만들며 사람들에게 말할 때 이빨을 내(보이)지 아니하여 내내 울어 거상 지내고 한 번도 집에 가지 않았다. 정통(正統) 때[세종 시대]에 (관아에서 이러한 사실을 조정에) 여쭙거늘 홍문(紅門)을 세웠다.

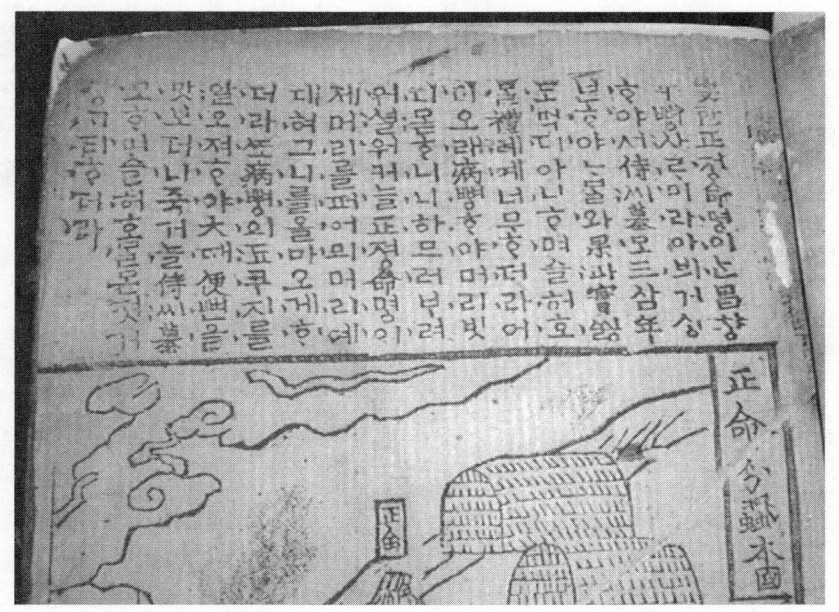

〈孝子圖 8ㄱ〉　　　　　　　　　正命分䘈 本國

安한正·정命·명·이·는 昌챵平뼝 :사ᄅᆞ·미·라 아·븨 거상 ᄒ·야[·셔] 侍:씨
墓:모 三삼年년·ᄒ·야 ᄂᆞ믈·와 果:과實·씷:도 먹·디 아니ᄒ·며 슬허 호 ·ᄆᆞᆯ
禮:례·예 너무 ·ᄒ·더·라 어·미 오래 病·뼝·ᄒ·야 머·리 빗·디 :몯ᄒ·니 ·니
·하 므·러 보·려·워 :셜·워커·늘 正·정命·명·이 제 머리·를 ·퍼 어·믜 머·리
·예 대·혀 그 ·니·를 올·마오·게 ·ᄒ·더·라 ᄯᅩ 病·뼝·의 :됴·쿠·지·를 :알
·오·져 ·ᄒ·야 大·때便·뼌·을 ·맛·보더·니 죽거·늘 侍:씨墓:모ᄒ·며 슬허 호
·ᄆᆞᆯ 몬졋 거상 ᄀ·티 ·ᄒ·더·라

〈孝子圖 8ㄴ〉

安正命。昌平縣人。嘗居父喪。廬墓三年。不食菜菓。哀毀過禮。母病沉(=沈)綿。久廢梳櫛。苦䘈繁癢悶。正命欲分癢。散其髮。承接母首。以分其䘈。又嘗糞以驗吉凶。及歿。守墓哀慕。一如前喪

〈효자도 8ㄱ, 졍명분슬 본국〉

아븨 아비의. 아비[父]+-의.
거상 居喪. 상중(喪中)에 있음.
侍墓(시묘) 부모의 거상 중에서 3년간 그 무덤 옆에서 움막을 짓고 삶.
누몰와 나물과. 누몰+와. 15세기에는 ㅎ 종성체언이었음. 누몰콰(9삼강.충25).
果實(과실) 과실. 중간본에는 '실과'로 표기되어 있다.
슬허호몰 슬퍼함을. 슳+어+ㅎ-+옴+올.
禮(예)예 예에. 례(禮)+예. 관례보다.
너무 너무. 넘+우(부사화접사). '너므'형 도 있음. 너므(박초,상 16).
病(병)ㅎ야 병들어. 중간본에는 '병드러' 로 표기되어 있다.
빗디 빗지. 빗[櫛]-+-디
☞ 'ㄷ>ㅈ'와 같은 구개음화는 17세기와 18세기의 교체기에 완성된 것으로 추정됨. 이 문헌 제작 당시에는 구개음화가 일어나지 않은 듯하다.
몯ᄒ니 못하니. 중간본에는 '못ᄒ여'로 표기되어 있어 'ㄷ'과 'ㅅ'이 혼기되는 예이다.
니 이[蝨].
하 매우. '하'[多]의 영변화 파생.
므러 물어. 믈-+어. 믈다>물다(원순모음화) '믈다'[咬]와 '물다'[갚다]는 의미가 달랐다.
ᄇ려워 가려워. 희귀어. ᄇ렵-+-어. 15세기 문헌에는 'ᄇ랍-'(구방, 하3).
셜워커늘 괴로워하거늘. 셜워ᄒ-+거늘. 셟-+어#ᄒ-+거늘.
제 자기의.
머리를 머리카락을.
퍼 풀어. 프-[散]+어→퍼.
어믜 어미의. 어미+의(속격)
대혀 대어. 대히-+어. 어간 '대히-'는 '다히-'(닿게 하다)의 다른 표기.
됴쿠지 좋고 궂음, 길흉
   둏-+궂-+이, 합성이 된 다음에 다시 파생된 단어이다.
올마오게 옮아오게. 옮-+아+오게.
알오져 알고자. 알-+고져. 'ㄹ'아래서 'ㄱ'약화.
맛보더니 맛보더니. 맛보-+더+니. '맛보-' 는 통사적합성어.
몬졋 먼저의. 몬져+ㅅ(속격)
   속격의 'ㅅ'은 무정물 용언 체언이나 존칭체언 뒤에 결합되는 속격조사이다.
ᄀ티 같이.
ᄒ더라 하더라.

현대역 졍명이 이[蝨]를 나누다

안졍명(安正命)이는 창평(昌平) 사람이다. 아비의 상(喪)을 당하여서 시묘(侍墓) 삼년 하여 나물과 과실도 먹지 아니하며 슬퍼함을 예(禮)보다 넘게 행하였다. 어미가 오래 병들어 머리 빗지 못하니 이[蝨]가 많이 물어 가려워 괴로워하거늘 졍명(正命)이 제 머리를 풀어 어미의 머리에 대어 그 이[蝨]를 옮아오게 하였다. 또 병이 좋고 나쁨을 알고자 하여 대변을 맛보더니 (어미가) 죽거늘 시묘(侍墓)하며 슬퍼함을 먼저의 거상(居喪)같이 하더라.

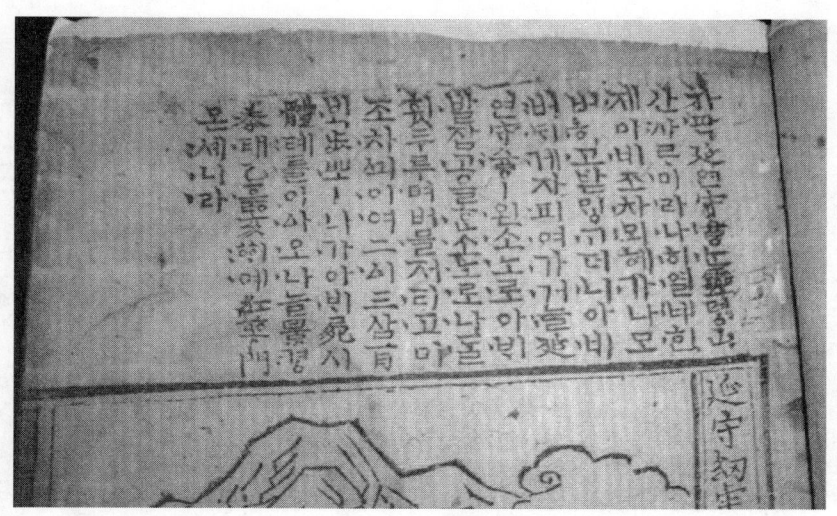

〈孝子圖 9ㄱ〉　　　　　　　　延守劫虎 本國

朴·팍延연守:슈·는 靈령山산 :사ᄅ·미·라 ·나·히 ·열:네·힌 ·제 아·비 조·차 :뫼헤 ·가 나모 버·히고 받 밍·ᄀ더·니 아·비 :버·믜·게 자피·여 ·가거·늘 延연守슈ㅣ ·왼 ·소·노·로 아·빅 ·발 잡·고 올·흔 ·소·노·로 ·나ᄃᆞᆯ 횟두루 ·며 버·믈 저·티고 미조·차 ᄭᅴ·이·여 二ᅀᅵ三삼百·빅 步·뽀ㅣ·나 ·가 아·비 屍시體:톄·를 아ᅀᅡ ·오·나ᄂᆞᆯ 景:경泰·태 乙·으ᇙ亥:ᅘᆡ·예 紅葒門몬 :셰·니·라

〈孝子圖 9ㄴ〉

朴延守。靈山人。年十四歲。隨其父入山谷。伐木爲田。其父爲虎所攬。延守左手執父足。右手揮鎌。劫虎追曳進數百步許。得父屍而還。景泰乙亥。旌表門閭

〈효자도 9, 연수겁호 본국〉

나히 나이[歲]. 나ㅎ(年齡)+이(주격)
열네힌 열네ㅎ+이-(계사)+-ㄴ.
제 때에. '저긔'로도 표현 가능함.
조차 좇아. 좇-[隨]+아.
뫼헤 산에. 뫼ㅎ[山]+에.
나모 나무[木].
　① 남ㄱ-남ㄱ란, 남근, 남굴, 남기, 남그로, 남근, 남긔, 남기, 남기라, 남기오.
　② 나모와, 나모 아래, 나모, 나못 불휘.
버히고 베고. 버히-+고.
받 밭[田]. 중간본의 '밧'은 7종성법.
밍ㄱ더니 만들더니. 밍굴-+더+니.('ㄹ'탈락)
버미게 범에게. 범[虎]+이게.
　중간본에는 '범의게'로 '이'가 '의'로 변화된 형태가 나타난다.
자피여 잡히어. 잡-[執]+히(사동접사)+어.
왼소노로 왼손으로. 왼손+오로, '-으로'가 '-오로'로 변화된 것은 끝음절 'ㅗ'모음의 역행동화 결과이다. 중간본에는 '왼손으로'로 분철됨.
나돌 낫을. 중간본에는 '낫을'로 표기되어 'ㄷ>ㅅ' 7종성표기와 분철 양상을 보임.
휫두르며 휘두르며. 횟-+두르-+며. 중간본에는 '휫쑤르며'로 표기되어 있다.
저티고 위협하고. 저티-[劫]+고. 15세기 '저리고'(법화2:118)의 오기일 가능성

도 있다. 참고로 중간본에는 '저히고'로 되어 있음.
미조차 뒤좇아. 뒤따라. 중간본에는 '미좃차'로 표기되어 있음.
　동국신속삼강행실도(효8:32)에는 '미조초 삼 년을 거상 닙다'로 표기되어 있다.
쯰이여 끌리어. 쯰싀->쯰이-. 중간본에는 '쯰이여'로 표기되어 있다.
아비 아비의. 아비[父]+이(속격). 중간본에는 '아븨'로 속격조사 '-이'가 '-의'로 표기됨.
아사 빼앗아. 앗-[奪]+아. 중간본에는 '아사'로 'ㅿ'이 'ㅅ'으로 교체됨.
오나늘 오거늘. 선어말 '-나-'는 '오다'류 동사에만 선택되는 형태론적 이형태.
景泰(경태) 중국 명나라 대종 때의 연호(1450~1456). 조선에서는 4대 세종(世宗) 때부터 문종(文宗), 단종(端宗), 세조(世祖) 2년까지의 기간이다.
乙亥(을해)예 을해년에. 世祖元年 1455년에.
紅門(홍문) 홍살문. 능(陵), 원(園), 묘(廟), 대궐, 관아(官衙) 따위의 정면에 세우는 붉은 칠을 한 문. 둥근 기둥 두 개를 세우고 지붕 없이 붉은 살을 죽 박아 세움.
셰니라 세우니라. 셰-(평성)+ㅣ(사동접미사)+니라

현대역 연수가 호랑이를 위협하다

박연수(朴延守)는 영산(靈山) 사람이다. 나이 열 넷인 때 아비를 좇아 산에 가서 나무를 베고 밭을 만들었는데, 아비가 범에게 잡히어 가거늘 연수(延守)가 왼손으로 아비의 발을 잡고 오른 손으로 낫을 휘두르며 범을 위협하고 뒤좇아 끌리어 이삼백 보나 가서 아비의 시체를 빼앗아 오거늘 경태(景泰) 을해(乙亥)에 홍문(紅門) 세웠다.

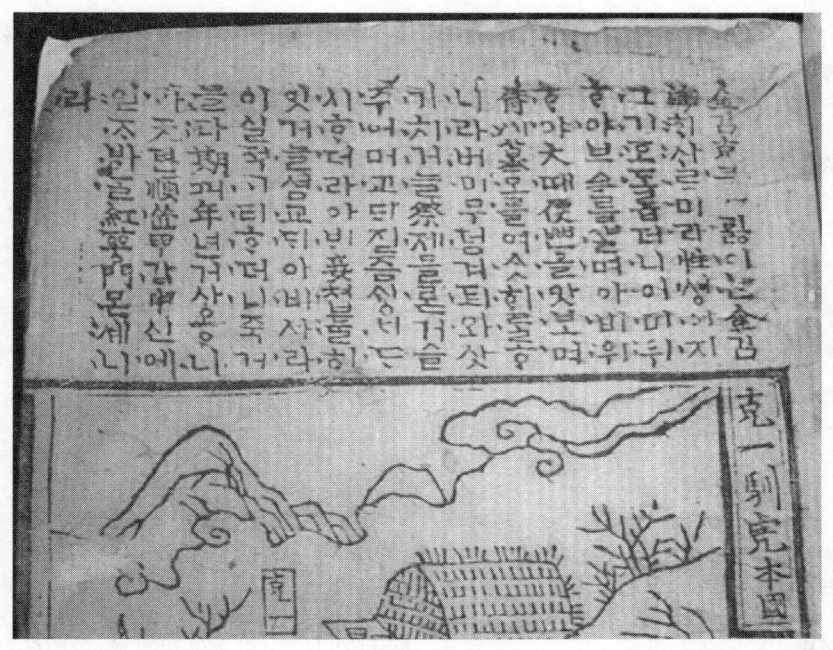

〈孝子圖 10ㄱ〉　　　　　　　　克一馴虎 本國

金김克[큭]一· 읋·이·는 金김海:· 히 :사 ᄅ·미·라 性·셩·이 ·지·그·기 :[효]·도롭
더·니 ·어·미 :위ᄒ·야 브스름 ·셜·며 아비 :위·ᄒ·야 大·때便·뽄·을 ·맛·보·며
侍:씨墓·모·를 여·ᄉ·힌·를 ᄒ·니·라 ·버·미 무덤 겨·틔 ·와 삿·기 ·치·거·늘
祭·졔 믈론 거슬 ·주·어 머교·딕 집즘·싱 ·치ᄃ·시 ·ᄒ·더·라 아비 妾·쳡 :둘
·히 잇거·늘 셤교·딕 아비 사라 이실 적 ·ᄀ·티 ·ᄒ·더·니 죽거·늘 :다 期끠
年년 거상ᄒ·니·라 天텬順·ᅲᆫ甲·갑申신·에 :연·ᄌ·바·늘 紅홍門·몬 :셰·니·라

〈孝子圖 10ㄴ〉

金克一。金海人。人性至孝。爲母吮疽。爲父嘗糞。前後廬墓六年。
有虎乳於墓傍。取祭餘飼之。如養家畜。父有賤妾二人。事之如父生
時。及死。並服期年。天順甲申。事聞。旌門

〈효자도 10, 극일순호 본국〉

셩이 성품이. 셩(性)+이.
지그기 지극히. 지극(至極)+이(부사화 접사).
효도롭더니 효성스럽더니. 효도+롭+더+니. 롭>롭.
☞ 파생접미사가 '-롭-'은 기원적으로 '-답-'과 관련을 맺고 있다. 구조주의적인 관점에서의 조어법 연구에서는 '새롭-, 외롭-'과 같은 파생어를 '관형사+파생접미사'로 파악하였다(김계곤1969, 최현배 1937/1971). 이들 단어는 '새, 외'가 명사이던 시기에 결합한 것이라는 주장(송철의 1983, 구본관 1992)도 제기되고 있다. 또한 김창섭(1984)에서는 '-롭-'의 의미를 '어기의 속성이 풍부히 있음' 정도로 파악하기도 하였다.
브스름 부스럼. 브스름(원각, 자회). 중간본에는 '브으름'로 되어 있다.
섈며 빨며. 섈-[吸]+며.
여슷 여섯. 여슷(15C), 여슷>여섯
ᄒ니라 시묘를 살았다.
버미 범이. 범[虎]+이(주격조사).
겨틔 곁에. 곁+의(처격).
삿기 새끼. 삿기>새끼.
믈론 거슬 물린 것. 므르-[退]+오+ㄴ. 것+을. 제사 지내고 물린 것을.

중간본에는 '무로온 것을'로 표기됨.
머교딕 먹이되. 먹-+이(사동)+오딕(전제와 설명의 연결어미). 중간본에는 '먹이되'로 의도법의 '-오-'가 생략된다.
짐즘싱 집짐승. 가축(家畜). '짓즘싱'의 이표기. 이웃짓 브름[隣火](두초7:6). 중간본에는 '집즘싱'. 즘싱>짐승.
치ᄃ시 치듯이,기르듯이. 치-[養]+ᄃ+이.
아비 아비의. 아비[父]+-의(속격). 중간본에는 '아비의'로 되어 있음.
둘히 둘이. 둘ㅎ[二]+이.
셤교딕 섬기되. 섬기-+오딕.
중간본에는 '섬기되'로 의도법의 '-오-'가 쓰이지 않았다.
☞ 중세국어에서 의도법의 선어말어미 '-오/우-'는 주관적 의도가 개재된 동작이나 상태를 나타내는 기능을 한다.
사라 살아. 살-+아.
이실 이실. 이시-+ㄹ.
期年(기년) ① 한 돌이 되는 해. ② 기한이 된 해.
天順(천순) 중국 명나라의 영종 때의 연호.(1457~1464). 조선에서는 제7대왕 세조대에 해당한다.
甲申(갑신)에 여기서는 조선 세조대의 1464년을 가리킨다.
엳즈ᆞ바놀 여쭙거늘. (효자도 7 참조)

현대역 극일이 범을 길들이다

김극일(金克一)이는 김해(金海) 사람이다. 성품이 지극히 효성스럽더니 어미를 위하여 부스럼을 빨며 아비를 위하여 대변을 맛보며 시묘를 여섯 해를 살았다. 범이 무덤 곁에 와서 새끼 치거늘 제사 물린 것(음식)을 주어 먹이되 집짐승 치듯이 하였다. 아비의 첩이 둘이 있거늘 (그들) 섬기기를 아버지가 살아 있을 때 같이 하더니 죽거늘 다 정해진 기간 동안 거상(居喪)하였다. 천순(天順) 갑신(甲申)에 (관아에서 이러한 사실을 조정에) 여쭙거늘 홍문(紅門)을 세웠다.

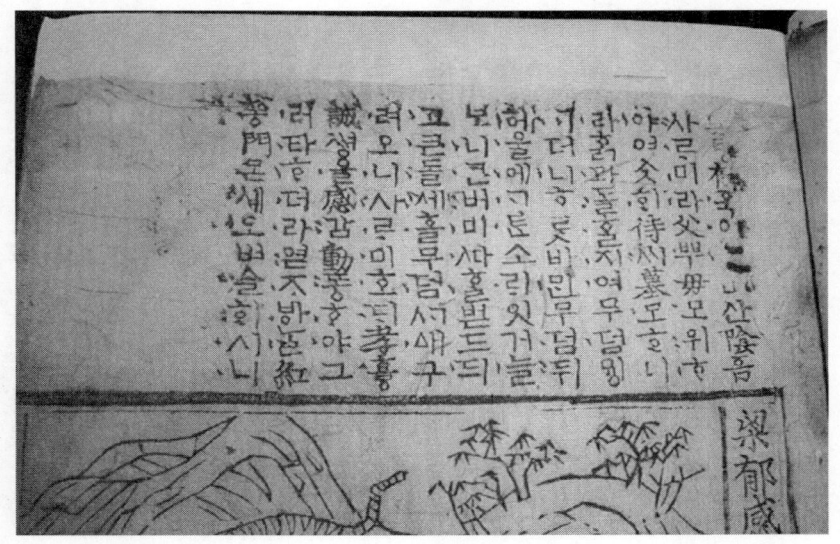

〈孝子圖 11ㄱ〉　　　　　　　　　**梁郁感虎 本國**

[梁량]郁·욱·이·는 山산陰음 :사ᄅ·미·라 父·뿌母·모 :위ᄒ·야 여슷 ·ᄒㅣ 侍
:씨墓·모ᄒ·니·라 흙·과 :돌·흘 ·지·여 무·덤 밍·ᄀ·더·니 ᄒᆞᄅᆞᆺ 바·민 무·덤 :뒤
·헤 ·울·에 ·ᄀ·튼 소·리 잇·거·늘 보·니 큰 :버·미 ·싸·흘 번드·듸·고 큰 :돌
:세·흘 무·덤 ᄉ·새 구·려오·니 :사ᄅ·미 ·효·뎌 孝·흉誠쎵·을 感:감動·똥
·ᄒ·야 그·러·타 ·ᄒ·더·라 :연·ᄌ·바·ᄂᆞᆯ 紅:홍門몬 :셰·오 벼·슬 :히·시·니
[·라]

〈孝子圖 11ㄴ〉

梁郁。山陰人。爲父母廬墓六年。嘗擔土負石。營其墓。一夜墓後。有聲如雷。見大虎據地。轉三大石。至墓側。人以爲孝感所致。事聞。旌閭賞職

〈효자도 11, 양욱감호 본국〉

梁郁(양욱)이논 양욱이는. '-이'는 받침 있는 고유명사 뒤에 붙어 소리를 고루는 기능을 하여 접미사처럼 쓰이는 유사접사이다.

父母(부모) 부모를.
동국정운식 발음은 '부무'이다. 여기 '부모'는 현실음을 반영한 것이다. 이 때는 현실음을 쓰던 시대여서 한자음 표기원칙을 어기게 된 것이다.

☞ 중세국어의 목적격조사는 'ㄹ'이다. 체언이 갖는 음운조건에 따라서 목적격 조사 'ㄹ'은 몇 가지 이형태를 갖는다. ①체언의 말음이 자음일 경우에는 연결모음 'ᄋ/으'가 삽입되어 '올/을'이 되고, ②말음이 모음일 경우에는 'ㄹ' 또는 '롤/를'이 나타나는데, 후자는 기원적으로 목적격조사의 기본형 'ㄹ'에 다시 '올/을'이 결합한 중가형이다. ③ '올/을', '롤/를'의 교체는 모음조화에 의해 선택된다.

흙 흙[土]. ᄉ>ᄒ의 변천을 보여주는 예이다.

돌홀 돌[石]을. '돌ㅎ'은 ㅎ종성체언.

지여 지어. 지-[負]+-여(어미 '-어'의 이형태).

밍ᄀ더니 만들더니. 밍글-+더+니.(어간 '밍글'은 'ㄷ, ㄴ'으로 시작하는 어미와 결합하면 'ㄹ'이 탈락됨.)

ᄒᆞᄅᆞᆺ 하루의, 하룻. ᄒᆞ리[一日]+ㅅ.

바민 밤에는. 밤[夜]+이(처소격)+ㄴ(보조사).

뒤헤 뒤에. 뒤ㅎ[後]+에

울에 우레[雷]. 15c 울-+에. 한글맞춤법(1989)에서 '우뢰→우레'로 표준어가 바뀜.

소리 소리가. 15세기 문헌어는 '소리'가 일반적임.

싸홀 땅을. 싸ㅎ[地]+올.

벋드듸고 벋디디고. 버티어 디디고. 하향이중모음 '-의' 아래에서 어미 '-고'의 'ㄱ'이 약화되지 않음이 특이함.

세홀 셋을. 세ㅎ+올.

무덤ㅅ새 무덤가에. 무덤+ㅅ+ᄀᆞᅀᅢ. 사잇소리 현상. 'ᄭ'처럼 된소리로 발음됨을 표기에 반영한 것임.

구려오니 굴려오니. '구리-'는 '그울-'에 사동접사 'ㅣ'가 통합한 파생어. '구려-'는 '구리-'에 '오-'가 통합한 합성어.

셰오 세우고. 셰고>셰오(y 아래서 'ㄱ→ㅇ'교체). 같은 기사문에서 '셰고'(효 21ㄴ)는 'ㄱ→ㅇ' 교체가 반영 안 된 점이 특이함.

현대역 **양욱이 범을 감동시키다**

양욱(梁郁)이는 산음(山陰) 사람이다. 부모를 위하여 여섯 해를 시묘(侍墓)하였다. 흙과 돌을 지어다 무덤을 만들더니 하룻밤에는 무덤 뒤에 우레 같은 소리가 있거늘 보니 큰 범이 땅을 벋디디고 큰 돌 셋을 무덤가에 굴려오니 사람이 말하되 (범이 양욱이의) 효성에 감동하여 그렇다고 하더라. (관아에서 이러한 사실을 조정에) 여쭙거늘 홍문(紅門) 세우고 벼슬을 시키셨다.

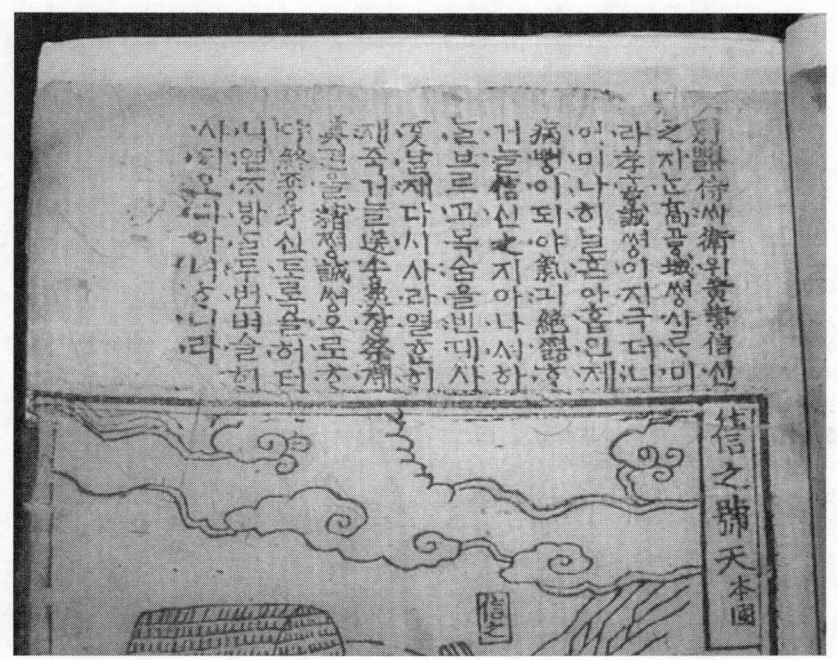

〈孝子圖 12ㄱ〉　　　　　　　　信之號天 本國

別·뼐侍·씨衛·위 黃횡信·신之지·는 高곻城셩 ·사ㄹ·미·라 孝·횰誠셩·이
·지·극더·니 ·어·미 ·나·히 닐·흔아홉·인 ·제 病·뼝·이 되·야 氣·긔絶·쩛ᄒ
·거·늘 信·신之지 아나셔 하ᄂᆞᆯ 브르·고 ·목:숨·을 :빈·대 사 ᄒᆞᆺ날:재 다시
사라 ·열흔 ·히ː재 죽거늘 送·송葬·장祭·제[奠·뎐]·을 精졍誠셩·으·로 ·ᄒ
·야 終죵身신·토·록 슬허터·니 :연·ᄌᆞ바·ᄂᆞᆯ :두 ·번 벼·슬 :히·샤디 오디
아니·ᄒ·니·라

〈孝子圖 12ㄴ〉

別侍衛黃信之。高城人。孝誠純至。母年七十九。疾草氣絶。信之抱
持。號天乞命。至三日乃甦。後十一年而歿。葬祭盡誠。哀墓終身。
事聞。再授官。不至

〈효자도 12, 신지호천 본국〉

別侍衛(별시위) 조선 시대에 5위 가운데 용양위에 속한 장교 부대. 내금위의 취재에 뽑힌 사람과 무과 복시에서 화살 여섯 대 이상을 맞힌 사람을 뽑아서 편성하였다.
지극더니 지극하더니. '지극ᄒ더-'형과 '지극더-'형이 공존함.
나히 나이가. 나ᄒ[歲]+-이(주격)
닐흔아홉인 일흔아홉[七十九]인.
목숨을 목숨을. 분철.
제 적에, 때에.
되야 (병이) 심하여져서. 되-+야.
氣絶(기절)ᄒ거늘 기절하거늘.
아나셔 안아서. 안-+아(어미)+시[有]+어.
하ᄂᆞᆯ 하늘[天]. 天曰漢捺<계림유사>.
브르고 부르고[號].
빈대 비는데. 비니까. 빌-+ㄴ대.

사ᄒᆞᆯ날재 사흘날째. '재'는 차례를 나타내는 접미사로, '짜히, 짱, 차히, 자히' 등 여러 형태가 사용되었다.
送葬(송장) 죽은 이를 장사 지내어 보내는 일. 혹은 장송(葬送).
祭奠(제전) 의식을 갖춘 제사와 갖추지 아니한 제사를 통틀어 이르는 말.
슬허터니 슬퍼하더니. 슳-+어+ᄒ+더+니. '슳-'과 'ᄒ-'가 어미 '어'를 매개로 결합하여 '슬허ᄒ-'가 됨. '슬허ᄒ더-'형 (석6:38)과 공존함.
연ᄌᆞ바ᄂᆞᆯ 여쭙거늘. (효자도 13 참조)
벼슬히샤ᄃᆡ 벼슬을 하게 하시되. 벼슬을 시키시되. 어간 '벼슬히-'는 '벼슬+ᄒ-+-이-(사동접미사)'.

현대역 황신지가 하늘을 부르다

별시위(別侍衛) 황신지(黃信之)는 고성(高城) 사람이다. 효성이 지극하더니 어미 나이 일흔 아홉인 때 병이 심해져서 기절하거늘 신지(信之)가 안아서 하늘을 부르고 목숨을 비니 사흘날 째 다시 살아서 열한 해 째 죽거늘 송장(送葬)제전(祭奠)을 정성으로 하여 종신토록 슬퍼하였다. (관아에서 이러한 사실을 조정에) 여쭙거늘 두 번 벼슬을 시키시되 오지 아니하였다.

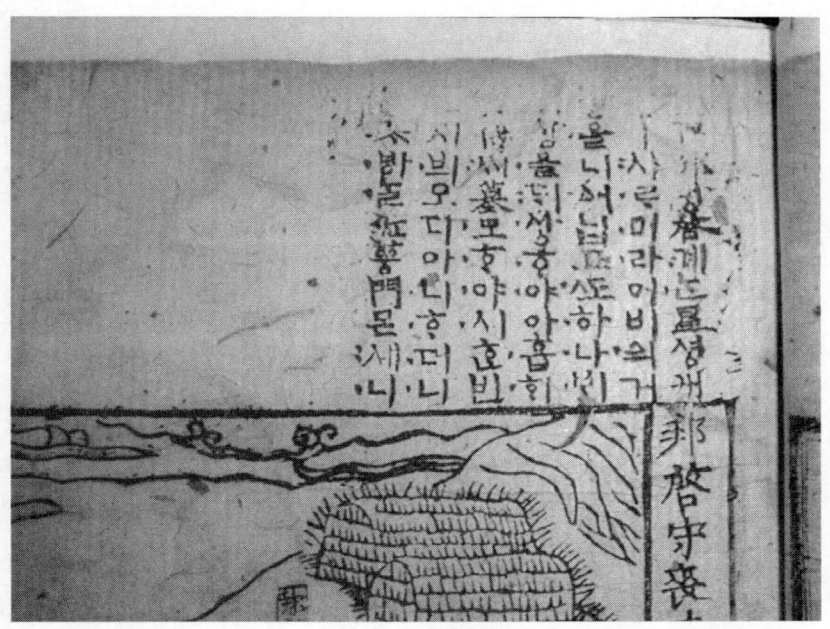

〈孝子圖 13ㄱ〉　　　　　　　　邦啓守喪 本國

[金김邦방]啓:계·ᄂᆞᆫ 星셩州[쥬] ᅵ :사ᄅᆞ·미·라 어버·ᅴ 거[상]·을 니·ᅀᅥ 닙고 ·또 ·하나·빈 [거]상·을 :디·샹·ᄒᆞ·야 아홉·ᄒᆡ[를] 侍:씨墓·모·ᄒᆞ·야·셔 ᄒᆞᆫ 번[·도] 지·븨 오·디 아니 ·ᄒᆞ·더·니 [:열]·ᄌᆞ·바ᄂᆞᆯ 紅홍門몬 :셰·니[·라]

〈孝子圖 13ㄴ〉

金邦啓。星州人。連遭父母喪。又代祖父喪。凡九年廬墓。一不到家。事聞。旌閭

〈효자도 13, 방계수상 본국〉

星州(성주)ㅣ 성주의. 성쥬+ㅣ(속격조사)
☞ 선행체언의 말음절이 모음으로 끝날 때 속격조사는 'ㅣ'로 실현된다. 그러나 '셩쥬'의 쥬의 동국정운식 표기는 '즁'이다. 따라서 'ㅣ'가 붙은 것은 현실음 /쥐/에 가깝게 표기하면서 속격의 기능까지도 나타내기 위한 것임.

✎ 현실한자음
'육조법보단경'(1496)이나 '신선태을자금단'(1497)에서는 이미 현실음화되어 있으며, 1485년 '관음경언해', '영험약초'가 마지막 동국정운 한자음을 표기한 문헌이다. 또한 '한글판 오대진언'(1476)에는 모두 현실음이 달려 있다. 일찍부터 관판을 제외하고는 현실음으로 읽고 있었음을 짐작할 수 있다.

어버싀 어버이의. 어버싀+-의.
앞 음절이 양성이면 '·ㅣ'(아비, 올히), 음성이면 '-ㅢ'(어믜).

거상 居喪. 상중(喪中)에 있음.
하나비 할아버지의. 한-+아비+이→하나비+이, 후에, '한-'이 '할-'로 변화되어 '할아비'가 되었다.
니서 이어[連]. 연하여. 닛-+-어.
닙고 입고. 닙-+고.
딕샹ᄒᆞ야 (아버지) 대신 상복을 입어.
지븨 집에. 집[家]+의(특수처소격).
엳ᄌᆞᆸ와ᄂᆞᆯ 여쭙거늘, 엳줍-+-아ᄂᆞᆯ, '엳ᄌᆞ와ᄂᆞᆯ'이 당시의 일반적인 표기이나, '삼강행실도'와 같이 'ㅸ' 표기를 유지한 것이다. 이는 임금 등 상위자에 대한 공경의 표시일 가능성도 있다.
'ㅸ'이 쓰인 의고적인 표기는 다음과 같다.
① :엳ᄌᆞ·바ᄂᆞᆯ <효자도 2, 5, 6 7…>
② 禮·례·다비 <열녀도 2>
③ 믈·리바ᄃᆞ·며 <열녀도 19>
셰니라 세우니라. 셔[立](평성)-+·이(거성)→:셰(상성)으로 변동한다.

[현대역] **방계가 거상을 지키다**

김방계(金邦啓)는 성주(星州) 사람이다. 어버이의 거상(居喪)을 이어서 입고 또 할아버지의 거상(居喪)을 대신 입어 아홉 해를 시묘(侍墓) 살아서 한 번도 집에 오지 아니하였다. (이같은 사실을 조정에) 여쭙거늘 홍문(紅門)을 세웠다.

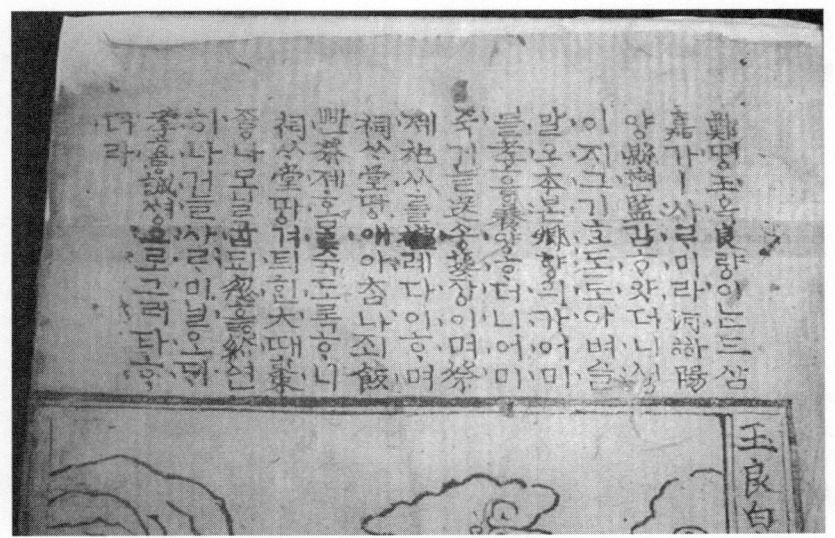

〈孝子圖 14ㄱ〉 　　　　　　　　玉良白棗 本國

鄭·뎡玉옥·良량·이·논 三삼嘉가ㅣ :사ᄅᆞ·미·라 河하陽양 縣·현監감·ᄒᆞ·얏·더·니 :셩·이 ·지·그·기 ·효·도·로·아 벼·슬 ·말·오 本:본鄕향·의 :가 ·어·미·를 孝횰養:양·ᄒᆞ·더·니 ·어·미 죽거·늘 送·송葬·장·이·며 祭·졔祀·ᄊᆞ를 禮:례다·이 ᄒᆞ·며 祠ᄉᆞ堂땅·애 아ᄎᆞᆷ 나죄 飯·빤祭·졔·호·ᄆᆞᆯ 죽·도·록 ᄒᆞ·니 祠ᄉᆞ堂땅 겨·틔 ·힌 大·때棗·좁 나모 닐·굽 :뒤 忽·홇然·션·히 ·나거·늘 :사·ᄅᆞ·미 닐·오·딘 孝·횰誠쎵·으·로 ·그·러타 ·ᄒᆞ·더라

〈孝子圖 14ㄴ〉

鄭玉良。 三嘉人。 仕爲河陽縣監。 性至孝。 棄官歸鄕里。 奉養其母。 母歿。 葬祭以禮。 家廟朝夕上食。 從其身。 廟傍忽生白棗七株。 人以爲孝感

〈효자도 14, 옥량백조 본국〉

鄭玉良(정옥량)이논 정옥량이는. '-이'는 받침있는 고유명사 뒤에 붙어 소리를 고루는 기능을 하여 접미사처럼 쓰이는 유사접사이다.

三嘉(삼가)ㅣ 삼가의. 삼가+ㅣ(속격조사)

☞ 속격조사 '익/의'는 선행체언의 모음이 양성모음이면 '익', 음성모음이면 '의'로 나타난다. 속격조사 'ㅣ'는 선행체언의 말음절이 모음으로 끝날 때 실현된다.

셩이 성품이. 셩(性)+이(주격)

지그기 지극히. 지극(至極)+이(부사화 접사). '지극히'<장수경18ㄴ>

효도로아 효성스러워. 효도를 잘하여 '롭+아→로아'는 '돕-+아→도아','눕-+어→누어'처럼 /w/탈락형.

벼슬 말오 벼슬말고, 벼슬을 그만두고. 한문에는 '棄官'으로 '벼슬을 그만두다'로 되어 있다.

本鄉(본향)의 본향에. 본향(本鄉)+의(처격)

孝養(봉양)ᄒ더니 효성으로 봉양하더니.

送葬(송장) 죽은 이를 장사 지내어 보내는 일. 혹은 장송(葬送).

禮(예)다이 禮대로('답다'는 아님). 한문에는 '以禮'로 '예로써'로 해석될 수 있다.

祠堂(사당) 신주를 모셔 놓은 집. 家廟.

아ᄎᆷ나죄 아침저녁에. 아ᄎᆷ+나죄. 한문 '朝夕'에 대한 번역.

飯祭(반제)호ᄆᆞᆯ 밥을 올리는 제사를 지냄을. 반졔(飯祭)+-홈+-ᄋᆞᆯ

죽도록 죽을 때까지. 종신토록. (15세기) 죽ᄃᆞ록 > (16세기) 죽도록 ('ᄃᆞ록'에서 원순성역행동화에 의한 결과)

겨틔 곁+의(처격), 밝+의('의'만 취하는 특수처격) 밝의. 우희, 밑의, 곁의, 뼉.

大棗(대조) 대조>대초>대추, '구급방언해'에서는 '棗'가 '조' 또는 '초'로 나타난다.

나모 나무[木]. 특수곡용체언.
① 남ㄱ-남ᄀ란, 남ᄀᆫ, 남ᄀᆯ, 남기, 남ᄀ로, 남기, 남기라, 남기오.
② 나모와, 나모 아래, 나모, 나못 불휘.

닐굽 일곱[七].

되 그루[株]가. 됴(평셩)+ㅣ(주격,거셩) = :됴, '됴'는 '條가지 됴'<자회,하2ㄴ>로 파악한 결과일 것으로 추정한다.

忽然(홀연) 홀연 'ㅣ'보다는 'y' 앞에서 △이 탈락하는 예가 많다. △의 소실은 15세기 후반부터이다.
1481 '두시언해'에 人事-신사>인사, 每日-매실>매일, 然-연>연, 每常-매샹>매양 등 15세기에 이미 △>ㅇ의 표기가 나타난다.
그러나 '兒'는 'ᅀᆞ'로 천자문까지 유지되었다.

현대역 옥량이의 흰 대추나무

정옥량(鄭玉良)이는 삼가(三嘉) 사람이다. 하양(河陽) 현감(縣監)을 하였더니 성품이 지극히 효도로와서 벼슬을 그만 두고 본향(고향)에 가 어미를 효성으로 봉양하였다. 어미 죽거늘 송장(送葬)이며 제사를 예(禮)대로 하며 사당(祠堂)에 아침저녁에 밥 제사함을 죽을 때까지 하니 사당(祠堂) 곁에 흰 대추나무 일곱 그루가 홀연히 나거늘 사람이 이르기를 효성으로 그렇다고 하더라.

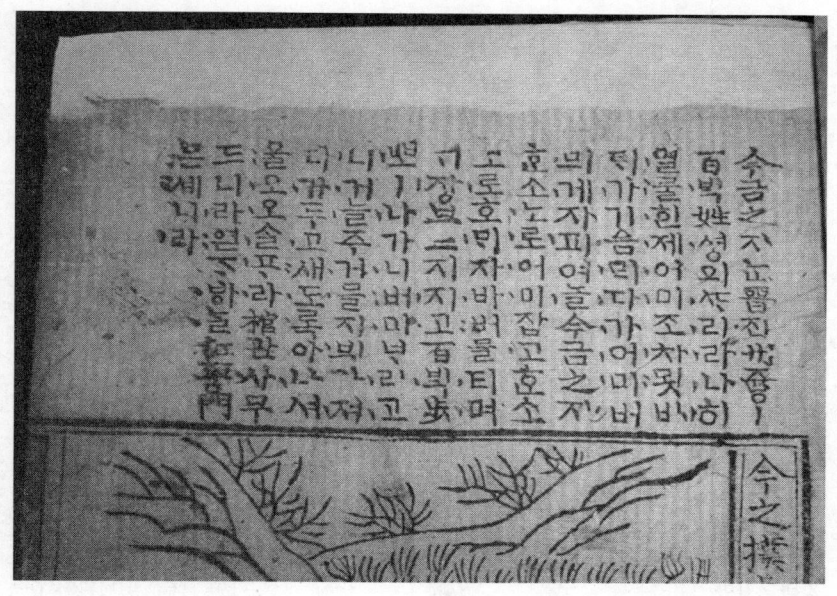

〈孝子圖 15ㄱ〉　　　　　　　　**今之撲虎 本國**

今금之지는 晋·진州쥬ㅣ 百·빅姓·셩의 ·ᄯᆞ·리·라 ·나·히 ·열:둘·힌 ·제 ·어·미 조·차 :묏바·틔 ·가 기·슴 ·미·다가 ·어·미 버·믜·게 자피여·늘 今금之지 혼 소·노·로 ·어·미 잡·고 혼 소·노·로 호·믜 자바 :버·믈 ·티·며 ᄀᆞ·쟝 브[르]지·지·고 百·빅步·뽀ㅣ·나 가·니 :버·미 브·리·고 ·니·거·늘 주·거·믈 지·븨 [가]·져다·가 두·고 :새·도·록 아·나셔 :울·오 ·오·ᄉᆞᆯ ·ᄑᆞ·라 棺관 ·사 무드·니·라 :엳ᄌᆞ·바·늘 紅홍門몬 :셰니·라

〈孝子圖 15ㄴ〉

今之。晋州民女。年十二。從母往鋤山田。母爲虎所攫。今之一手執母。一手執鋤。撲虎大呼。至百步許。虎乃去。收屍置其家。撤夜抱哭。賣衣買棺而葬。事聞。旌閭

〈효자도 15, 금지박호 본국〉

晉州(진주)ㅣ 진주의.
　이때 'ㅣ'는 속격과 현실음을 함께 반영.
　닭+ㅣ(속격)+알→ 달걀
ᄯᆞ리라 딸이라. 쏠+이+라.
나히 나이가. 나ㅎ[歲]+이(주격).
열둘힌 열둘인. 열둘ㅎ+이+ㄴ.
제 때에. 적에.
조차 좇아. 좇-[隨]+아.
묏바티 산밭에, 산에 있는 밭에. 뫼+ㅅ+밭-+이.
기슴 김. 기음, 기음
미다가 매다가. 미-+다가.
버믜게 범에게. 범[虎]+의게(부사격조사)
자피여늘 잡히거늘.
소노로 손으로. (15세기) 소ᄂᆞ로→소노로 (원순성역행동화)
호미 호미. 호미도 날히언마르는(사모곡)
자바 잡아. 잡[執]-+-아.
티며 치며. 티-[打]+-며.
ᄀᆞ장 매우.
브르지고 부르짖고, 소리치고. 브르-+-지-+고. 브르지지다>부르짖다(원순모음화)
百步(백보)ㅣ나 백보나. 백보+ㅣ나
ᄇᆞ리고 버리고. '버리다'는 '나열하다'.

니거늘 가거늘. 니-[行]+거늘.
주거믈 주검을. 주검+을.
지븨 집에. 집+의(처격).
가져다가 가져다가. 가지-+어+다가.
새도록 밤이 새도록.
아나셔 안아서. 안[抱]-+아셔.
울오 울고. 울-[泣]+고. '고→오'는 'ㄹ' 아래에서 'ㄱ'이 약화되는 당시 음운 규칙이 적용된 결과이다.
오ᄉᆞᆯ 옷을. 옷[衣]+올.
ᄑᆞ라 팔아. ᄑᆞᆯ[賣]+아.
무드니라 묻으니라. 묻-+으+니+라.
엳ᄌᆞ바ᄂᆞᆯ 여쭙거늘, 엳줍+아ᄂᆞᆯ, '엳ᄌᆞ와 ᄂᆞᆯ'이 당시의 일반적인 표기이나, '삼강행실도'의 표기를 좇아 'ᄫ'을 표기한 것으로 보인다.
紅門(홍문) 홍살문. 능(陵), 원(園), 묘(廟), 대궐, 관아(官衙) 따위의 정면에 세우는 붉은 칠을 한 문. 둥근 기둥 두 개를 세우고 지붕 없이 붉은 살을 세워서 박음.
셰니라(:셰·니·라) 세우니라. 셔-+ㅣ+니라
　셔(평성)-+·ㅣ(거성)→:셰(상성)으로 변동한다. ☞ <효자도 17> 참조

현대역　**금지가 범을 때려 잡다**

금지(今之)는 진주(晉州) 백성의 딸이다. 나이가 열둘인 때 어미를 좇아 산밭에 가 김을 매다가 어미가 범에게 잡히거늘 금지가 한 손으로 어미를 잡고 한 손으로 호미를 잡아 범을 치며 매우 부르짖고 백 보나 가니 범이 (어미를) 버리고 가거늘 주검을 집에 가져다가 두고 (날이) 새도록 안아서 울고 옷을 팔아 관을 사 묻었다. (관아에서 이러한 사실을 조정에) 여쭙거늘 홍문(紅門)을 세웠다.

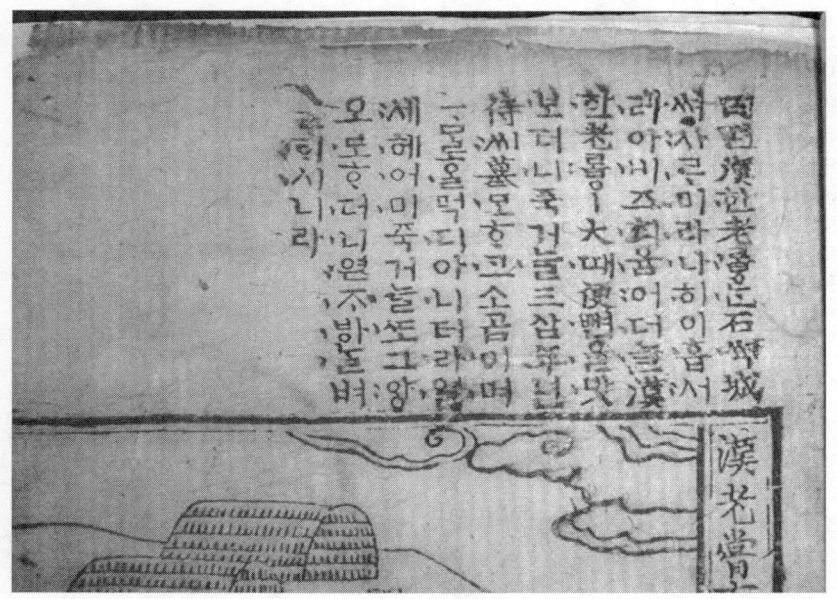

〈孝子圖 16ㄱ〉　　　　　　　　漢老嘗痢 本國

田뎐漢·한老:롤·는 石·쎡城·셩 :사ᄅ·미·라 ·나·히 아·홉 :서·레 아·비 즈·[칙]·움 :어·더·늘 漢·한老:롤ㅣ 大·때便·뼌·을 ·맛·보더·니 죽거·늘 三삼年년 侍:씨墓·모ᄒᆞ·고 소곰·이·며 ᄂᆞ물·흘 먹·디 아니터·라 ·열:세·헤 ·어·미 죽거·늘 ·쏘 그 :양오·로 ᄒᆞ더·니 :열ᄌ·ᄉᆞ·바늘 벼[슬]·히·시니·라

〈孝子圖 16ㄴ〉

田漢老。石城人。年九歲。父得泄痢。漢老嘗糞。及歿廬墓三年。不食鹽葉。十三歲母歿。亦如之。事聞。特授司勇

〈효자도 16, 한노상리 본국〉

나히 나이가. 나ᄒ[歲]+이(주격).
아홉 서례 아홉 살에.
즈츼윰 설사, 이질(痢疾).
어더늘 얻거늘. 얻-[得]+어늘.
漢老(한로)ㅣ 한로가. 한로+ㅣ(주격)
맛보더니 맛보더니.
죽거늘 죽거늘. 죽-+-거늘.
侍墓(시묘) 부모의 거상 중에 3년 간 그 무덤 옆에서 움막을 짓고 삶. 동국정운식 한자음 표기는 종성이 없을 때에는 喩母(ㅇ)를 다는 것이 일반적이나 이를 표기하지 않은 것은 이 책이 세종조에 완성되어 성종조에 간행된 '삼강행실도' 표기법의 전통을 반영한 결과로 보임.
소곰 소금. 박통사언해 중간본(1677)에 '소금'(중6)이 나타남. 소곰>소금(이화, 유추현상)
아니터라 아니하더라. 아니ᄒ-+-더라.
ᄂᆞ물홀 나물을. 16세기에는 'ᄂᆞ물'형으로 나타남. '나믈와'(소언5:44)
☞ 인도 유럽어에서도 '설측음' 뒤에 /ㅎ/이 (필수적으로) 나타나는 경우가 많다. 중간본에는 'ᄂᆞ믈을'로 'ㅎ'이 나타나지 않는다.
열세헤 열셋에. 열+세ㅎ+에.
그 양ᄋᆞ로 그 모양으로, 그와 같이. 그 양[樣]+ᄋᆞ로→오로(원순성역행동화)
엳ᄌᆞ바ᄂᆞᆯ 여쭙거늘. (효자도 13, 15 참조)
벼슬 벼슬[官]. 15세기 문헌에는 '벼슬'이 었는데, 16세기에 처음으로 '벼슬'로 나타남.
히시니라 하게 하시니라. 시키니라. ᄒ-+이(사동)+시+니라.

현대역 한로가 (아버지가) 설사한 것을 맛보다

전한로(田漢老)는 석성(石城) 사람이다. 나이 아홉 살에 아비가 이질(痢疾)을 얻거늘 한로(漢老)가 대변을 맛보았다. (아비가) 죽거늘 삼 년 시묘(侍墓)하고 소금이며 나물을 먹지 아니하였다. 열세 살에 어미가 죽거늘 또 한 가지로(=그와 똑같이) 하더니 (관아에서 이러한 사실을 조정에) 여쭙거늘 벼슬을 하게 하시었다.

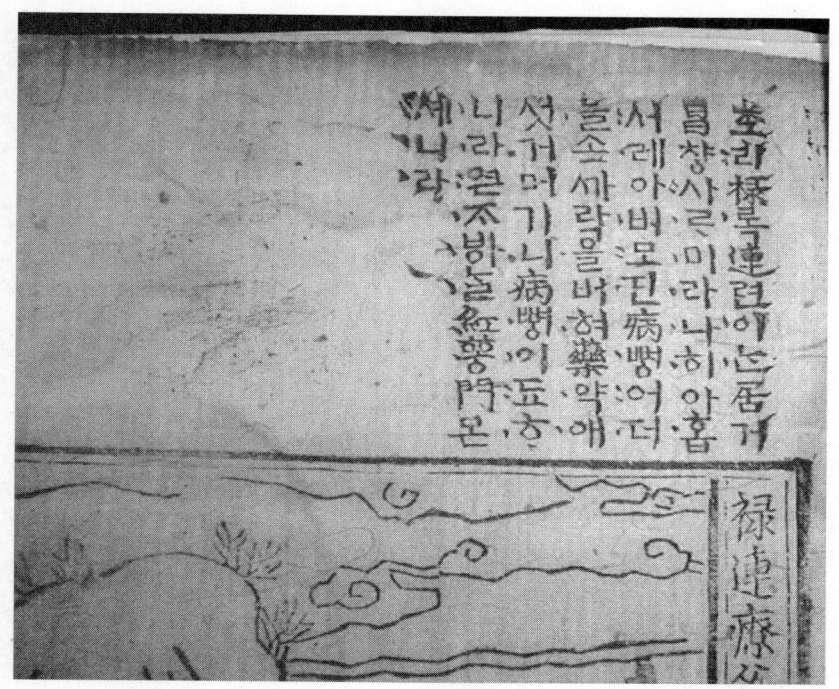

〈孝子圖 17ㄱ〉　　　　　　　　祿連療父 本國

李:리祿·록連련·이·는 居거昌챵:사ᄅ·미·라 ·나·히 아홉 :서·레 아비:모
·딘 病·뼝:어·더·늘 손까락·을 버·혀 藥·약애 섯·거 머기·니 病·뼝·이 :됴
·ᄒᆞ·니·라 :열·ᄌ·바·ᄂᆞᆯ 紅夢門몬 :셰·니·라

〈孝子圖 17ㄴ〉

李祿連。居昌人。年九歲。父得惡疾斷手指。和藥以進。病愈。事聞
。旌閭

〈효자도 17, 록연료부 본국〉

李祿連(이록련)이논 이록련이는. '-이'는 받침있는 고유명사 뒤에 붙어 소리를 고루는 기능을 하여 접미사처럼 쓰이는 유사접사이다.

나히 나이가. 나ㅎ[歲]+이(주격).

아홉 서레 아홉 살에. 중간본에는 '아홉인제'로 수정되었다.

모딘 모진. 모딜-+ㄴ. 중간본에는 '사오나온'으로, 한문에는 '惡(疾)'으로 표기되어 있는 것으로 보아 '나쁜, 몹쓸' 등으로 해석할 수 있다.

어더늘 얻거늘. '얻-+어늘'로 분석되는데, 이때 선어말어미 '-어-'(예. 그 쁘들 무러늘. 곡 150)는 '-아-'(예. 겨지비 하라늘. 곡10)와 함께 타동사 어간에 통합되어 이미 일어난 일을 주관적으로 확신하여 강조하는 선어말어미이다. 이와 대립을 이루는 것으로 '-거-'가 있으며 자동사와 형용사, 서술격조사 다음에 '-거-'가 쓰인다.

손까락을 손가락을. 실질 형태소 '손까락'과 형식 형태소 '을'을 나누어 적음. 분철. '손까락'은 '손+가락'으로 구성된 합성어의 발음이 [손까락]이었음을 표기한 것임.

버혀 베어. 버히-+어.

섯거 섞어. 섨-[混]+어.

머기니 먹이니. 먹-+이(사동접미사)+니.

됴ᄒᆞ니라 좋아지니라. 둏-+(ᄋᆞ)니+라.

엳ᄌᆞ바늘 여쭙거늘. (효자도 13, 15 참조)

紅門(홍문) 홍살문. 능(陵), 원(園), 묘(廟), 대궐, 관아(官衙) 따위의 정면에 세우는 붉은 칠을 한 문. '門'의 한자음 '몬'은 동국정운식 한자음.

셰니라 16세기 중엽 이후에는 '셰우-/셰오-'형이 등장한다. 堅 셰울 슈(유합, 하54). 婚書롤 셰오고[立了婚書](박통사언해, 상41). '셰-'가 사동사이므로, '셰우-/셰오-'는 사동접미사 '우/오'가 거듭 쓰인 셈이다. 이 같은 중세국어 용언으로 '치오다, 틔오다, 쁴오다, 쁴우다' 등을 들 수 있다. '치오-'는 'ᄎᆞ-[滿]+ㅣ(사동접사)+오(사동접사)'의 파생이고, '틔오-'는 'ᄐᆞ-[乘, 燃]+ㅣ-+오', '쁴오-'는 'ᄠᅳ-[浮]+ㅣ+오', '쁴우-'는 'ᄠᅳ-+ㅣ+우'로 결합한 파생어이다.

현대역 녹련이 아비의 병을 고치다

이록련(李祿連)이는 거창(居昌) 사람이다. 나이 아홉 살에 아비가 모진 병을 얻거늘 손가락을 베어 약에 섞어 먹이니 병이 좋아졌다. (관아에서 이러한 사실을 조정에) 여쭙거늘 홍문(紅門)을 세웠다.

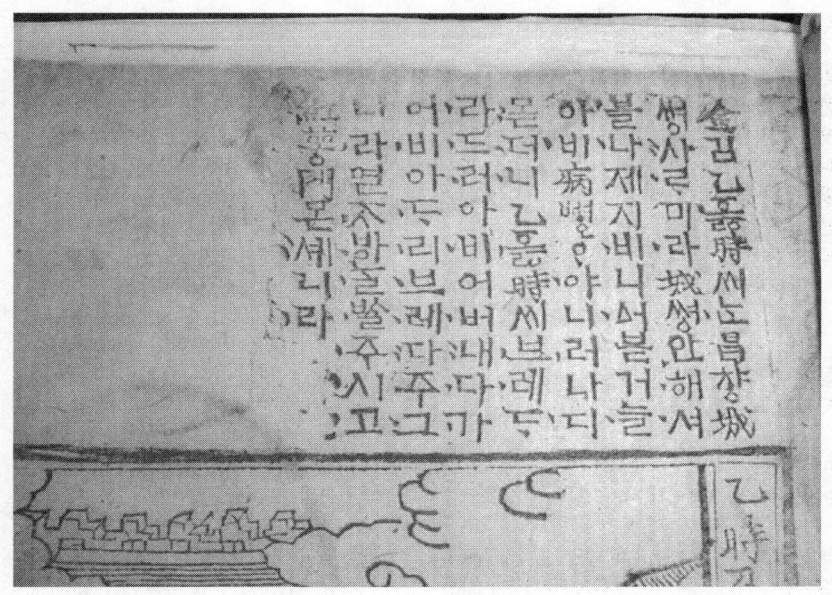

〈孝子圖 18ㄱ〉　　　　　　　乙時負父 本國

金김乙·흚時씨·는 昌챵城셩 :사ᄅ·미·라 城셩 ·안·해·셔 ·블 ·나 제 지·비
니·서 븓거·늘 아·비 病뼝ᄒ·야 니·러나·디 :몯·더·니 乙·흚時씨 ·브·레 드
·라드·러 아·비 어·버:내·다가 아·비 아·ᄃ·리 ·브·레 :다 주·그니 ·라 엳ᄌ
·ᄫᅡᄂᆞᆯ ·뿔 ·주·시:고 紅뽕門몬 :셰·니·라

〈孝子圖 18ㄴ〉

金乙時。昌城人。城中失火。延及其家。父病不能起。乙時直入火焰
中。負父而出。父子觸火俱死。事聞。賜粟旌閭

〈효자도 18, 을시부부 본국〉

안해셔 안에서. 안ㅎ[內]+애셔.
블 불[火]. 블>불(원순모음화)
제 자기의. 저+ㅣ(속격)
니어 이어. 닛-[連]+어.
病(병)ᄒᆞ야 병들어.
븓거늘 붙거늘. 븓-+거늘.
니러나디 일어나지. 닐-[起]+어+나-+디. '닐>일'은 구개음화에 이은 'ㄴ'탈락이며, '-디>-지'는 구개음화에 의한 결과이다.
몯더니 못하더니.
ᄃᆞ라드러 달려들어. 돈-[走]+아+들-[入]+어.
아비 아비를.
어버내다가 업어내다가. 업-+어+내-+다가.
엳ᄌᆞ바ᄂᆞᆯ 여쭙거늘. (효자도 13, 15 참조)
ᄡᆞᆯ 쌀[米]. ᄡᆞᆯ > 쌀. 계림유사(1103)에는 白米曰 '漢菩薩'로 나타남.
紅門(홍문) 홍살문. 능(陵), 원(園), 묘(廟), 대궐, 관아(官衙) 따위의 정면에 세우는 붉은 칠을 한 문. 둥근 기둥 두 개를 세우고 지붕 없이 붉은 살을 세워서 죽 박는다.
셰니라(:셰·니·라) 세우니라. 어간 ':셰-'는
셔(평성)-+·ㅣ(거성)→:셰(상성)으로 변동한다.

  <18ㄴ>에서 '賜粟旌閭' 앞에는 임금 공경의 뜻으로 칸을 띄워 쓴다. (공격) 이것은 책을 펴내는 사람이 임금에 대한 존경 또는 공경심을 나타내기 위해 존대 표시를 하기 위한 것이다. 이러한 방식을 공격법(空格法) 또는 공극법(空隙法)·이극법(離隙法)이라 한다. 행은 그대로 두되 존대해야 할 대상이나 그의 행위 또는 상태를 표현하는 문자 앞을 비우는 존대 방식이다. 이에는 1칸을 비우는 1자 공격, 2칸을 비우는 2자 공격, 3칸을 비우는 3자 공격 등이 있다.
이 밖에도 해당 문헌의 일반적 체재보다 글자 위치를 높여서 쓰는 방식인 대두법(擡頭法)이 있다. 이에는 1칸을 높이는 단대(單擡), 2칸을 높이는 쌍대(雙擡), 3칸을 높이는 삼대(三擡)의 세 종류가 있다.
이 같은 존대 방식은 고문헌에서는 매우 중요한 절차로, 한문 및 한글 편지, 문헌 일반에서 광범위하게 쓰였고 그 절차를 어기면 큰 결례로 여겼다. 오늘날 북한 서적에서 '김일성' 부자와 관련하여 글자 크기를 달리하거나 고딕으로 처리하는 것도 존대 방식의 흔적이다.

현대역 을시가 아비를 지고 나오다

김을시(金乙時)는 창성(昌城) 사람이다. 성 안에서 불이 나 제 집이 이어 (불이) 붙거늘 아비가 병들어 일어나지 못하였다. 을시가 불에 달려들어 아비를 업어 내다가 아비와 아들이 불에 다(모두) 죽었다. (관아에서 이러한 사실을 조정에) 여쭙거늘 쌀을 주시고 홍문(紅門)을 세웠다.

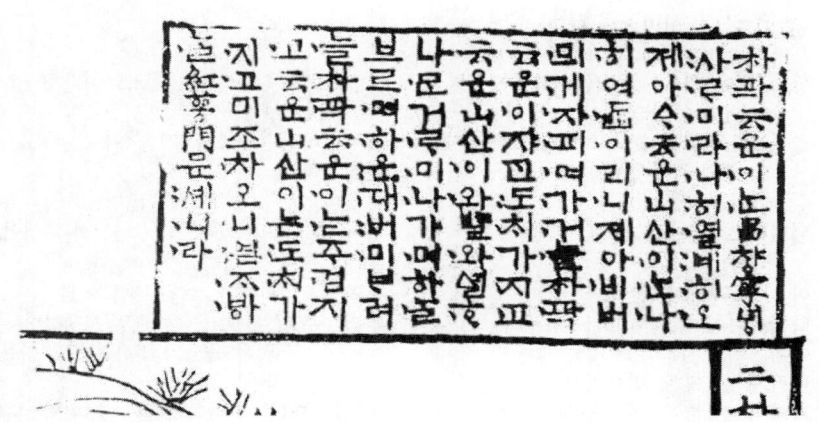

〈孝子圖 19ㄱ〉　　　　　　　二朴追虎 本國

朴팍云운이·는 昌챵寧녕 :사ᄅ·미·라 ·나히 :열:네·히·오 ·제 아ᅀ 云운山산이·는 ·나히 여·듧·이러·니 제 아비 :버·미·게 자·피·여 ·가거·늘 朴팍云운이 쟈ᄅ ː도·치 가지고 云운山산이·와 ᄯᆞᆯ·와 셜·흔나ᄆᆞᆫ 거ᄅ·미·나 가며 ·하ᄂᆞᆯ [브]르며 ·하 ·운대 :버·미 ᄇ·려·늘 朴팍云운이·는 주검 지고 云운山산이·는 ː도·치 가지·고 미조·차 오·니 :열·ᄌ·바ᄂᆞᆯ 紅萼門몬 :셰·니·라

〈孝子圖 19ㄴ〉

朴云。昌寧人。年十四。其第云山年八。其父爲虎所攬。云持小斧。與云山追。至三十餘步。呼天大哭。虎乃棄之。云負屍云山。執斧以隨。事聞。旌閭

〈효자도 19, 이박추호 본국〉

朴云(박운)이눈, 云山(운산)이눈 박운이는, 운산이는. '-이'는 받침 있는 고유명사 뒤에 붙어 소리를 고루는 기능을 하여 접미사처럼 쓰이는 유사접사이다.
열네히오 열넷이고. 열네ㅎ+이+오.('ㄱ' 약화)
아ᅀᆞ 아우[弟]. 앗이, 앗올.
나히 나이가. 나ㅎ[歲]+이(주격).
여둛 여덟. 15세기 '여듧'
버미게 범에게. 범+-이게.
자피여 잡히어. 잡-+히(피동)+어.
가거늘 가거늘. 가[去]+거늘.
쟈ᄀᆞᆫ 작은. 동의어 '횩ᄃᆞ'<두초15:27>
도치 도끼를. 도치+ø(목적격). 도최, 도치.
ᄯᅡᆯ와 따라. ᄯᅡᆯ오-+아.
그 당 박영이로 ᄒᆞ여곰 보쥰이롤 ᄯᅡᆯ와 자브라 ᄒᆞ니<東新忠1:17b>
영이는 ᄯᅡᆯ와 셩의 드르가 사ᄒᆞᆯ 머므러 쥬션히여<東新孝6:59b>
賊人을 ᄯᅡᆯ와 거의 아므 곳에 가되<朴通下:52b>
張千이 나아와 ᄯᅡᆯ와 某의 옷기슬 잡고 닐오되<朴通下:54a>
셜흔나믄 30살 정도.
설흔나믄. 셜흔라믄 - '셜흔라믄 사ᄅᆞ미러라'<삼강,충13>. 나믄 - 一千디

위나마 졀ᄒᆞ거늘<월2:3>의 경우는 '디위+나마'
거르미나 걸음이나. 거롬+이나.
하놀 하늘.
브르며 부르며. 브르-+며
하 매우, 많이. '하-'[多]의 영변화 파생어.
운대 우니. 우니까.
ᄇᆞ려늘 버리거늘. ᄇᆞ리-[捨]+어늘.
주검 주검, 시체. 죽-(死)+엄(파생접미사) cf. '주굼'은 '죽-'의 명사형으로 '죽는 것'의 의미.
미조차 오니 뒤따라 오니. '오니'의 '니'는 종결의 기능도 있다.
참고로 중간본에는 '오니라'로 종결 어미로 표기되어 있다.
엳ᄌᆞᄫᅡᄂᆞᆯ 여쭙거늘. <효자도 4, 13, 15> 참조.
紅門(홍문) 홍살문. 홍살문. 능(陵), 원(園), 묘(廟), 대궐, 관아(官衙) 따위의 정면에 세우는 붉은 칠을 한 문. 둥근 기둥 두 개를 세우고 지붕 없이 붉은 살을 세워서 죽 박는다.
셰니라(:셰·니·라) 세우니라. 셰-+-니라
셔(평성)-+ㅣ(거성)→:셰(상성)으로 변동한다. <효자도 17> 참조.

현대역 박씨 두 사람이(박운과 동생 박운산이) 범을 좇다

박운이는 창녕 사람이다. 나이가 열넷이고 자기의 아우 운산이는 나이가 여덟이었다. 제 아비가 범에게 잡히어 가거늘 박운이가 작은 도끼를 가지고 운산이와 (범을) 따라 삼십여 걸음이나 가며 하늘을 부르며 많이 우니 범이 버리(고 가)거늘 박운이는 주검을 지고 운산이는 도끼를 가지고 뒤좇아 왔다. (관아에서 이러한 사실을 조정에) 여쭙거늘 홍문을 세웠다.

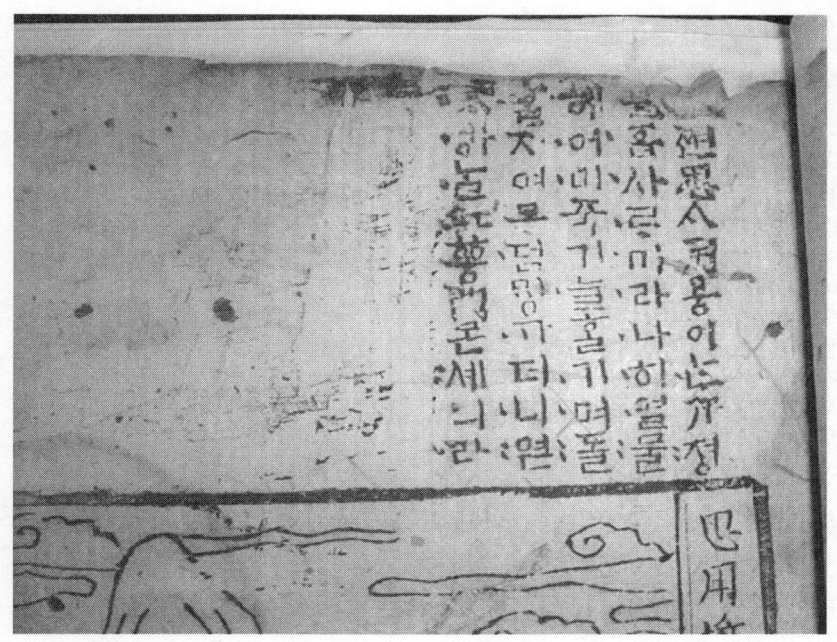

〈孝子圖 20ㄱ〉　　　　　　　　　**思用擔土 本國**

[全]젼思ᄉ用용이·ᄂᆞᆫ 井:졍[邑]·읍 ·사ᄅᆞ·미·라 ·나히 ·열:둘헤 ·어·미 죽거·늘 흘·기·며 :돌[흘 지]여 ·무·덤 ᄆᆡᇰ·ᄀᆞ더·니 :엳·[ᄌᆞ]·바·ᄂᆞᆯ 紅홍門몬 :셰·니·라

〈孝子圖 20ㄴ〉

全思用。井邑人。年十二。母歿。擔土石成墳。事聞。旌閭

〈효자도 20, 사용담토 본국〉

全思用(전사용)이ᄂᆞᆫ 전사용은. '-이'는 받침 있는 고유명사 뒤에 붙어 소리를 고루는 기능을 하여 접미사처럼 쓰이는 유사접사이다.
井邑(정읍) 정읍. 전라도의 한 지명.
나히 나이가. 나ㅎ[歲]+-이(주격).
열둘헤 열둘에. 열둟+에.
어미 어미가. 어미+ø(주격).
ᄒᆞ기며 흙이며. 흙+이며.
돌ᄒᆞᆯ 돌을. 돌ㅎ[石]+을(목적격).
지여 지어. 지-[負]+여.
무덤 무덤. 문-(埋)+-엄(파생접미사).
밍ᄀᆞ더니 만들더니. 밍ᄀᆞᆯ-('ㄹ'탈락)+-더-+-니. 탈락규칙이 오늘날엔 적용 안 됨.
엳ᄌᆞᄫᆞ놀 여쭙거늘, 엳ᄌᆞᆸ-+-아ᄂᆞᆯ, '엳ᄌᆞ와ᄂᆞᆯ'이 당시의 일반적일 것이나, '삼강행실도'와 같이 'ㅸ'표기를 유지한 것이다. 이는 임금(관아)에 대한 공경의 표시일 가능성도 있다.
'ㅸ'이 쓰이는 의고적인 표기는 다음과 같다.
① :엳ᄌᆞ·ᄫᅡ·ᄂᆞᆯ <효자도 2, 5, 6 7…>
② 禮·례·다ᄫᅵ <열녀도 2>
③ 믈·리바ᄃᆞ·며 <열녀도 19>
紅門(홍문) 홍살문.
셰니라 세우니라.

✍ 'ㅎ'말음을 가진 명사의 곡용
체언에 조사가 통합될 때 체언이 교체를 보이기도 한다. 그 교체 방식이 중세국어에서는 활용의 어간과 비슷하므로, 하나의 체언에 조사가 통합되어 어형이 달라지는 것을 曲用(declension)이라 한다. 그런데 중세국어의 체언 중에는 'ㅎ' 말음을 가진 것들이 있다. 예를 들어 '石'을 뜻하는 명사의 단독형은 '돌'이었지만 이 명사가 곡용할 때는 '돌ㅎ'으로 나타난다.

예) ① '돌' :
石돌 셕(자회 상:4, 신증 상:6)
雲母는 돐 비느리니(월석2:35)

② '돌ㅎ' :
ᄂᆞᄂᆞᆫ 돌히 ᄃᆞ외야(능엄8:101)
디새와 돌홀 ᄃᆞ토아 자바(영가 하:80)
모미 솟ᄃᆞ라 돌해 ᄃᆞ르시니(월석7:55)
돌ᄒᆞ로 텨든(석상19:31)
돌콰 홁괄 보디 몯ᄒᆞ리로다(두초25:12)

즉, 휴지나 속격조사 'ㅅ' 앞에서는 '돌'로 나타나고, 주격조사 '이', 목적격조사 '올', 처격조사 '애', 구격조사 'ᄋᆞ로', 공동격조사 '과' 앞에서는 '돌ㅎ'으로 실현된다. 다시 말하면 명사 말음 'ㅎ'이 모음 앞에서는 그대로 나타나나, 'ㄷ, ㄱ' 앞에서는 그 자음과 어울려 'ㅌ, ㅋ'으로 되고 휴지나 속격조사 'ㅅ' 앞에서는 전혀 나타나지 않는다.

현대역 사용(思用)이 흙을 지다

전사용(全思用)이는 정읍(井邑) 사람이다. 나이 열둘에 어미가 죽거늘 흙이며 돌을 지어다가 무덤을 만들었다. (관아에서 이러한 사실을 조정에) 여쭙거늘 홍문 세웠다.

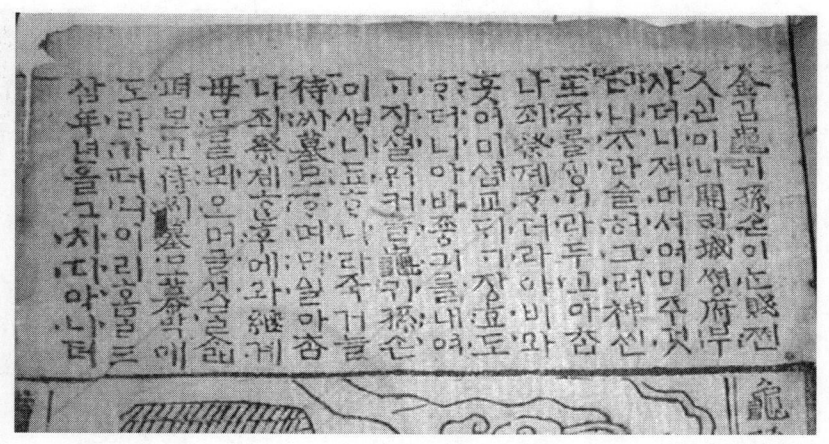

〈**孝子圖 21ㄱ**〉　　　　　　　　**龜孫吮癰 本國**

金김龜귀孫손이·는 賤:쳔人신·이·니 開[기]城셩府:부 :사더·니 져·머·서 ·어·미 주·것[더]·니 ·ᄌ·라 슬·허 ·그·려 神신主:쥬·를 밍·ᄀ·라 두·고 아ᄎᆷ 나죄 祭·졔·ᄒ·더·라 아·비·와 :훗·어·미 셤교디 ᄀ·장 :효·도·ᄒ·더·니 아·비 ·죵·긔·를 :내·여 ᄀ·장 :셜·워커·늘 龜귀孫손·이 ·ᄲ·니 :됴·ᄒ·니·라 죽거·늘 侍:씨墓·모·ᄒ·며 :미·실 아ᄎᆷ 나죄 祭·졔ᄒ :후·에 ·와 繼·계母·모·를 :뵈·오 머글 것·들 솜·펴 보·고 侍:씨墓·모幕·막애 도·라 ·가더·니 ·이·리·호·믈 三삼年년을 그·치·디 아·니터<21ㄴ>☞·라 :열·ᄌ·바·늘 紅훙門몬 :셰·고 復 ·뽁戶호ᄒ·시·니·라

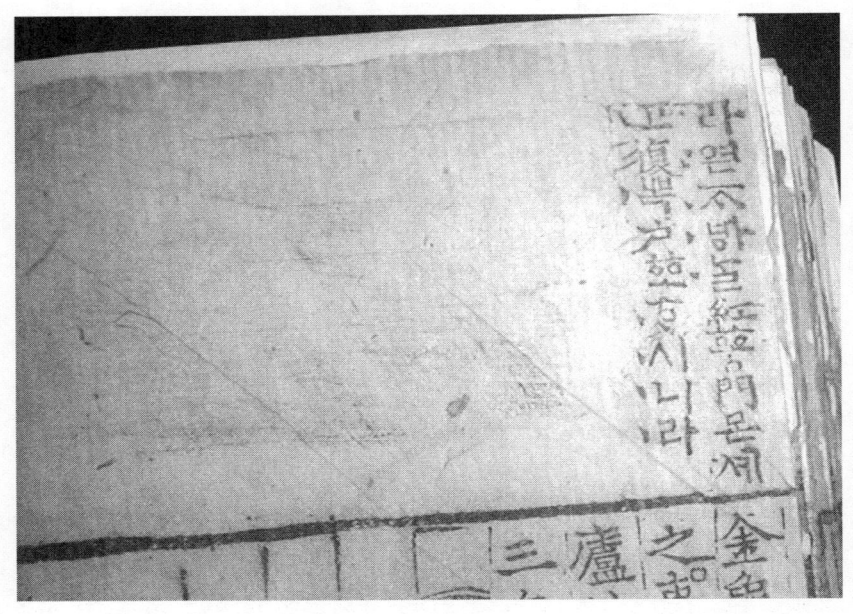

〈**孝子圖** 21ㄴ〉

金龜孫賤隷也。居開城府。幼失母。旣長　哀慕。作主朝夕祭之。事父
及後母盡孝。父嘗患腫甚苦。龜孫吮之。得愈及歿。廬於墓側。每朝夕
奠罷。來省繼母。審視饌具。還其廬如是三年不輟。事聞。旌閭復戶

〈효자도 21, 구손연옹 본국〉

賤人(천인) 천인. 당시의 사회에서 가장 낮은 신분에 속하던 사람으로, 대개 대대로 당시 천역이던 일정한 직업에 종사하면서 착취와 천대를 받던 노비, 백정, 장인바치 등을 이른다.
開城府(개성부) 개성부. 개성.
사더니 살더니. 살-('ㄹ'탈락)+더+니.
겨머서 어려서. 졈-[幼]+-어서. '졂다'와는 다른 의미를 가지고 있다.
어미 어미가. 어미+ø(주격)
주겟더니 죽었더니. 죽-+어잇+더+니
즈라 자라서도. '旣長'(기장)의 해석으로 '이미 자라서도'의 뜻이다.
슬허 슬퍼하여. 슳-+-어.
그려 그리워하여. 그리-+어.
神主(신주) 신주(죽은 사람의 위패). 대개 밤나무로 만드는데, 길이는 여덟 치, 폭은 두 치 가량이고, 위는 둥글고 아래는 모지게 생겼다.
밍ᄀ라 만들어. 밍ᄀᆯ-+아
아ᄎᆞᆷ 아침[朝].
나죄 저녁[夕].
祭(졔)ᄒ더라 제사지냈다.
훗어미 계모. 후(後)+ㅅ+어미.
셤교되 섬기되. 셤기-+오되.
내여 나+ㅣ(사동)+어.
죵긔 腫氣(종기). 죵긔>종기(단모음화).

ᄀ쟝 가장, 매우.
됴ᄒ니라 좋아지니라.
셜워커늘 서러워하거늘. 셟+-어+ᄒ+거늘.
ᄲᅡ니 빠니. 샐-[吸]+니. 'ㄹ'탈락.
미실 매일. '每日'의 현실음.
슘펴 살펴. 슘피-+어. 중철.
뵈오 보이고. ('ㄱ'약화).
머글 것들 먹을 것들을.
侍墓幕(시묘)막애 시묘하는 움막에. 시묘+막+애(처격).
이리 호ᄆᆞᆯ 이리함을. 이라+ᄒ-+옴+ᄋᆞᆯ.
그치디 그치지.
아니터라 아니하더라. 아니+ᄒ-+-더-+-라
☞ 중세국어에서 '아니'는 현대국어에서와 같이 부사로 사용되기도 하나 격조사를 연결하여 곡용하는 경우도 있다. 예) 이와 아니왓 두 쁘디니라(능엄2: 55)
圓覺性 아닐 딜오((원각 샹1-2: 134)
둘 아니룰 조차 順ᄒᆞ샤미라(원각상 1-2: 57)
紅門(홍문) 홍살문. ☞ <효자도 20> 참조.
셰고 세우고. 'y'아래서 'ㄱ'약화 안 된 예.
復戶(복호) 조선 시대에, 충신 효자 군인 등 특정한 대상자에게 부역이나 조세를 면제하여 주던 일.

현대역 귀손(龜孫)이 등창(종기)을 빨다

김귀손(金龜孫)이는 천인(賤人)이니 개성부(開城府)에 살았는데 어려서 어미가 죽었다. (이미) 자라서도 슬퍼(하고) 그리워하여 신주(神主)를 만들어 두고 아침저녁으로 제사지냈다. 아비와 훗어미(=계모)를 섬기되 매우 효도하더니 아비가 종기가 나서 매우 고통스러워하거늘 귀손이 (입으로) 빠니 나았다. (아비가) 죽거늘 시묘(侍墓)하며 매일 아침저녁으로 제사지낸 후에 와서 계모를 뵙고 먹을 것들을 살펴보고 시묘막(侍墓幕)에 돌아갔다. 이리함을 삼 년을 그치지 아니하였다. (관아에서 이러한 사실을 조정에) 여쭙거늘 홍문(紅門) 세우고 복호(復戶)하시었다.

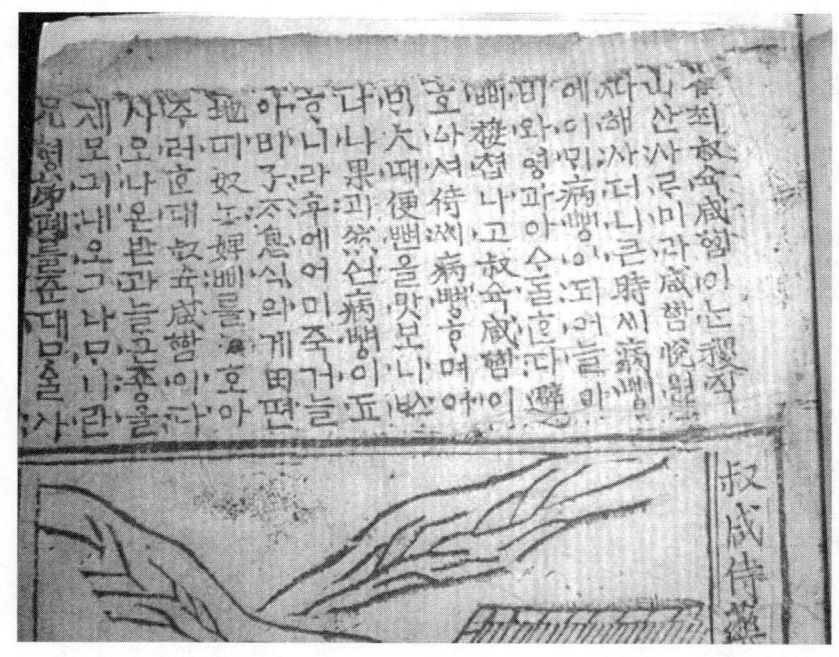

〈孝子圖 22ㄱ〉　　　　　　　　叔咸侍藥 本國

崔최叔슉咸함이 는 稷직山산 :사 ᄅ ·미·라 咸함悅열 ·싸 해 :사 더·니
·큰 時씨病뼝·에 어·미 病뼝·이 :되·어·늘 아비·와 형·과 아ᅀ·들·흔 :다
避·삐接·졉 나고 叔슉咸함·이 호·ᅀ·셔 侍씨病뼝ᄒ·며 ·어·[미] 大·때便
·뼌·을 맛보·니 ᄡ·다·니 果·과然·션 病·뼝·이 됴·ᄒ·니·라 :후·에 어·미 죽
거·늘 아·비 子·ᄌ息·식·의·게 田뎐地·띠 奴노婢·삐·를 [ᄂ]·호·아 주[·러]
ᄒ·ᄃ 叔슉咸함·이 :다 사 오:나·온 받과 늘·근 :종·을 제 모·긔·내·오 그
나·ᄆ·니·란 兄형弟·떼·ᄃ·를 준·대 ᄆ·ᄉ ᆯ :사 <22ㄴ>☞ᄅ·미 닐·오·디 :녜 庚
:유黔껌婁를·와 薛·셣包볼·이 힝·뎍·을 千쳔載·지·[에] :울·워·더·니 ·ᄒ
·믈·며 ᄒ나·히 겸 ᄒᆞᆯ·셔 ·ᄒ·더·라

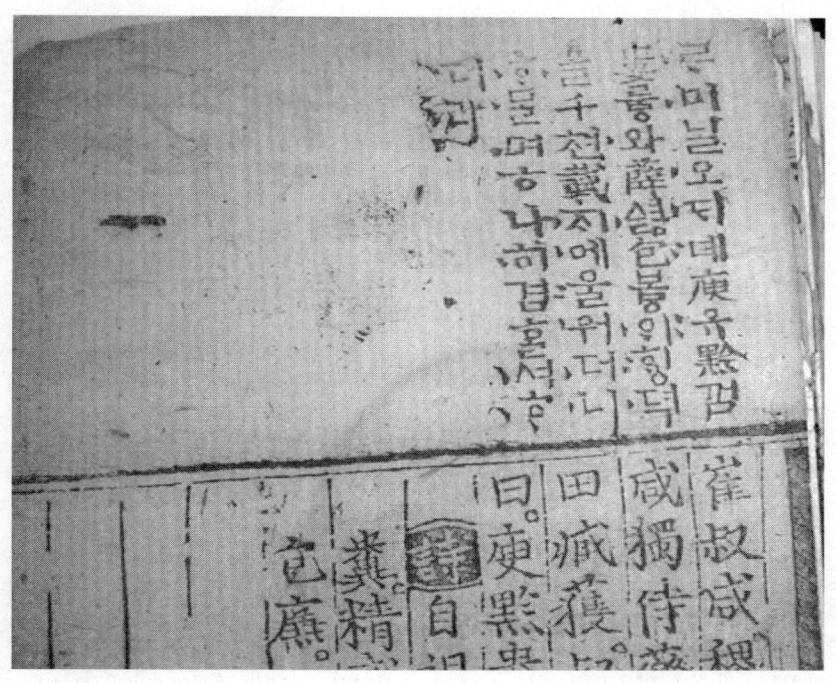

〈孝子圖 22ㄴ〉

崔叔咸。稷山人。居咸悅。嘗大疫。母疾篤。父兄諸第皆避。叔咸獨侍藥。嘗母糞而苦。母果愈。後母歿。父欲分與子女土田減獲。叔咸皆占曉薄老衰者。餘皆推與兄弟。鄉人稱之曰。庚黔婁薛包之行。千載景仰。況一人兼之者乎

〈효자도 22, 숙함시약 본국〉

따해 땅에. 따ㅎ[地]+애.
사더니 살더니. 살-+더+니. 중세국어에서는 'ㄹ'로 끝나는 용언 어간에 'ㄷ'으로 시작하는 문법형태소(예컨대 '도, -더-' 등)가 붙을 때 'ㄹ'이 자동 탈락함. 사도 아니ᄒᆞ며(월석2:16), 이에셔 사던 저그로(석6:37ㄴ). '더'는 '-라, -니' 등 일부 어미 앞에 붙어, 과거 어느 때에 직접 경험하여 알게 된 사실을 현재의 말하는 장면에 그대로 옮겨와서 전달한다는 뜻을 나타내는 어미.
時病(시병) 전염병(전염성 질환).
어미 어미의. 어미+-ᄋᆡ.
병이 되어늘 병이 심해지거늘. 되-[篤]+-거늘. y아래서 '거늘→어늘' 약화.
아ᄉᆞ들ᄒᆞᆫ 아우들은. 아ᄉᆞ+돌ㅎ+ᄋᆞᆫ.
避接(피접) 피접(앓는 사람이 다른 곳으로 자리를 옮겨서 요양함).
호ᅀᅡ셔 혼자서. ᄒᆞᄫᆞᅀᅡ>호ᅀᆞᅀᅡ>호자.
侍病(시병)ᄒᆞ며 병간호하며.
맛보니 맛보니. 맛보-[嘗]+-니.
어미 어미의. (15세기) 어믜. 어미+-ᄋᆡ.
쁘다니 쓰더니. 쁘-+-더/다-+-니.
됴ᄒᆞ니라 나아지니라.
子息(자식)의게 자식에게. 자식+-의게(여격).

田地(전지) 밭.
눈호아 나누어. 눈호-+아.
주리 주리고. 동양문고본에서는 '주려'로 되어 있다.
사오나온 거친. 사오납-+온.
받 밭. 중간본에서는 '밧'으로 나타나 'ㄷ'과 'ㅅ'이 혼용되고 있다.
모긔 몫으로, 몫의. 목+-의.
내오 내고. 'ㄱ'약화.
나ᄆᆞ니란 남은 사람은, 남은 것은. 남[餘]+-ᄋᆞ-+-ㄴ+이(의존명사)+란.
준대 주는데. 주니.
ᄆᆞᅀᆞᆯ 마을[鄕]. 'ᄆᆞᅀᆞᆯ'은 '官'.
닐오디 이르되, 말하기를. 이르되. 'ㄹ' 불규칙. 분철표기. 니ᄅᆞ-[謂]+오디(종속적 연결어미).
힝뎍 행적(行蹟).
울워더니 우러르더니. 울월-[仰]('ㄹ'탈락)+-더니.
ᄒᆞ물며 하물며. 더군다나
ᄒᆞ나히 하나가. ᄒᆞ나ㅎ+이(주격).
겸ᄒᆞ셔 겸하였구나. 겸+ᄒᆞ-+-ㄹ셔.
薛包셟불(설포) 설포. 동국정운식 표기에서 'ㅿ'이 'ㅅ'으로 전사되는 경우는 없다.

현대역 숙함(叔咸)이 (어미의 병에) 약으로 모시다

최숙함(崔叔咸)이는 직산(稷山) 사람이다. 함열(咸悅) 땅에 살았는데, 큰 전염병에 어미의 병이 심해지거늘 아비와 형과 아우들은 다 피접가고 숙함(叔咸)이 혼자서 병간호를 하며 어미의 대변을 맛보니 쓰더니 과연 병이 나았다. 후에 어미가 죽거늘 아비가 자식에게 밭과 노비를 나누어주려 하니, 숙함이가 다 거친 밭과 늙은 종을 제 몫으로 내어놓고 그 남은 것은 형제를 주니 마을 사람들이 말하기를 옛 유검루와 설포의 행적을 천재(千載)에 우러르더니 하물며 한 사람이 (두 사람의 행적을) 겸하였구나 하더라.

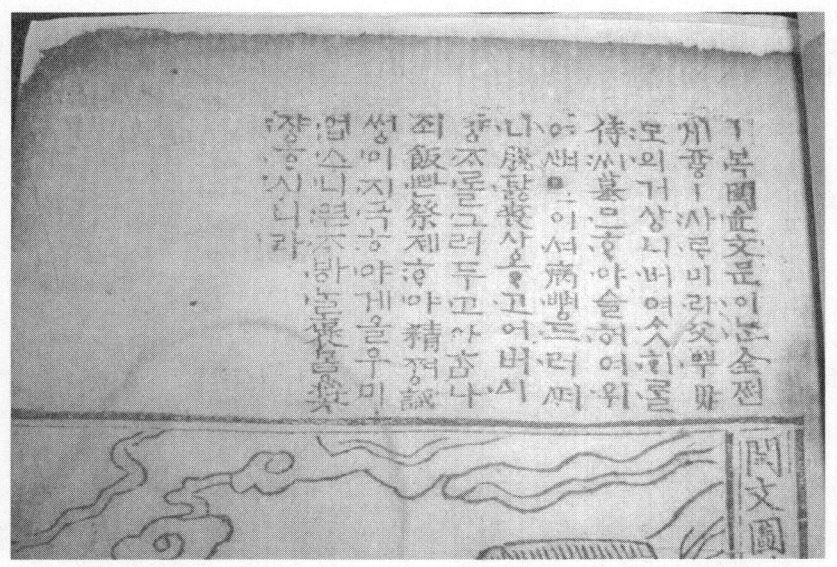

〈孝子圖 23ㄱ〉　　　　　　　　閔文圖形 本國

ㅏ·복閔·문文문·이·는 全젼州쥬ㅣ :사ㄹ·미·라 父·뿌母:모·의 거상 니·버
여·슷 ·히·를 侍:씨墓·모·ᄒᆞ·야 슬·허 여·위·여 쎼[:만] 이·셔 病·뼝·드·러셔
·니 脫·닳喪상ᄒᆞ·고 어버·의 양·ᄌᆞ·롤 ·그려두·고 아츰 나죄 飯·뻔祭졔:ᄒᆞ
·야 精졍誠셩·이 ·지·극·ᄒᆞ·야 게을우미 :업·스·니 :열·ᄌᆞ·바·놀 褒·볼獎·쟝·ᄒᆞ
·시니·라

〈孝子圖 23ㄴ〉

卜閔文。全州人。居父母喪。前後廬墓六年。哀毀過禮骨立成疾。喪
畢。圖父母形。朝夕上食。至誠無怠。事聞。表異

〈효자도 23, 윤문도형 본국〉

卜閏文(복윤문)이논 복윤문은.
'-이'는 받침 있는 고유명사 뒤에 붙어 소리를 고루는 기능을 하여 접미사처럼 쓰이는 유사접사이다.

全州(전주)ㅣ 전주의. 여기 'ㅣ'는 'ㅣ' 또는 'ㅣ'하향중모음 이외의 모음으로 끝나는 명사 아래에서 쓰이는 관형격 조사.

니버 입어. 당하여. 닙-+어.

여슷 여섯. 15세기에는 '여슷'.

侍墓(시묘) 부모의 거상 중에 3년 간 그 무덤 옆에서 움막을 짓고 삶. 동국정운식 한자음 표기는 종성이 없을 때에는 喩母(ㅇ)를 다는 것이 일반적이나 이를 표기하지 않은 것은 이 책이 세종조에 완성되어 성종조에 간행된 '삼강행실도' 표기법의 전통을 계승한 결과이다.

슬허 슬퍼하여. 슳-+어.

여위여 여위어. 야위어

쎠 뼈[骨].

이셔 있어. 이시-[有]+어.

드러셔니 들었더니. '드럿더니'<효34ㄱ>로도 표기됨. 'ㅅㄷ'은 경음 표기.

脫喪(탈상)ㅎ고 탈상하고.
동국정운식표기는 '뽛'이었다. 이것으로 당시 현실한자음의 영향이 있었음을 알 수 있다.

어버싀 어버이. 부모(父母).
양즈롤 모습을. 양즈+롤(목적격).
그려두고 그려두고. 그리-[畵]+-어#두-[置]+고.
게을우미 게으름이. 게으르-+움+이. 모음 어미 앞에서 '게을으-'로 활용함.
아춤나죄 아침저녁으로. 아침저녁에.
飯祭(반제)ㅎ야 밥으로 제사를 지내어. 밥 제사를 지내어.
엳즈바눌 여쭙거늘, 엳즙-+아눌, '엳즈와눌'이 당시의 일반적일 것이나, '삼강행실도'와 같이 'ㅸ'표기를 유지한 것이다. 이는 임금에 대한 공경의 표시일 가능성이 있다.
'ㅸ'이 쓰이는 의고적인 표기는 다음과 같다.
① :엳즈·바·눌 <효자도 2, 5, 6 7…>
② 禮·례·다·비 <열녀도 2>
③ 믈·리봐드·며 <열녀도 19>
襃獎(포장)ㅎ시니라 칭찬하시니라, 장려하시니라.

 ✎ 속삼강행실도의 도판(圖版)
 -삼강행실도 ; 스토리 이행에 따른 여러 장면이 진행적 구조로 되어 있다.
 -오륜행실도 ; 한 면에 한 장면만 사실적으로 그려져 있다.

현대역 윤문이 초상을 그리다

복윤문이는 전주 사람이다. 부모의 상을 입어 여섯 해를 시묘하여 슬퍼 야위어 뼈만 있어 병이 들었다. 탈상하고 어버이 초상을 그려두고 아침 저녁에 반제(飯祭)를 하여 정성이 지극하여 게으름이 없었다. (관아에서 이러한 사실을 조정에) 여쭙거늘 칭찬하여 장려하시었다.

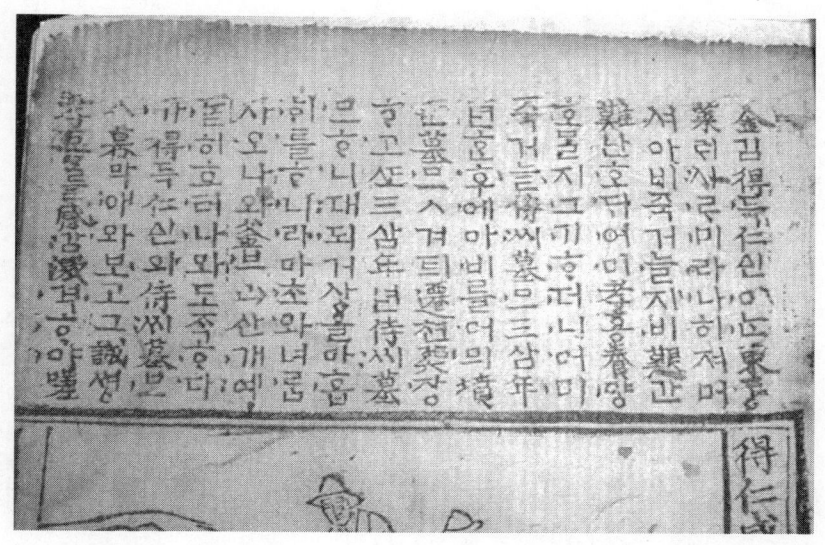

〈孝子圖 24ㄱ〉   **得仁感倭 本國**

金김得·득人신·이·논 東·동萊릭 :사ㄹ·미·라 ·나히 져머셔 아비 죽거·늘
지·비 艱간難난호·딕 ·어·미 孝[·흉]養·양호믈 ·지·그·기 ㅎ·더·니 ·어·미
죽거·늘 侍:씨墓·모 三삼年년 ㅎ ·후·에 아비를 ·어·믜 墳[뿐]墓·모ㅅ 겨
틔 遷쳔葬·장ㅎ·고 쏘 三삼年년 侍:씨墓·모ㅎ·니 :대·되 거상을 아홉 ·힛
를 ·ㅎ·니·라 마초·와 녀·름 사오나와 釜·브山산개 :예들히 흐·터 ·나와
도족·ㅎ·다가 得득仁신·의 侍:씨墓·모ㅅ 幕막·애 ·와보·고 그 誠:썽孝[·흉]
를 感:감激·격·ㅎ·야 嗟<24ㄴ>☞嗟嘆·탄ㅎ·고 간 :후에 잇·다감 머·육과
·뿔·와 香향·과 가·져다가 ·주·더·라 康강靖:쪙大·때王왕朝둏·애 벼슬 :히
·시·니 ·라

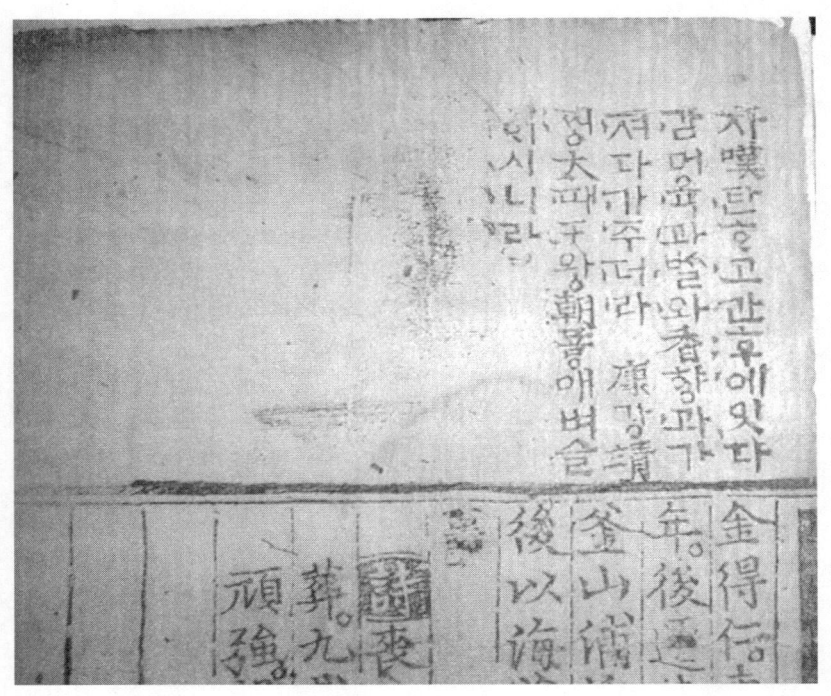

〈**孝子圖** 24ㄴ〉

金得人。東萊縣人。幼年喪父。家貧。養母之孝。母歿廬墓三年。後遷其父墓于母塋。又居三年。前後居喪九年。值年飢釜山浦倭奴。四散剽掠。猝至得仁廬。感其誠孝。嗟嘆而去。後以海菜米香遺之。康靖大王三年。特授豊儲倉副奉事

〈효자도 24, 득인감왜 본국〉

나히 나이가. 나ㅎ+이(주격).
져머서 어려서. 졈-[幼]+어셔.
아비 아비가. 아비[父]+∅(주격).
지비 집이. 집[家]+이(주격).
艱難(간난) 간난>가난 (동음생략).
호딕 하되. ㅎ-+오딕.
어미 죽거늘 어미가 죽거늘.
어믜 어미의. 어미[母]+의(속격).
겨틔 곁에. 곁+의(처격).
孝養(효양)호물 효성스럽게 봉양함을.
  孝養ㅎ-+옴+올. '孝흥'의 한자음이
  특이함. '흥'<孝12ㄱ>가 일반적임.
遷葬(쳔장) 무덤을 다른 곳으로 옮김. 쳔
  묘(遷墓).
대되 모두 통틀어.
  예) 우리 대되 열흔낫물이나<노걸 상 17>
녀름 사오나와 농사가 흉년이 들어.
지그기 지극히. 지극(至極)+-이(부사화 접
  사). 중간본에는 '지극히'로 되어 있다.
효도롭더니 효성스럽더니.
마초와 마침. 마초+w+아. 활음 'w' 첨가.
☞ (15세기) 마초아, (15세기후기) 마초와,
  다토아>다톼, 난호아>난화 (glide화가
  수의적으로 일어난다).
  '마좌', '비화', '난화'는 흔치 않다.

부산개 부산포(釜山浦).
  개여울 = 이때 '개'는 '浦'의 고유어.
예돌히 왜노(倭奴), 왜구들이.
  예(倭)+-돌ㅎ+이(주격).
잇다감 이따금.
머욱 미역.
흐터 흩어[散].
香(향)과 가져다가 향 등을 가져다가.
발와 쌀과. 발+와. 'ㄹ'뒤의 공동격 '와'
康靖大王(강졍대왕) 성종.
  앞을 비운 공격이 사용됨. 공격은 존대
  표시. <효자도 18> 참조.
ㅎ이시니라 하게 하시니라. ㅎ-+이(사동)
  +시+니라.

✎ 句讀點(구두점)
  -句點(구점) ; 한 문장을 이루고 그 의
  미가 끊어지는 곳(마침표) 글자 우측
  에 권점으로 찍는다.
  '삼강행실도, 용비어천가에 대표적으
  로 쓰임. -중국의 것을 습용했다.
  -讀點(두점) ; 어의는 끝나지 않았지
  만 읽기에 편하도록 쉬는 곳에 찍는
  점. 글자의 중간에 찍는다.

현대역 득인이 왜구를 감동시키다

김득인이는 동래 사람이다. 나이 어려서 아비 죽거늘 집이 가난하되 어미 효양함을 지극히 하더니, 어미가 죽거늘 시묘를 삼년 한 후에 아비를 어미 분묘 곁에 이전하여 장사지내고, 또 삼년 시묘하니 모두 거상을 아홉 해를 하였다. 마침 농사가 흉년이 들어 부산포에 왜구들이 흩어 나와 도적질을 하다가 득인의 시묘막에 와서 보고 그 효성에 감격하여 차탄하고 간 후에 이따금 미역과 쌀과 향을 가져다가 주더라. 강정대왕 조에 벼슬을 하게 하시었다.

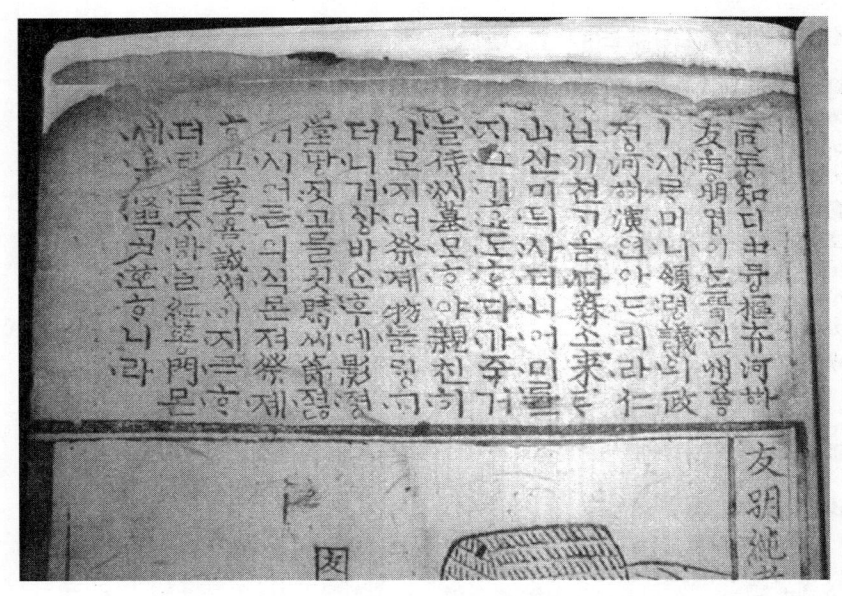

〈孝子圖 25ㄱ〉　　　　　　　　　友明純孝 本國

同동知디中듕樞츄 河하友:우明명·이·는 晋·진州쥬ㅣ:사ᄅ·미·니 領:령議·의政·졍 河하演·연 아·ᄃ·리·라 仁신川쳔 ᄀ올 ·싸 蘇소來릭山산 미·틔 :사더·니 ·어·미·를 ·지·그·기 :효·도·ᄒ·다·가 죽거·늘 侍:씨墓·모·ᄒ·야 親친·히 나모 ·지·여 祭·졔物·믈 딩·ᄀ더·니 거상 바ᄉ·ᄂ :후·에 影·형堂당·짓·고 믈읫 時씨節·졀 거·시어·든 의식 몬져 祭·졔ᄒ고 孝·횰誠·셩·이·지·극·ᄒ·더·라 :연·ᄌ·바·ᄂᆞᆯ 紅ᄒᆡ門몬 :셰·오 復·뽁戶·호·ᄒ·니·라

〈孝子圖 25ㄴ〉

河友明。晋州人。領議政演之子。居仁川府蘇來山下。事母李氏至孝。及歿。廬墓。親負薪供祭。喪畢。造影堂。凡節物必先薦。孝誠純篤。事聞。旌閭復戶。官至同知中樞府事

〈효자도 25, 우명순효 본국〉

同知中樞(동지중추) 동지중추부사(同知中樞府事). 조선시대에, 중추부에 속한 종2품 벼슬.
아ᄃᆞ리라 아들이라. 아들+이(계사)+라.
ᄀᆞ올 고을[郡]. ㅎ곡용어.
  'ᄀᆞ올'은 용비어천가에는 'ᄀᆞᄫᆞᆯ'로, 석보상절 이후에는 'ᄀᆞ올'로, 16세기 초반 이후에는 '고을, 고올, 고올, 골' 과 공존하면서 변화를 거듭한다.
  예) 栗村조ᄀᆞᄫᆞᆯ(용 2:22), ᄀᆞ올(석 9:40), 고을(번소 10:5), 고올(번소 8:21), 고올(삼강, 호 28), 골(계초 11)
따 땅[地]. '따'는 'ㅎ'곡용어.
미틔 밑에. 밑[下]+의.
  'ㅢ'만 취하는 특수처소격. 집, 곁, 밑 등의 어휘 뒤에는 처격으로 '의'만 취한다.
사더니 살더니. 살-+더+니 <효자도22, 열녀도25> 참조.
지그기 지극히. 지극(至極)+이(부사화 접사).
나모 나무. '나모'는 'ㄱ'곡용어다.
  나모도, 나모와 - 남기, 남근, 남ᄋᆞᆯ, 남기 등으로 곡용한다.
ᄆᆡᇰᄀᆞ더니 만들더니. ᄆᆡᇰᄀᆞᆯ-+더+니('ㄹ'탈락).
바손 벗은[脫]. 추상적인 것은 '벗-'.
影堂(영당) 한 종파의 조사(祖師)나 한 절의 창시자, 또는 덕이 높은 중의 화상을 모신 집.
믈읫 무릇[凡]. 일반적으로.
仁川신쳔(인쳔) 인천. 일모자이다.
  중국음에서 초성(聲母)를 대표하는 글자(字母)는 다음과 같다.
  Ø - 喩母
  ㆁ - 疑母
  ㅎ - 欲母
  △ - 日母
時節(시절)갓 계절에 처음 나는 새로운 음식, 薦新(천신).
의식 반드시.
☞ 15세기에는 나타나지 않는 어휘이다. 15세기 말 '신선태을자금단'에서 처음으로 보이는데, 16세기 경상도 간행 문헌에서 보인다. 15세기의 '반ᄃᆞ기, 모로매, 당당히'에 해당하는 단어이다. 중앙판에서는 '반ᄃᆞ시'로 바뀌어 나타난다. 이러한 어휘의 출현은 방언화자나 간행지를 추측할 수 있는 근거가 될 수 있다.
셰고 세우고. 'y'나 서술격조사 'i' 모음 아래에서 'ㄱ'이 복구된 것으로 최초의 예가 될 수 있다. <효21ㄴ>에도 나타남.
復戶(복호) 조선 시대에, 충신 효자 군인 등 특정한 대상자에게 부역이나 조세를 면제하여 주던 일.

[현대역] 우명이의 순수한 효성

동지중추부사 하우명이는 진주 사람이니, 영의정 하연의 아들이다. 인천 고을 땅 소래산 밑에 살더니 어미에게 지극히 효도하다가 (어미가) 죽거늘 시묘하여 친히 나무를 져다 제물을 만들었다. 거상 벗은 후에 영당을 짓고 무릇 시절 음식이거든 반드시 먼저(무릇 계절에 먼저 나는 것은 반드시 먼저) 제사지내고 효성이 지극하였다. (관아에서 이러한 사실을 조정에) 여쭙거늘 홍문 세우고 복호하였다.

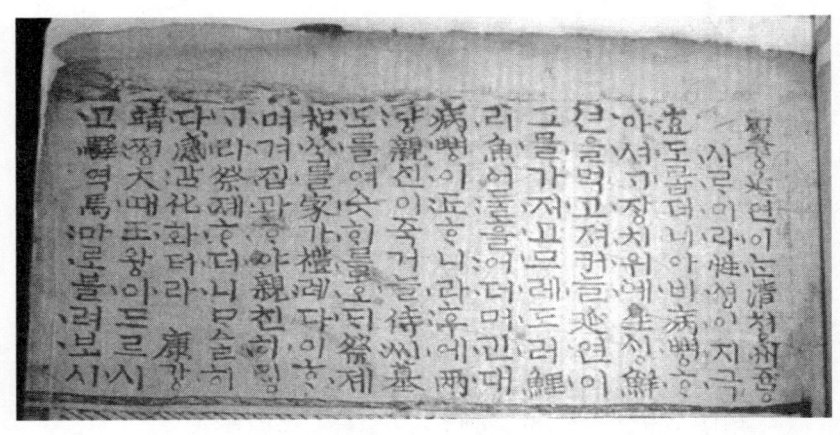

〈孝子圖 26ㄱ〉　　　　　　　慶延得鯉 本國

[慶]경延연·이·는 淸쳥州쥬[ㅣ] :사ᄅ·미·라 性·셩·이 ·지·극 :효·도·롭더니 아비 病·뼝·ᄒ·야·셔 ᄀ·장 ·치·위·예 生싱鮮션·을 먹·고져 커·늘 延연·이 그·믈 가지·고 ·므·레 ·드·러 鯉·리魚어 :둘흘 ·어·더 머·긴·대 病·뼝·이 :됴 ᄒ·니·라 후·에 兩:량親친·이 죽거·늘 侍·씨墓·모·를 여·슷 ·ᄒ·를 ·호·ᄃᆡ 祭·졔祀·ᄉᆞ·를 家가禮·례다·이 ᄒ·며 ·겨·집과 ·ᄒ·야 親친·히 밍·ᄀᆞ·라 祭·졔 ·ᄒ·더·니 므·슬·히 :다 感:감化·화ᄐᆞ·라 康강靖:졍大·때王왕·이 드르·시·고 驛역馬:마·로 블·려 ·보시<26ㄴ>☞·고 ·어·디·다 ·ᄒ·샤 ·각·벼·리 :녜 加가 資ᄌᆞ:히·여 司ᄉᆞ宰:ᄌᆡ主·쥬簿뿌·ᄒ·이시·다 아·니 오·라 尼니山산 顯·현監 감·ᄒ·니 鄕향吏·리·며 百·빅姓·셩·이 저·코 ᄉᆞ랑·ᄒ·더·니 죽거·늘 ᄀᆞ올 :사 ·ᄅᆞ·미 喪상事·ᄊᆞ·애 ·뿔 거·슬 뫼·화 ·주·워늘 ·겨·지·비 닐·오·ᄃᆡ :엇 ·디 내 남지·ᄂᆡ 淸쳥白·ᄇᆡᆨ·을 ·더·러·이[료] ᄒ·고 :다 받·디 아니ᄒ·니[·라]

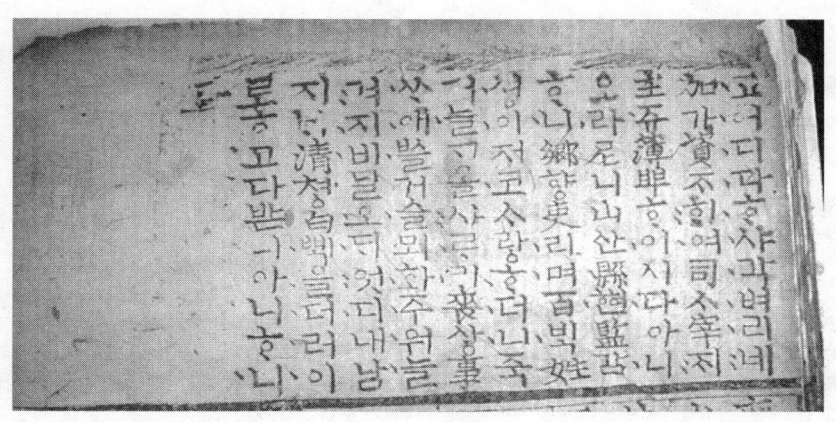

〈孝子圖 26ㄴ〉

慶延。清州人。性至孝。其父有疾。降寒。思食鮮魚。延持網入水。得二鯉以進。病愈。後二親歿。廬墓前後六年。奉祭祀。一依家禮。與其妻。手自割烹。隣里皆化。康靖大王驛召。引見於宣政殿。慰獎之。特陞四資。拜司宰監主簿。未幾。出爲尼山縣監。吏民畏愛。及卒。邑人備葬需油密。以遺其妻。妻曰。何敢累吾夫清德。皆不受

〈효자도 26, 경연득리 본국〉

慶延(경연)이논 경연이는.
 '-이'는 받침 있는 고유명사 뒤에 붙어 소리를 고루는 기능을 하여 접미사처럼 쓰이는 유사접사이다.
淸州(정주)ㅣ 청주의.
 여기 'ㅣ'는 'ㅣ' 또는 'ㅣ'하향중모음 이외의 모음으로 끝나는 명사 아래에서 쓰이는 관형격 조사.
효도롭더니 효성스럽더니.
병ᄒᆞ야셔 병들어서. 병(病)+ᄒᆞ야셔.
바순 벗은. 밧-[脫]+온.
ᄀᆞ장 매우. 아주. 문맥상 '매운' 정도.
치위예 추위에. 치위[寒]+예.
그믈 그물. 그믈>그물(원순모음화).
므레 물에. 믈>물(원순모음화).
鯉魚(잉어) 잉어. '鮒魚(부어)>붕어'와 유사한 발달.
둘흘 둘을. 둘ㅎ[二]+을.
머긴대 먹이니. 먹-+이(사동)+ㄴ데.
호ᄃᆡ 하되. ᄒᆞ-+오ᄃᆡ.
家禮(가례)다이 가례대로. 집안의 의례(儀禮)대로. '-다이'는 '다비'의 후대형. '-다비'는 어기 '답-'[如]에 파생접사 '-이'가 통합된 형태로 ① -답게, ② -대로 등의 의미로 쓰였는데, 여기서는 ②처럼 쓰인다. 이것이 후대형 '-다이'가 일반적이나 16세기 문헌에서는 이 책의 용례가 유일하다. '다이'가 아

니고 '다비'(15세기, 석보상절)로 나오는 처음의 예이다. 이 문헌에서는 '다이'와 혼기되고 있음.
겨집과 ᄒᆞ야 겨집과 더불어. 여기서 'ᄒᆞ야'는 '與'에 대한 번역.
밍ᄀᆞ라 만들어. 밍글-+-아.
康靖大王(강정대왕) 성종.
어디다 어질다.
각벼리 특별히. 각별히.
加資(가자)히여 벼슬을 올라가게 하여.
ᄒᆞ이시다 하게하시다. 시키다.
아니 오라 오래지 않아.
저코 두려워하고. 젛-[畏]+고.
뫼화 모아. 뫼호-+아. w 활음화.
주워늘 주거늘. 주-+w+어늘. 활음 첨가.
☞ 중세국어에는 이미 일어난 사실을 주관적으로 확신하여 강조하는 선어말어미에 '-거/어-'가 있다. 일반적으로 이들은 어간 말음이 'y, r'이거나 계사 뒤에서는 '-어-'로 나타나고, 그 밖의 경우에는 '-거-'로 나타난다. 그런데 이 문헌에서는 '주거늘'로 쓰여야 할 자리에 '주워늘'로 나타난 점이 특이하다.
남지니 남편의. 남진+이. 연철.
더러이료 더럽+이(사동)+료(의문사 '엇디'에 호응하여 '오'(←리오)가 쓰임).
主簿(주부) 조선 시대에, 각 아문의 문서와 부적(符籍)을 주관하던 종육품 벼슬.

현대역 경연이 잉어를 얻다

경연이는 청주 사람이다. 성품이 지극히 효성스럽더니 아비가 병이 들어서 매운 추위에 생선을 먹고자 하거늘 연이 그물을 가지고 물에 들어가 잉어 두 마리를 얻어 먹이니 병이 좋아졌다. 후에 양친이 죽거늘 시묘를 여섯 해를 하되 제사를 가례대로 하며 아내와 같이 친히 만들어 제사를 지내더니 마을(사람들)이 다 감화하더라. 강정대왕(성종)이 들으시고 역마로 불러서 보시고 어질다 하시어 각별히 네 가자(벼슬을 네 단계를 넘어)하여 주부를 맡아 하게 하셨다. 오래지 않아서 이산 현감을 하니 향리며 백성이 두려워하고 사랑하더니 죽거늘 고을 사람이 장사에 쓸 것을 모아 주거늘 아내가 이르되 "어찌 내 남편의 청백을 더럽히리오." 하고 다(=모두) 받지 아니하였다.

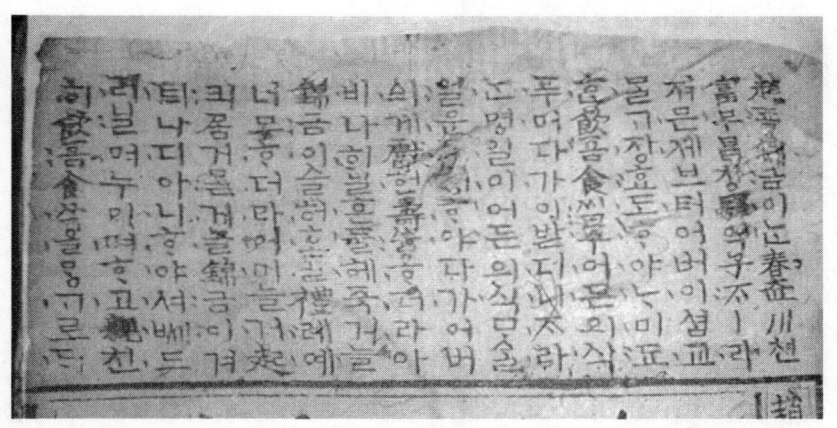

〈孝子圖 27ㄱ〉　　　　　　　　　趙錦獲鹿 本國

趙:됴[錦]:금·이·는 春츈川쳔 富·부昌[챵]驛역子:ᄌᆞㅣ·라 져·믄 ·제브·터 어버·이 셤·교·믈 ᄀᆞ·장 :효·도·ᄒᆞ·야 ·ᄂᆞ·미 :됴·흔 飮·흠食·씩 ·주·어·든 의·식 ·푸·머다·가 이받·더·니 ᄌᆞ·라·ᄂᆞᆫ 명·일·이·어·든 의·식 ᄆᆞ·ᄉᆞᆯ :얼·운 [請·청]·ᄒᆞ·야다·가 어버·ᅀᅴ게 獻·헌壽·슈·ᄒᆞ·더·라 ·아·비 나·히 닐·흔 ·둘·헤 죽·거·늘 錦:금·이 슬·허 ·호·믈 禮:례·예 너[모] ·ᄒᆞ·더·라 ·어·미 늘·거 起:킈居거 :몯·거·늘 錦:금·이 겨·틔 나·디 아·니·ᄒᆞ·야·셔 ·ᄲᅴ·드·러 :닐·며 누이·며 ᄒᆞ·고 親친·히 飮:흠食·씩·을 밍 ᄀᆞ로·ᄃᆡ <27ㄴ>☞모·로·매 ·맛·난 거·시 잇·게 ·ᄒᆞ·더·니 흔·버·는 獻·헌壽·슈·호·려ᄒᆞ·니 마·초·와 사ᄉᆞ·미 門문·의 들·어[를] 자·바 ·ᄡᅳ·니·라 成셩化·화 저·긔 紅홍門문 :셰·시·고 復·뽁戶:호·ᄒᆞ·니·라

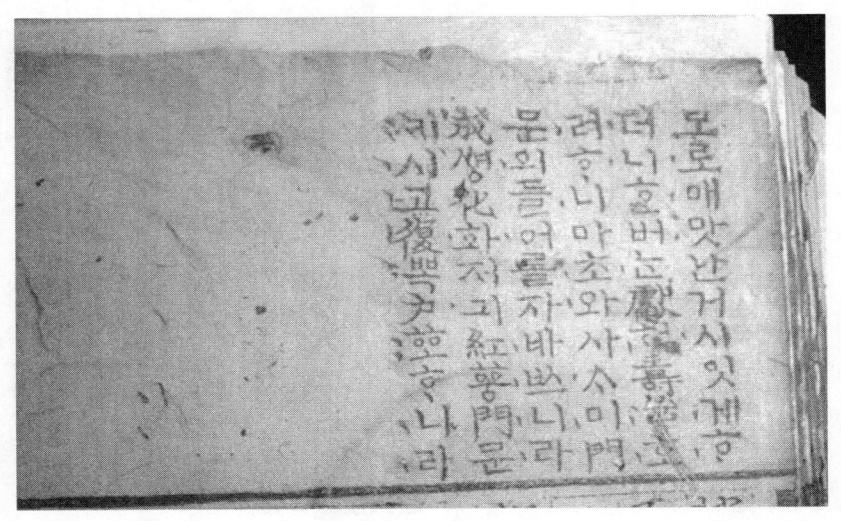

〈**孝子圖** 27ㄴ〉

趙錦。春川府富昌驛吏也。自幼。事親至孝。人遺異味。必懷而獻之。及壯。節日必上壽。邀鄕黨父老以助歡。父年七十二而歿。錦哀毀過禮。母老不能起居。錦不離側。扶持起臥。親執饌具。必有甘旨。嘗欲上壽。忽有鹿至門。獲以供之。成化十一年。旌門復戶

〈효자도 27, 조금획록 본국〉

富昌驛子(부창역자)ㅣ라 부창역리이다.
  부창역의 관리이다.
    원문에서는 '富昌驛吏'로 되어 있어
    언해의 '子'는 아들이 아니라 관리를
    지칭하는 것임을 알 수 있다.
져믄 어린. 졈-[幼]+-은. 역어유해보(1775)
    나 인어대방(1790)에 '젊-' 형이 나온다.
    예) 절믄이<역보 19>, 절믄 계집이
    <인어 1>
제브터 적부터. 브터>부터(원순모음화).
어버이 어버이를.
셤교믈 섬김을. 셤기-+옴+을.
ᄀ장 매우. 아주.
주어든 주면. 주-+어든.
의식 반드시[必].
    ☞ <효자도 28> 참조.
푸머다가 품어다가. 품-+어+다가.
이받더니 공양하더니, 대접하더니.
    이받-+더+니.
ᄌ라ᄂᆞᆫ 자라서는.
명일이어든 명절이면. 명일+이(서술격조
    사)+어든 ('-거든'에서 'ㄱ'약화)
ᄆᆞᅀᆞᆯ 마을. ᄆᆞᅀᆞᆯ>ᄆᆞᄋᆞᆯ>마을.
    ᄆᆞᅀᆞᆯ히 매우 盛ᄒᆞ야 둘기 소래 서르
    들여(월석 1: 46)
    우리 ᄆᆞᄋᆞᆯ히 온지비 남더니
    ᄆᆞᄋᆞᆯ히 녜법이 이시며 (경민편 26)

얼운 어른. 얼-(交合)+우+ㄴ.
어버의게 어버이께. 어버ᅀᅵ+의게.
獻壽(헌수) 회갑 잔치 등에 장수를 비는
    뜻으로 술잔을 올리는 일.
아비 아비가. 아비+ø(주격).
나히 나이가. 낳+이(주어적 속격).
둘헤 둘에. 둘ㅎ+에(처격).
슬허호ᄆᆞᆯ 슬퍼함을. 슳-+어+ㅎ-+옴+ᄋᆞᆯ.
너모 너무, 더 지나치게.
ᄢᅳ드러 부축하여, 껴들어. ᄢᅳ들-+어.
닐며 일으키며, 닐-[起]+며.
누이며 눕히며. 눕-[臥]+이(사동)+며.
모로매 모름지기. 반드시.
마초와 마침. 마초+w+아. w첨가.
    (15세기)마초아, (15세기후기)마초와
사ᄉᆞ미 사슴이. 사슴+이.
門(문)의 문에. 문+의(처격).
紅門(홍문) 동국정운식 표기는 '몬'인데
    여기서는 현실한자음 '문'으로 반영
    함.
쓰니라 쓰니라.[用]
    cf. '쓰다'[書,冠]와는 뜻이 구별되었다.
復戶(복호) 호세(戶稅) 면제.
甘旨(감지) 맛있는 것.
    甘旨奉養(감지봉양) 맛있는 것으로
    어버이를 봉양함.
成化(성화) 1475 성종 6년에 해당함.

현대역 조금이가 사슴을 잡다

조금이는 춘천 부창역리이다. 어릴 때부터 어버이 섬김을 매우 효도하여 남이 좋은 음식을 주면 반드시 품어다가 봉양하였더니, 자라서는 명절이면 반드시 마을 어른을 청하여다가 어버이에게 헌수(獻壽)하였다. 아비 나이 일흔둘에 죽거늘 금이 슬퍼함을 예(禮)보다 넘치게 하더라. 어미 늙어 기거를 못하거늘 금이 곁에서 떠나지 아니하여서 부축하여 일으키며 누이며 하고 친히 음식을 만드니 모름지기 맛난 것이 있게 하더니 한 번은 헌수하려 하니 마침 사슴이 문에 들어온 것을 잡아 썼다. 성화 때에 홍문 세우시고 복호하였다.

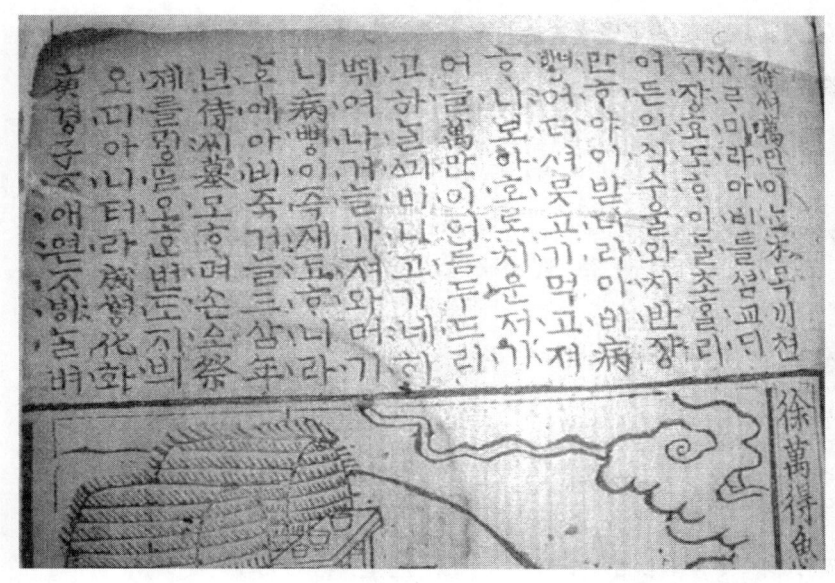

〈孝子圖 28ㄱ〉　　　　　　　　　徐萬得魚 本國

徐쎠萬·만·이·눈 木·목川쳔 :사ᄅ·미·라 아비·를 셤·교·딘 ᄀ·장 :효·도·ᄒ·야 들 초·홀:리어든 의·식 수울·와 ·차반 쟝·만·ᄒ·야 이받·더·라 아비 病뼝 :어·더·셔 ·믓고·기 먹·고:져 ᄒ·니 보아호·로 치·운 져·기어·늘 萬·만·이 어름 두드리·고 하·놀·씌 ·비·니 고기 :네·히 뛰·여 ·나거·늘 가져·와 머·기니 病·뼝·이 ·즉재 :됴·ᄒ·니·라 ·후·에 아비 죽거·늘 三삼年년 侍:씨墓·모ᄒ·며 ·손소 祭·졔·를 밍·글·오 ᄒ·번·도 지·븨 오·디 아니터·라 成셩化·화 庚경子:ᄌ·애 :열·ᄌ·바·ᄂᆞᆯ 벼<28ㄴ>☞·슬 :히·시·니·라

〈**孝子圖 28ㄴ**〉

徐萬。木川人。事父至孝。月朔。必具酒饌以奉。父嘗得疾欲食漁。時方寒沍。萬叩氷祝天。有四魚躍出。持還以進。父病卽愈。後父歿。廬墓三年。躬具尊饌。一不至家。成化庚子。事聞。命授官

〈효자도 28, 서만득어 본국〉

徐萬(서만)이논 서만이는.
동국정운식 표기는 '먼'이다. 여기에 '만'으로 나타나는 것은 당시 현실한 자음의 반영으로 볼 수 있다.
셤교딕 섬기되. 셤기-+오디.
ᄀ장 매우. 아주.
돌 달[月].
초ᄒᆞ리어든 초하루이면. 초ᄒᆞᄅ+이어든. 초ᄒᆞᄅ>초ᄒᆞ로>초하루
의식 반드시[必].
☞ 15세기에는 나타나지 않는 어휘이다. 15세기 말 '신선태을자금단'에서 처음으로 보이는데, 16세기에는 경상도 간행 문헌에서 보인다. 15세기의 '반ᄃᆞ기, 모로매, 당당히'에 해당하는 단어이다. 중앙판에서는 '반ᄃᆞ시'로 바뀌어 나타난다. 이러한 어휘의 출현은 방언화자나 간행지를 추측할 수 있는 근거가 될 수 있다.
셰고 이중모음 아래나 서술격조사 'ㅣ' 모음 아래에서 'ㄱ'이 복구된 것으로 최초의 예로 볼 수 있다.
수울와 술과. <효자도 6> 참조.
☞ 모음과 'ㄹ' 뒤의 공동격조사는 현대어와는 달리 '와'였다.
차반 차반, 음식.
쟝만ᄒᆞ야 장만하여. 이전에는 '쟝망ᄒᆞ-'였음.
이받더라 공양하더라. 이받-+더+라.
믓고기 물고기. 믌고기.
☞ 관형격 'ㅅ' 앞의 'ㄹ' 탈락. 믌둙~믓둙, 믌결~믓결, 믌고기~믓고기~물고기(수의적), 믌소~믓소.
보야호로 바야흐로. 봐야흐로/보야흐로(15세기).
치운 추운. 칩-[寒]+은.
저기어늘 때이거늘. 적+이(서술격)+어늘.
어름 얼음. 얼-+음.(명사 파생접사)
하ᄂᆞᆯ쎡 하늘께. 하느님께.
비니 비니. 빌-[祈]+니. 'ㄴ' 앞에서 'ㄹ' 탈락.
네히 네 마리가. 네ㅎ+이(주격).
뛰여 뛰어. 뛰-[躍]+여.
머기니 먹이니. 먹-+이(사동)+니.
즉재 즉시. 곧. 15세기 '즉자히'와 공존.
됴ᄒᆞ니라 병이 나아지니라.
손소 손수. 손소>손조(손ᄌᆞ)~손오.
밍글오 만들고. 밍글-+고('ㄱ'약화).
지븨 집에. 집+의(처격).
成化 庚子(성화경자)·애 1480 성종 11년에.
ᄒᆡ시니라 하게 하시니라. ᄒᆞ-+이(사동)+시+니라.

[현대역] **서만이가 물고기를 얻다**

서만이는 목천 사람이다. 아비를 섬기되 매우 효도하여 달 초하루면 반드시 술과 차반을 장만하여 공양하더라. 아비가 병을 얻어서 물고기를 먹고자 하니 바야흐로 추운 때이거늘 만이 얼음을 두드리고 하늘께 비니 고기 네 (마리가) 뛰어 나오거늘 가져와 먹이니 병이 즉시 좋아졌다. 후에 아비 죽거늘 삼 년 시묘하며 손수 제사음식을 만들고 한 번도 집에 오지 아니하더라. 성화 경자(1480 성종 11년)에 (관아에서 이러한 사실을 조정에) 여쭙거늘 벼슬을 하게 하시었다.

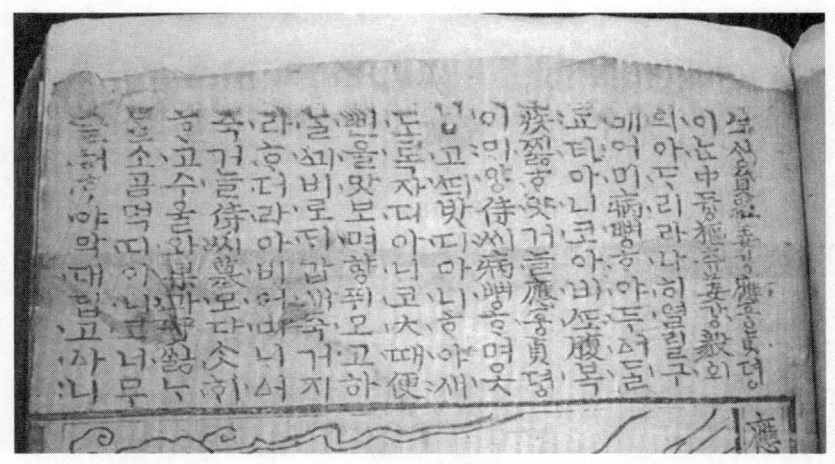

〈孝子圖 29ㄱ〉　　　　　　　　　**應貞禱天 本國**

生싱員원 姜[강]應·흥貞뎡이·는 中듕樞·츄姜강毅·의의 아드·리라 ·나히
·열릴·구베 ·어·미 病·뼝·ᄒ·야 :두·서·둘 :됴·티 아·니·코 아·비 ·쏘 復·복疾
·찔·ᄒ·얏거·늘 應·흥貞뎡·이 :ᄆᆡ·양 侍·씨病·뼝ᄒ·며 ·옷 닙·고 ·ᄯᅴ 밧·디
아·니·ᄒ·야 :새·도·록 자·디 아·니·코 大·때便·뼌·을 ·맛보·며 향 퓌·오·고
하·ᄂᆞᆯ·ᄭᅴ 비·로·ᄃᆡ 갑새 죽거지·라 ·ᄒ·더·라 아·비 ·어·미 니·ᅀᅥ 죽거·늘
侍 :씨墓·모 다·ᄉᆞᆺ ·히 ᄒ·고 수울·와 果·과實·씷 ᄂᆞ·믈 소곰 먹·디 아니·코
너무 슬·허·ᄒ·야 막·대 딥·고·ᅀᅡ :니<29ㄴ>☞·더·니 :열·ᄌᆞ·바·늘 紅홍門
문 :셰·니·라

〈**孝子圖** 29ㄴ〉

生員姜應貞。晉州人。中樞毅之子。年十七。母遘疾。數月不瘳。父又患痢。應貞常侍藥。衣不解帶。達曙不寢。取糞嘗之。焚香禱天。請以身代。及父母相繼而歿。廬墓凡五年。不食酒果鹽菜。哀毀過禮。杖而後起。事聞。旌閭

〈효자도 29, 응정도천 본국〉

生員(생원) 조선 시대에 소과(小科)인 생원과에 합격한 사람.
中樞(중추) 조선 초기에 왕명의출납, 군정숙위 등을 맡아 보던 관청.
나히 나이가. 나ㅎ+이(주격).
열릴구베 열일곱에.
☞ 16세기에 유음화가 없었다고 보면, 방언형의 반영일 가능성이 있다.
(15세기) 열+닐굽, '열닐굽'의 유음화 표기.
병ᄒ야 병이 들어.
두서 둘 두어 달.
됴티 나아지지. 둏-[好]+디.
아니코 '아니ᄒ고'의 준말.
복질ᄒ얏거늘 복질이 들었거늘.
복질(腹疾) = 복부(腹部)의 병. 배앓이, 설사병 따위가 있다.
미양 매양, 늘. '미샹'에서 'y'앞 'ㅅ>ㅇ'.
ᄯᅴ 밧디 띠를 벗지.
ᄯᅴ[帶]+ø(목적격)#밧-[脫]+디.
새도록 날이 새도록, 밤새도록.
향 향(香).
☞ 한자를 쓰고 한자음을 병기할 때는 동국정운식 한자음으로 표기하지만 한자음만을 쓸 때는 이미 상용화된 현실 한자음으로 썼다.
퓌오고 피우고. 퓌오-[燒]+고.

예) 화로에 불 퓌오고(朴重下 7)
15세기 표기는 '퓌우다'이다.
예) 香 퓌우고(월석 21)
큰 寶香 퓌우고(法화4:120)
하ᄂᆞᆯᄭᅴ 하늘께. 하늘+ᄭᅴ(ㅅ+그에)존칭의 여격.
비로디 빌되. 빌-+오디/우디(양보의 부동사어미).
갑새 대신하여[代]. 값+애.
죽거지다 죽고 싶다. 죽-+거+지다.
☞ 화자 자신의 일이 이루어지게 해달라는 표현의 '-지라'는 선어말어미 '-거/어-'가 선행한다.
아비 어미 아비와 어미가.
니서 이어. 닛-[連]+-어.
다ᄉᆞᆺ 다섯[五].
수울 술. 수울>술(단모음화).
果實(과실) 과일.
나ᄆᆞᆯ 나물[菜].
소곰 소금. 소곰>소금(이화현상).
너무 지나치게. 정도에 넘게.
막대 막대기. '막다히'와 쌍형어임.
딥고ᅀᅡ 짚고서야.
딮-+고+ᅀᅡ(강세보조사)
니더니 일어나더니.
닐-[起]+더+니. 'ㄹ'탈락.

현대역 응정이가 하늘에 빌다

생원 강응정이는 중추 강의의 아들이다. 나이 열일곱에 어미 병들어 두어 달 나아지지 아니하고 아비 또 복질이 들었거늘 응정이 매양 시병하며 옷 입고 띠를 벗지 아니하고 새도록 자지 아니하고 대변을 맛보며 향 피우고 하늘께 빌기를 "대신하여 죽고 싶다." 하더라. 아비와 어미가 이어 죽거늘 시묘를 다섯 해 하고 술과 과실나물 소금을 먹지 아니하고 너무 슬퍼하여 막대 짚고서야 일어났다. (관아에서 이러한 사실을 조정에) 여쭙거늘 홍문을 세웠다.

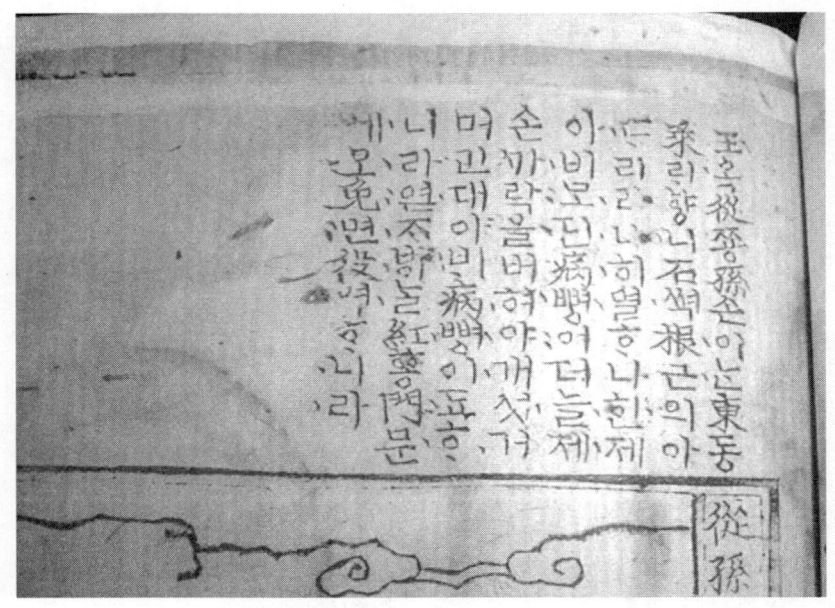

〈孝子圖 30ㄱ〉　　　　　　　　　從孫斷指 本國

玉·옥從쭁孫손·이·는 東·동萊릭 향·니 石·쎡根근:의 아도리·라 ·나히 ·열
ᄒ나힌 ·제 아비 :모·딘 病·뼝 :어더늘 제 손까락·을 버·혀 ·야개 섯·거
머·긴·대 아:빅 病·뼝이 :됴·ᄒ·니·라 :열·즈·바늘 紅뽕門문 [:셰]·오 免:면
役역ᄒ·니·라

〈孝子圖 30ㄴ〉

玉從孫。東來縣吏石根之子。年十一。父得惡疾。自斷手指和藥以
進。父疾乃療。事聞。旌閭免役

〈효자도 30, 종손단지 본국〉

玉從孫(옥종손)이논 옥종손이는.
 '-이'는 받침 있는 고유명사 뒤에 붙어 소리를 고루는 기능을 하여 접미사처럼 쓰이는 유사접사이다.
東萊(동래) 동래는 삼한시대 변한 독로국의 유지이며, 한때 居柒山國의 치소로서 신라에 병합되면서 居柒山郡으로 되었다가 신라 경덕왕 16년(757) 지방행정제도를 개편할 때 동래군으로 개칭되었다. 동래란 명칭은 동쪽 내산을 말하는 것으로 이는 신선이 산다는 봉래산에서 유래되었다.
향니 한 고을에서 대를 이어 내려오던 아전(衙前) '향리(鄕吏)'의 비음화형. 걷ᄂ다→건ᄂ다, 닫니다→단니다 등처럼 표면음성형 반영. 15세기는 형태소를 살려 쓰는 것이 일반적임.
나히 나이가. 나ㅎ+이(주격).
열ᄒ나힌 열하나인. 열ᄒ나ㅎ+이+ㄴ.
모딘 모진. 모딜+ㄴ. 'ㄹ'탈락.
손까락을 손가락을. 형태소 분리 표기.
버혀 베어. 버히-[斬]+어.
야개 약에.
 약(藥)+애(양성모음 뒤의 처격).
섯거 섞어. 섞-[混]+어.

머긴대 먹이니. 먹-+이(사동)+ㄴ대.
아비 아비의. 아비+이(속격).
됴ᄒ니라 나아지니라.
엳ᄌᄇᆞ놀 여쭙거늘.
 엳줍-+-아눌, '엳ᄌ와눌'이 일반적인 표기지만, '삼강행실도'와 같이 'ㅸ' 표기를 유지한 것이다. 이는 임금에 대한 공경의 표시일 가능성이 있다. 'ㅸ'이 쓰이는 의고적인 표기는 다음과 같다.
 ① :엳ᄌ·ᄇᆞ·눌 <효자도 2, 5, 6 7…>
 ② 禮·례·다·ᄇᆡ <열녀도 2>
 ③ 믈·리바ᄃ·며 <열녀도 19>
紅門(홍문) 홍살문. 홍살문. 능(陵), 원(園), 묘(廟), 대궐, 관아(官衙) 따위의 정면에 세우는 붉은 칠을 한 문. 둥근 기둥 두 개를 세우고 지붕 없이 붉은 살을 세워서 죽 박는다.
 이 책의 다른 곳에서는 '홍몬'으로 표기되어 있으나 여기서는 '문'으로 현실 한자음으로 반영되어 나타난다.
셰오 세우고. 셔-+ㅣ+고('ㄱ'약화).
免役(면역) 조선시대에 신역(身役)을 면제하던 일. 복역 따위를 면함.

현대역 **종손이가 자신의 손가락을 자르다**

옥종손이는 동래 향리 석근의 아들이다. 나이 열하나일 적에 아비가 모진 병을 얻거늘 제 손가락을 베어 약에 섞어 먹이니 아비의 병이 좋아졌다. (관아에서 조정에 이러한 사실을) 여쭙거늘 홍문을 세우고 면역하였다.

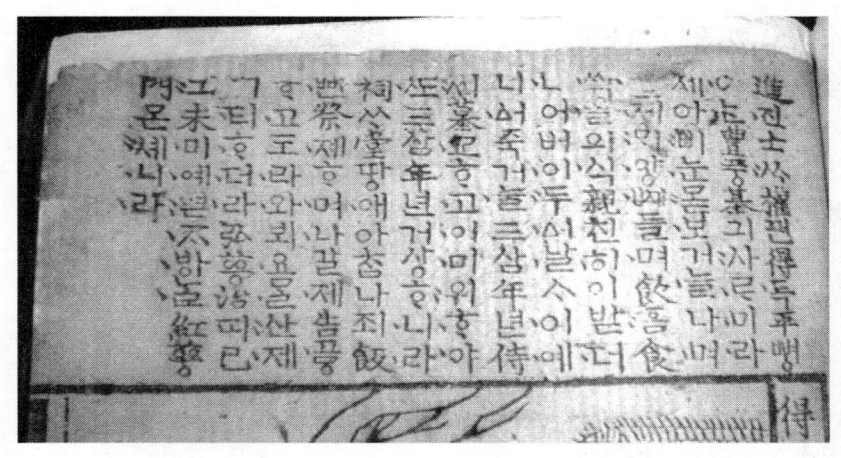

〈孝子圖 31ㄱ〉　　　　　　　　**得平居廬 本國**

進·진士:ᄉᆞ 權꿴得·득平뼝·이·ᄂᆞᆫ 豊퓽基긔 :사ᄅᆞ·미라 제 아·비 ·눈 :몯 ·보거·늘 나며 [·들] ·제 :마·양 ·ᄢᅵ들·며 飮:흠食·씩·을 의·식 親친·히 이받 ·더·니 어버·이 :두 서·날 ᄉᆞ·이예 니·서 죽거·늘 三삼年년 侍·씨墓·모ᄒᆞ고 :어·미 :위·ᄒᆞ야 ·ᄯᅩ 三삼年년 거상ᄒᆞ·니·라 祠ᄊᆞ堂땅애 아ᄎᆞᆷ 나죄 飯·빤 祭·졔ᄒᆞ·며 ·나갈 ·제 告·골ᄒᆞ·고 도·라와 뵈·요·ᄆᆞᆯ :산 ·제 ᄀᆞ·티 ·ᄒᆞ·더·라 紅뽕治띠 己:긔未·미예 :열·ᄌᆞ·바·ᄂᆞᆯ 紅뽕門몬 :셰·니·라

〈孝子圖 31ㄴ〉

進士權得平。豊基人。其父失明。出入常扶持。飲食必親奉。父母數日連逝。居廬三年。爲母又服齊衰三年。家廟朝夕上食。出告反面。如生時。弘治己未。事聞。旌閭

〈효자도 31, 득평거려 본국〉

進士(진사) 소과(小科)의 초장(初場)에 급제한 사람.
제 저의. 그 사람의.
나며 들 제 나가며 들어 올 때. 나-[出]+며. 들-[入]+ㄹ(관형사형어미) 제[時].
미양 항상, 늘. 미샹>미양.
15세기에 '미양'은 '미샹', '어버이'는 '어버싀'로 '스이'는 '스싀'로 표기되었으나, 16세기에 들어 와서 'ㅿ'이 쓰이지 않게 되었다.
뻬들며 붙들며, 끼어들며. 뻬-+들-+며.
의식 반드시[必].
 '신선태을자금단'에 처음 보이고 16세기 문헌에 자주 나타나는 '必'의 뜻을 지닌 부사이다.
이받더니 봉양하더니. 이받-+더+니.
어버이 어버이가. 어버싀>어버이. 앞 시기에는 '어버싀'로만 나타나나, 이 시기에는 '어버이'와 공존한다. 'ㅿ'은 'i, y' 앞 환경에서 먼저 소실되기 시작하여 점차 다른 모음에까지 확산된다.
두어날 두어날, 이삼일(二三日).
사싀예 사이에. 사싀+예(처격).

☞ 처격조사 '-예'는 선행체언의 말음절 모음이 'ㅣ'(i) 또는 'ㅣ'(y)인 경우에 실현된다.
니서 이어. 닛-[連]+어.
侍墓(시묘) 부모의 거상 중에 3년간 그 무덤 옆에서 움막을 짓고 삶.
 동국정운식 한자음 표기는 종성이 없을 때에는 喩母(ㅇ)를 다는 것이 일반적이나 이를 표기하지 않은 것은 세종조에 완성되어 성종조에 간행된 '삼강행실도' 표기법의 전통을 계승한 결과이다.
아츰나죄 아침저녁으로.
飯祭(반제) 밥을 지어 제사지냄.
뵈요믈 뵘을. 윗사람을 찾아봄을.
산 산. 살-+ㄴ. ㄴ위에서 ㄹ탈락.
弘治 己未(홍치 기미)예 1499 연산군 5년에.
엳ᄌᆞ바늘 여쭙거늘. ☞<효자도 30>참조.
紅門(홍문) 홍살문. ☞<효자도 30>참조.
셰니라(:셰니라) 세우니라, 세웠다. 어간 ':셰-'는 '셔-[立, 평성]+ㅣ(사동접사, 거성)'의 통합에 의한 것으로 축약되면서 상성의 [:셰-]가 되었다.

현대역 득평이가 거려(居廬)하다

진사 권득평이는 풍기 사람이다. 제 아비가 눈을 못 보거늘 나가며 들어올 때 매양 부축하며 음식을 반드시 친히 드리더니 어버이가 두어 날 사이에 이어서 죽거늘 삼년 시묘하고 어미를 위하여 또 삼년을 거상하였다. 사당에 아침저녁에 반제(飯祭)를 하며 나갈 때 고하고 돌아와 뵙는 것을 살아 계신 때와 같이 하더라. 홍치 기미(1499 연산군 5년)에 (관아에서 이러한 사실을 조정에) 여쭙거늘 홍문을 세웠다.

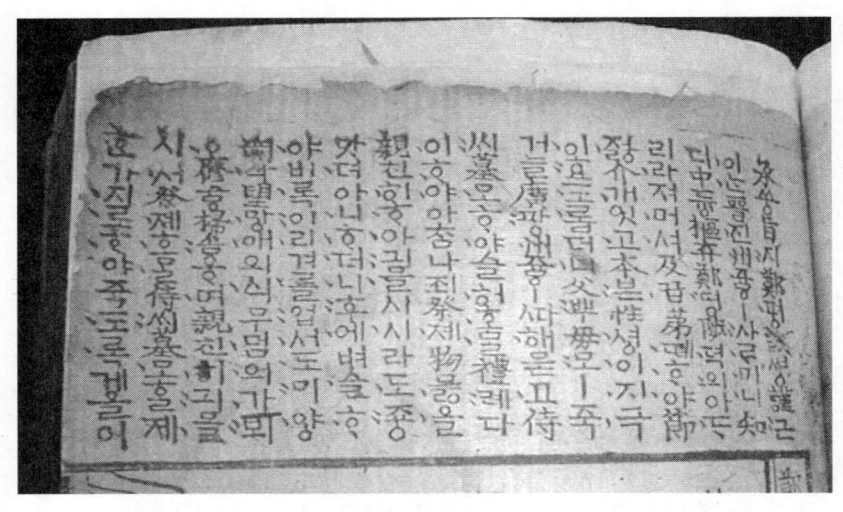

〈孝子圖 32ㄱ〉　　　　　　　　鄭門世孝 本國

承숭旨:지 鄭·뎡誠·셩謹:근이·는 晉·진州쥬ㅣ :사ᄅᆞ미·니 知디中듕樞츄 鄭·뎡陟·텩·의 아ᄃᆞ리·라 져·머·셔 及·급第·뎨·ᄒᆞ·야 節·졇介·개 잇·고 本 :본性·셩·이 ·지·극·이 :효·도·롭더·니 父·뿌母·모ㅣ 죽거·늘 廣:광州쥬ㅣ 싸·해 묻·고 侍·씨墓·모ᄒᆞ·야 슬·허·호·믈 禮:례다·이 ·ᄒᆞ·야 아ᄎᆞᆷ 나죄 祭 ·졔物·믈을 親·친히 ·ᄒᆞ[야] :그·믈 시·시라·도 종 맛·뎌 아·니·ᄒᆞ·더·니 :후·에 벼·슬ᄒᆞ·야 비·록 :이·리 겨·를 :업·서·도 [민]·양 朔·삭望·망·애 의 ·식 무·덤·의 ·가 :뵈·오 修슈掃:솔ᄒᆞ·며 親친·히 :그·믈 [시]·서 際·졔·호·믈 侍·씨墓·모홀 제 ᄒᆞᆫ가·지·로 ·ᄒᆞ·야 죽·도·록 게을·이 <32ㄴ>☞아·니 ·ᄒᆞ ·더·니 ᄯᅩ 康강靖·졍大·대王왕 :위·ᄒᆞ·ᅀᆞ·바 心심喪상 三삼年년 ᄒᆞ·대 :사 ·ᄅᆞ·미 닐·오·ᄃᆡ 忠듕·과 孝·효·왜 :다 ᄀᆞᆺ·다 ·ᄒᆞ·더·라 弘薨治[티] 甲·갑子 :ᄌᆞ·애 燕연山산君이 詭·궤異·이ᄒᆞᆫ :힝·뎍·이·라 ·ᄒᆞ·시·고 주·기신·대 아·ᄃᆞᆯ 舟쥬臣씬·이 承승文문博·박士:ㅅㅣ러·니 아·비 罪·죄 :업·시 주근 ·주·를 :셜·이 너·겨 가슴 두·드·려 :울·오 飮:흠食·씩 아·니 먹·고 주그·니 드른 ·사 ·ᄅᆞ·미 :다 :셜워 ·ᄒᆞ·더·라 今금上·썅·이 [셔]·샤 誠·셩謹:근·을 追튜贈 ·증 벼·슬 :히·시·고 紅홍門몬 :셰니라

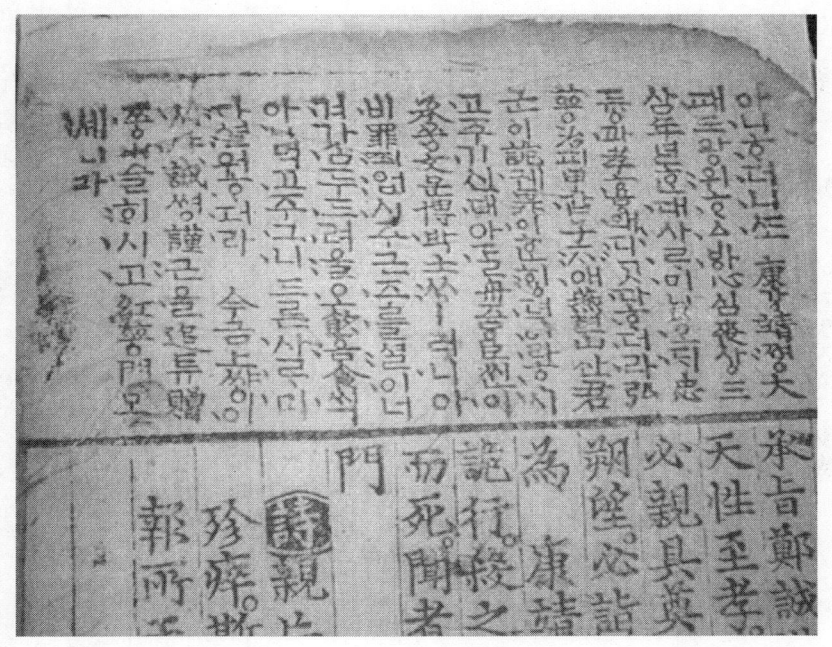

〈孝子圖 32ㄴ〉

承旨鄭誠謹。晉州人。知中樞府事陟之子。小登第。有節操。天性至孝。父母歿。合葬于廣州。廬墓終喪。哀毀盡禮。朝夕必親具奠饌。雖滌器之徹。不委僮僕。後爲官。雖務劇。每遇朔望。必詣墓省掃。親執饌供祭。一如在廬時。終身不怠。又爲。康靖大王。心喪三年。人謂忠孝兩全。燕山甲子。以爲詭行。殺之。子舟臣。時爲承文院博士。慟父非命。號擗不食而死。聞者莫不傷痛。今 上卽位。贈誠謹吏曹參判。旌其門

〈효자도 32, 졍문셰효 본국〉

承旨(승지) 조선 시대에 승정원에 딸려 왕명의 출납을 맡아보던 정3품의 당상관. 좌승지, 도승지, 좌부승지, 우부승지, 도우승지의 총칭이다.
知中樞(지중추) 지중추부사(知中樞府事). 조선 시대에, 중추부에 속한 정이품 무관(武官) 벼슬.
아ᄃ리라 아들이다.
겨머셔 어려서[幼]. 졈-+어셔.
잇고 있고. 모음 앞에서는 '이시-'.
지극이 지극히. 분철.
효도롭더니 효성스럽더니.
효도+-롭-(파생접미사)+더니.
父母(부모)ㅣ 부모가. 부모+ㅣ(주격).
廣州(광주)ㅣ 광주의.
여기 'ㅣ'는 'ㅣ' 또는 'ㅣ'하향중모음 이외의 모음으로 끝나는 명사 아래에서 쓰이는 관형격 조사. '廣州'의 현실음은 '광쥬'. 여기 '광즁'는 동국정운식 한자음인데, 두 한자음의 차이가 어느 정도인지 알 수 있다.
예) 三嘉ㅣ 사ᄅ미라(속삼, 효자 14)
ᄯᅡ해 땅에. ᄯᅡㅎ[地]+애.
禮(예)다이 장례의 예도대로, 예대로.
례+다이
祭物(제물) 제물.
긔믈 그릇. '器物'의 현실음.
시시라도 씻는 것이라도.

싯-+이(명사파생접사)+라도..
맛뎌 맡기어. 맛디-+어.
朔望(삭망)애 초하루와 보름에.
의식 반드시[必].
무덤의 무덤에. 무덤+의(처격).
修掃(수소) 청소. 소제
이리 일이, 일[事]+이(주격).
죽도록 죽을 때까지. 죽드록>죽도록.
康靖大王(강정대왕) 성종.
위ᄒᆞᅀᆞ바 위하여. 위ᄒ-+ᅀᆞᆸ+아. 이 책에서는 'ᄫ'이 쓰인 드문 예이다.
心喪(심상) 상복은 입지 아니하되 마음으로 근신하는 일. 보통 '3년'인 듯.
孝(효)왜 효가. 孝효+와(공동격)+ㅣ(주격).
ᄀᆞᆺ다 갖추어졌다. 곳다[具]. ᄀᆞᆺ(8종성).
'ᄀᆞᆮ다'[與]와는 다른 어휘이다.
弘治 甲子(홍치 갑자) 서기 1504년.
주기시대 죽이시니.
셟이 섧게. 셟-+이. 셜ᄫᅵ>셜이.
울오 울고. 울-+고('ㄱ'탈락).
드른 들은. 듣-[聞]+은.
셜워 슬퍼, 서러워. 셟-+어.
'셟다'의 활용형으로는 '셟고, 셟게, 셟디…'가 있다.
셜본, 셜볼, 셜버…>셜운, 셜울, 셜워…
今上(금상)이 지금의 임금이. 중종이.

[현대역] 정씨 가문의 대를 이은 효성

승지 정성근이는 진주 사람이니, 지중추 정척의 아들이다. 어려서 급제하여 절개가 있고 본성이 지극히 효성스럽더니 부모가 죽거늘 광주 땅에 묻고 시묘하여 슬퍼함을 장례 예도대로 하여 아침저녁에 제물을 친히 만들어 기물 씻는 것이라도 종에게 맡기지 아니하였다. 후에 벼슬하여 비록 일이 겨를이 없어도 항상 삭망에 반드시 무덤에 가 뵙고 소제하며 친히 기물을 씻어 제사함을 시묘할 때와 한가지로(마찬가지로) 하여 죽도록 게을리 아니하였다. 또 강정대왕을 위하여 심상 삼년 하였는데 사람(들)이 이르되 충과 효를 다 갖추었다 하더라. 홍치 갑자에 연산군이 궤이한 행적이라 하시고 죽이시니 아들 주신이 승문박사이더니 아비가 죄 없이 죽은 것을 서럽게 여겨 가슴을 두드려 울고 음식을 아니 먹고 죽으니 들은 사람이 모두 서러워하더라. 지금의 임금이 즉위하시어 성근을 추증하여 벼슬하게 하시고 홍문을 세웠다.

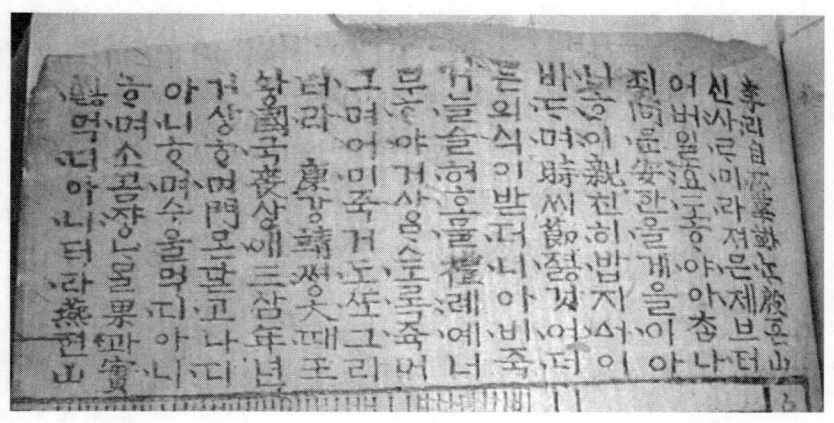

〈孝子圖 33ㄱ〉　　　　　　　　　自華盡孝 本國

李:리自ᄌᆞ·華화ᄂᆞᆫ 殷흔山산 :사ᄅᆞ·미·라 져·믄 ·제브·터 어버일 :효·도ᄒᆞ
·야 아ᄎᆞᆷ 나죄 問·문安한·을 게을·이 아니 ·ᄒᆞ:야 親친·히 ·밥 지·어 이바
·드·며 時씨節·졀 졷 것 ·어·더든 의·식 이받·더·니 아비 죽거·늘 슬허·호·믈
禮:례·예 너무 ·ᄒᆞ·야 거상 믓·도·록 ·죽 머·그·며 어·미 죽거·도 ·쏘 그리
·터·라 康강靖:졍大·때王왕國·국喪상·애 三삼年년 거상·ᄒᆞ며 門몬 닫고
나디 아니ᄒᆞ·며 수울 먹·디 아니ᄒᆞ·며 소곰 :쟝 ᄂᆞ믈 果과實·씷 먹·디
아니터·라　燕연山산<33ㄴ>☞산朝됴ᇰ ·쳐·서·믜 벼·슬:히·이·고　紅ᅘᅩᆼ門몬
셰·옛더·니 甲·갑子:ᄌᆞ年년·에 詭·궤異·이흔 :힝·뎍·이·라 ·ᄒᆞ·야 주규·려
[져]·주거·늘 다딤 :두·디 :님·금 ·위·ᄒᆞ야 거상 ·호·미 일·훔 :내·요·려 ·ᄒᆞ
·ᄂᆞᆫ ·주·리 아니·라 :님·금과 아비와 ᄒᆞᆫ가진·가 너겨 ·호·라 ᄒᆞ·고 從쬬ᇰ容
용·히 죽거늘 모·다 슬허 ·ᄒᆞ더라

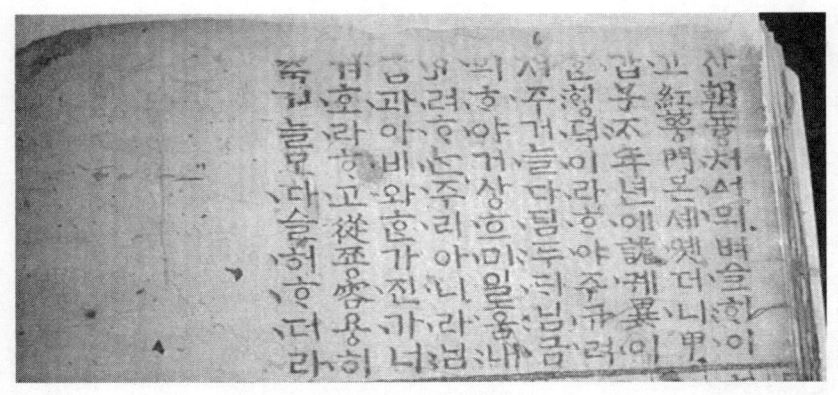

〈孝子圖 33ㄴ〉

李自華。殷山人。自少事親孝。精誠不懈。朝夕必躬。爨以供。每遇時羞。必獻。父歿。哀毀過禮。啜粥終喪。母歿。亦如之。爲 康靖大王。服喪三年。閉門不出。不飮酒。不食塩醬菜果。燕山 初。賞職旌門。至甲子。以詭行捕鞠。將戮之。自華供曰。爲君服喪。非爲要名。妄料君父一體耳。遂從容就死。國人莫不傷痛

〈효자도 33, 자화진효 본국〉

李自華(이자화)논 이자화는.
져믄 제브터 어릴 때부터.
   졈-[幼]+은 브터>부터(원순모음화).
어버일 어버이에게. 어버이+ㄹ. 이 책에
   서는 '어버싀'와 '어버이'가 공존함.
아춤나죄 아침저녁에.
게을이 게을리. '게으르-'+이(부사화접
   사).
지서 지어. 짓-[作]+어.
이바드며 공양하며. 이받-+(으)며.
모다 모두.
時節(시절) 것 계절마다 나오는 음식.
어더든 얻으면.
의식 반드시[必]. <효자도 31> 참조.
禮(예)예 예도에. 禮+예(처격). 예보다.
너무ᄒᆞ야 지나치게 하여.
뭇도록 마칠 때까지. 마치도록.
   15세기에는 '뭇ᄃᆞ록'이었다.
쥭 죽[粥].
죽거도 죽어도. 죽어서도.
   선어말 어미 '-거'를 밝히어 적은 것으
   로 볼 수도 있고 중철로 볼 수도 있다.
그리터라 그리하더라. 그리ᄒᆞ+더라.
康靖大王(강정대왕) 성종.
   글자 앞에 칸 비운 공격을 씀.
   공격은 존대 표시. <효자도18>참조.
소곰 소금. '소곰>소금' 이화현상.
쟝 장(醬). 단모음화.

나물 나물. 중간본에는 '나믈'로 표기되어
   있다. 나물>나믈>나물(원순모음화).
처서믜 처음에. 처섬+의(처격).
벼슬히이고 벼슬하게 하시고.
   벼슬+ᄒᆞ-+이(사동)+시+고.
紅門(홍문) 홍살문.
   이 책에서는 동국정운음인 'ᅘᅩᇰ문'과 현
   실 한자음인 '홍문'이 공존한다.
셰옛더니 세웠더니.
   셔-+ㅣ+어#잇+더니.
궤이흔 괘이한. 이상한.
힝뎍이라 행적이라고.
주규려 죽이려. 죽-+이(피동)+우+려.
져주거늘 고문하거늘, 신문(訊問)하거늘.
   져주-[訊問]+거늘
다딤두디 공술(供述)하되. (관아에서 신
   문(訊問)에 피고인이 행하는 진술을
   공술이라 함).
님금 위ᄒᆞ야 임금을 위하여.
거상호미 거상(居喪)함이.
일홈 이름.
내요려 나타내려고. 나-[出]+ㅣ+오려.
주리 것이, 줄이. 줄(의존명사)+이(주격).
ᄒᆞ가진가 같은가.
호라ᄒᆞ고 하였다고 하고
從容(조용)히 조용히. 'ㅇ'탈락 (동음생략)
모다 모두.
슬허 슬퍼.

현대역 자화가 효를 다하다

이자화는 은산 사람이다. 어릴 때부터 어버이에게 효도하여 아침 저녁에 문안을 게을리 아니하여 친히 밥 지어 봉양하며 계절 음식을 얻으면 반드시 봉양하더니 아비가 죽거늘 슬퍼함을 예보다 지나치게 하여 거상 마치도록 죽 먹으며 어미가 죽어서도 또 그리하더라. 강정대왕 국상에 삼 년 거상하며 문을 닫고 나가지 아니하며 술을 먹지 아니하고 소금과 장, 나물, 과실을 먹지 아니하더라. 연산조 처음에 벼슬하게 하시고 홍문 세웠더니 갑자년에 궤이한 행적이라 하여 죽이려 고문하거늘 공술(供述)하되 임금을 위하여 거상하는 것이 이름을 나타내려고 하는 것이 아니라 임금과 아비가 같다고 여겨 (그리) 하였다고 말하고 조용히 죽거늘 모두 슬퍼하더라.

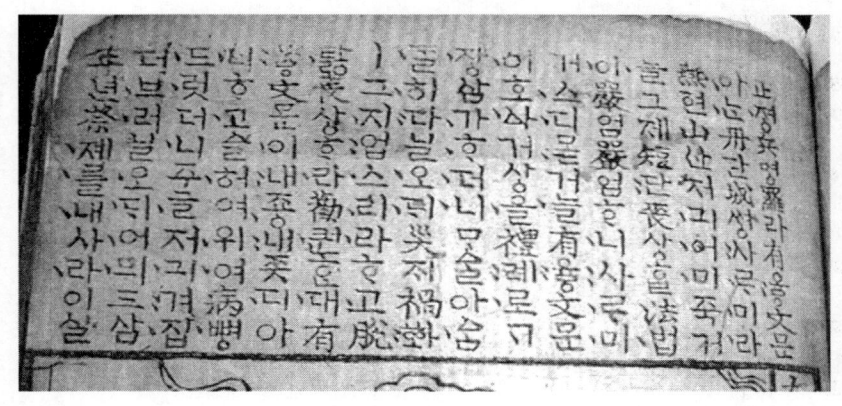

〈孝子圖 34ㄱ〉　　　　　　　　　**有文服喪 本國**

正·졍兵병 羅·라有:유文문·이·는 丹단城셩 :사ᄅᆞ·미·라 燕연山산 저·긔
·어·미 죽거·늘 그제 短:단喪상홀 法·법·이 嚴엄嚴엄ᄒᆞ·니 :사ᄅᆞ·미 거스
·디 :몯거·늘 有:유文문·이 호·ᅀᅡ 거상·을 禮·례로 ᄀᆞ·장 삼가ᄒᆞ·더·니 ᄆᆞ
ᅀᆞᆯ 아ᅀᆞᆷ·ᄃᆞᆯ·히 :다 닐·오·ᄃᆡ 災ᄌᆡ禍:화ㅣ 그지 :업·스·리·라 ᄒᆞ·고 脫·탈喪
상ᄒᆞ·라 勸·권ᄒᆞᆫ·대 有:유文문·이 :내·죵:내 좃·디 아·니ᄒᆞ·고 슬·허 여·위
·여 病·뼝 드·럿더·니 주·글 저·긔 ·겨·집 더·브·러 닐·오·ᄃᆡ ·어·믜 三삼年년
祭·졔·를 ·내 사·라이실<34ㄴ>☞적 ·ᄀᆞ·티 ·ᄒᆞ·야 아ᄎᆞᆷ 나죄 게을·이 :말
·오 ·쏘 :나·ᄅᆞᆯ ·어·믜 ·무·덤 겨·ᄐᆡ 무·드·라 ᄒᆞᆫ·대 제 ·겨·집 李:리氏:씨
닐·온 ·대·로 ·ᄒᆞ·야 ·어·미·와 남진·의 墳분土:토·애 親친·히 祭·졔·[호]·믈
비록 :눈·비 ·와·도 :폐티 아·니 ·ᄒᆞ·더·라

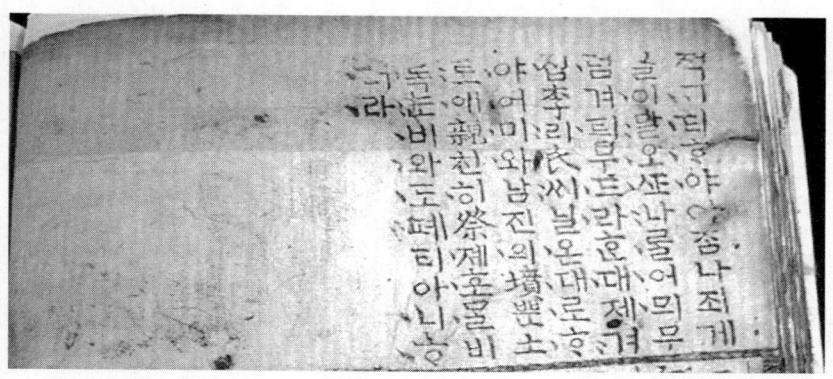

〈孝子圖 34ㄴ〉

正兵羅有文。丹城人。燕山末。母死。時短喪法嚴。人不違。有文獨守喪執禮謹。鄉中親戚。皆言禍且不測。勸脫喪。有文竟不從。因哀毀感疾。臨死。語妻曰。三年祭母。如我生時。朝夕無怠。且葬我於母墳之側。其妻李氏。如其言。親祭母及夫墳。雖雨雪不廢

〈효자도 34, 유문복상 본국〉

正兵(정병) 正軍. 농민으로 이루어진 사병.
燕山(연산) 연산군. (공격처리 않음).
저긔 적에. 적[時]+의(처격).
그제 그때, 그 당시.
短喪(단상) 거상을 3년에서 1년으로 줄인 것.
嚴嚴(엄엄)ᄒ니 매우 엄하니.
거스디 거스르지. 거슬-[逆]+-디(부동사어미). 'ㄹ'탈락.
호ᅀㅏ 혼자, 혼자서.
　ᄒᆞᄫᅡ>ᄒᆞ오ᅀㅏ>호ᅀㅏ
　예) ᄒᆞᄫᅡ 믈리조치시(용가 35)
　　ᄒᆞ오ᅀㅏ 아니 왯더니(석보 6:29)
禮(예)로 장례의 예식으로.
ᄀ장 매우. 아주.
ᄆᆞᄉᆞᆯ 마을. ᄆᆞᅀᆞᆯ>ᄆᆞᄋᆞᆯ>ᄆᆞᄋᆞᆯ. '마ᄉᆞᆯ'은 '官衙'를 뜻함.
　ᄆᆞᄉᆞᆯ히 매우 盛ᄒᆞ야 돌기 소래 서르 들여(월석 1: 46)
　ᄆᆞᄋᆞᆯ히 녜법이 이시며 (경민편 26)
아ᄉᆞᆷ돌히 친척들이. 아ᄉᆞᆷ+돌ㅎ+-이.
災禍(재화)ㅣ 재화가. 재앙과 화가.
　직화+ㅣ(주격).
그지 끝이.

내죵내 끝끝내. '끝까지'의 의미. 'ᄆᆞᄎᆞᆷ내'(훈민)는 '끝내'라는 의미이다. 현재의 '마침내'와는 다름.
좃디 좇지, 따르지. 좇-[從]+디. '좇-'을 '좃-'으로 표기한 것은 'ㅊ'과 동일서열의 전청자 'ㅅ'으로 적는 8종성 표기법에 따른 결과임.
여위여 여위어. 야위어. 여위-[瘦]+어/여.
病(병)드럿더니 병이 들었더니. '病ᄒᆞ-'가 일반적.
주글 저긔 죽을 적에.
더브러 더불어.
어미 어미의. 어미+의(속격).
三年祭(삼년제)를 삼년 제사를.
내 내가. 나[我]+ㅣ(주격).
내 사라이실 적 내가 살아 있을 때와 같이.
아ᄎᆞᆷ나죄 아침저녁에. 조석(朝夕)에.
게을이 게을리.
말오 말고('ㄱ'약화).
어미 어미의. 어미+의.
겨집 계집, 여자. 아내. <열녀도 3> 참조.
남진 남편.
墳土(분토)애 무덤의 흙, 곧 무덤.
폐티 폐하지. 폐(廢)ᄒᆞ-+디. 수의적.

현대역 **나유문의 복상(服喪)**

정병 나유문이는 단성 사람이다. 연산 때에 어미가 죽거늘 그 때 단상(短喪)하는 법이 엄하니 사람들이 거스르지 못하거늘 유문이 혼자 거상을 예법으로 매우 삼갔다. 마을 친척들이 다 이르되 재화가 끝이 없을 것이라 하고 탈상하라고 권하니 유문이 끝내 따르지 아니하고 슬퍼 여위어 병들었더니 죽을 때에 아내에게 더불어 이르되 어미 삼 년 제사를 내가 살아 있을 때 같이 하여 아침 저녁에 게을리하지 말고 또 나를 "어미의 무덤 곁에 묻으라." 하니 제 아내 이씨가 이른 대로 하여 어미와 남편의 분토에 친히 제사지냄을 비록 눈비가 와도 폐하지 아니하더라.

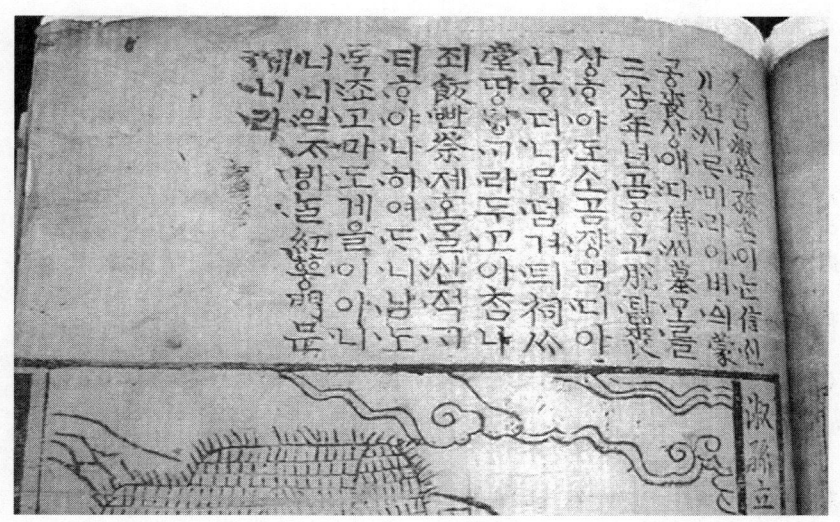

〈孝子圖 35ㄱ〉   淑孫立祠 本國

金김淑숙孫손·이·는 信·신川쳔 :사ㄹ·미·라 어버·의 夢몽喪상애 :다 侍:씨墓·모·를 三삼年년·곰 ᄒ·고 脫탏喪상·ᄒ·야도 소곰 :쟝 먹·디 아니·ᄒ·더·니 무·덤 겨·틔 祠ᄉ堂당 밍·ᄀ·라 두고 아ᄎᆷ 나죄 飯·빤祭·졔·호·믈 :산 ·젹·ᄀ티·ᄒ·야 ·나·히 여·드·니 ·남·도·록 :죠·고·마도 게을·이 아니·[터]·니 :열·ᄌ·바·늘 紅홍門문 :셰·니·라

〈孝子圖 35ㄴ〉

金淑孫。信川人。父母喪。皆廬墓三年。服関。猶不食鹽醬。立祠墓側。朝夕上食。一如生時。年過十八。未嘗小懈。事聞。旌閭

〈효자도 35, 숙손립사 본국〉

金淑孫(김숙손)이논 김숙손이는.
'-이'는 받침 있는 고유명사 뒤에 붙어 소리를 고르는 기능을 하여 접미사처럼 쓰이는 유사접사이다.
사ᄅᆞ미라 사람이다. 사ᄅᆞᆷ+이(계사)+라.
어버싀 어버이의. 어버ᅀᅵ+의(속격).
蒙喪(몽상)애 상복을 입음, 상을 당함.
蒙喪+애(양성모음 뒤의 처격)
侍墓(시묘) 부모의 거상 중에 3년간 그 무덤 옆에서 움막을 짓고 삶.
삼년곰 삼년씩. 삼년+-곰(강세접사).
[비교] '둘하 노피곰 도ᄃᆞ샤(정읍사)' 의 '-곰'과 같이 부사 및 용언 뒤에 붙어 뜻을 강조하는 말과는 다르다.
脫喪(탈상) 삼년상을 마침. 해상(解喪).
소곰 소금.
쟝 장(醬).
죠개-조개, 쟝-장, 문쟝-문장 등이 혼돈되어 나타난다. 이는 'ㅈ' 구개음화가 16세기에 진행중이라고 보는 견해도 있다.
겨틔 곁에. 곁+의(처격).
밍ᄀᆞ라 만들어. 밍ᄀᆞᆯ-+-아. <박통사 초간본>에는 '밍글다'가 나온다.
예) 잘 밍글 쟝신이 <박초 상15>
아춤나죄 아침저녁에. 아춤#나죄+ø(처격).
飯祭(반제)호물 밥제사 지냄을, 밥으로

제사를 지내는 것을.
산 적ᄀᆞ티 산 때와 같이.
나히 나이가. 나ᄒᆞ[歲]+이(주격).
여ᄃᆞ니 여든이, 80세가. 여든+이.
남도록 넘도록. 남-[越]+-도록.
15세기에는 '-ᄃᆞ록'이었으나 '록'의 'ㅗ'의 역행동화에 의하여 'ᄃᆞ'가 '도'로 동화되었다.
예) 生年이 다ᄋᆞᄃᆞ록(능 7:46)
죠고마도 조금도. 죠고마+도(보조사).
게을이 게을리. 게으르+이(부사화접미사).
연ᄌᆞᄫᅡᄂᆞᆯ 여쭙거늘, 연줍-+아ᄂᆞᆯ, '연ᄌᆞ와ᄂᆞᆯ'이 당시 일반적인 표기. '삼강행실도'와 같이 'ㅸ'표기를 한 것이다. 임금 또는 관아에 대한 공경의 표시일 가능성도 있다.
'ㅸ'이 쓰이는 의고적인 표기는 다음과 같다.
① :연ᄌᆞ·ᄫᅡ·ᄂᆞᆯ <효자도 2, 5, 6 7…>
② 禮·례·다·ᄫᅵ <열녀도 2>
③ 믈·리바ᄃᆞ·며 <열녀도 19>
紅門(홍문) 홍살문.
이 책의 다른 곳에서는 '홍몬'으로 표기되어 있으나 여기서는 '문'으로 현실 한자음이 반영됨.
셰니라 세우니라. 세웠다.
셔-+ㅣ(사동접미사)+니라

현대역 숙손이가 사당을 만들다

김숙손이는 신천 사람이다. 어버이의 상을 당함에 모두 시묘를 삼 년씩 하고 탈상하여도 소금과 장을 먹지 아니하더니, 무덤 곁에 사당을 만들어 두고 아침저녁에 반제(飯祭)하기를 살아 있을 때 같이 하여 나이 여든이 넘도록 조금도 게을리 아니하였다. (관아에서 이러한 사실을 조정에) 여쭙거늘 홍문을 세우니라.

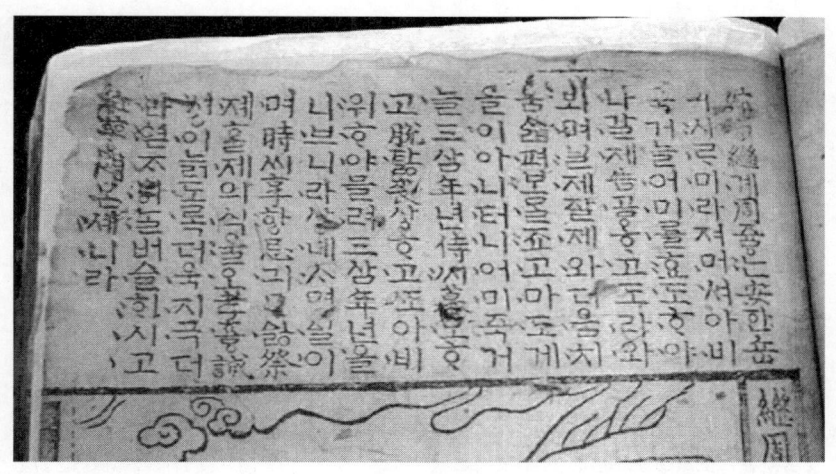

〈孝子圖 36ㄱ〉　　　　　　　　**繼周誠孝 本國**

鄭[·뎡繼]·계周쥬·는 安[한岳·악] :사ᄅ·미·라 져·머·셔 아·비 죽거·늘 ·어·미·를 :효·도·ᄒ·야 나갈 ·제 告·곡ᄒ·고 도·라와 :뵈·며 :닐·제 잘 ·제 ·와 더·움 ·치움 ᄉᆞᆲ·펴 :보·믈 :쥬·고마·도 게·을·이 아니·터·니 ·어·미 죽거·늘 三삼年년 侍·씨墓·모ᄒ·고 脫·탈喪상ᄒ·고 ·쏘 아·비 :위·ᄒ·야 믈려 三삼年· 을 니·브니·라 샹·녜 :ᄉ명·실·이·며 時씨享[:향]忌·긔日·실 祭·졔호·ᄃ 제 의·식 :울·오 孝·효誠셩·이 늙·도·록 더·욱 ·지·극더·라 :연·ᄌᆞ바·ᄂᆞᆯ 벼·슬 :희·시·고 紅홍門몬 :셰·니·라

〈孝子圖 36ㄴ〉

鄭繼周。安岳人。少喪父。事母孝。出告反面。定省溫淸。不少懈。及母歿。廬墓三年。又爲父。追服三年。俗節四時忌日。祭必哭泣。誠孝至老彌。篤事聞。命授禮賓寺參奉。旌其門

〈효자도 36, 계주성효 본국〉

겨며셔 어려서. 졈-[幼]+어셔.
어미를 어미에게. 어미[母]+를(여격).
　　목적격 '-를'이 여격으로 쓰이는 예이다.
　　예) 四海를 년글 주리여(용가 20)
뵈며 뵈며, 보이며. 보-+이(사동)+며.
닐 제 일어날 때. 닐-[起]+ㄹ(관형사형어미)#제[時].
잘 제 잘 때.
더움 더움. 덥-+움(명사형어미).
치움 추움. 칩-+움(명사형어미).
숣펴 살펴. '술피-'의 중철.
보믈 봄을, 보는 것을.
죠고마도 조금도. 죠고마+도(보조사).
게을이 게을리. 'ㄹ'불규칙 용언.
　　게으르-+이(부사화접미사).
　　부사화접미사 '이'는 고정적 거성이다.
아니터니 아니하더니. 아니ᄒ-+더니(축약).
侍墓(시묘) 부모의 거상 중에 3년간 그 무덤 옆에서 움막을 짓고 삶.
　　동국정운식 한자음 표기는 종성이 없을 때에는 喩母(ㅇ)를 다는 것이 일

반적이나 이를 표기하지 않은 것은 '월인천강지곡'과 '삼강행실도' 한자음 표기법의 전통을 계승한 결과이다.
믈려 미루어서. 므리-+어.
니브니라 입으니라. 닙-[服]+으니+라.
ᄉ명일 '四名日'의 현실음. 네 명절.
時享忌日(시향기일) 음력 2월·5월·8월·11월에 집안의 사당에 지내는 제사일.
祭(제)ᄒᆞᆯ 제 제사 지낼 때.
의식 반드시[必]. 16세기 전반에 많이 쓰임.
울오 울고. 울-[泣涕]+-고(어미).
　　당시 'ㄹ' 아래에서 'ㄱ'약화는 필수적 음운현상이었다. 원문 '泣涕'는 작은 소리로 눈물을 흘리며 우는 것.
지극더라 지극하더라. 지극하였다.
엳ᄌᆞ바ᄂᆞᆯ 여쭙거늘. <효자도 35> 참조.
히이시고 하게 하시고.
　　ᄒ-+이(사동)+시+고
셰니라 세우니라. 셔-+이+니라. <효자도 31> 참조.

현대역 계주의 효성

정계주는 안악 사람이다. 어려서 아비가 죽거늘 어미에게 효도하여 나갈 때 고하고 돌아와 뵈며 일어날 때 잘 때와 더움과 추움 살펴봄을 조금도 게을리 아니하였다. 어미가 죽거늘 삼 년 시묘하고 탈상하고 또 아비를 위하여 물리어(뒤로 미루어) 삼 년을 입었다. 항상 네 명절이며 시향기일에 제사할 때 반드시 울고 효성이 늙도록 더욱 지극하더라. (관아에서 이러한 사실을 조정에) 여쭙거늘 벼슬하게 하시고 홍문을 세웠다.

忠臣圖

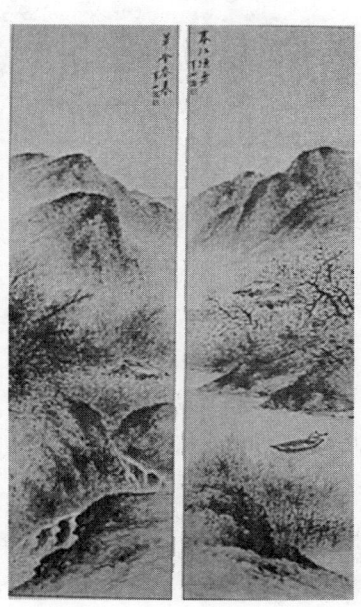

1. 孫炎不屈(손염불굴) 本朝 ……… 88
2. 易先守城(역선수성) 本朝 ……… 91
3. 何忠罵賊(하충매적) 本朝 ……… 93
4. 云革討賊(운혁토적) 本國 ……… 95
5. 金同活主(김동활주) 本國 ……… 98

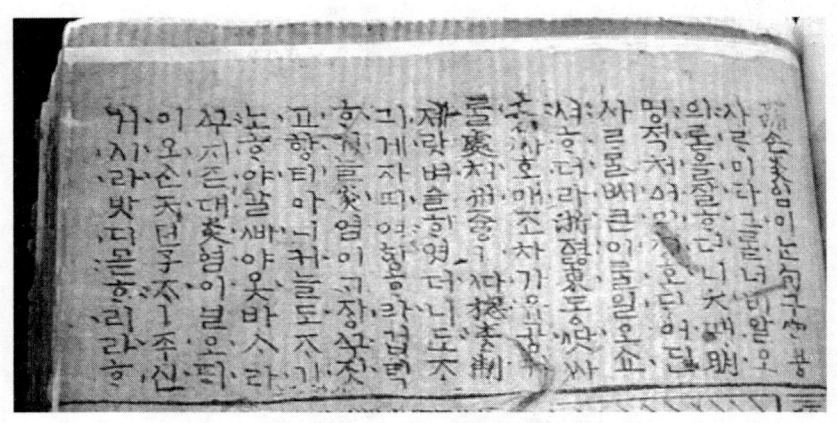

〈忠臣圖 1ㄱ〉   孫炎不屈 本朝

孫손炎[염]·이 ·는 句구容容용 :사 ᄅ ·미·라 ·그·를 너·비 :알·오 :의·론·을 잘
·ᄒ ·더·니 大·때明명 적 처·어·믜 ·[청]·호 · ᄃ ᆡ 어·던 :사 ᄅ ·믈 ·뻐 큰 :이·를
일·오쇼:셔 ᄒ ·더·라 浙졇東동 ·짯 싸[홈] 싸호·매 조·차 ·가 ·유공·커·를
處·쳐州쥴] ·짜 摠:총制·졔·랏 벼·슬 :ᄒ ᆡ 엿더·니 도ᄌ ·ᄀ ᆡ ·게 자·피·여 항
ᄒ ·라 ·겁·틱·ᄒ ·거·늘 炎·염·이 ᄀ ·장 ᄭ ·짓·고 항·티 아니커·늘 도ᄌ ·기 :노
·ᄒ ·야 갈 ·ᄲ ·야 옷 바ᄉ ·라 ᄭ ·지·즌·대 炎·염·이 닐·오 · ᄃ ᆡ ·이 ·오·ᄉ ᆞ 天
뎐子·ᄌ ᆞ] ·주·신 거·시·라 밧·디 :몯ᄒ ·리·라 ᄒ <1ㄴ>☞·고 도ᄌ ·ᄀ ᆡ ·게 죽
·거·늘 丹단陽양 ·짜 諸졔侯ᅘ ᅮ ·를 封봉ᄒ ·시·다

〈忠臣圖 1ㄴ〉

孫炎, 句容人。博學善辯論。大明初。建請延攬英才。以圖大業。從征浙東。以功授處州摠制。爲賊所執。脅使降。炎大罵不屈。賊怒。援刀叱解衣。炎曰。此紫綺裘。君所賜。不可脫。遂遇害。追封丹陽男

〈충신도 1, 손염불굴 본조〉

그룰 글을. 글[文]+울.
너비 널리, 넓게. 넙-[廣]+이.
알오 알고. 'ㄹ' 아래 'ㄱ' 약화.
의론 변론.
  현대어의 '의논'과는 다르다. 한문에는 '辯論'으로 되어있어, 옳고 그름을 따져 말하는 것이라는 의미.
大明(대명) 적 명나라 적에.
처서믜 처음에. 처섬+의(처격).
쳥호디 쳥(請)하되.
어딘 어진. 어딜-[賢]+ㄴ.
써 써서. 쓰-[用]+어.
이룰 일을. 일[事]+울.
일오쇼셔 이루소서. 일오-[成]+쇼셔.
짯 땅의. 짜[地]+ㅅ(속격).
싸홈 싸움. 병서 'ㅆ' 출현이 특이함.
싸호매 싸움에. 싸홈[鬪]+애.
조차 가 따라가서, 좇아가서.
  좇-[隨]+아#가-+아.
유공커눌 공이 있거늘. 유공ᄒ-+거늘.
處州(처주)ㅣ 처주의. 처주(處州)+ㅣ
  (속격조사).
  받침 없는 체언 아래에 쓰이는 속격조사.
  예) 牛頭는 쇠머리라(월 1:27).
    公州ㅣ 江南을 저ᄒ샤(용 15)

揔制(총제)랏 총제라는. 여기서 '랏'은 '라+ㅅ(속격)'으로 '라는'이라는 정도의 문법형태소.
히엿더니 하게 하였더니. ᄒ-+이(사동)+엇+더+니.
도ᄌ긔게 도적에게. 도족+의게. 연철 중세국어서서 가장 일반적인 여격으로는 '이/의, ㅅ'과 '그에/게'의 결합형이다.
  '이/의+그에/의'의 결합형은 평칭이며 (현대국어의 '에게'), 'ㅅ+그에/의'는 존칭의 여격(현대국어의 '께')이 된다.
항ᄒ라 항복(降伏)하라.
자피여 잡히여. 잡-+히(피동)+어.
겁틱ᄒ거늘 겁박하거늘. 협박하거늘.
ᄀ장 매우. 크게.
꾸짓고 꾸짖고. 꾸짖-[罵]+고.
갈 칼을. 갈ㅎ>칼(유기음화).
쌔야 빼어.
  예) 拔온 ᄲᅡᅘᅧᆯ씨라(월석서 10)
    ᄲᅡ혀날 슈 秀(유합)
오ᄉ 옷은. 옷+오.
바ᄉ라 벗으라. 밧-[脫]+오라.
天子(천자)ㅣ 천자가. 天子+ㅣ (주격).

현대역 손염이 굽히지 않다

손염(孫炎)이는 구용(句容) 사람이다. 글을 널리 알고 변론을 잘하더니 대명 때 처음에 청하되 "어진 사람을 써 큰 일을 이루소서" 하더라. 절동(浙東) 땅 싸움에 좇아가서 유공하거늘(공을 세우거늘) 처주(處州) 땅 총제(揔制)란 벼슬을 하게 하였더니 도적에게 잡히어 항복하라 협박하거늘 염(炎)이 매우 꾸짖고 항복하지 아니하였다. 도적이 노하여 칼을 빼어 옷을 벗으라 꾸짖으니 염(炎)이 이르되 "이 옷은 천자께서 주신 것이라 벗지 못하겠다." 하고 도적에게 죽거늘 단양(丹陽) 땅 제후(諸侯)를 봉하시었다.

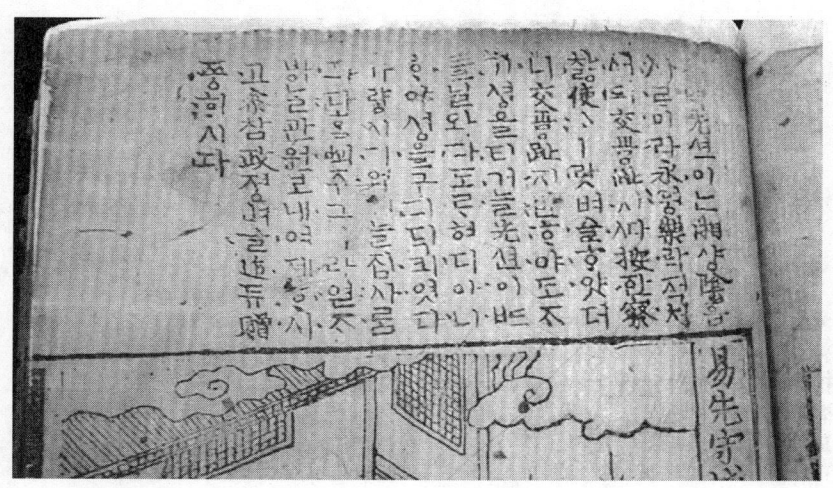

〈忠臣圖 2ㄱ〉　　　　　　　　　易先守城 本朝

[易]역先션·이는 湘샹陰음 :사ᄅ·미·라 永:영樂·락 적 ·처·어·믜 交공趾
·[지] ·싸 按·한察·찰使·ᄉㅣ·랏 벼·슬 ᄒ·얏더·니 交공趾·지 :반·ᄒ·야 도주
·기 셩·을 ·티·거늘 先션·이 ᄠ·들 닐와다 도ᄅ·혀·디 아니ᄒ·야 셩을 구
·디 딕·킈·엿다가 량시·[기] 업[·거]·늘 집:사ᄅᆞᆷ·과 :다 흠·ᄭ·ᅴ 주그[니]·라
:열·ᄌ바·늘 관원 보내·여 ·졔·ᄒ·시·고 參참政졍 벼·슬 追듀贈ᄍᆢᆼ :히시·다

〈忠臣圖 2ㄴ〉

易先。湘陰人。永樂初。由大學生高等。選授交趾諒山知州。進交趾
按察使。仍治諒山。宣德初。交趾叛賊攻城。先奮志不回。嬰城固
守。糧盡。闔家同死。事聞。遣官諭祭。追贈廣西右參政

〈충신도 2, 역선수성 본조〉

易先(역선)이논 역선이는. '-이'는 받침 있는 고유명사 뒤에 붙어 소리를 고루는 기능을 하여 접미사처럼 쓰이는 유사접사이다.

永樂(영락)적 영락 때. 여기서 永樂은 明의 연호(年號)이다. 조선에서는 太宗 2년(1403)에서 世宗 6년(1425) 사이에 해당함.

처서믜 처음에. 처엄+의.
짜 땅(地). ㅎ곡용어.
按察使(안찰사)랏 안찰사라는.
반ㅎ야 모반(謀叛)하여. 반(叛)+ㅎ야.
도즈기 도적이. 도죽[賊]+이(주격).
티거늘 치거늘. 티-[打]+거늘.
ᄠᅳ들 뜻을. ᄠᅳᆮ+을.
닐와다 일으키어. 니르왇-[起]+아.
도ᄅᆞ혀디 돌이키지. 도ᄅᆞ혀-[回]+디.
구디 굳게, 든든이. 굳-[固]+이.
디킈엿다가 지키었다가. 이.
량시기 양식이. 번역박통사에서는 '양식'으로도 나타나는데, 이는 '량식>양식'으로 두음법칙 적용.
집사롬 집에 있는 사람, 가족. 현재의 '아내, 부인'의 뜻이 아니다. 한문에서는 '閻家同死'라 하여 "가족 전체가 다 함께 죽었다"로 해석된다.
훔ᄭᅴ 함께. 'ᄒᆞᆫᄢᅴ>훔ᄭᅴ'로 변화되는데, 이는 제2음절 초성 'ㅂ'의 영향으로 'ㄴ →ㅁ'으로 순음역행동화한 예.

연ᄌᆞᄫᅡ놀 여쭙거늘, 연좁-+-아놀, '연ᄌᆞ와놀'이 당시의 일반적인 표기이나, '삼강행실도'의 영향으로 'ㅸ'표기를 유지한 것이다. 이는 상위자에 대한 공경의 표시일 가능성도 있다. 'ㅸ'이 쓰인 의고적인 표기는 다음과 같다.
① :연ᄌᆞᄫᅡ놀 <효자도 2, 5, 6 7…>
② 禮·례·다ᄫᅵ <열녀도 2>
③ 믈·리바ᄃᆞ며 <열녀도 19>

관원 관원(官員).
졔ᄒᆞ시고 제사지내시고.
參政(참정) 벼슬 이름. 참정.
追贈(추증)ᄒᆡ시다 추증하게 하시다. 추증+ᄒᆞ-+이(사동)+시+다.
☞ 추증(追贈)이란 나라에 공로가 있는 벼슬아치에게 죽은 뒤에 품계를 높여 주던 일.

[참고] 한자는 같으나 뜻이 현대 한자어와 다른 중·근세어 단어.
降服(항복) : 감화, 스스로 굽힘
發明(발명) : 변명
人情(인정) : 뇌물
放送(방송) : 석방
莊嚴(장엄) : 화려하게 꾸밈.(동사)
對答(디답) : 바치다

현대역 역선이 성을 지키다

역선(易先)이는 상음(湘陰) 사람이다. 영락(永樂) 때 처음에 교지(交趾) 땅 안찰사(按察使)란 벼슬을 하였더니 교지에서 모반(謀叛)하여 (모반한) 도적이 성을 치거늘 선(先)이 뜻을 일으켜 돌이키지 아니하고 성을 굳게 지키었다가 양식이 없거늘 가족과 다 함께 죽었다. 여쭙거늘 관원을 보내어 제사지내시고 참정(參政) 벼슬을 추증(追贈)하게 하시었다.

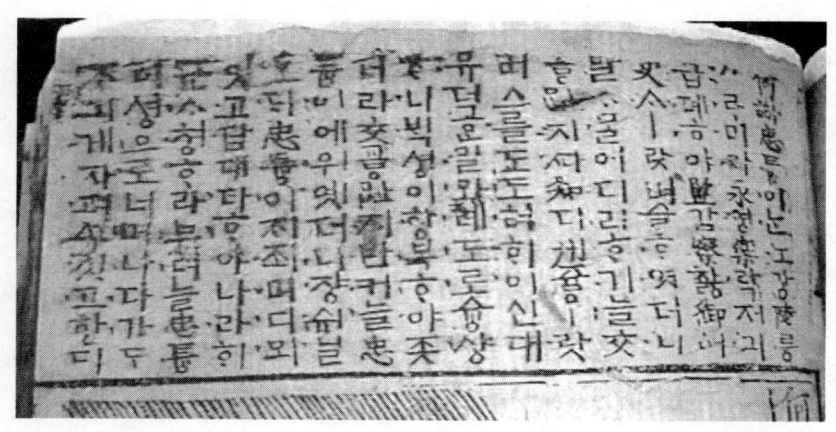

〈忠臣圖 3ㄱ〉　　　　　　　　何忠罵賊 本朝

何하忠튱·이·는 江강陵룽 :사ᄅ·미·라 永영樂락 저·긔 급·뎨·ᄒ·야 監감察찰御어史ᄉㅣ랏 벼슬·ᄒ·엿더·니 말ᄉ·ᄆᆞᆯ 어디·리 ·ᄒ[거]:늘 交골趾:지·싸 知디州쥴ㅣ랏 벼스·를 도·도·혀 :히이신대 :유덕ᄒᆞ ·일와 ·례·도·로 숭·샹ᄒ·니 ·빅셩이 ·항·복·ᄒ·야 좃더라 交골趾·지 반·커늘 忠튱·이 에·위·엿더·니 ·쟝·쉬 ·닐·오·ᄃᆡ 忠튱·이 지·죄·며 ·디·뫼 잇·고 ·담·대·타 ·ᄒ·야 나라히 군ᄉ ·쳥ᄒ·라 ·[부]·려늘 忠튱이 셩·으·로 너·머 ·나다·가 [도]ᄌ ·긔·게 ·자·펴 ᄭ·짓·고 [항·티] <3ㄴ>☞ 아니·ᄒ·야 죽거·늘 :엳·ᄌ·온[·대] 旌졍門몬ᄒ·고 謚씨號[호 忠튱節]·졀·이·라 ᄒ·니[라]

〈忠臣圖 3ㄴ〉

何忠。江陵人。永樂間。中進士。拜監察御史。讜言正色。陞交趾政平知州。專尙德禮。夷民懷眼。交趾叛。忠在圍中。潘臭大臣。謂忠有才智膽略。使乞師於朝。忠縋城出。遇伏被執。罵賊不屈死。事聞。旌門。謚忠節

〈충신도 3, 하충매적 본조〉

永樂(영락) 明의 연호. 조선에서는 太宗 2년(1403)에서 世宗 6년(1425)년에 해당하는 기간.
저긔 적에, 때에.
급뎨 급제. 과거 시험에 합격함.
監察御使(감찰어ᄉ)ㅣ랏 감찰어사라는.
말ᄉᄆᆯ 말을. 말ᄉᆞᆷ[言]+-ᄋᆞᆯ.
어디리 어질게.
    어딜-[賢]+-이(부사파생접사)
☞ 여기서 '-이'는 형용사를 부사로 만드는 접미사이다.
    예) 모딜-[惡]+-이 = 모디리
        드믈-[稀]+-이 = 드므리
        그울-[轉]+-이 = 그우리
ᄯᅡ 땅[地].
知州(지주)랏 지주라는.
도도혀 높이어, 높게 하여, 돋우어.
    도도-[陞]+혀(강조접미사) (희귀어)
    도도다>돋우다
히이신대 하게 하시니.
일와 일[事]과. 일+와(공동격).
    공동격 조사로는 '와/과'가 있다. 현대 국어에서는 체언이 모음어간인 경우에는 '와'로, 자음어간인 경우에는 '과'로 교체되지만, 중세국어에서는 체언 말음이 'ㄹ'인 경우에도 '와'가 통합된다. 중간본에서는 '과'로 변화됨.
숭샹ᄒ니 숭상(崇尙)하니.
ᄇᆡ셩 백성.
항복ᄒᆞ야 스스로 굽혀. 감화되어.
좃더라 좇더라. '좇→좃'은 8종성법.
에워옛더니 에워싸였더니.
쟝쉬 장수(將帥)가.
지죄며 재주며. 지조[才]+이-+며.
디뫼 지모가. 디모(智謀)+ㅣ(주격조사).
잇고 있고. 모음 앞에선 '이시-'.
담대타 담대(膽大)하다. 겁이 없이 용감하다.
나라히 나라에. 나라ㅎ+-익(처격).
부려늘 시키거늘. 부리-[使]+-어늘.
항티 항복하지. '항(降)ᄒ-+디'의 축약.
엳ᄌᆞ온대 여쭈니. 여쭈니까.
旌門(졍문)ᄒ고 정문을 세우고.
    'ᄒ다'는 '세우다'의 의미를 가진 대동사적 성격을 띠고 있다.
諡號(시호) 임금, 정승, 유현(儒賢) 들이 죽은 뒤에 그들의 공덕을 기리어 주던 이름.
忠節튱졀(충절) 동국정운음은 '듕졇'이지만 16세기초 현실음에 가깝게 '튱'으로 고침.

현대역 하충이가 도적을 꾸짖다

하충(何忠)이는 강릉(江陵) 사람이다. 영락(永樂) 때 급제하여 감찰어사(監察御史)란 벼슬을 하였더니 말을 어질게 하거늘 교지(交趾) 땅 지주(知州)란 벼슬로 돋우어 하게 하셨는데 유덕한 일과 예도로 숭상하니 백성이 스스로 굽혀 따랐다. 교지에서 모반(謀叛)하거늘 충(忠)이 에워싸였더니 장수들이 이르되 충(忠)이 재주며 지혜가 있고 담대하다 하여 나라에 군사를 청하라 시키거늘 충(忠)이 성으로 넘어 나가다가 도적에게 잡혀 (도리어 도적을) 꾸짖고 항복하지 아니하고 죽었다. (이 사실을 조정에) 여쭈니 정문(旌門)을 세우고 시호(諡號)를 충절(忠節)이라 하였다.

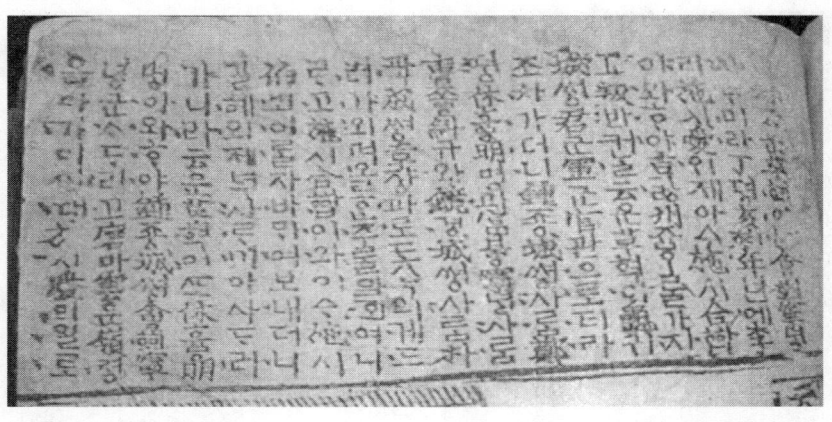

〈忠臣圖 4ㄱ〉　　　　　　　　云革討賊 本國

[車챠云]운革·혁·이·는 會·회寧령 [:사·]·미·라 丁뎡亥·회年년·에 李:리施
시愛이 제 아 施시合·합·이·와 ·야 吉·길州즁ㅣ를 가:지고 叛:반커
·늘 云운革혁·이 龜귀城셩君군 軍군官관·으·로 ·티·라 조·차가더·니 鍾죵
城셩 :사·름 鄭:뎡休휴明명·과 富불寧령 :사·름 曺쭐糾규·와 鏡·경城셩
:사·름 朴·곽成셩章쟝·과로 [도·죽]의·게 ·드·러·가 :외며 ·올흔 ·주·룰 알:외
·여 니·고 施시合·합·이·와 아 施시伯·빅·이·를 자·바 미·여 보·내더·니
길·헤 ·와 제 녁 :사·[·미] 아사 드·려가·니·라 云운革·혁·이 또 休휴明
명·이·와 ·야 鍾죵城셩 會·회寧녕 군· 드·리·고 磨마雲운嶺·령을 마
·가이신·대 施시愛·이 ·일·로 <4ㄴ>☞[·야 :수··이] 나오·디 :몯··더
·라 마:초·와 崔최[閏슌]孫·손·이 叛:반[·야] 施시愛·이게 [븓]거·늘 云
운革·혁·이 施시愛·이게 자·피·여 休휴明명·과 糾규·와 成셩章쟝·이·와로
:다 端단川쳔 獄·옥·애셔 주·그·니·라 :후·에 주·거·믈 :어·드·니 :다 ·갈·홀
벗·기·디 아니·고 머·리·를 브·스·텨 잇·더·라 나·라·희셔 云운革·혁·이·를
功공臣씬 ·이시·고 녀· :사··무란 :다 당·샹관 追듀贈[쯩]··시니·라

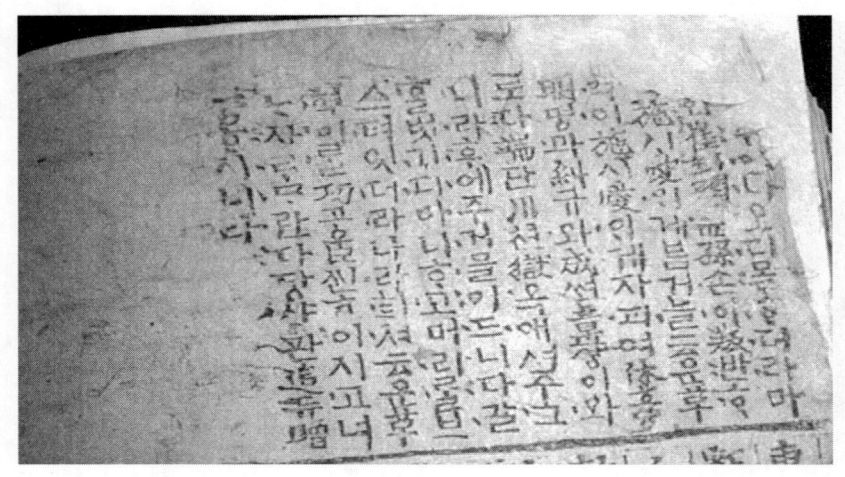

〈忠臣圖 4ㄴ〉

車云革。會寧人。成化丁亥。李施愛與其弟施合。據吉州以叛。惠莊大王。命龜城君浚。討之。云革以軍官從。與鍾城人鄭休明。富寧人曺糾。鏡城人朴成章。入賊中。曉諭逆順。執施合。及其弟施伯。縛送官軍。中路爲其黨共解。脫去云革又與休明。率鍾城會寧兵。截磨雲嶺。賊軍歸義者。絡繹。施愛以此不得長驅而東。會崔閏孫叛附施愛。云革爲施愛所執。與休明。糾。成章。俱死端川獄中。賊平。得其屍。皆不解枷鎖。頭顱椎碎。朝廷追錄云革敵愾切臣。餘幷贈堂上官

〈충신도 4, 운혁토적 본국〉

丁亥年(정해년) 성화정해(成化丁亥). 성
 화는 중국 명나라 헌종 때의 연호(1465~
 1487)이다.
李施愛(이시애) 이시애가. 이시아+ø(주
 격).
아ᅀᆞ 아우. (앗이, 앗올, 아ᅀᆞ와)으로 곡
 용.
ᄒᆞ야 같이하여, 더불어. 대동사.
 한문에서는 '與'이다.
가지고 의탁하여, 근거로 하여.
 한문의 '據'에 대한 번역.
반커늘 모반(謀叛)하거늘.
티라 치러. 티-[打]+라(의도연결형어미).
朴成章(박성장)과로 박성장과 더불어.
 박성쟝+과(공동격)+로(구격).
도ᄌᆞᆨ의게 도적에게.
외며 그르며.
올ᄒᆞᆫ 옳은. 반대말 '왼'.
주를 줄을, 것을.
알외여 알리어. 알외-+어.
니ᄅᆞ고 말하고. 니ᄅᆞ-[謂]+고.
ᄆᆡ여 매어. 묶어.
길헤 길에. 길ㅎ[道]+에.
제녁 자기 쪽, 자기편.

아사 빼앗아. 앗-[奪]+아.
ᄃᆞ려가니라 데려가니라.
ᄃᆞ리고 데리고, ᄃᆞ리[與]+고.
마가이신대 막아 있는데. 막고 있으니. 막-
 +아#+이시+ㄴ대.
일로 이것으로. '글로, 절로' 등.
마초와 마침. 'w'첨가. '마초아'가 일반적.
븓거늘 붙거늘, 합치거늘.
成章이와로 성장이와 더불어.
 선행체언이 모음이므로 공동격조사는
 '와'가 된다. 위 항목의 '박성장과로'
 와 대비가 된다.
옥애셔 옥에서.
주거믈 주검을. '주검'은 '시신'.
어드니 찾으니. '얻으니'가 아니다.
갈ᄒᆞᆯ 칼을. '칼'은 형구(刑具).
브ᄉᆞ뎌 부서뜨리고. 브스티-+어.
나라희셔 나라에서. 나라ㅎ[國]+의셔.
ᄒᆞ이시고 시키시고. 삼으시고.
녀ᄂᆞ 다른. 15세기 일반형은 '녀느'.
堂上官(당상관) 당상의 품계에 있는 벼
 슬아치.
追贈(추증) 나라에 공로가 있는 벼슬아
 치에게 죽은 뒤 품계를 높여 주던 일.

현대역 운혁이 도적을 치다

차운혁(車云革)이는 회령(會寧) 사람이다. 정해년(丁亥年)에 이시애(李施愛)가 자기 아우 시합(施合)이와 (함께) 하여 길주(吉州)를 점거하고 모반(謀叛)하거늘 운혁이 귀성군 군관으로 치러 쫓아갔더니 종성 사람 정휴명과 부령 사람 조규와 경성 사람 박성장과 (함께) 도적에게 들어가 그르며 옳은 것을 알리어 말하고 시합이와 아우 시백이를 잡아매어 보냈는데 길에 와서 자기 쪽 사람이 빼앗아 데려갔다. 운혁이 또 휴명이와 (함께)하여 종성 회령 군사를 데리고 마운령을 막고 있으니 시애가 이것으로 인하여 쉽게 나오지 못하였다. 마침 최윤손이 모반하여 시애에게 붙거늘 운혁이 시애에게 잡히어 휴명(休明)과 규(糾)와 성장(成章)이와 같이 모두 단천(端川) 옥에서 죽었다. 후에 주검을 찾으니 다 칼[枷鎖]을 벗기지 아니하고 머리를 부서뜨리고 있더라. 나라에서 운혁이를 공신으로 삼으시고 다른 사람들은 다 당상관으로 추증(追贈)하시었다.

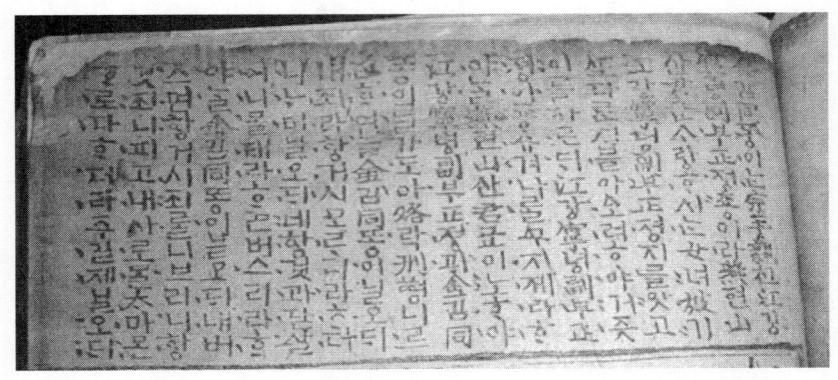

〈忠臣圖 5ㄱ〉　　　　　　金同活主 本國

金김同똥·이·는 宗종親친 江강寧녕副·부正·정 :죵이·라 燕연山산君군 ᄉ
랑·ᄒ시·ᄂᆞᆫ 女:녀妓:기 江강寧녕副·부正·정 지·블 :앗고 ᄯᅩ 다른 지·블 아
·ᅀᅩ·려 ·ᄒ·야 :거·즛 :이·를 [하로]딕 江강寧녕副·부正·정이 ·죵 ·[츄]·겨
·나·를 구·지·졔·라 ·ᄒ·야ᄂᆞᆯ 燕연山산君군·이 :노·ᄒ·야 江강寧녕副·부正·
졍·[과] 金김同똥·이·를 가도·아 烙·락刑형 니·ᄅ[리] ·ᄒ·여ᄂᆞᆯ 金김東똥
·이 닐·오·ᄃᆡ 내 ·죄·라 ᄒᆞᆼ거·시 모·ᄅᆞ리·라 ·ᄒ·더·니 ᄂᆞ·미 닐·오·ᄃᆡ :네
·항·것과 ·닫 살·어·니 몰·래·라 ᄒ면 버·스리·라 ·ᄒ·야ᄂᆞᆯ 金김同똥·이
닐오·ᄃᆡ ·내 버·스면 ᄒᆞᆼ거·시 :죄·를 니·브리·니 ·ᄒᆞᆼ것 :죄 니·피·고 ·내 사
로·ᄆᆞᆯ ·ᄎᆞ·마 :몯ᄒᆞ·로·다 ᄒᆞ·더·라 주·길 ·졔 닐·오·ᄃᆡ <5ㄴ>☞내 주·구·
믄 벌에 [즘]슝 ᄀᆞᆮ·ᄒᆞ·야 [앗·갑]디 아니커·니와 오·직 내 ·ᄒᆞᆼ거·시 ·죄
:업 ·시 ·매마·자 귀·향 가ᄂᆞᆫ ·주·를 :셜·워 ·ᄒ·노라 제 ·어·미 :울·어ᄂᆞᆯ 金
김東똥·이 닐·오·ᄃᆡ ·어·미 ᄇᆞ·리·고 주·구·미 진·실로 ·브·회·나 ·내 ·항·거·시
이·시·면 ·어·미·를 :어엿·비 너길 거·시·니 슬·허 :말·라 ·ᄒ·더·라 :사ᄅᆞ·미
[술]머·겨·늘 ·울·오 닐·오·ᄃᆡ 내 항·거·시 어·려·이 머·리 귀·향 ·가거·늘
·뉘 머·기ᄂᆞᆫ·고 ᄒᆞ·고 ᄀᆞ·장 슬·허ᄒᆞ·거·늘 본 :사ᄅᆞ·미 :다 슬·피 너·겨 ·ᄒ
·더·라 今금上:썅 三삼年년[에] 紅홍門몬 ·셰·니·라

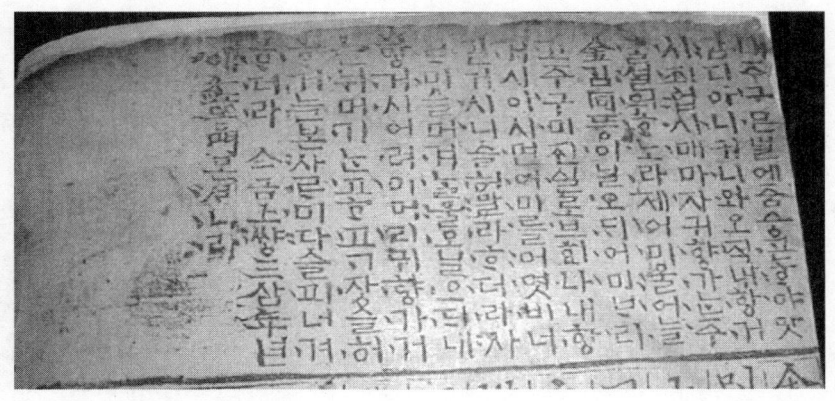

〈忠臣圖 5ㄴ〉

金同。宗室江寧副正祺之奴。燕山嬖妓奪祺第。又欲幷其別舍。誣訴祺。嗾奴罵妾曰。籍威勢。奪人家。豈長久之道。燕山怒。因棋。及金同。至用烙訊。同曰。罪在奴。非室所知。或謂曰。汝與主異居。若云不知。可免。同曰。奴若免。主必陷罪。陷主自活。吾所不忍。臨刑。顏色不變。曰奴死。有同虫獸。不足惜。只傷吾主無罪杖配耳。其母泣。同與訣曰。兒棄母死。誠不孝。燕吾主在。必保護母。勿悲。人有飮酒。泣曰。吾主間關遠謫。誰爲饋酒。因悲咽不自勝。見者莫不傷嘆。今 上三年 旌閭

〈충신도 5, 김동활주 본국〉

江寧副正(강녕부졍) 강녕부정의.
죵이라 종이라. 죵[奴]+이+라.
燕山君(연산군) 연산군.
ᄉᆞ랑ᄒᆞ시논 사랑하시는.
女妓(여기) 기녀가. 여자기생이.
앗고 빼앗고. 앗-[奪]+고.
아ᅀᆞ려 빼앗으려고. 앗-+오려(의도법 선어말어미)
☞ **-려** ; 의지나 의향을 나타내는 부동사어미이다. 중세국어에서는 항상 의도법 '-오/우-'를 수반한다.
하료ᄃᆡ 참소하되.
  하리-[참소(讒訴)ᄒᆞ다]+오ᄃᆡ
  예) 하료ᄆᆞᆯ 므ᄎᆞ매 스스로 어드니라 [讒毀竟自取] <두중2: 49>
츄겨 부추겨.
ᄭᅮ지례라 꾸짖어라. ᄭᅮ짖-+에라(감탄법어미).
노ᄒᆞ야 노(怒)하여.
가도아 가두어. (기본형) 가도다. 수의적으로 '가도와'도 쓰임.(여씨향약38)
烙刑(낙형) 단근질. 불에 달군 쇠로 몸을 지지는 형벌.

항거시 주인이. 상전이. 항것[上典]+이.
달 살어니 따로 살거니. '異居'의 번역. 다르다-달. 'ㄹ→ㄷ'으로 교체하는 현상 : 한 술-숟가락, <u>이틀</u>-<u>이튿</u>날
몰래라 몰라라. 모ᄅᆞ-+애라(감탄법어미).
버스리라 벗어나리라. 형벌에서 벗어날 것이다.
니브리니 입을 것이니.
사로ᄆᆞᆯ 사는 것을. 살-+옴+ᄋᆞᆯ.
벌에 벌레[蟲].
즘승 짐승. 중싱(용30), 즘싱(박초,상21).
니르리 ᄒᆞ여ᄂᆞᆯ 이르도록 하거늘, 이르기까지 하거늘.
매마자 매맞고 매맞아.
주구믄 죽는 것은. 죽-+움(명사형)+은.
귀향 귀양. 謫귀향뎍(유합, 하21).
브회나 불효이나. '브효'는 '不孝'의 당시 통용음. (졍속11ㄴ). 브효(不孝, 'ㄹ' 탈락)+ㅣ나. 16세기 전반기 문헌 <장수경언해>에는 '븨효'.(75ㄱ)
今上三年(금샹삼년) 현재의 임금 3년. 중종3년.

현대역 김동이 주인을 살리다

김동(金同)이는 종친(宗親) 강녕부정(江寧副正)의 종이다. 연산군(燕山君)이 사랑하는 기녀(妓女)가 강녕부정의 집을 빼앗고 또 다른 집을 앗으려 하여, 거짓으로 참소하되 "강녕부정이 종을 부추겨 나를 꾸짖어라." 하거늘 연산군이 노하여 강녕부정과 김동이를 가두어 낙형(烙刑)에 이르도록 하거늘 김동이 이르되 "내 죄이다. 상전은 모를 것이다"하였다. 남들이 말하기를 "너는 상전과 따로 살거니와 모르겠다고 하면 (죄를) 벗으리라" 하거늘 김동이 이르되 "내가 (죄를) 벗으면 상전이 죄를 입으리니 상전에게 죄를 입히고 내가 사는 것을 차마 못하겠도다" 하였다. 죽일 때 이르되 "내가 죽는 것은 벌레 짐승 같아서 아깝지 않거니와 오직 내 상전이 죄없이 매맞아 귀양 가는 것을 서러워 하노라." (하였다.) 제(=김동이의) 어미가 울거늘 김동이 말하되 "어미를 버리고 죽는 것이 진실로 불효이지만 내 상전이 있으면 어미를 가엾게 여길 것이니 슬퍼하지 말라." 하더라. 사람이 술을 먹이거늘 울고 말하되 "내 상전이 어렵게 멀리 귀양 가거늘 누가 먹이는고?" 하고 매우 슬퍼하거늘 본 사람이 다 슬피 여겼다. 지금의 임금[중종] 삼년에 홍문을 세웠다.

烈女圖

1. 白氏盡姑(백씨진고) 本朝 ···· 102
2. 張氏負屍(장씨부시) 本朝 ···· 104
3. 陳氏剪髮(진씨전발) 本朝 ···· 107
4. 許梅溺水(허매익수) 本朝 ···· 110
5. 劉氏投地(유씨투지) 本國 ···· 113
6. 兪氏從死(유씨종사) 本朝 ···· 116
7. 馬氏投井(마씨투정) 本朝 ···· 119
8. 袁氏尋屍(원씨심시) 本朝 ···· 122
9. 藥哥貞信(약가정신) 本朝 ···· 125
10. 宋氏誓死(송씨서사) 本國 ···· 127
11. 崔氏守節(최씨수절) 本國 ···· 130
12. 徐氏抱竹(서씨포죽) 本國 ···· 132
13. 石今捐生(석금연생) 本國 ···· 134
14. 仇氏寫眞(구씨사진) 本國 ···· 136
15. 金氏自經(김씨자경) 本國 ···· 139
16. 仇音方逃野(구음방도야) 本國 ···· 141
17. 孫氏守志(손씨수지) 本國 ···· 143
18. 梁氏抱棺(양씨포관) 本國 ···· 146
19. 權氏負土(권씨부토) 本國 ···· 149
20. 金氏衣白(김씨의백) 本國 ···· 151
21. 性伊佩刀(성이패도) 本國 ···· 153
22. 禹氏負姑(우씨부고) 本國 ···· 156
23. 姜氏抱屍(강씨포시) 本國 ···· 159
24. 召史自誓(소사자서) 本國 ···· 161
25. 玉今不汚(옥금불오) 本國 ···· 163
26. 玉今自縊(옥금자액) 本國 ···· 165
27. 鄭氏不食(정씨불식) 本國 ···· 167
28. 李氏守信(이씨수신) 本國 ···· 170

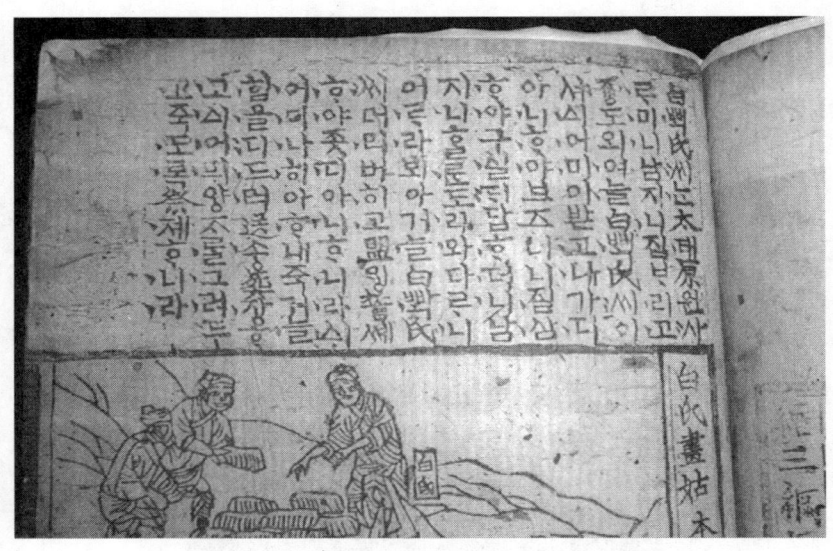

〈烈女圖 1ㄱ〉　　　　　　　　　　白氏盡姑 本朝

白·뵉氏:씨·는 太·태原원 :사ᄅᆞ·미·니 남지·니 집 ㅂ·리·고 :즁 도외·여·늘
白·뵉氏:씨 이셔 ·싀·어·미 이받·고 ·나가·디 아니·ᄒᆞ·야 브즈[·러]니 ·질삼
·ᄒᆞ·야 구·실 :듸답·ᄒᆞ·더·니 남지·니 ᄒᆞᆯ·른 도·라와 다ᄅᆞ·니 어ᄅᆞ·라 뵈아
거·늘 白·뵉氏:씨 머·리 버·히고 盟밍誓쎼·ᄒᆞ·야 좃·디 아니ᄒᆞ·니·라 ·싀
·어·미 ·나히 아ᄒᆞ내 죽거·늘 ·힘·을 :다 ·드·려 送·송葬·장·ᄒᆞ·고 ·싀·어·믜
양ᄌᆞ·를 ·그·려 ·두·고 죽도·록 祭·졔ᄒᆞ·니·라

〈烈女圖 1ㄴ〉

白氏。太原人。夫棄家爲僧。白氏留養姑不去。勤績維以供組賦。夫一日還。迫使他適。白氏斷髮。誓不從。夫不能奪。姑年九十歿。竭力營葬。畵姑像。祀之終身

〈열녀도 1, 백씨진고 본조〉

남지니 남편이. '남진'의 기원은 한자어 '男人'.
브리고 버리고[棄].
  cf. '버리다'는 '벌리다'[列]의 뜻으로 다른 단어.
도외여늘 되거늘. 도외-+j+어늘. 바로 앞 시기의 'ᄃ외-+'가 제2음절 주음 'ㅇ'의 영향으로 제1음절 'ᄃ→도'로 동화함. 어미 '-여늘'은 '-어늘'에 활음 'j'가 첨가된 변이형태로서 선행절을 사실로 인정하여 후행절에 대한 이유나 조건으로 제시하는 통합형어미이다.
싀어미 시어미. 시어머니[姑].
이받고 음식을 대접하고[養], 봉양하고.
나가디 나가지. 떠나가지[去].
브즈러니 부지런히[勤]. 브즈런[勤]+이(부사파생접사) '브즈런'은 상태·동작성을 띤 어근. 후대의 변화형 '부지런'은 제1음절 모음의 양순음 아래 원순모음화(인정순행동화)와 제2음절 치음 아래 전설모음화가 'ㅡ→ㅣ'를 겪은 어형. 특히 제2음절의 변화는 치조음이던 'ㅈ'의 경구개음으로 조음점이 이동한 뒤에 일어날 수 있는 변화이다.
질삼 길쌈. 질삼>길삼. 부정회귀(不正回歸), 과도교정. 예컨대, '길→질', '기름→지름' 등.
구실 세금. 부역. 그위실>구실. (16세기) ① 벼슬살이, ② 부역
디답ᄒᆞ더니 의무를 이행하더니, 바치더니.
<희귀어> 현대의 "물음, 부름에 응함"을 뜻하는 '대답'과는 의미가 다르다. 중세 근세어의 '인정'[人情. 뇌물], '방송'[放送. 죄인을 풀어 놓아 줌], '장엄'[莊嚴. 화려하게 꾸밈] 등과 유사한 용례에 속한다.
ᄒᆞᄅᆞᆫ 하루는. 특수한 곡용을 하는 'ᄒᆞᄅᆞ'[一日]에 보조사 '-ㄴ'이 통합한 형태이다. (17세기에는 'ᄒᆞᆫᄂᆞᆫ'으로 표기되었다.)
다ᄅᆞ니를 어ᄅᆞ라 다른 이(사람)에게 시집가라고. 다른+이를 얼-+ᄋᆞ라(명령형어미).
뵈아거늘 재촉하거늘. '뵈아-'는 '재촉하다'[迫]라는 뜻을 가진 동사어간으로 '使見'의 뜻인 '神力을 뵈야시놀'(월 8:43)의 '뵈-'와는 다른 단어이다.
좃디 좇지, 따르지[從]. 자음 어미 앞에서 어간 '좇-→좃-' 표기는 치음 종성과 동일 서열의 '최불려'(最不厲) 글자인 'ㅅ'을 쓰도록 한 '8종성가족용법'에 의한 표기이다.
드려 들여, (힘을) 기울여서. '힘을 다 드려'는 '힘을 모두 기울여서' 즉 '竭力(갈력)하여'의 뜻이다. 들-[入]+ㅣ(사동접사)+어.
送葬(송장)ᄒᆞ고 장례를 지내고 '송장'(送葬)은 '시신을 장지로 보낸다'는 뜻으로 사람의 죽음 몸을 뜻하는 '송장'과는 동음이의어이다.

현대역 백씨가 시어미를 (정성을) 다하여 섬기다

백씨(白氏)는 태원(太原) 사람이다. 남편이 집을 버리고 중이 되거늘 백씨(白氏)가 있어 시어미를 봉양하고 나가지 아니하고 부지런히 길쌈하여 부역에 응하였다. 남편이 하루는 돌아와 다른 사람에게 시집가라고 재촉하거늘 백씨가 (자기) 머리를 자르고 맹세하여 따르지 아니하였다. 시어미가 나이 아흔에 죽거늘 힘을 다 들여 장사지내고 시어미의 모습을 그려 두고 죽도록 제사 지냈다.

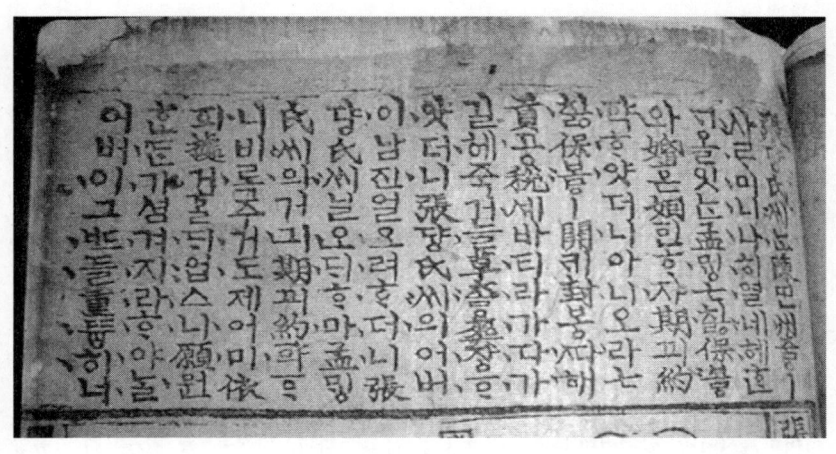

〈烈女圖 2ㄱ〉　　　　　　　　張氏負屍 本朝

張댱氏:씨·는 陳띤州쥴ㅣ :사ᄅ·미·니 나·히 ·열·네·헤 흔 ᄀ올 잇·ᄂᆞᆫ 孟·ᄆᆡᆼ七·칧保·봏와 婚혼姻ᅙᅵᆫᄒᆞ·쟈 期끠約·ᅀᅣᆨᄒᆞ·얏더·니 아·니 오·라 七·칧保·봏ㅣ 開킈封봉 ·ᄡᅡ해 貢·공稅·셰 바·티·라 ·가다가 길·헤 죽거·늘 草:촣葬·쟝ᄒᆞ·얏더·니 張댱氏:씨·의 어버·이 남진 얼·요·려 ·ᄒᆞ더·니 張댱氏:씨 닐·오·ᄃᆡ ᄒᆞ·마 孟ᄆᆡᆼ氏:씨·의거·긔 期끠約·ᅀᅣᆨᄒᆞ·니 ·비·록 주·거·도 제·어·미 依의據·거홀 ·ᄃᆡ :업·스·니 願·원ᄒᆞ·ᄃᆞᆫ ·가 셤·겨 ·지·라 ·ᄒᆞ·야ᄂᆞᆯ 어버·이 그 ·ᄠᅳ·들 重·듕·히 너<2ㄴ>☞·[겨] 조·ᄎᆞ·대 ·싀·어·미·와 草:촣葬·쟝ᄒᆞ ·ᄃᆡ ·가 屍:시體:톄·를 ·지·여 ·와 永·영葬·쟝ᄒᆞ·고 죽도·록 ·싀·어·미·를 셤 ·기더·니 ·싀·어·미 죽거·늘 禮·례·다·비 送·송葬·쟝ᄒᆞ·니 :연·ᄌᆞ·바ᄂᆞᆯ 紅ᅘᅩᆼ門몬 :셰·니·라

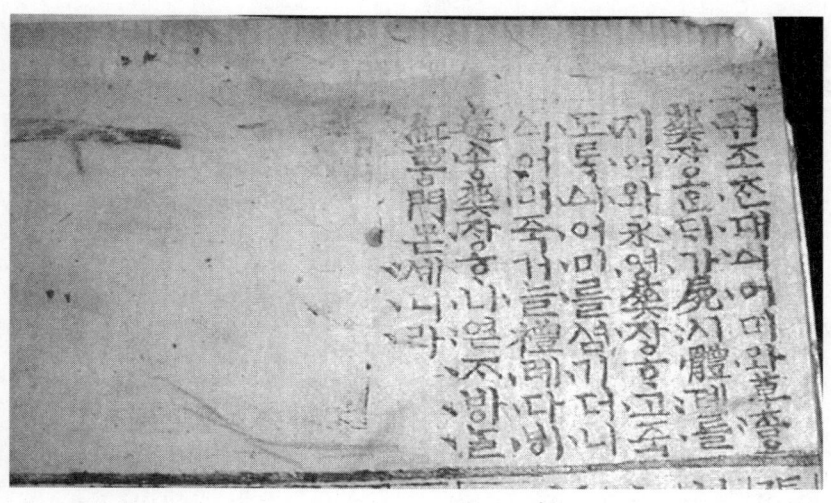

〈烈女圖 2ㄴ〉

張氏。陳州人。年十四。許同郡孟七保爲婚。未幾。七保輸稅於開封。道死。藁葬祥符。父母欲嫁之。張曰。旣許孟氏。今雖亡。其母無所依。願歸以養之。父母重其意。從之。乃與姑。詣祥符。負其夫屍還葬。終身養姑。姑卒。以禮葬之。事聞。旌閭

〈열녀도 2, 장씨부시 본조〉

陳州(진주) ㅣ 진주의. 진주에 사는. 받침 없는 체언 아래에 쓰이는 속격조사. 예) 牛頭논 쇠머리라(월 1:27).
  公州ㅣ 江南을 저 ᄒᆞ샤(용 15).
ᄀᆞ올 고을[郡]. 용비어천가에서는 'ᄀᆞ볼' 그 이후의 문헌에서는 'ᄀᆞ올'로 나타나며, 16세기 문헌에는 '고을'(번소 10:7) 등으로도 나타난다.
婚姻(혼인)ᄒᆞ쟈 혼인하자. '婚(혼)'은 며느리의 집안을, '姻(인)'은 사위의 집안을 이르며, 장가들며 서방 맞음을 '婚姻'한다고 함.(석보상절 6:16 협주)
오라 오래. 오라-[久]+아(부동사어미). '아니 오라'는 '오래지 아니하여' 정도의 뜻이다.
貢稅(공세) 공세, 조세(租稅).
바티라 바치러. 貢 바틸 공(훈몽 하:9) (유합 상:9)
草葬(초장) 시체를 짚으로 가매장하는 것.
어버이 어버이, 부모. <효자도31>참조.
얼요려 얼리려, 시집보내려고 어간 '얼이-'는 '얼-[嫁]'에 사동접사 '-이-'가 통합된 파생동사이다.
의거긔 -에게. 석보상절 '의/이그에'로 실현되었으나, 월인석보 이후에는 '-의/ᄋᆞ게~인/의거긔' 등으로 변화한다.
예) ᄂᆞ미그에(석 6:5), ᄂᆞ미게(월, 서 77), 내거긔(두초 5:38).
依據(의거)ᄒᆞᆯ 기댈, 의지할.
願(원)ᄒᆞᆫ돈 원컨대. 간경도감 불경에 많이 보임. '원호ᄃᆞ' 등으로 많이 나타난다.
셤겨지라 섬기어지라, 섬기고 싶어라.
重(중)히 중히, 소중히.
조츠대 좇으니, 따르니.
지여 지어[負], 져.
永葬(영장) 영장, 안장(安葬).
禮(예)다비 의례(儀禮)대로. '-다비'는 어기 '답-'[如]에 파생접사 '-이'가 통합된 형태로 ① -답게, ② -대로 등의 의미로 쓰였는데, 여기서는 ②처럼 쓰인다. 이것이 후대형 '-다이'가 일반적이나 16세기 문헌으로서는 용례가 유일하다. '다비'(15세기, 석보상절)로 나오는 처음의 예이다. 이 문헌에서는 '다이'와 혼기됨.
送葬(송장)ᄒᆞ니 장사지내니. '송장'(送葬)은 '시신을 장지로 보낸다'는 뜻으로 사람의 죽음 몸을 뜻하는 '송장'과는 동음이의어이다. 이 밖에 유의어로 '영장'(營葬)이 쓰였다. 永葬, 安葬 - 안장하다. (16세기) ☞ <열녀도 1>참조.

현대역 장씨가 (남편의) 시체를 지다

장씨(張氏)는 진주(陳州) 사람이다. 나이 열넷에 한 고을에 있는 맹칠보(孟七保)와 혼인하자고 기약하였더니 오래지 않아 칠보가 개봉 땅에 공세(貢稅) 바치러 가다가 길에서 죽거늘 초장(草葬)하였다. 장씨(張氏)의 어버이가 (다른) 남자에게 시집을 보내려 하니 장씨가 이르되 이미 맹씨에게 기약하였으니 비록 (남편은) 죽었어도 제 어미가 의거할 데가 없으니 원하건대 가서 섬기고 싶다고 하거늘 어버이가 그 뜻을 중히 여겨 그 뜻을 따랐다. 시어미와 초장(草葬)한 데 가서 (남편의) 시체를 져 와 영장(永葬)하고 죽도록 시어미를 섬기더니 시어미가 죽거늘 예(禮)대로 장사지냈다. (관아에서 이러한 사실을 조정에) 여쭙거늘 홍문(紅門)을 세웠다.

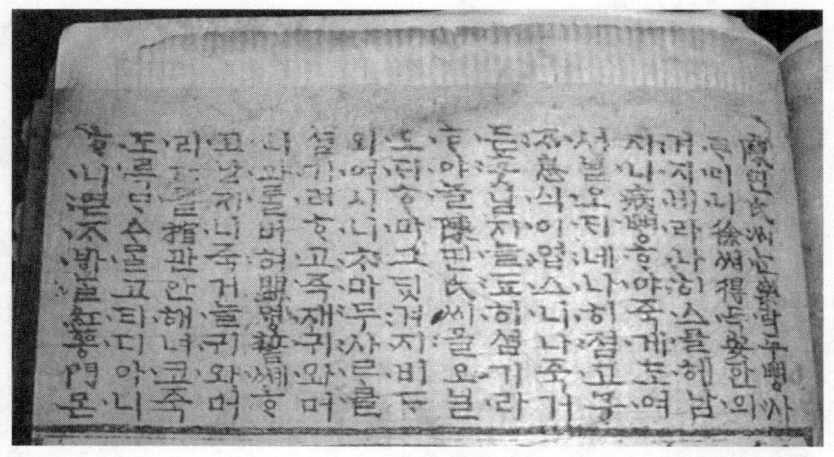

〈烈女圖 3ㄱ〉　　　　　　　　　陳氏剪髮 本朝

陳띤氏:씨·는 樂·락平뼝 :사ᄅ·미니 徐쎠得·득安한·의 :겨·지·비·라 ·나히
·스·믈헤 남지·니 病·뼝·ᄒ·야 죽게 도·여·서 닐·오·ᄃᆡ :네 ·나히 :졈·고
子:ᄌ息·식·이 :업·스·니 나 죽거·든 :훗남지·늘 :됴·히 셤·기·라 ·ᄒ·야ᄂᆞᆯ
陳띤氏씨 :[울]오 닐·오·ᄃᆡ ᄒ·마 그딋 :겨·지·비 ᄃᆞ외·여시·니 ·ᄎᆞ·마 :두
:사ᄅᆞ·믈 셤·기·려 ᄒ·고 ·즉재 ·귀·와 머리·와ᄅᆞᆯ 버혀 盟·[밍]誓·쎼ᄒᆞ·고
남지·니 죽거·늘 ·귀·와 머·리[터·]ᄅᆞᆯ 棺관 안해 녀·코 죽·도·록 ᄆᆞᅀᆞᆷ·믈 고
·티·디 아·니ᄒ·니 :열·ᄌ·바ᄂᆞᆯ 紅뽕門몬 <3ㄴ>☞[:셰]·니·라

〈烈女圖 3ㄴ〉

陳氏。樂平人。徐得安妻。年二十。夫病革。謂之曰。汝年少無子。我死。善事後人。陳氏泣曰。旣爲君婦。忍事二姓乎。卽割耳剪髮爲誓。夫死。納之棺中。終身不改節。事聞。旌其門

〈열녀도 3, 진씨전발 본조〉

겨지비라 계집이다. 아내다. 당시 '겨집'은 '妻, 女'의 뜻을 가진 말이었고, 후대에 '女'의 뜻으로 확대 사용된다. 오늘날에는 '여자'의 비칭으로 격하되었다. 겨집[女]+이-+라.
  예) 女 겨집녀 俗呼女兒 妻女
     (훈몽 상16)
     妻 겨집쳐(훈몽 상16)

스믈헤 스물에. 근대국어시기에 '스물'로 원순모음화하였다.
  스믈ㅎ[二十]+에.

病(병)ᄒᆞ야 병들어. 중세어 시기에는 상태성을 띤 어기 '病(병)'에 접사 '-ᄒᆞ-'의 결합으로 만들어져 쓰였다. 간헐적으로 '病들-'형이 쓰이다가 근대국어에서는 거의 통일되어 현재에 이른다. 오늘날에는 '病'은 '명사'로만 등재되어 있다.

도여셔 되어서. 문맥상 '죽음에 임박하여' 정도의 뜻으로 이해된다. 원문 '夫病革'은 '急也病' 즉 '병이 급박하게 되어'의 뜻이다.

:네 네가, '너[汝, 평성]+ㅣ[주격, 거성]'가 한 음절로 축약되면서 상성인 ':네'로 변동한 예이다. '네'는 '너의'.

남지니 남편이, 사내가. 남진+이.

졈고 어리고[少]. 나이 20을 표현한 것이니 '젊고'의 뜻을 가졌다고 보아야 함.

훗남지늘 새 남편을, 합성어 '훗남진'은 어기 '後(후)'와 '남진[夫]'가 결합한 통사적 합성어이다.

됴히 잘, 좋게. 둏-[好]+이(부사파생접사).

그딧 그대의. '그디'는 '君, 子' 등의 뜻을 나타내는 2인칭 대명사로서, '그디(월 1:11), 그듸(석 6:6), 그더(두초 8:24)' 등 이형태가 공존하였다.

닐오디 말하되, 이르되.

ᄒᆞ마 이미, 벌써.

셤기려 섬기랴. 형태소는 '셤기-[事]+리+어(의문종결어미)'로 분석된다.

즉재 즉시, 곧. 15세기 '즉자히, 즉재'의 계승형으로, 이 당시에는 '즉제'(소언 2:46)도 공존하였다.

안해 안에. 안ㅎ[內]+애.

녀코 넣고. 넣-[納]+고. 축약(유기음화). 중부방언의 '넣-'은 역사적으로 부음 'j'의 탈락으로, 동북, 동남 방언의 '옇-'은 '넣'의 'n'이 'j' 앞에서 'ㄴ'구개음화를 거쳐 'ɲ'이 약화 탈락함으로써 생성된 어형으로 이해된다.

ᄆᆞᅀᆞ믈 마음을. ᄆᆞᅀᆞᆷ[心]+올.

고티디 고치지. 고티-[改]+디.

紅門(홍문) 홍살문. 능(陵), 원(園), 묘(廟), 대궐, 관아(官衙) 따위의 정면에 세우는 붉은 칠을 한 문. 둥근 기둥 두 개를 세우고 지붕 없이 붉은 살을 세워서 죽 박는다. 이 책의 다른 곳에서는 '홍문'으로 현실음으로도 적힘.

현대역 **진씨가 머리카락을 베다**

진씨(陳氏)는 낙평(樂平) 사람이니 서득안(徐得安)의 계집이다. 나이 스물에 남편이 병들어 죽게 되어서 (진씨에게) 말하되 "네 나이 젊고 자식이 없으니 나 죽거든 훗남편을 잘 섬기라." 하거늘 진씨(陳氏)가 울고 이르되 "이미 그대의 계집이 되었으니 차마 두 사람을 섬기겠는가" 하고 즉시 귀와 머리를 베어 맹세하고 남편이 죽거늘 귀와 머리털을 관 안에 넣고 죽도록 마음을 고치지 아니하였다. (관아에서 이러한 사실을 조정에) 여쭙거늘 홍문(紅門)을 세웠다.

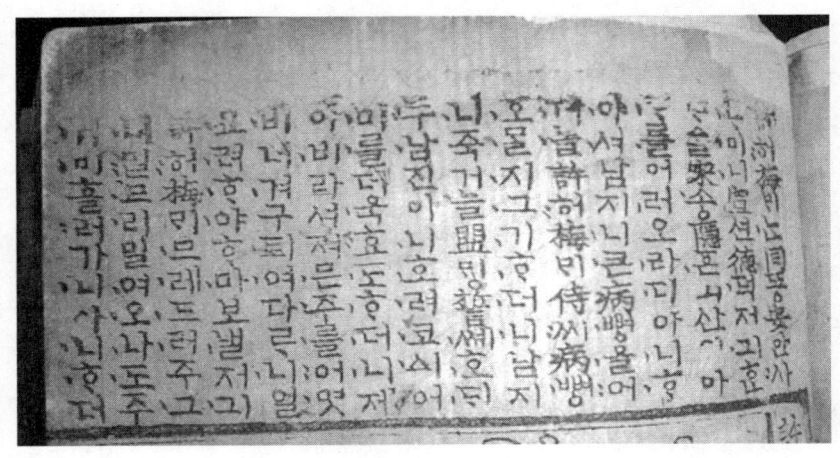

〈烈女圖 4ㄱ〉　　　　　　　　　許梅溺水 本朝

許:허梅미·는 同똥安한 :사ᄅ·미·니 宣션德·덕 저·긔 ᄒᆞᆫ ᄆᆞ슬 宋·송隱·흔山산[·의] 아ᄃᆞ·를 어·러 오·라디 아니 ·ᄒᆞ·야·셔 남지·니 ·큰 病·뼝·을 :어·더·늘 許:허梅미 侍·씨病·뼝·호·믈 ·지·그·기 ·ᄒᆞ·더·니 남지·니 죽거·늘 盟밍誓·쎼·호·ᄃᆡ :두 ·남진 아니 ·호·려·코 ·싀어·미·를 더·욱 :효·도·ᄒᆞ·더·니 제 아·비라·셔 져·믄 ·주·를 :어·엿·비 너·겨 구·틔·여 다ᄅ·니 얼·요·려 ·ᄒᆞ·야 ᄒᆞ·마 보·낼 저·긔 許:허梅미 ·므·레 ·드·러 주그·니 :밀·므·리 밀·여 ·오·나도 주[거]·미 흘·러 가[디] 아·니·ᄒᆞ더<4ㄴ>☞·라

〈烈女圖 4ㄴ〉

許梅。同安人。宣德中。適同里宋隱山之子。未幾。夫得痼疾。梅奉之彌篤。夫死。誓不二。事姑愈孝。父憐其少。逼之他適。臨遣。梅投水死。潮漲。屍不流

〈열녀도 4, 허매익수 본조〉

宣德(선덕) 선덕. 중국 명나라 선종 때의 연호(1425~1435).
　한자에 달린 한자음 '宣션德덕' 중에서 '德'의 동국정운음은 '득'이고 '덕'은 현실한자음[東音]이다.
　원칙과 현실의 차이를 줄이기 위해 현실음으로 적은 결과이다.
아ᄃᆞᄅᆞᆯ 아들을. 아들[子]+을(목적격). 모음조화에 어긋난 표기.
어러 얼어. 교합(交合)하여. 시집가. 원문의 '適'은 '시집가다, 출가하다'의 뜻을 나타내는 한자.
오라디 오래지. 오라-[久]+디.
어더늘 얻거늘[得].
侍病(시병)ᄒᆞᄃᆞᆯ 시병함을. '시병'은 "병자 가까이 있으면서 시중드는 일"을 말하는데, 현재는 '看病(간병)'이란 말로 통일되어 있음.
지그기 지극히. 극진히.
아니 호려코 아니하려 하고. 얼지(시집가지) 아니하려고.
싀어미를 시어머에게. 시어머니에게.
아비라셔 아비가. (친정) 아버지가.
겨믄 주를 어린 줄을. 문맥상 '젊은 것을' 정도로 해석됨.

어엿비 어여뻐, 불쌍히, 가엾이[憐].
너겨 여겨. 너기-+어.
구틔여 억지로, 강제로 [逼]. 구틔-[强]+어. 제 3음절 '여'는 제 2음절 '틔'에서 부음 /j/의 영향으로 glide화함. "일부러, 짐짓"의 뜻으로 사용되는 현대어 부사 '구태여'와는 의미 영역이 동일하지 않다.
다ᄅᆞ니 다른 이, 다른 사람(남자).
얼요려 얼게 하려. 시집보내려고.
ᄒᆞ마 ①이미, 벌써. ②장차.
　여기서는 ②의 뜻.
드러 (뛰어) 들어.
밀므리 밀물이. 근대국어시기 '밀믈>밀물'의 변화는 순음 아래'ㅡ>ㅜ'화에 의해 순행인접동화한 예.
　cf. 이것의 상대어는 '혈믈~혈물'.
밀여 밀리어. 어간 '밀이-'는 여기 '밀-'에 피동접사 '-이'가 결합한 파생동사로 이 경우에는 분철이 원칙임.
오나도 와도. 오는데도.
주거미 주검이. 시신이. '주검[屍]'은 '죽-[死]+엄(명사파생접사)'으로 '죽-'의 명사형은 '주굼'.

현대역 허매가 물에 빠지다

허매(許梅)는 동안 사람이니 선덕 때에 한 마을 송은산의 아들에게 시집가 오래지 않아서 남편이 큰 병을 얻거늘 허매가 시병함을 지극히 하더니 남편이 죽거늘 맹세하되 두 남편을 아니 섬기려고 시어미에게 더욱 효도하였다. 제(=허매의) 아비가 (딸의) 젊은 것을 가엾이 여겨 억지로 다른 사람에게 시집보내려 하여 장차 보낼 적에 허매가 물에 들어가 (빠져) 죽으니 밀물이 밀려오거늘 주검(시신)이 흘러가 아니하더라.

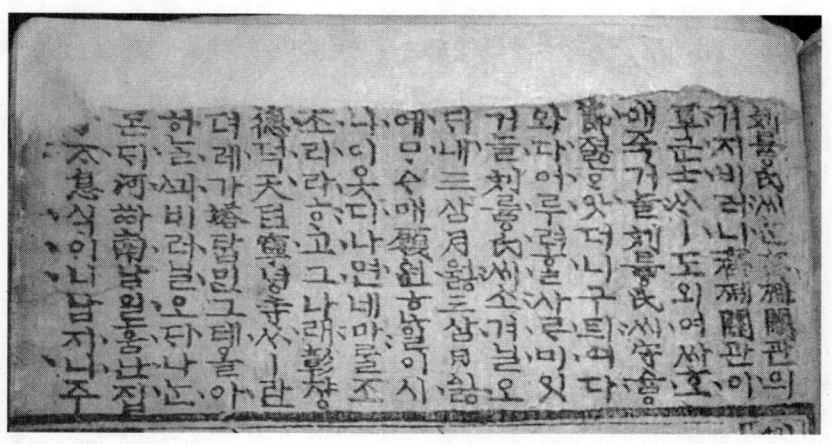

〈烈女圖 5ㄱ〉　　　　　　　**劉氏投地 本國**

劉륳氏:씨·는 齊졔關관·의 :겨·지·비러·니 齊졔關관·이 軍군士:ᄊᆞㅣ 도외
·여 싸호·매 죽거·늘 劉륳氏:씨 守·슈節·졀 ᄒᆞ·얏더·니 구·틔·여 다와다
어·루려 ·홀 :사ᄅᆞ·미 잇거·늘 劉륳氏:씨 소·겨 닐·오·ᄃᆡ ·내 三삼月·월三
삼日·ᅀᅵᆯ에 ᄆᆞᄉᆞ·매 願·원혼 :일 이시·니 ·이·웃 :디·나면 네 :마를 조·초·리
·라 ᄒᆞ·고 그 나·래 彰챵德·덕天텬寧녕寺·ᄊᆞㅣ·란 뎌·레 ·가 塔·탑 ·믿그테
올·아 하·ᄂᆞᆯ·쯰 비·러 닐·오·ᄃᆡ ·나·는 본·ᄃᆡ 河하南남 일·홈·난 집 子:ᄌᆞ息
·식·이·니 남지·니 주<5ㄴ>☞[·그]·니 失·실節·졀·티 :몯홀 거시·라 ᄒᆞ·고
싸해 ᄂᆞ·려·디·여 [주]그니·라

〈烈女圖 5ㄴ〉

劉氏。河南人。齊關妻。關應募爲千夫長。戰死。劉守節不二。人有強逼婚者。劉紿曰。吾三月三日。有心願。過此。當從所言。是日徑往彰德天寧寺。登浮屠絶頂。祝天曰。妾本河南名家。夫已死。不敢失節。遂投地而死

〈열녀도 5, 유씨투지 본국〉

겨지비러니 아내이더니. 아내였는데. 겨집[妻]+이(서술격)+더(회상)+니. 선어말어미 '-더- → -러-'는 서술격 'i' 또는 ㅣ 하향중모음 아래에서 교체형이므로 '-러-'는 '-더-'의 음운론적 이형태.

軍士(군사)ㅣ 군사가. 병졸이. 국한문 혼용 표기에서 주격조사를 중성 'ㅣ'로 보충한 표기.
예) 孔子ㅣ 魯ㅅ사름(정음해례)

도외여 되어. 정음 창제 초기문헌에서는 '용비어천가'에서만 'ᄃᆞ뵈-'형이, 그 후 'ᄃᆞ외여(석9:16)~ᄃᆞ외여(두초8:64)'가 일반적이고, 15C 후기 이후 16C에서는 '도외야(두초25:51)~도외여(속삼,열1)' 등으로 어간 변화.

싸호매 싸움에서. 싸호-[鬪,戰]에서 어두음 'ㅆ'은 된소리 /s'/로서 음운 단위로 확립되었음을 보여준다.
1465년 '원각경언해'로부터 'ㅆ→ㅅ'으로 각자병서가 폐지됨은 국어표기법의 개정(改定)에 따른 결과이다.

구틔여 강제로. 억지로[强].
다와다 다그쳐 접근하여. 다왇-[逼]+아.
어루려 교합하려. 어르려고. '얼-[婚]+우+리+어'에서 '-우-'는 의도법 선어말

어미. "시집 모내려고"는 '얼유려' 또는 '얼요려'로 분철.
소겨 속여. 속-[詐]+이(사동접사)+어.
이옷 이것만. 이날(삼월삼짓날)만. '-옷'은 모음으로 끝난 체언 뒤에서 그것을 강조하는 보조사. 자음 뒤에서는 '-곳'.
조초리라 좇으리라. '좇-[從]+오+리+라.' '-오-'는 1인칭 활용어미.
뎌례 절에. 뎔[寺]+에.
믿그테 맨 끝에. 맨꼭대기에. '믿긑'은 '絶頂'.
올아 올라. 오ᄅᆞ-[登]+아. '오ᄅᆞ-'는 모음어미가 오면 '올ㅇ'로 활용한다. 이와 활용형이 동일한 단어로 '다ᄅᆞ-'[異], '니ᄅᆞ-'[謂], '그ᄅᆞ-'[誤], '게으ᄅᆞ-'[怠] 등이 있다.
하ᄂᆞᆯ쯰 하늘께. 하느님께.
일홈난 이름난, 유명한.
남지니 남편이, 사내가. 남진+이(주격).
失節(실절)티 실절하지. '失節(실절)'은 '절개를 굽힘'이라는 뜻. 상대어는 '수절(守節)'임.
ᄂᆞ려디여 아래로 떨어져. 'ᄂᆞ려디-'는 'ᄂᆞ리-[降]'와 '디-[墮]'가 '-어'로 연결된 통사적 합성어임.

현대역 유씨 땅으로 몸을 던져 죽다

유씨는 제관의 아내였는데, 제관이 군사가 되어 싸움에서 죽거늘 유씨는 수절하였다. 강제로 다그쳐 교합하려 하는 사람이 있거늘 유씨가 속여 이르되 "내가 삼월 삼일에 마음에 원하는 일이 있으니 이것만 지나면 네 말을 좇으리라." 하고 그 날에 창덕 천녕사란 절에 가서 탑 맨 끝에 올라 하늘께 빌어 이르되 "나는 본디 하남 이름난 집 자식인데 남편이 죽으니 절개를 잃지 못할 것이라." 하고 땅에 떨어져 죽었다.

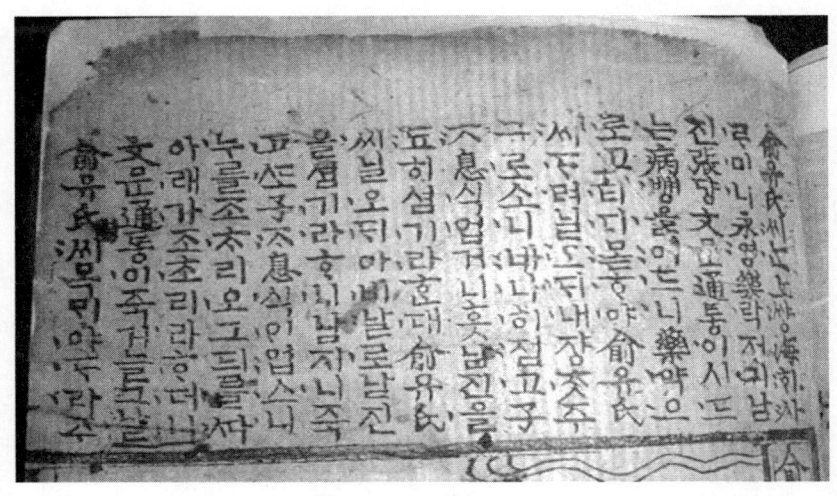

〈烈女圖 6ㄱ〉　　　　　　　　　俞氏從死 本朝

俞유氏:씨·는 上:썅海:히 :사ᄅ·미·니 永:영樂·락 저·긔 남진 張댱文문通통·이 시드는 病:뼝·을 :어·드·니 藥·약으·로 고·티·디 :몯·ᄒ·야 俞유氏:씨·ᄃ·려 닐·오·ᄃᆡ ·내 쟝·ᄎᆞᆺ 주그·로소·니 :네 ·나·히 :졈·고 子:ᄌᆞ息·식 ·업거·니 훗남진·을 :됴·히 셤·기·라 ᄒ·대 俞유氏:씨 닐·오·ᄃᆡ 아·비 :날·로 남진·을 셤·기·라 ᄒ·니 남지·니 죽·고 ·ᄯᅩ 子:ᄌᆞ息·식·이 :업·스·니 누를 조·ᄎ·리·오 그ᄃᆡ·를 ·ᄯᅡ 아래 ·가 조·초·리·라 ·ᄒ·더·니 文문通통·이 죽거·늘 그·날 俞·유氏:씨 목ᄆᆡ·야 ·드·라 주<6ㄴ>☞[그]·니·라

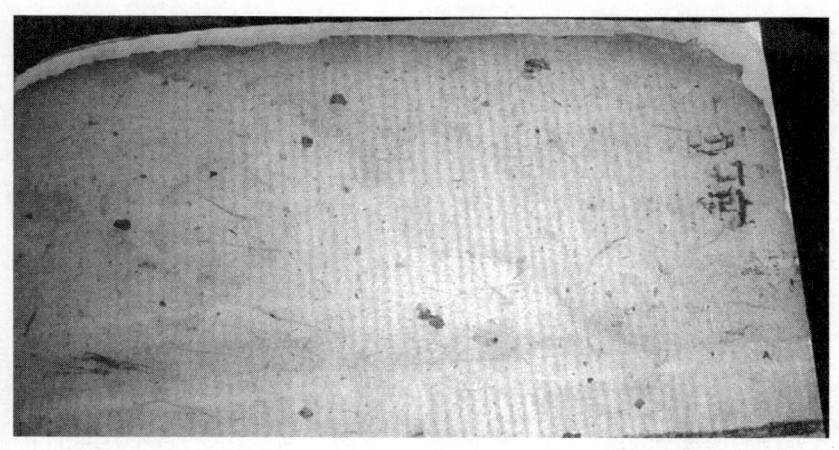

〈烈女圖 6ㄴ〉

俞氏。上海人。永樂初。夫張文通。嬰瘵疾。藥不能療。囑俞曰。吾將死。汝年少無子。宜善事後人。俞曰。父命以妻事夫。夫今死。又無子女。將何從。願從夫於地下。文通歿。是日俞自經

〈열녀도 6, 유씨종사 본조〉

永樂(영락) 明의 年號. 조선에서는 太宗 2년(1403)~世宗6년(1425).
시드는 시드는. 시들-[萎]+는.
　'시드는 病'은 몸이 만성적으로 시들어가는 병, 즉 위병(萎病), '시들병'.
고티디 고치지, 치료하지. 고티-[療]+디.
쟝ᄎᆞ 장차[將次]. 15C 문헌에는 '쟝ᄎᆞ' 또는 이것의 한자 '將次'로 나타나나, '두시언해'부터 16C 문헌에서는 '쟝ᄎᆞᆺ'으로도 나타난다.
　'쟝ᄎᆞᆺ'(두초15:15) (번소8:32)
　將 쟝ᄎᆞᆺ 쟝(유합,하10)
주그로소니 죽을 것이니.
:네 네가. 관형격형은 '네'(평성)로 실현됨.
　☞ [열녀도 3]
나히 나이가. 나ㅎ[年]+이(주격).
졈고 어리고. '졈다'는 16세기에는 '어리다[幼, 少]'는 뜻을 지니었음. '졈다'가 오늘날 '젊다'의 의미로 이동한 것은 근대국어 이후로 보임.
　少 져믈 쇼(석천,35).
　幼 져믈 유(유합,상17).
훗남진을 새 남편을. '훗남진'은 '후(後)+ㅅ+남진[夫]'으로 짜여진 통사적 합성명사로서, 이것과 모음조사 '-을'을 분리표기하고 있다.
됴히 잘[善]. 둏-[好]+이(부사화접사).
ᄒᆞ대 하니.
날로 나로 하여금. '날마다'[每日]의 뜻은 ':날·로(거성.거성)'로 실현됨.
누를 누구를. 누[誰]+를(목적격. 'ㄹ'의 중가형).
　cf. :눌 미르시러(용9:9). :누룰(남명,상80).
조추리오 좇으리오[從]. 따르리오.
　'三從之義'를 지킬 수 없음을 밝히고 있음. '3종지의'는 ①어려서는 아버지를 따르고 ②시집가서는 남편을 따르고, ③ 남편이 죽은 뒤에는 아들을 따르는 것을 말함.
그듸를 그대를. '그디'(열녀3)와 공존함.
조초리라 좇으리라, 따르리라. '(나)…. 조초리라' ☞[열녀5].
목미야ᄃᆞ라 목매달아[經,縊].
　'미야-'[經]은 어기 '미-[繫]'와 '돌-[懸]'이 연결어미 '-야'로 결합된 통사적 합성어.

현대역 유씨가 남편을 따라 죽다

유씨는 상해 사람이다. 영락 때에 남편 장문통이 시드는(=위축되는) 병을 얻으니 약으로 고치지 못하여 유씨에게 이르되 "내 장차 죽을 것이로되, 네 나이가 젊고 자식이 없으니 훗남편을 잘 섬기라." 하니 유씨 이르되 "아비가 나에게 남편을 섬기라 하였는데 남편이 죽고 또 자식이 없으니 누구를 따르리오. 그대를 땅 아래 가서 좇으리라." 하였다. 문통이 죽거늘 그 날에 유씨가 목매달아 죽었다.

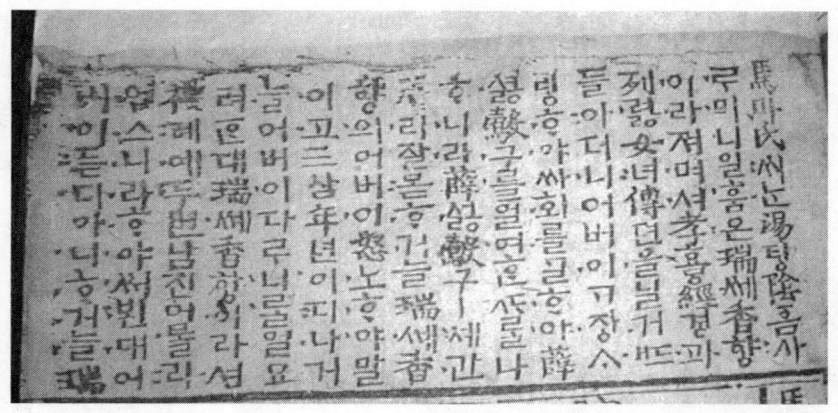

〈烈女圖 7ㄱ〉　　　　　　　　**馬氏投井 本朝**

馬마氏:씨·는 湯탕陰흠 :사ᄅ·미니 일·훔·은 瑞·셰香·향·이·라 져·며·셔 孝·흉經경·과 烈·렳女:녀傳뎐을 닐·거 ·쓰들 :아더·니 어버·이 ᄀ·장 스랑·ᄒ·야 싸회·를 굴·ᄒ·야 薛·섫毅·구·를 얼·여 흔 ·ᄯ롤 나ᄒ·니·라 薛·섫毅구ㅣ :세·간 [사]·리 잘 :몯·ᄒ·거늘 瑞·셰香향·의 어버·이 怒노·ᄒ·야 말·이·고 三삼年년·이 :디·나거·늘 어버·이 다ᄅ·니·를 얼요려 흔대 瑞·셰香·향·이라셔 禮:례·예 ·두 번 남진 어·롤·리 ·업·스·니·라 ·ᄒ·야 ·써 :뷘·대 어버·이 :듣·디 아니·ᄒ·거·늘 瑞<7ㄴ>☞[·셰]香·향이 ·죠·고만 죠·희·예 [어버]·이 여·희·ᄂ :말·ᄉ·믈 ·써 [제 ·ᄯ·리] 푸·메 품·기·고 우·믈[·레 ᄃ]러 죽거·늘 드른 사ᄅ[·미 셜]·워 ·ᄒ·더·라

〈烈女圖 7ㄴ〉

馬氏。湯陰人。名瑞香。幼讀孝經烈女傳。通大義。父母鍾愛。擇壻適薛㲄。生一女。㲄拙於家事。婦翁怒責。遂離去。踰三年。父母欲令他適。馬氏 書禮無再醮之義。以告。父母不從乃投井而死。留片紙於其女懷中。書謝別父母之辭。聞者慟之

〈열녀도 7, 마씨투정 본조〉

일훔은 이름은. 실질형태소 '일훔'[名]과 형식형태소 '-은'을 분리하여 표기한 예. 연철, 분철은 15C 국어표기법의 전통을 계승한 표기 방식이다.

겨며셔 어려서. '져며셔'의 오기.

烈女傳(열녀전) 한자 '烈女'와 '列女'는 동의어, '列女傳'은 한나라 劉向(유향)이 지은 책이름.

닐거 읽어. 닑-[讀]+어. 용언어간의 기저형 '닑-'은 'i' 앞에서 ㄴ구개음화 [ɲ]를 거쳐 약화 탈락함으로써 근대국어 시기에 '읽-'으로 굳어졌다.

아더니 알더니. '알-[通]+더+니'. ㄷ앞에서 'ㄹ' 탈락규칙. 당시에는 보편적인 현상이었다.

ᄀ장 매우. 그 밖에 "아주, 가장, 대단히" 등의 의미를 가진다.

ᄉ랑ᄒ야 사랑하여. 원문한자 '愛'에 대한 풀이. 여기서는 '남녀 간에 정을 들여 그리워하는'이라는 의미보다는 부모가 자식에 대하여 정을 느끼거나 귀여워하는 '慈愛'(자애)의 의미를 가진 말로 파악됨.

싸회 사위[壻]. 예) 壻 사회 셔(훈몽, 상 16). 'ㅆ'이 쓰인 많지 않은 예.

굴ᄒ야 가리어[擇]. 택하여. 일반적으로 '굴희야'로 표기되는데, 제2음절 부음 'j'가 생략된 표기.

얼여 얼게하여. 혼인시켜.

나ᄒ니라 낳으니라.

셰간사리 세간살림살이. ':셰·간'은 '가재도구(家財道具)'(소언6:20), '사리'는 '살-'[生]에 파생접사 '-이'가 결합된 파생명사로 '살림살이'를 뜻함.

말이고 말리고. 하지 못하게 하고. 말-[勿]+이(사동접사)+고.

얼요려 얼게하려. 시집보내려.

禮(예)예 예에, 예도(禮道)에.

어롤리 혼인하는 것은.

써 써서. 1465년 각자병서 폐지 후 'ㅆ'만은 부활되었음을 보여준다.

뵌대 보이니.

죠고만 조그마한. 동의어로 '죠고맛'이 있다.

죠희예 종이에. '죠고만 죠희'는 '片紙'의 번역임.

여희는 여의는. 이별하는. '여희-'형이 일반적이다.(석6:6) '여위-'는 '마르다, 여위다'의 뜻.

ᄯ리 딸의. '쫄'은 '菩妲'(계림유사).

품기고 품게 하고. 품-[懷]+기(사동접사)+고.

셜워ᄒ더라 애통해 하더라. 설워하더라.

현대역 **마씨 우물에 몸을 던지다**

마씨는 탕음 사람이니 이름은 서향이다. 어려서 효경과 열녀전을 읽어 뜻을 알았는데 어버이가 매우 사랑하여 사위를 가리어 설구에게 혼인시켜 한 딸을 낳았다. 설구가 세간 살림을 잘 못하거늘 서향의 어버이가 노하여 말리고 삼 년이 지나거늘 어버이가 다른 사람에게 혼인시키려 하니 서향이가 예(禮)에 두 번 남편을 맞이하는 일은 없는 것이라 하여 (글로) 써 보이니 어버이가 듣지 아니하거늘 서향이 조그만 종이에 어버이에게 하직하는 말씀을 써 자기 딸의 품에 품기고 우물에 빠져 죽거늘 (이 얘기를) 들은 사람이 애통해 하더라.

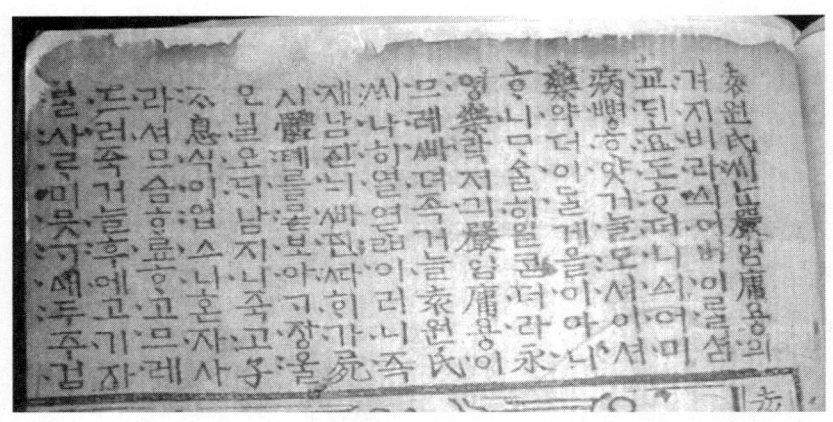

〈烈女圖 8ㄱ〉　　　　　　　袁氏尋屍 本朝

袁원氏·씨는 嚴엄庸용·의 :겨·지·비·라 ·싀·어버·이·를 셤·교·딕 :효·도·ᄒ
·더·니 ·싀·어·미 病·뼝 ·ᄒ·얏거·늘 :모·셔 이·셔 藥·약 더·이·믈 게을·이 아
·니·ᄒ·니 ᄆᆞᆯ·히 일콘·더·라 永:영樂·락 저·긔 嚴엄庸용·이 ·ᄆᆞ·레 ·싸·뎌
[죽]거·늘 袁원氏:씨 ·나·히 ·열여·듧·이러·니 ·즉재 남진·니 ·싸·던 ·짜·히
·가 屍시體:톄·를 ·몯·보·아 ᄀᆞ·장 :울오 ·닐·오·딕 남지·니 죽·고 子:ᄌᆞ息
·식·이 :업·스·니 혼·자 사·라·셔 므슴·ᄒ·료 ·ᄒ·고 ·ᄆᆞ·레 ·드·러 죽거·늘 :후
·에 고·기 자·블 :사ᄅᆞ·미 ·믓:ᄀᆞ·쇄 :두 주·검<8ㄴ>☞·이 흔·[듸] 잇·거·늘
:어·드·니 모·다 닐·오·딕 節·졇義·의·로 感:감動·똥·ᄒ·야 그·러·타 ·ᄒ·더·라
旌졍表:븀·ᄒ·야 貞뎡烈·렳·이·라 ᄒ·라 ᄒ·시·다

〈烈女圖 8ㄴ〉

袁氏。龍州人。嚴庸妻。事舅姑孝。姑疾。侍湯藥不懈。甚爲鄕理所稱。永樂間。庸溺水死。袁氏年十八。亟趣夫溺處。尋屍不見。因大哭曰。夫死無子。獨生何爲。亦投水死。後漁人。於河邊得二屍同處。人以爲節義所感。命旌爲貞烈

〈열녀도 8, 원씨심시 본조〉

겨지비라 아내라. 16C '겨집'은 '妻, 女' 두 가지 의미를 내포하고 있음.
셤교디 섬기되. '셤교디'는 '섬기-[事]'와 어미구조체 '-오디'의 통합. 음절축약의 결과로 이루어진 것임.
病(병)ᄒ얏거늘 병들었거늘. '病ᄒ-'와 같은 파생법에 대한 예로 <열녀도 3> '病ᄒ야' 참조.
모셔 모셔, 모시-[侍]+어. '모시-'는 중세국어에서 '뫼시-'로 나타나며, '모시-'는 드문 예라 하겠다.
'모시-' ~ '뫼시-'는 기원적으로 어기 ':뫼-'[侍]에 존대법 선어말어미 '-시-'와 결합하여 재어휘화가 이루어진 것으로 보인다.
예) 夫人ᄭᅴ 뫼셔 오니(월 2:43), 지비 뫼셔다가(월 8:100) 侍 뫼실 시(석천 35)
더이믈 데움을. 덥-[溫]+이(사동접사)+ㅁ+올. 어간 '더이-'는 '데우-'(능 8:103)와 공존한다.
게을이 게을리. 게으르-[怠]+이 (부사파생접미사) 모음으로 시작되는 문법형태소 앞에서는 '게을이'로 교체된다. [열녀도 5] '올아' 참조
ᄲᅡ뎌 빠져[溺]. 중세어에서 어간 'ᄲᅡ디-'는 성조에 따라 구분 사용되었다.
① ·ᄲᅡ·디-(거·거) ; 溺
② ·ᄲᅡ디-(거·평) ; 拔
③ ·ᄲᅡ:디-(거·상) ; 빠뜨리다.

열여듧이러니 열여덟이더니. 분철표기. '八'의 고유어로 15세기 문헌에서는 '여듧'으로 일정하게 나타나나, 16세기 문헌에는 대체로 '여돏'이 더 일반적이다.
남진늬 남편의. '남편이' 중철표기. '남진'과 '의'가 한 어절 단위로 인식하여 'ㄴ'을 중복 표기한 음소적 표기인 '남지늬'에서 어간에 대한 형태론적 관점이 적용되어, 형태론적 관점(남진)과 음소론적 관점(늬)의 두 관점을 적용시킨 결과 발생한 것이다.
몯 보아 못 보고 중세어에서 '·못'은 [池], ':몯'은 [不], '·몯'(거성)은 [釘]으로 각각 변별적이었다.
드러 (뛰어)들어 [投]. 들-[投入]+어.
믓ᄀᆞ새 물가에, '믓ᄀᆞ'은 믈[河]+ㅅ(속격)+ᄀᆞ[邊]. 15세기 후반부터 16세기 중반 정도의 문헌에서 속격'ㅅ' 위에서 'ㄹ'탈락이 수의 적용됨.
예) 믌ᄀᆞ새(석 11:25), 믓ᄀᆞ새(박초상 70), 涯 믓ᄀᆞ 애(유합)
어드니 찾으니. 여기 '얻다'는 '필요하여 일정한 대상을 적극적으로 찾거나 청하는' [求·請]과 같이 적극적인 의미를 띠고 있다.
모다 모두[皆]. 중세어에서는 '모도'가 일반적이고, '모다'는 '몯-[會]+아'의 활용형으로 '모여[會]'의 뜻으로도 쓰였다.

현대역 원씨가 (남편의) 시신을 찾다

원씨는 엄용의 아내이다. 시어버이를 섬기되 효도하더니 시어미가 병이 들었거늘 모셔 있어 약 데우기를 게을리 아니하니 마을(사람들)이 칭찬하였다. 영락 때에 엄용이 물에 빠져 죽거늘 원씨가 나이 열여덟이었는데 즉시 남편이 빠진 땅에 가(=갔지만) 시체를 못 보아 매우 울고 이르되 "남편이 죽고 자식이 없으니 혼자 살아서 무엇 하겠는가" 하고 물에 들어가 죽거늘 후에 고기 잡는 사람이 물가에 두 주검[시체]이 한 곳에 있는 것을 찾았다. 모두 이르되 절의로 감동하여 그렇다 하더라. 정표하여 정렬이라 하라고 하시었다.

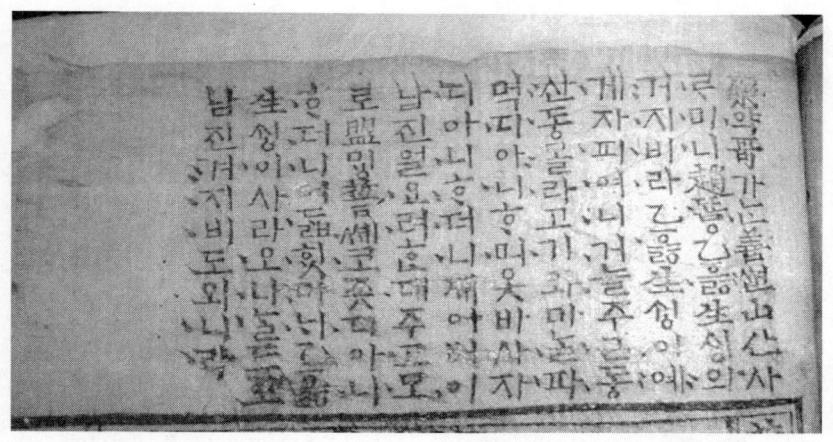

〈烈女圖 9ㄱ〉　　　　　　　藥哥貞信 本朝

藥·약哥가는 善:쎤山산 [:]사ᄅ·미·니 趙·됴乙·흟生싱·의 :겨·지·비·라 乙·흟生싱·이 :예·게 자·피·여 ·니·거·늘 ·주·근·동 :산·동 :몰·라 고·기와 마·늘 ·파 먹·디 아·니ᄒ·며 옷 바사 자·디 아·니·ᄒ·더·니 제 어버·이 남진 얼·요·려 ᄒ·대 주·고·모로 盟밍誓·쎼·코 좃·디 아·니·ᄒ·더·니 여·듧 ·ᄒᆡᆺ[:]마·닉 乙·흟生싱·이 사·라 오·나·ᄂᆞᆯ [도로] 남진 :겨·지·비 도외·니·라

〈烈女圖 9ㄴ〉

藥哥。善山人。趙乙生妻也。乙生爲倭寇搶去。藥哥未知存歿。不食肉。不茹葷。不脫衣服而寢。父母欲奪志。矢死不從。凡八年而乙生還。爲夫婦如初

〈열녀도 9, 약가정신 본조〉

藥哥(약가)는 약가는. 원간본과 동일계통의 동양문고본에는 '藥氏는'으로, 규장각에 소장된 중간본에는 '약가는'으로 되어 있다. 동양문고본이 원간본의 후대 복각본이고, 중간본은 원간본을 참고로 하였다는 증거가 된다.

겨지비라 아내라. 겨집[妻]+이+라.

예게 왜(倭)에게, 왜구(倭寇)에게. ':예'는 정음창제 초기문헌부터 '倭人'을 가리키는 단어로 사용되었다.
예) 예와 싸호샤(용 1:2), 예돌히 싸홈계위(삼강 충신35), 倭 :예와 (훈몽 중2). 평성 '예'는 '여기'[此]를 뜻하는 다른 말이다.

자피여 잡히여[掠], 납치되어. 원문 '搶'은 A에게 '창탈(搶奪)' 당함. 즉 A에게 "폭력으로 빼앗기, 강제로 납치됨"을 뜻한다.

주근동 산동 죽을지 살지. '동'은 '-ㄴ/ㄹ' 뒤에 붙어 '것 같음'을 나타내는 의존명사이다. 현대어 '둥'의 고어형이다.

몰라 몰라[未知]. 어간 '모르-'는 모음어미와 통합할 때 '몰ㄹ-'로 어간 교체된다. 같은 활용 용언 샌ㄹ-, 흐르- 등.

바사 벗어, 벗고[脫]. 중세어의 용례를 살펴보면, 대체로 '옷, 갇, 허물[殼]' 등 구체화된 사물을 벗는 경우는 '밧다', 추상적인 것을 벗는 경우는 '벗다'로 구분하여 사용한 경향을 보인다.
예) 오술 아니 바사(용92), 罪를 버서 (곡 78)

얼요려 얼게 하려. 혼인시키려.

주고모로 죽음으로. 죽기로.
'죽-'[死]의 명사형 '주곰'과 '-으로'의 역행동화한 이형태인 '-오로'가 통합되었다. 모음조화를 따랐다면 명사형은 '주굼'이었을 것이다.

좃디 좇지, 따르지[從]. 자음 어미 앞에서 어간 '좇-→좃-' 표기는 치음 중 동일 서열의 '최불려(最不厲)' 글자인 'ㅅ'을 쓰도록 한 '8종성가족용법'에 의한 표기이다.

여듧힛마닉 여덟해만에, 8년만에.

사라 오나눌 살아 오거늘. 생환(生還)하거늘. '-나-'는 '오-'[來]에만 통합되는 '-아-'의 형태적(또는 어휘적) 이형태.

현대역 약가가 정조를 바르게 하다

약가는 선산 사람이니 조을생의 아내이다. 을생이 왜구에게 잡히어 가거늘 죽었는지 살았는지를 몰라 고기와 마늘과 파를 먹지 아니하며 옷을 벗고 자지 아니하였다. 제 어버이가 (새로운) 남편에게 시집 보내려고 하니 죽음으로 맹세하고 좇지 아니하였다. 여덟 해만에 을생이 살아오거늘 도로 남편과 아내가 되었다.

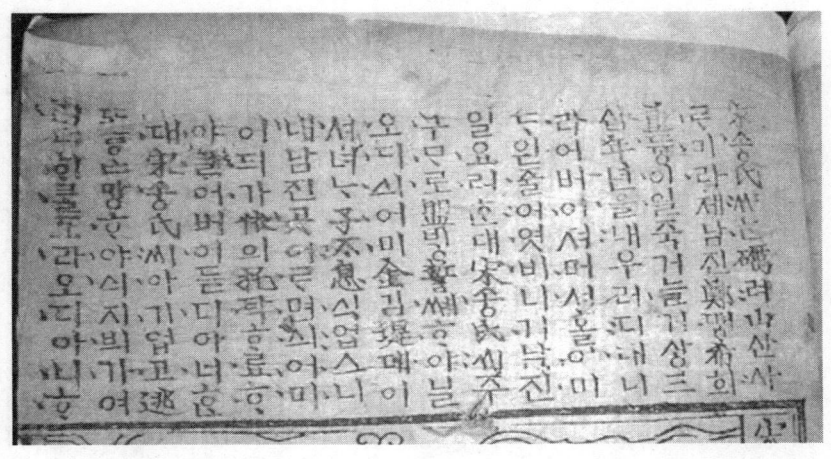

〈烈女圖 10ㄱ〉　　　　　　　宋氏誓死 本國

宋·송氏:씨·는 礪:려山산 :사·ᄅ·미·라 제 남진 鄭·뎡希희重·듕·이 ·일 죽
거·늘 거상 三삼年년·을 :내 우러 :디·내니·라 어버·이 져·머·셔 홀어·미
두왼 ·줄 :어·엿·비 [너·겨] 남진 얼·요·려 ᄒᆞ대 宋·송氏·씨 주·구·ᄆ·로 盟
밍誓·쎄·ᄒᆞ야 닐·오·ᄃᆡ ·싀·어미 金김提뎨 이·셔 녀ᄂᆞ 子·ᄌᆞ息·식 :업·스니
·내 남진·곳 어·ᄅᆞ·면 ·싀·어미 어·듸 ·가 依의託·탁ᄒᆞ·료 ·ᄒᆞ·야·늘 어버·이
듣·디 [아·니]ᄒᆞᆫ·대 宋·송氏·씨 ·아기 업·고 逃똘亡망·ᄒᆞ야 ·싀지·븨 ·가
여·[러] ·희·를 도·라오·디 아·니·ᄒᆞ<10ㄴ>☞더·니 어버·이 그 ·지·극ᄒᆞᆫ 精
졍誠쎵·을 感:감激·격·ᄒᆞ·야 집 겨[틔] 別·뼗室·싫 지·어·준·대 宋·[송]氏
:씨 ·싀·어미 두·려·와 :살[며] 親친·히 飮:흠食·씩·ᄒᆞ·야 [·주]·더·니 ·싀어
·미 죽거·늘 거상 三삼年년·을 :내 우러 :디·내·니·라 :엳·ᄌᆞ·바·늘 紅횽門
몬 :셰·오 復·뽁戶·ᅘᅩ·ᄒᆞ시니·라

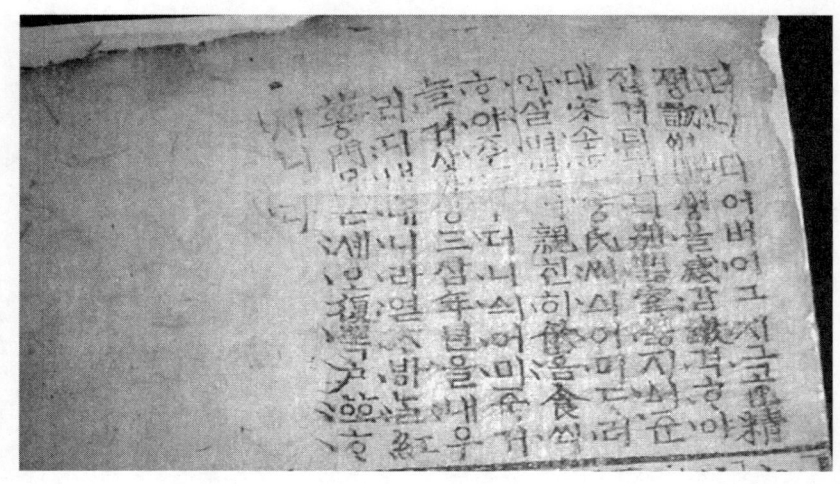

〈烈女圖 10ㄴ〉

宋氏。礪山人。其夫鄭希重早死。泣血終喪。父母憐其少寡欲奪志。宋以死自誓曰。姑在金提。無他子。我若從人則姑終何託。父母不聽。宋負兒。逃歸姑氏。累年不還。父母感其至誠。乃於舍傍。構別室與之。宋奉姑來居。躬供菽水。姑歿泣血終喪。事聞。旌門復戶

〈열녀도 10, 송씨서사 본국〉

제 저의, 송씨의. 평성인 '저'[其]의 관형격은 그대로 '제'(평성)이지만 주격조사 통합형은 ':제'(상성)로 변동한다.
예) :제 너교딕(석6:19)
- **일** 일쯕. 여기에 '·즉, ·쯕'이 결합된 '일·즉'(금강. 후서기)이 공존하였는데, 현대국어의 '일쯕'은 이들의 후대 계승형이다. 당시 [事]를 뜻하는 ':일'은 상성으로 실현되어 구별되었다.
내 내내, 처음부터 끝까지. 체언 뒤에서는 '-내'를 부사파생접사로 기술함이 일반적이나 이 경우는 부사임.
홀어미 홀어미. 과부(寡婦), 미망인. 이전 시기에는 'ᄒᆞ올어미'가 쓰였고, 훈몽자회에 '호을어미'가 보인다. 여기 '홀어미'는 앞 시기의 'ᄒᆞ올·어·미'(평-평-거-거)에서 제1음절 'ᄒᆞ→호' 역행동화 계승형으로 여겨진다.
예) 寡 호을어미 과 (훈몽, 상17), ᄒᆞ 올어미(두초 15:22)
주구모로 죽음으로, 죽기로. '죽-[死]'의 명사형 '주굼'에 부사격 '-ᄋᆞ로'의 통합형. 체언과 문법형태소 간의 모음조화가 어긋난 예이다.
☞ [열녀도9] '주고모로' 참조

싀어미 시어미가, 媤母의. '媤(시)'는 한국한자이다.
이셔 있어[在]. 이시-[在]+어. 자음어미 앞에서만 '잇-'으로 교체된다. 잇다.
녀느 여느, 다른[他]. '녀느'가 일반형이다. 모음조화에 어긋난 형태이다.
예) 녀느 사ᄅᆞ미(월1:13), 녀늣 일난 (구방, 하72)
남진곳 남편을. '곳'은 자음으로 끝난 체언 아래 놓이는 강조의 보조사.
☞ <열녀도 5> '이웃' 참조.
싀지븨 시집에.
드려와 데려와, 데리고 와.
飮食(음식)ᄒᆞ야 음식을 만들어. '飮食'은 현대어에서는 '먹고 마시는 물건'을 주로 나타내지만, 이 당시 이런 조어법이 여러 개 보인다.
예) 祭ᄒᆞ다, 病ᄒᆞ다 등등.
거상 居喪, 부모의 상을 치르고.
셰오 세우고. 어간 '셰-'는 '셔[立]+ㅣ(사동접사)'.
復戶(복호)ᄒᆞ시니라 부역, 세금을 면제하시니라. '복호(復戶)'는 충신이나 효자 열녀에게 나라에서 부역이나 조세를 면제하는 일.

현대역 **송씨가 죽음으로 맹세하다**

송씨는 여산 사람이다. 제 남편 정희중이 일찍 죽거늘 거상 삼 년을 내내 울어 지내었다. 어버이가 젊어서 홀어미 된 것을 가엽게 여겨 (새) 남자에게 시집보내려 하니 송씨가 죽음으로 맹세하여 이르되 "시어미가 김제에 있어서 다른 자식이 없으니 내가 남편을 (새로) 맞이하면 시어미가 어디 가서 의탁하리오." 하거늘 어버이가 듣지 아니하니 송씨가 아기 업고 도망하여 시집에 가서 여러 해를 돌아오지 않았다. 어버이 그 지극한 정성에 감격하여 집 곁에 별실을 지어 주니 송씨가 시어미를 데려와 살며 친히 음식을 만들어 주었다. 시어미가 죽거늘 거상 삼 년을 내내 울어 지내었다. 여쭙거늘 홍문 세우고 복호하게 하시었다.

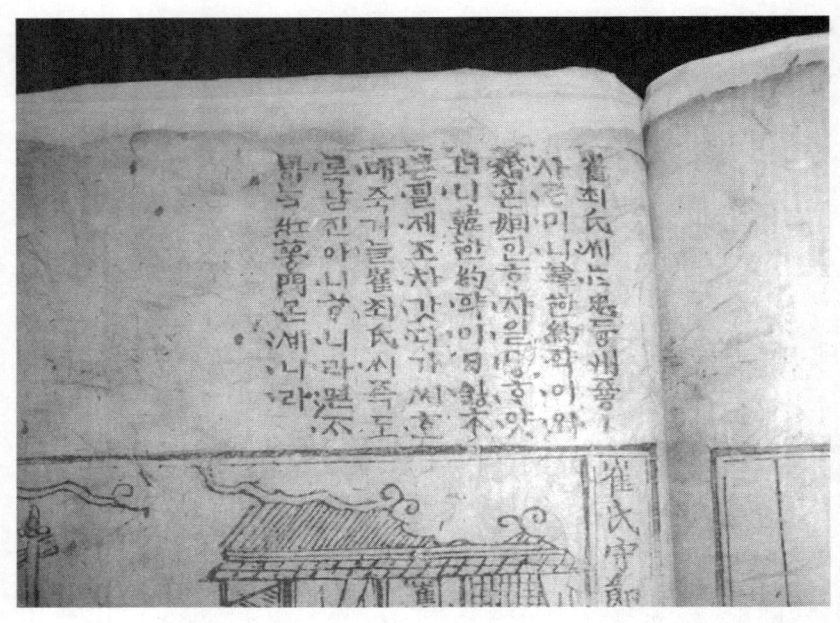

〈烈女圖 11ㄱ〉　　　　　　　　崔氏守節 本國

崔최氏:씨·는 忠튱州쥬ㅣ :사ᄅ·미·니 韓ᄒᆞᆫ約약·이·와 婚혼姻인ᄒᆞ·쟈 ·일
[뎡]·ᄒᆞ·얏더·니 韓ᄒᆞᆫ約·약이 日·싫本[본] ·틸 ·제 조·차 ·갓·다가 싸호·매
죽거·늘 崔·최氏·씨 죽도·록 남진 아니 ᄒᆞ·니·라 :열 ᄌᆞ바·늘 紅ᅘᅩᆼ門몬 :셰
·니·라

〈烈女圖 11ㄴ〉

崔氏, 忠州人。與副使韓約定婚。約從征日本。戰歿。崔終身守節。事
聞。旌閭。

⟨열녀도 11, 최씨수절 본국 ⟩

忠州(충주) ㅣ 충주의. 여기 'ㅣ'는 'ㅣ' 또는 'ㅣ'하향중모음 이외의 모음으로 끝나는 명사 아래에서 쓰이는 관형격 조사. '忠州'의 현실음은 '튱쥬'. 여기 '튱쥬'는 동국정운식 한자음.
  예) 三嘉ㅣ 사ᄅᆞ미라(속삼, 효자 14)
婚姻(혼인)ᄒᆞ쟈 혼인하자. '-쟈'는 현대국어의 청유형 '-자'에 대응하는 어미로서, 기원적으로는 '지-+아'로 분석된다. 15세기 문헌에는 '-져'로만 나타나는데 비해 16세기 문헌에는 '-쟈'도 나타난다.
  ☞ [열녀도 2] '婚姻ᄒᆞ쟈' 참조
일뎡ᄒᆞ얏더니 한번 정하였더니. '일뎡'은 한자어 '一定'에 대한 현실 한자음 표기이다. 동국정운음은 '·ᅙᅵᇙ·뗭'이다.

초성 'ㆆ', 각자병서, 종성의 'ㅭ'(이영보래)는 한자음 표기를 위해 만든 조치.
조차 좇아[從], 따라. 좇-+아.
갓다가 갔다가, 가 있다가. '갓다가'는 어간 '가-'[去]에 상태의 지속을 나타내는 '-앗-'[-아#ㅅ-[有]], 거기에 중단형 '-다가'가 통합된 어형이다.
싸호매 싸움에서. '싸홈'은 '싸호-'의 명사형.
죽도록 죽도록, 죽을 때까지. '-도록'은 '-ᄃᆞ록'에서 끝음절 '록'의 '오'의 영향으로 'ᄃᆞ→도'로 재구조화한 형태이다.
엳ᄌᆞᆸ놀 여쭈니까. 여쭙거늘. '-ᄌᆞᆸ'는 삼강행실도(1481) 체재를 따른 의고적 표기.

현대역 **최씨가 절개를 지키다**

최씨는 충주에 사는 사람이다. 한약이와 혼인하자고 한 번 정하였는데, 한약이 일본을 칠 때에 쫓아갔다가 싸움에서 죽거늘 최씨가 죽을 때까지 남편을 (새로) 맞이하지 않았다. 여쭙거늘 홍문을 세웠다.

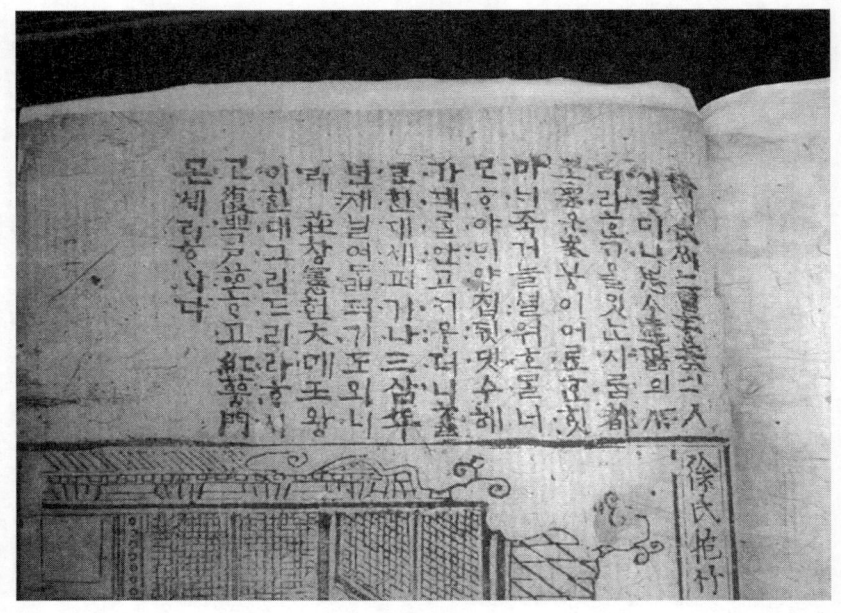

〈烈女圖 12ㄱ〉　　　　　　　徐氏抱竹 本國

[徐셔]氏씨눈 [豊풍]基긔ㅅ :사ᄅ미·니 思ᄉ達:딿의 ᄯ·리·라 ᄒᆞᆫ ᄀᆞ올 잇는 사ᄅᆞᆷ 都[도]雲운峯봉이 어·른 ᄒᆞᆫ ·ᄒᆡᆺ :마·니 죽거늘 :셜·워ᄒᆞ·믈 너 모 ·ᄒᆞ·야 :ᄆᆡ·양 집 :뒷 ·댓수헤 ·가 ·대·를 :안고[셔] :우·더니 호·ᄅᆞᆫ ·ᄒᆡᆫ ·대 :[세 ·퍼기] ·나 三삼年년: ᄌᆡ 닐여·듧 [퍼]·기 도외·니·라 莊쟝憲·헌大 :때王왕·이 ·ᄒᆡᆫ ·대 ·그[려] ·드·리·라 ᄒᆞ시고 復·뽁戶:홓ᄒᆞ·고 紅홍門몬 [:]셰·라 ᄒᆞ시다

〈烈女圖 12ㄴ〉

徐氏。豊基人。徐思達之女。嫁同郡都雲峯。纔一年。夫死。哀毀過 禮。常日就堂後竹林。抱竹號泣。忽一日。生白竹三叢。三年至七八 叢。正統戊午。莊憲大王。命圖白竹以進。復戶。旌閭

〈열녀도 12, 서씨포죽 본국〉

風氣(풍기)ㅅ 풍기, 풍기의. 이 책의 표기법을 살펴보면, 'ㅣ' 또는 'ㅣ'하향 중모음 이외의 모음으로 끝난 명사 아래에서 관형격 'ㅣ'를 쓰고 있다. 따라서 '基긔' 다음이므로 'ㅣ'를 쓰지 않은 것인데, 여기 'ㅅ'은 속격의 기능을 담당하는 수의적인 표지로 이해된다.
예) 茂朱ㅅ 사롬(열녀 18)
陳州ㅣ 사롬(열녀 2)
ᄯᆞ리라 딸이다. 똘[女息]+이+라.
ᄀᆞ올 고을[郡]. ㅎ곡용어 'ᄀᆞ올'은 용비어천가에는 'ᄀᆞ볼'로, 석보상절 이후에는 'ᄀᆞ올'로, 16세기 초반 이후에는 '고을, 고올, 골'과 공존하면서 변화를 거듭한다.
예) 粟村조ᄀᆞ볼(용 2:22), ᄀᆞ올(석 9:40), 고을(번소 10:5), 고올(번소 8:21), 고올(삼강, 호 28), 골(계초11)
어론 어른, 혼인한. 한문 '嫁'의 번역.
예) 嫁 얼일 가(훈몽, 상17)
娶 어를 츄(훈몽 상17)
ᄒᆞᆫ힛마니 한 해만에. '해'[年]와 보조사 '만' 사이에 속격 'ㅅ'이 실현된 것이 특이하다. 이 책에는 이 밖에도 몇 예가 더 있다.
셜워호믈 애통해함을. '哀毁'의 번역.
너모 너무[過]. '넘-'에 접사 '-오'가 결합한 파생어. 15세기에는 '넘-+우'의 결합인 '너무'형이 일반적이다. 접사 '으' 통합형도 있었다.
미양 항상, 언제나. 기원적으로 '每常(미샹)'에서 모음 사이 'ㅅ>ㅿ'으로 약화되고 다시 'i, j'앞에서 'ㅿ>ㅇ' 탈락의 과정을 거친 것이다. 문헌상 이른 예로 두시언해에 보인다.
예) 미양[每](법화 1:8)
미양(두초 15:20)
대수헤 대숲에, 竹林(죽림)에. 대[竹]+ㅅ(속격)+수ㅎ[林]+에(처격). [林·藪]에 대한 '수ㅎ'형은 15세기, 16세기 어휘 '수플/숩(숲)'에 비하면 드문 예이다.
cf. 箭竹藪 살대수(용 5:26)
우더니 울더니. 'ㄷ'자음어미 앞에서 어간 '울-'의 종성 'ㄹ' 탈락은 당시에는 보편적인 음운규칙이다.
ᄒᆞ른 하루는 [一日]. 모음 조사 앞에서 'ㄹ·ㄹ'과 'ㄹ·ㅇ'의 두 가지 특이한 교체를 보인다. 'ㄹ/ㄹ'로 끝나는 명사의 경우 (노ㄹ[獐]:놀오. 시르[甑]:실른).
퍼기 포기[叢], 포기가.
三年(삼년)재 삼 년째, 서수사 '三年'에 '재'가 덧붙은 형식.
닐여듧 일곱이나 여덟. 숫자 '닐굽'[七]과 '여듧'[八]의 합성.

현대역 서씨가 대나무를 안고 울다

서씨는 풍기 사람이니 사달의 딸이다. 한 고을 있는 사람 도운봉이 혼인한 지 한 해 만에 죽거늘 슬퍼함을 지나치게 하여 항상 집 뒤 대나무 숲에 가서 대를 안고서 울었다. 하루는 흰 대나무가 세 포기나 나서 삼 년째 일여덟 포기가 되었다. 장헌대왕(세종)이 흰 대를 그려서 들이라 하시고 복호하고 홍문을 세우라 하시었다.

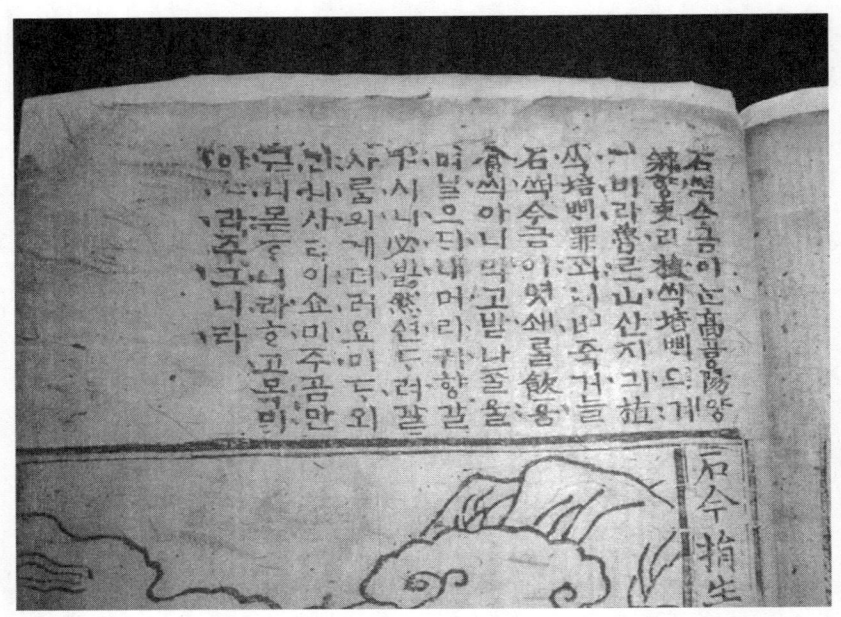

⟨烈女圖 13ㄱ⟩　　　　　　　　石今捐生 本國

石·쎡今금·이는 高골陽양 鄕향吏·리 植·씩培삐·의 :겨[지]·비·라 魯:로山산 [저]·긔 植·씩培삐 罪:죄 니·버 죽거·늘 石·쎡今금·이 엿·쇄를 陰:흠食·씩 아니 먹·고 ·밤나줄 울며 닐·[오]·딕 ·내 머·리 귀·향 갈 [거]·시·니 必·빓然연 드·려 갈 :사룸·의게 :더·러·요·미 드외·리·니 사라 이·쇼·미 주·곰만 ·[굳·디] :몯ᄒ·니·라 ᄒ·고 목미·야 ·[듸]·라 주그니·라

⟨烈女圖 13ㄴ⟩

石今。高陽郡吏植培妻。魯山時。植培被誅。石今六日不食。晝夜號泣曰。我應例配遠方。必爲押去者所汚。生不如死。遂縊而死

〈열녀도 13, 석금연생 본국〉

魯山(노산) 저긔 노산 적에. '魯山君(노산군)'은. 단종이 세조에게 왕위를 빼앗기고 격하되었을 때에 붙여진 칭호.

植培(식배)의 식배가, 한자어 '培삐'는 명사 말음이 'ㅣ'하양중모음으로 끝난 경우로서 주격 'ㅣ'가 생략된 것이다. 1462년 능엄경언해 목판본 이후 1496년 유조법보단경언해까지의 문헌에서는 한자어 체언 말음이 'i, j'아래서도 주격 'ㅣ'를 써 넣는 것이 일반적이었으나, 이 책은 삼강행실도의 표기법을 좇아 'ㅣ'를 생략한 표기법을 따르고 있다.
  예) 如來리 坐ᄒᆞ며(육조, 하:35ㄴ)
      孫氏 주거도 몯홀다 ᄒᆞ더니(속삼열녀도 17)

니버 입어[被].
  예) 罪ᄅᆞᆯ 닙습고(월 2:72)

엿쇄를 엿새를, '엿쇄'[六日]는 일수(日數)를 표시하는 명사로서, 각자병서가 폐지되기 전까지는 '여쐐'(능 6:17, 월 7:7)로 나타난다. 그 후에 '엿쇄(내, 서5), 여쇄(두초 10:4)' 등으로 쓰이다가 근대국어시기에 현대어형과 같아짐.

머리 멀리. '멀-[遠]+이(부사화접사)'. [頭髮]의 의미를 갖는 '머리'도 동일한 어형으로 나타난다.

귀향 귀양. 기원적으로는 한자어 '歸鄕'에서 유래된 말일 것이나, 국어화가 이루어져 당시에는 '謫'으로 의미가 특수화한 것으로 보인다.
  예) 귀향 왯는 仙人이라(謫仙人)
      (두초 16:5)

사ᄅᆞᆷ의게 사람에게, 조사 '-에게'에 대응하는 'ᄃᆞ려'는 'ᄃᆞ리-'에서 문법화한 것으로 보인다. 'ᄃᆞ려갈 사람'은 죄인을 압송해 갈 사람.

더러요미 더럽힘이. 어간 '더러이-'는 '더럽-[汚]+이(피동접사)'가 결합한 파생어. 고유어 표기에서 'ㅸ'을 폐지하기 전까지는 '더러비-'로, 1461년 능엄경언해 이후에는 '더러이-~더레-'로 실현되었다.
  예) 더러비디 몯ᄒᆞ며(월9:21)
      더러유미 업서(능 1:26)
      더례욤(금삼 2:64)

이쇼미 있음이, 있는 것이. 이시-[有]+옴+이.

주곰만 죽음만. 죽는 것만. '주곰'은 '죽+옴'으로 분석되는 '죽-'의 명사형인데 모음조화에 따른다면 '주굼'으로 실현되었을 것이다.

목미야ᄃᆞ라 목매달아[縊]. '미야ᄃᆞᆯ-'[經]은 어기 '미-'와 'ᄃᆞᆯ-'이 연결어미 '-야'로 결합된 통사적합성어.

현대역 석금이 삶을 버리다

석금이는 고양 향리 식배의 아내이다. 노산 때에 식배가 죄를 입어 죽거늘 석금이 엿새를 음식 아니 먹고 밤낮을 울며 이르되 "나는 멀리 귀양갈 것이니 필연 데려갈 사람에게 더럽힘이 될 것이니 살아 있음이 죽는 것만 같지 못하다." 하고 목매달아 죽었다.

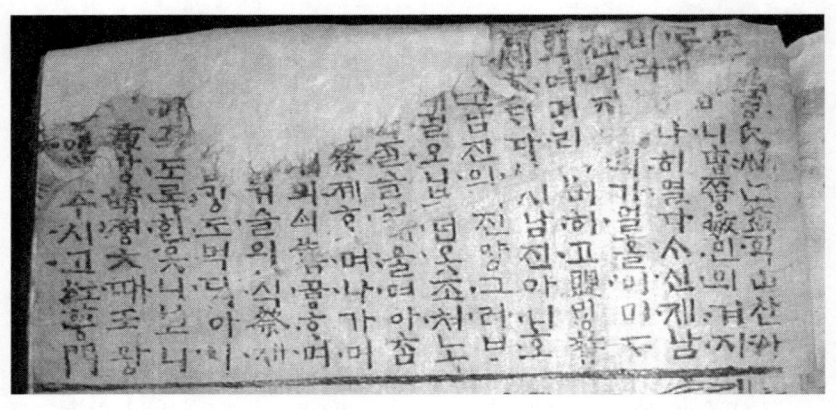

〈烈女圖 14ㄱ〉　　　　　　　　仇氏寫眞 本國

[仇궇]氏:씨·는 盆·힉山산 :사[·ㄹ·미]니 曺쫑敏·민·의 :겨·지·비·라 나·히 :열다·ᄉ·신 ·제 남진·의 지[·븨] 가 ·[일] 홀[어]·미 ·두외·여 머·리 버·히·고 盟밍誓·쎼[·호]·디 다시 남진 아니 ·호[·려·코] 남진·의 진양 ·그·려 브[ᄅ매] 걸·오 닙던 ·옷조·쳐 노[·코 ·밤·나]ᄌᆞᆯ 슬·허 :울며 아춤 [나죄·로] 祭졔ᄒᆞ며 ·나가며 [드·러올 제] 의식 告·골·ᄒᆞ며 [時씨節·졇]거·슬 의식 祭·졔[·ᄒᆞ·고 ᄂᆞ·믈] :깅·도 먹·디 아니[ᄒᆞ며] 죽·도·록 ·힌 ·옷 니브니[라] 康강靖:졍大때王왕[朝똫애 ·벼슬] 주·시·고 紅뽕門<14ㄴ>☞[몬 :셰·니]·라

〈烈女圖 14ㄴ〉

仇氏。益山人。曺敏妻也。年十五。歸曺敏早寡。誓不適。寫夫眞掛壁。陳衣服。日夜哀號。朝夕上食。出入必告。時物必薦。不茹蘆歠羹。素服終身。康靖大王二年。事聞。賜粟旌閭

〈열녀도 14, 구씨사진 본국〉

겨지비라 아내[妻]라.
당시 '겨집'은 [妻·女]의 두 가지 뜻을 나타내는 말로 쓰였다. 현대국어에 와서는 '여자'를 범칭하되 경멸적 의미를 갖는 말로 격하(格下)되었다.
나히 나이가. 나ㅎ+ㅣ(주격).
남진의 남편의. 분철표기.
일 일찍.
☞ <열녀도 10> '일' 참조.
홀어미 홀어미, 과부, 미망인.
☞ <열녀도 10> '홀어미' 참조
버히고 베고.
한문에는 '머리 버히고' 부분이 없다.
남진 아니 호려 코 남자를 아니 얼려 하고, 남자에게 시집가려 아니하고.
진양 진양(眞樣), 참모습, 사진, 초상(肖像). '진영'과 동의어.
예) 진영 잇ᄂᆞᆫ 집과 (影堂)
(박초, 상69)
ᄇᆞᄅᆞ매 벽에.
'ᄇᆞ롬'은 [壁, 風]의 뜻을 가진 동음이의어. 성조도 둘 다 '평·평'형이다. 이 둘의 구분을 위해서 전자에는 '-벽(壁)'이 첨가되어 현재까지 '바람벽'으로 계승 사용되고 있다.
옷조쳐 옷조차, 옷까지, 옷을 함께.
'조치-[兼]'에 부사형 '-어'가 통합된 '조쳐'가 보조사처럼 쓰인 경우이다.
슬허 슬퍼하여[哀].
의식 반드시.
신선태을자금단(1497)에 처음 보이고 16세기 문헌에 자주 나타나는 '必'의 뜻을 지닌 부사이다.
時節(시절)거슬 계절에 나는 것을. 계절 음식물을.
ᄂᆞ물 나물. 15세기의 'ᄂᆞ물'은 ㅎ곡용어이다.
예) ᄂᆞ물홀 글혀(구간 6:73)
ᄂᆞ물와 과실을(菜果)(소언 5:44)
깅 국, 고기국. '羹'의 현실한자음.
당시에는 한자어 '깅'이 일반적이었던 듯하다. '五味和肉' 즉 양념이 되어 있는 고기국을 '깅'이라 한다.
예) 깅 밍ᄀᆞ라 머기라(구간 1:11)
羹 깅 깅(훈몽, 중10)
康靖大王(강정대왕) 조선 성종의 묘호.
셰니라 세우니라.

현대역 **구씨가 초상을 그려 걸다**

구씨는 익산 사람이니 조민의 아내이다. 나이 열다섯인 때 남편의 집에 가서(=시집가서) 일찍 홀어미가(=과부가) 되어 머리(털)을 베고(=깎고) 맹세하되 "다시는 남편을 (새로 맞이하지) 아니하리라." 하고 남편의 초상을 그려 바람벽에 걸고 입던 옷조차 놓고 밤낮을 슬퍼하여 울고 아침 저녁으로 제사지내며 나갈 때나 들어올 때 반드시 고하며 계절 음식으로 반드시 제사하고 나물과 국도 먹지 아니하며 죽도록 흰 옷을 입었다. 강정대왕 조에 쌀을 주시고 홍문을 세웠다.

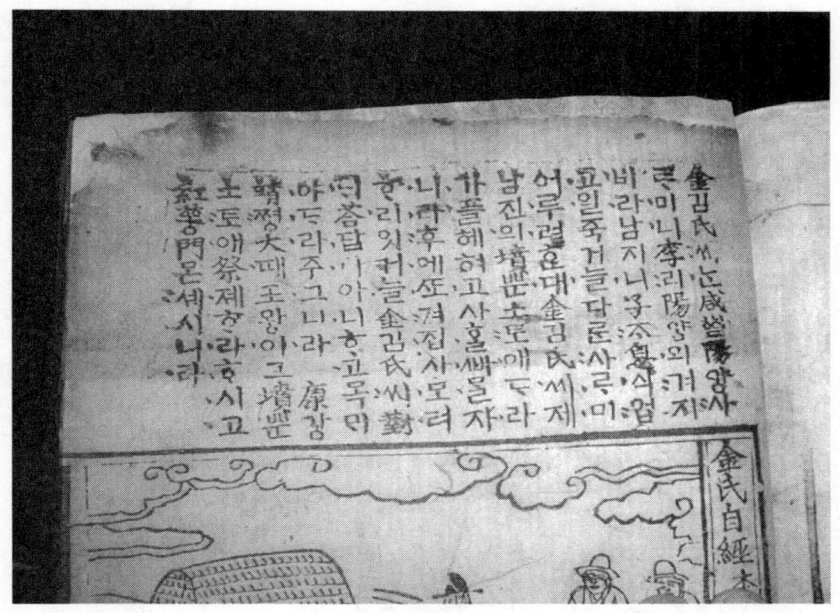

〈烈女圖 15ㄱ〉　　　　　　　金氏自經 本國

金김氏:씨·는 咸함陽양 :사ᄅ·미·니 李:리陽양·의 :겨·지·비·라 남지·니 子
:ᄌ·息·식 :업·고 ·일 죽거·늘 다ᄅᆫ :사ᄅ·미 어·루·려 ᄒ·대 金김氏:씨 제
남진·의 墳뿐土:토·애 드·라가 ·플 혜혀·고 사ᄒᆞᆯ ·ᄡᅡ·믈 자·니·라 :후·에
·ᄯᅩ :겨·집 사모·려 ᄒ·리 잇거·늘 金김氏:씨 對·ᄃᆡ答·답[·디] 아니ᄒ·고
목미·야 ·드·라 주·그니·라 康강靖:쪙大·때王왕·이 그 墳뿐土:토·애 祭·졔
ᄒ·라 ·ᄒ·시·고 紅뽕門몬 :셰시니·라

〈烈女圖 15ㄴ〉

金氏。咸陽人。李陽妻也。陽無子早死。人欲娶之。金走至夫墳。披
草宿三夜。後又有求娶。金不應。自縊而死。康靖大王三年。命郡。
祭墓旌門

〈열녀도 15, 김씨자액 본국〉

남지니 남편이. 이 당시엔 '남자'의 뜻도 있음.
업고 없고[無].
자음어미와 통합할 때 활용형은 동일 하였으나 '負'를 뜻하는 '업-'은 상성 으로, '없다'를 뜻하는 말은 '평성'으 로 실현되어 구별되었다.
예) 아기란 업고(월 10:24)
어루려 어르려고, 교합하려고.
원문 '娶'는 '남자의 경우에 쓰던 한자 이며, 여자의 경우는 '嫁'자를 쓴다.
예) 娶 어를 취(훈몽, 상17)
제 저의, 김씨의. 주어는 ':제'(상성).
'저'는 '自'의 의미를 가진 재귀대명사 로 쓰임. 이것이 점차 겸양의 의미를 지 닌 1인칭으로 발달해감.
墳土(분토)애 분토에, 무덤에.
'墳'은 봉분을 높게 한 무덤을 말하고, '塚'을 흙을 높이 쌓아 올린 무덤을 말한다.
드라 달려[走].
용언 어간 '둗-'은 ㄷ불규칙동사이다.
헤혀고 헤치고[披].
'헤-'[披]와 강조의 '혀-/혀-'[引]이 결 합된 파생어. 각자병서 폐지로 1465 년 이후 문헌에는 '헤혀-'로 나타난다.
예) 개욤나모 헤외[披樣](삼강, 효32)
마슬헤혀(披味)(법화, 서22)
사흘쌔몰 사흘밤을.
'사흘쁨'은 '사흘[三日]+밤[夜]'의 통사 적 합성어이다. 특히 날짜를 표시하는 명 사 '사흘'[三日]은 15세기 중반 문헌에 는 '사올'이었는데 그 이후 '사올~사흘' 로 재어휘화가 이루어 진다. 이는 '이틀' [二日], '열흘'[十日] 등 날짜 표시 어휘 체계의 기준형인 말음절 '흘/틀'과 같이 공통의 특색에 유추된 변화로 해석된다. 여기 '쁨'의 'ㅅ'은 사잇소리 [?]이다. 당시 ㅅ계 초성 합용병서의 음가가 된 소리였음을 알 수 있다.
겨집 아내[妻]. '女子'의 뜻으로도 쓰임.
사모려 삼으려, 삼으려고.
이 용언의 기본형은 '삼-'이다.
ᄒᆞ리 하는 이가. 할 사람이.
ᄒᆞ-[爲]+ㄹ#이(의존명사)+ø(주격).
대답 응답하지.
현대어의 물음이나 부름에 응하는 '대 답'과는 달리 쓰였다.
☞ <열녀도 1> '디답ᄒᆞ더니' 참조

현대역 김씨가 스스로 목을 매다

김씨는 함양 사람이니 이양의 아내이다. 남편이 자식 없고 일찍 죽거늘 다른 사람이 어르려고 하니 김씨가 제 남편의 분토에 달려가 풀을 헤치고 사흘 밤을 잤다. 후에 또 아내로 삼으려 하는 사람이 있거늘 김씨 대답 아니하고 목매달아 죽었다. 강정대왕 이 그 분토에 제사하라 하시고 홍문을 세우시었다.

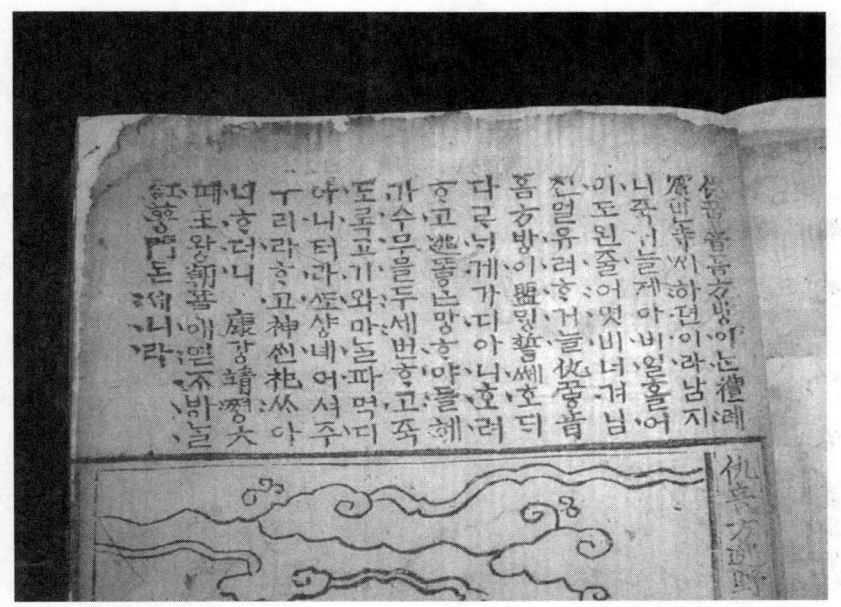

⟨烈女圖 16ㄱ⟩　　　　　　　仇音方逃野 本國

仇꿍音흠方방·이·는 禮:례貧빈寺씨 :하뎐·이·라 남지·니 죽거·늘 제 아·비 ·일 홀·어·미 도왼 ·줄 :어엿·비 ·너·겨 남진 얼·유·려 ·ᄒᆞ·거·늘 仇꿍音흠方방·이 盟밍誓·쎼·호디 다ᄅᆞ·ᄂᆡ·게 가디 아니·호·려 ᄒᆞ·고 逃똫亡망·ᄒᆞ·야 :들헤 ·가 수무·믈 :두·세 번 ᄒᆞ·고 죽도·록 고·기·와 마·늘 ·파 먹·디 아니터·라 ·쏘 샹녜 어셔 주[구]리·라 ᄒᆞ·고 神씬祀:쏫 아니 ᄒᆞ·더·니 康강靖:졍大·때王왕朝뜧·애 :열·ᄌᆞ·바·늘 紅薨門몬 :셰·니·라

⟨烈女圖 16ㄴ⟩

仇音方。禮貧寺婢也。夫死。父哀其早寡。欲奪志。仇音方誓不他適。逃匿于野者再三。終身不食肉。不茹葷。且비速死。不事巫祀。康靖大王四年。事聞。旌閭

〈열녀도 16, 구음방도야 본국〉

구음방이 구음방이.
　곤충인 '굼벵이[蠐螬]'를 사람 이름으로 삼은 경우이다.
　예) 굼벙 爲蠐螬(정음해례, 용자)
　　　螬 굼벙이 조(훈몽, 상11)
禮賓寺(예빈시) 외국인을 접대하던 기관.
하뎐이라 종이라. '하뎐'은 중인인 '상전(上典)'의 상대어로서 '下典' 즉 종을 일컫는 말이다.
아비 아비가, 아버지가. '제 아비'는 '저(굼방이)의 친정 아버지'이다.
일 일찍. '일쯕, 일즉'으로도 표현.
　☞ <열녀도 10> '일' 참조.
홀어미 홀어미, 과부, 미망인.
도왼 된. 도외-[爲]+ㄴ(관형사형).
얼유려 시집 보내려고. 어르게 하려고.
다ᄅᆞ닉게 다른 이에게.
　'다ᄅᆞ닉게'는 '다ᄅᆞ니(←다ᄅᆞᆫ#이)'에 '-의게'의 통합형이다.
　'-의/의×' 같은 조사가 올 때 어간 말음이 '이'로 끝나는 유정명사 다음에 '-이'가 탈락하는 특이한 곡용을 한다.

예)　올히[鴨]+이→올히
　　아비[父]+이→아비(두초 19:43)
　　어미[母]+의→어믜(두초 8:47)
들헤 들에.
　'들'[野]은 ㅎ곡용어이다. 앞 시기 '드르ㅎ'에서 끝음절 '으' 탈락형. '미'와 동의 관계에 있으면서, 이보다 좀더 넓은 곳을 '들'이라 한 설명도 보인다.
　예) 野 들야, 郊 들교(유합, 상 6)
　　坪 드르 평 大野曰坪, 野 미 야(훈몽, 상2)
샹녜 늘, 항상.
　그 어원은 '常例(샹례)'인데 비음화를 경험한 표기.
어셔 어서, 빨리[速].
　예) 涅槃에 어셔 드사 ᄒᆞ리로다
　　(석 13:58)
주구리라 죽으리라.
　제2음절의 '-우-'는 1인칭 화자의 의도를 나타내는 선어말 어미.
神祀(신사) 아니ᄒᆞ더니 신령에게 제사 지내지 아니하더니.

현대역 **구음방이가 들로 도망가다**

구음방이는 예빈시 하인이다. 남편이 죽거늘 제 아비가 일찍 홀어미 된 것을 가엽게 여겨 (다른) 남자에게 시집보내려 하거늘 구음방이가 맹세하되 다른 이에게 (시집)가지 아니하려 하고 도망하여 들에 가 숨기를 두세 번 하고 죽도록 고기와 마늘 파를 먹지 아니하였다. 또 항상 어서 죽으리라 하고 신사(=제사 지내지) 아니하였다. 강정대왕 조에 여쭙거늘 홍문 세웠다.

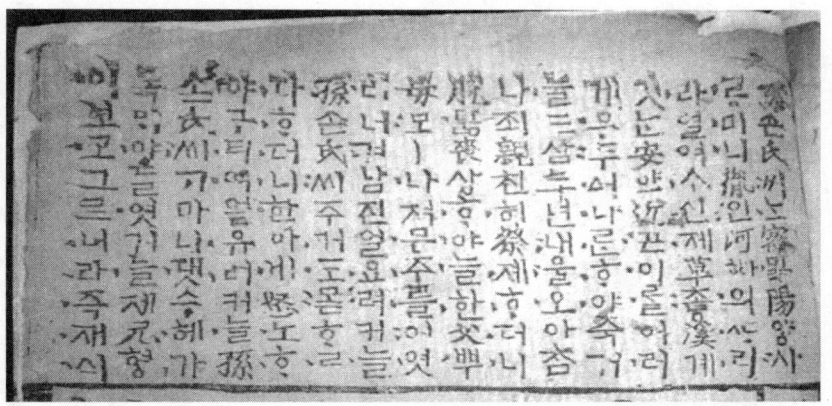

〈烈女圖 17ㄱ〉　　　　　　　　　**孫氏守志 本國**

孫손氏:씨·는　密밇陽양 :사ᄅ·미·니　胤:인河하·의 ·ᄯ·리·라　열여·ᄉ·신
·제　草촐溪계 [잇]는　安안近:끈·이·룰 어·러　게·우 :두·서 ·나·를 ·ᄒ·야　죽
거·늘　三삼年년 :내 :울·오　아·ᄎᆷ 나죄 親친·히 祭·졔·ᄒ·더·니　脫탏喪상·ᄒ
·야·늘 ·한父·뿌母:모ㅣ·나 져·믄 ·주·를 :어엿·비 너·겨　남진 얼·요:려 커
·늘　孫손氏:씨 주·거·도 :몯·ᄒ[로]·다 ·ᄒ·더·니 ·한아·비 怒:노·ᄒ·야 구
[틔]·여　얼·유려 커·늘　孫손氏:씨 ᄀ·마·니 ·댓수·헤 ·가 목믹·야 둘·엿거·늘
제　兄형·이 보·고 그르·니·라 ·즉재 ·싀<17ㄴ>☞어버[싀] 지·븨 ·가 :살
·며 아·ᄎᆷ 나죄 의·식 祭·졔·ᄒᆞᆫ :후·에·사 밥 먹·더·니 ·나·히 셜흔:둘·헤 [주]
그니·라

〈烈女圖 17ㄴ〉

孫氏。密陽府人。胤河之女。年十六。嫁草溪人安近。纔數日。近死。泣涕三年。躬奠朝夕。服闋。祖父母憐其年少。欲奪志。孫氏以死固拒。祖父怒。强之。孫氏潛入園中竹林。自縊。其兄見而解之。卽歸舅姑家居焉。朝夕必先祭夫。然後乃食。年三十二而終

〈열녀도 17, 손씨수지 본국〉

胤河인하(윤하) 윤하. 사람이름.
　한자음 '인하'는 동국정음 한자음이다. 당시 현실음으로는 '윤하'였다. 조선 현실음과 비교하여 제1음절에서 중성 'ㅠ:ㅣ', 제2음절 초성에서 'ㅎ:ㆅ'도 큰 차이를 보인다. 두 한자음간의 불규칙인 차이와 국어 한자음의 음소로는 존재하지 않는 전탁음의 실현 등 실제와 이론의 큰 차이, 새 한자음의 실용성 약화, 이에 대한 언중의 수용거부 등 원인으로 이 문헌을 끝으로 동국정운음은 사용되지 않게 되었다.
　예) 胤 니슬 윤(유합)
　　　河 ᄀᆞ롬 하(훈몽 상2)
열여ᄉ신 제 열여섯인 때에. 16세 때에. [六]에 대한 고유어 '여슷'은 15세기 문헌에서는 거의 '여슷'이나, 16세기 문헌에서는 '여ᄉ'으로 실현되었다.
　예) 여슷(용 86)(석 6:1)(훈몽, 하14)
　　　六 여슷 뉵 (유합, 상1)
계우 겨우[纔]. 纔 겨우재.
　중세어 문헌에는 이 밖에도 '계우, 계오, 계요', 근대어 문헌에는 '계유, 겨유, 겨요, 겨우' 등 다양한 표기 형태로 나타난다.
두어 나ᄅᆞᆫ ᄒᆞ야 두어 날쯤 살다가.
　'두어'[數日]는 '둘'[二]과 '서'[三]의 합성어로 15세기 이전(14세기 무렵)에 'ㄹ'과 모음 사이에서 s>z로 변화하고, 다시 'ㅿ'위에서 'ㄹ' 탈락한

결과라 함. 이기문(1972)
내 내내, 처음부터 끝까지.
　☞ 〈열녀도 10〉 '내' 참조.
울오 울고. 울-[泣涕]+-고(어미).
　당시 'ㄱ→ㅇ'으로의 약화는 필수적 음운현상이었다. 원문 '泣涕'는 작은 소리로 눈물을 흘리며 우는 것을 말한다.
나죄 저녁, 저녁에. '나조히'형도 쓰임.
祭(졔)ᄒᆞ더니 제사지내더니.
脫喪(탈상)ᄒᆞ야ᄂᆞᆯ 탈상하거늘.
　'脫喪'에 대한 동국정운음은 '䀈ᇰ상'이 아니라 '䀈ᇢ상'이다. 현실음과의 차이를 줄이기 위해 동국정운음을 수정한 것임.
한父母(부모) 할아버지와 할머니, 즉 祖父母. 예) 한어버이(소학언해 5:43)
나 나이[年]. ㅎ곡용어로 휴지 앞에서는 'ㅎ'이 실현되지 않는다.
구틔여 억지로. 강제로.
　'구틔여'의 오각. 동양문고본에서는 '구틔여'로 나타난다. 그 밖에 이 책의 다른 곳에서는 모두 '구틔여'로 나타난다.
ᄀᆞ마니 가만히, 모르게. '潛'의 대역.
목미야 ᄃᆞᆯ엿거늘 목매달렸거늘.
　목+ᄆᆞ-+이#ᄃᆞᆯ-+이(피동접사)+엇거늘.
제 兄(형)이 저의 오라비가. 저(송씨)의 오빠가. '兄'은 '오빠, 언니' 모두에 쓰임.
그르니라 끌렀다[解]. 푸니라.
싀어버싀 시어버이의, 시부모의.

현대역　손씨가 수절하다

손씨는 밀양 사람이니 윤하의 딸이다. 열여섯인 때 초계에 있는 안근이를 남편으로 맞이해 겨우 두어 날 만에 죽거늘 삼년 내내 울고 아침 저녁에 친히 제사지내더니 탈상하거늘 조부모가 나이 젊은 것을 가엾게 여겨 (다른) 남자에게 시집보내려 하거늘 손씨 죽어도 못 하겠다 하니 할아버지가 노하여 강제로 혼인시키려 하거늘 손씨 가만히 대숲에 가서 목매달렸거늘 제 형(=오빠)이 보고 끌러주었다. 즉시 시부모 집에 가서 살며 아침 저녁에 반드시 제사지낸 후에야 밥을 먹더니 나이 서른둘에 죽었다.

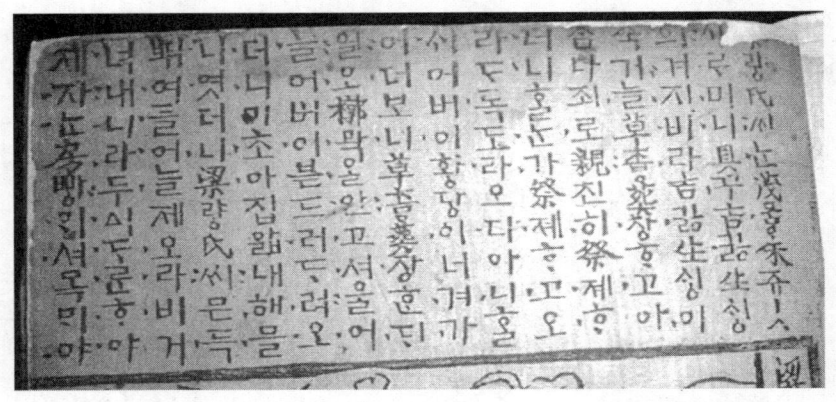

〈烈女圖 18ㄱ〉　　　　　　　梁氏抱棺 本國

[梁]량氏:씨·는 茂·믈朱쥬ㅣㅅ :사ᄅ·미·니 具·꾸吉·긿生ᄉᆡᆼ의 :겨·지·비·라 吉·긿生ᄉᆡᆼ·이 죽거·늘 草:촐葬·장ᄒ·고 아ᄎᆞᆷ 나죄·로 親친·히 祭·졔·ᄒ·더·니 훌·는 ·가 祭·졔ᄒ·고 오라두·록 도·라오·디 아니ᄒᆞᆯᄉᆡ 어버·이 황당·이 너겨 ·가 :어·더보·니 草:촐葬·장ᄒᆞᆫ ·디 :[열]·오 梛·곽을 :안고·셔 :울어·[늘] 어버·이 븓드·러 드·려 ·오·더·니 [마]·초아 집 앏 :내·해 믈 [디]·엿더·니 梁량氏·씨 믄득 ᄲᅱ·여 ·들·어늘 제 ·오·라·비 거녀:내·니·라 :두·서·드·른 ·ᄒ·야 제 ·자·는 房빵·이·셔 목미·야<18ㄴ>☞ 드·라 죽거늘 어버·이 :어·엿·비 너겨 제 남진·[과] 혼·ᄃᆡ 무드·니·라

〈烈女圖 18ㄴ〉

梁氏。茂朱人。具吉生之妻。吉生死。藁殯。朝夕親奠。一日往奠。移時不返。父母怪而尋之。卽開殯抱棺而哭。父母扶以歸。適家前川水方漲。梁遽投入。其兄授出。居數月。自縊于寢房。父母哀之。同穴而葬

〈열녀도 18, 양씨포관 본국〉

茂朱(무주)ㅣㅅ 사ᄅᆞ미니 무쥬(茂朱) 사람이니.
  'ㅣ'는 모음으로 끝난 체언 아래 쓰이는 속격조사이다.
☞ [열녀도 2] 陳州ㅣ, [열녀도 11] 忠州ㅣ, [열녀도 12] 豊基ㅅ 참조.

草葬(초장)ᄒᆞ고 초장하고.
  초장(草葬)은 시체를 짚으로 싸서 가매장하는 일.

나죄 저녁으로.
  '夕'의 쌍형어로 '나조ㅎ'와 '나죄'가 공존한다.

ᄒᆞᆯᄂᆞᆫ 하루는.
  'ᄒᆞᄅᆞ'[一日]에 모음 조사와 통합할 때 'ᄒᆞᆯㄹ'로 특수한 곡용을 한다. 'ᄒᆞᆯ론'이 일반. 'ㄹㄹ→ㄹㄴ' 표기는 17세기 문헌에서 일반적.
  cf. ᄒᆞᆯ론(열녀도 1).
       ᄒᆞᆯᄂᆞᆫ(동신,열2:26b).

오라ᄃᆞ록 오래도록. 오라-[久]+-ᄃᆞ록.

어버이 어버이가, 부모가.
  이 책에서는 '어버ᅀᅵ'도 공존한다.

황당이 괴이하게 [怪].
  현대어에서 '언행이 거칠고 거짓되고 주착 없음'의 뜻인 '荒唐(황당)'과는 의미가 다르다.

너겨 여겨. 너기-+-어.

어더 보니 찾아 보니.
  '주는 것을 받아 가지다'나 '잃은 물건을 줍다'라는 뜻의 현대어의 '얻다'와는 달리 '尋' 또는 '求'의 뜻으로 쓰인다.

븓드러 붙들어[扶]. 부축하여.
  '븓드러'에 대한 8종성 표기법이다

ᄃᆞ려 데려. 드리-+-어.

마초아 마침. '適'의 대역.
☞ (15세기) 마초아, (15세기후기) 마초와, 다토아>다퉈, 난호아>난화 (w첨가와 glide화가 수의적으로 일어남.) 참고로 <효자도 24>에서는 '마초와'로 표기되어 있다.

디엿더니 불어났더니.(희귀어)

뛰여 들어늘 뛰어 들거늘[投入].

오라비 오라비가. 오빠가.

거녀내니라 건져 내니라.

목ᄆᆡ야ᄃᆞ라 목매달아[經,縊].
  '미야둘-'[經]은 어기 '미-'와 '둘-'이 연결어미 '-야'로 결합된 통사적합성어.

어엿비 불쌍히, 애처로이.

ᄒᆞᆫᄃᆡ 한곳에. 함께.

무드니라 묻으니라. '묻-'[埋]은 규칙활용 동사. '묻-'[問]은 ㄷ불규칙 동사.

현대역 양씨가 관을 껴안다

양씨는 무주 사람이니 구길생의 아내이다. 길생이 죽거늘 초장하고 아침 저녁으로 친히 제사지내더니 하루는 가서 제사하고 오래도록 돌아오지 아니하므로 어버이가 괴이하게 여겨 가서 찾아보니 초장한 곳을 열고 관을 안고서 울거늘 어버이가 붙들어 데려 오니 마침 집 앞 내에 물이 불어났거늘 양씨가 문득 뛰어 들거늘 제 오라비가 건져내었다. 두어 달쯤 지내어 그가(=양씨가) 자는 방에서 목매달아 죽거늘 어버이가 가엽게 여겨 제 남편과 한곳에 묻었다.

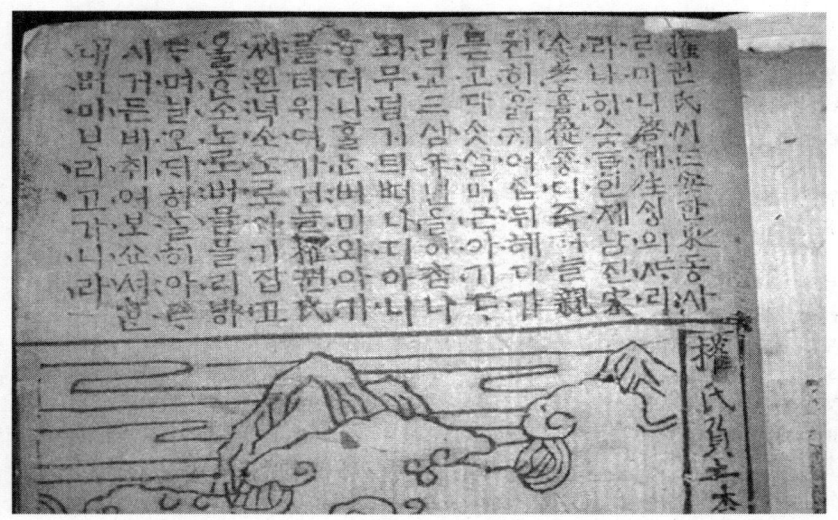

〈烈女圖 19ㄱ〉　　　　　　　權氏負土 本國

權[권]氏[·]씨·는 安한東동 :사ᄅ·미·니 啓:계生ᄉᆡᆼ·의 ·ᄯ·리·라 나·히 스
·믈·힌 ·제 남진 宋:숑孝쵸從쭁·이 죽거·늘 親친·히 홁 ·지·여 집 :뒤·혜다
·가 [묻]·고 다·ᄉᆞᆺ :설 머·근 아기 드:리·고 三삼年년·을 아촘 나죄 무덤
[겨]·틔 ᄯᅥ나·디 아니·ᄒ·더·니 ᄒᆞᆯ·ᄂᆞᆫ :버·미 ·와 ·아·기·를 더위·여 가거늘
權꿘氏씨 :왼·녁 ·소·노·로 ·아기 잡고 ·올·흔 ·소·노·로 :버·믈 믈·리바ᄃ
·며 닐:오·ᄃᆡ 하·ᄂᆞᆯ·히 :아ᄅ시거·든 비·취·여 ·보쇼·셔 ᄒᆞᆫ[대] ·버·미 ᄇ
·리·고 가니·라

〈烈女圖 19ㄴ〉

權氏。安東人。啓生之女。年二十。其夫宋孝從死。親自負土。葬於
家北。携五勢兒。朝夕不離墓側。從三年。一日虎攬其子。權氏左手
持子。右手拒虎曰。皇天有知。乞賜照臨。虎乃棄去

〈열녀도 19, 권씨부토 본국〉

ᄯᅡ리라 딸이다. 쭐[女息]+이라.
나히 나이가. 나ㅎ[歲]+이(주격).
스믈힌 스물인. '스믈>스물'은 17세기의 변화.
남진 남편. '夫'의 대역.
흙 지여 흙을 져. 흙[土]#지-[負]+여.
뒤헤다가 뒤에다가. 뒤ㅎ[後]+에+다가.
다ᄉᆞᆺ 설 다섯 살[五歲].
ᄃᆞ리고 데리고. ᄃᆞ리-[與]+고.
아ᄎᆞᆷ나죄 아침저녁으로. 조석(朝夕)에.
겨틔 곁에. 곁+의(처격).
ᄠᅥ나디 떠나지.
ᄒᆞᆯᄂᆞᆫ 하루는. ᄒᆞᄅᆞ[一日]+ᄂᆞᆫ(보조사). 단독형 'ᄒᆞᄅᆞ'가 서술격 조사와 결합하면 'ᄒᆞ리라', 목적격조사 '올'과 결합하면 'ᄒᆞᆯ룰', 보조사 '온'과 결합하면 'ᄒᆞᆯ론'으로 바뀜. 'ᄒᆞᆯᄂᆞᆫ'은 당시로선 특이한 곡용형이다.
버미 범이.

더위여 잡아. 납치해. 더위-+어.
왼녁 왼쪽, 왼편. 상대어 '올ᄒᆞᆫ녁'.
소노로 손으로. 손+오로(구격조사) 손[手]+ᄋᆞ로, -ᄋᆞ로→-오로(동화). 제2음절 '로'의 '오'의 영향으로 제1음절 'ᄋᆞ→오'로 역행동화한 것임. 15세기 문헌는 적지만, 16세기 문헌에는 다수 발견됨.
ᄒᆞ녀고로(영가,상79), 손토보뢰어나 (석 13:52).
올ᄒᆞᆫ 오른[右].
믈리바ᄃᆞ며 믈리치며. '拒'의 번역. 믈리-+받-+ᄋᆞ며. '-받다'는 힘줌을 나타내는 접미사이다.
닐오디 이르되. 니ᄅᆞ-[謂]+오디.
하ᄂᆞᆯ히 하늘이. 하ᄂᆞᆯㅎ[天]+이.
비취여 비치어. 비취-+여.
보쇼셔 ᄒᆞ대 보십시오 하니.
ᄇᆞ리고 버리고. ᄇᆞ리-[捨]+고.
가니라 갔다. 가-[去]+니+라.

현대역 **권씨가 흙을 지다**

권씨는 안동 사람이니 계생의 딸이다. 나이 스물인 때 남편 송효종이 죽거늘 친히 흙을 지어서 집 뒤에다가 묻고 다섯 살 먹은 아기를 데리고 삼 년을 아침 저녁으로 무덤 곁을 떠나지 아니하였다. 하루는 범이 와서 아기를 잡아(=납치해) 가거늘 권씨가 왼쪽 손으로 아기를 잡고 오른손으로 범을 물리치면서 이르되 "하늘이 아시거든 비치어 보소서." 하니, 범이 (아기를) 버리고 갔다.

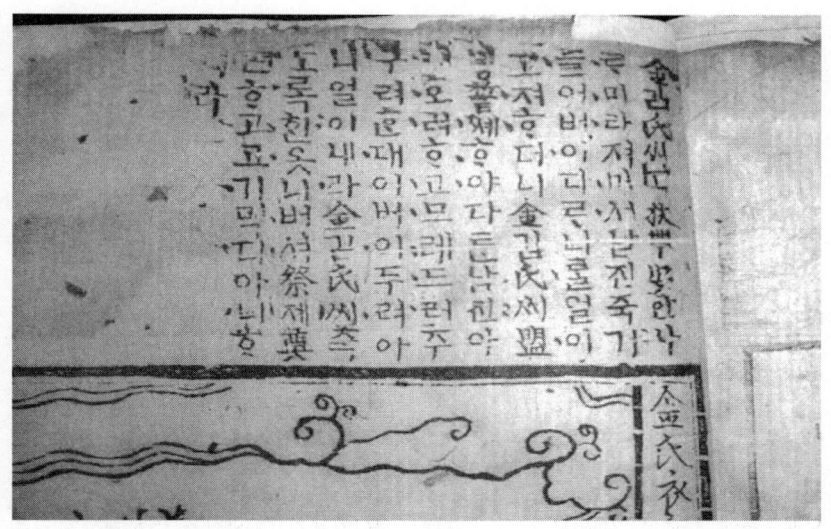

〈烈女圖 20ㄱ〉　　　　　　　　**金氏衣白 本國**

金김氏씨는 扶뿌安한 :사ᄅ·미·라 져·머·[셔] 남진 죽거·늘 어버·이 다ᄅ
니·를 얼·이고·져 ·ᄒ더니 金김氏:씨 盟밍誓쎼·ᄒ·야 다른 남진 아[니]
호·려 ᄒ·고 ·므:레 ·드·러 주·구려 ᄒ·대 어버·이 두·려 아니 얼:이니·라 金
김氏:씨 죽도·록 ·힌·옷 니·버·셔 祭졔奠뎐ᄒ·고 고·기 먹·디 아니ᄒ[·니]
·라

〈烈女圖 20ㄴ〉

金氏。扶安人。早喪夫。父母欲奪志。金誓不他適。欲投江。父母懼
而止。金從身衣白。奉祭祀。不食肉

〈열녀도 20, 김씨의백 본국〉

겨머셔 어려서. 졈-[幼]+어셔. 당시에 '어리다'는 '어리석다'라는 뜻이었음. '졈다'는 후대에 어간 말음에 'ㄹ'이 첨가되고, 의미도 [年靑]으로 변화하였다. 단모음화를 거쳐 '젊다'로 정착되어 현재에 이르렀다. 졀므니 (역어유해, 보19), 졀문 계집이(인어대방 1:18)

다ᄅᆞ니를 다른 사람을. 연철.
다ᄅᆞᆫ#이(사람)+롤.

얼이고져 결혼시키고자. 시집보내고자.
얼-[嫁]+이(사동)+고#지-(欲)+어.

아니호려 시집 아니 가려
ᄒᆞ-[爲]+오+려. 여기서 'ᄒᆞ-'는 '얼다'의 대동사적 기능.

므레 물에. 문맥상 '강물에'.

드러 들어가. (몸을) 던져. 들-[投]+-어.

주구려 죽으려고.
죽-+우려(행위자의 의향을 나타내는 종속적 연결어미). 의도법 '-우-'를 제거한 '-으려'는, 어떤 행동을 할 의도나 욕망을 가지고 있음을 나타내는 연결어미이다.

두려 두려워 하여. 겁내어. 기본형 '두리다'는 "두려워 하다" 정도의 뜻을 가진 동사. "두렵다"는 뜻의 형용사는 '두립다'. 당시 '두렵-'은 "원만하다, 둥글다"라는 뜻으로 변별됨.

얼이니라 시집보내니라, 얼게 하니라.
얼-[嫁]+이(사동)+니라.

죽도록 죽도록. 죽-+도록(<ᄃᆞ록)

흰옷 흰옷[白衣]. 물감을 들이지 않은 흰 빛깔의 옷. 상중(喪中)에 있음을 암시적으로 표현함.

니버셔 입어서, 입고서.

祭奠(제전) ①의식을 갖춘 제사와 갖추기 아니한 제사를 통틀어 일컫는 말. ② 서도 음악에서 잡가의 하나. 여기서는 ①의 뜻

현대역 김씨가 흰 옷을 입다

김씨는 부안 사람이다. 어려서 남편이 죽거늘 어버이가 다른 이에게 시집보내고자 하였다. 김씨가 맹세하여 다른 남자에게 아니 시집가려 하고 물에 들어(=몸을 던져) 죽으려 하니 어버이가 두려워하여 시집보내지 않았다. 김씨가 죽도록 흰 옷 입고서 제사지내고 고기 먹지 아니하였다.

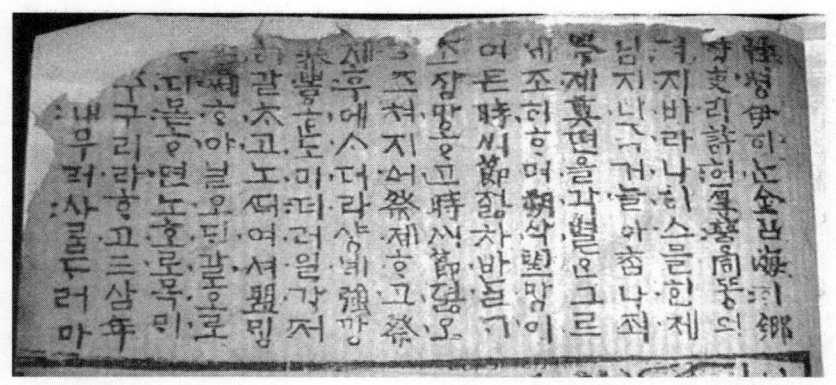

〈烈女圖 21ㄱ〉　　　　　　　　**性伊佩刀 本國**

性·셩伊히·논 金김海:히 鄕[향]吏·리 許:허厚:훃同똥의 :겨·지·비·라 ·나
·히 ·스믈·힌 ·제 남지·니 죽거·늘 아춤 나죄 祭졔奠뎐·을 ·각·별흔 그르세
조·히 ᄒᆞ며 朔·삭望·망·이여든 時씨節졇 차바·눌 ᄀᆞ초 쟝·망ᄒᆞ·고 時씨節
졇 ·오[ᄉᆞᆯ] [조]쳐 지·ᅀᅥ 祭·졔·ᄒᆞ·고 祭졔 :후·에 ·ᄉᆞ·더·라 샹·녜 强깡暴
·뽕혼 ·노·미 :더·러·일·가 저[허] 갈 ·ᄎᆞ고 노 ᄡᅳ·여·셔 盟밍[誓]·쎼·ᄒᆞ·야
닐·오·디 ·갈·호·로 [죽]·디 몯ᄒᆞ·면 노·호·로 목 미[야] 주구리·라 ᄒᆞ·고 三
삼年[년] :내 우러 :사ᄅᆞᆷ ᄃᆞ[려] 마<21ㄴ>☞[조 셔·도] 아니·ᄒᆞ·더·라 :연
·즉[바·늘 紅]훙門몬 :셰·니·라

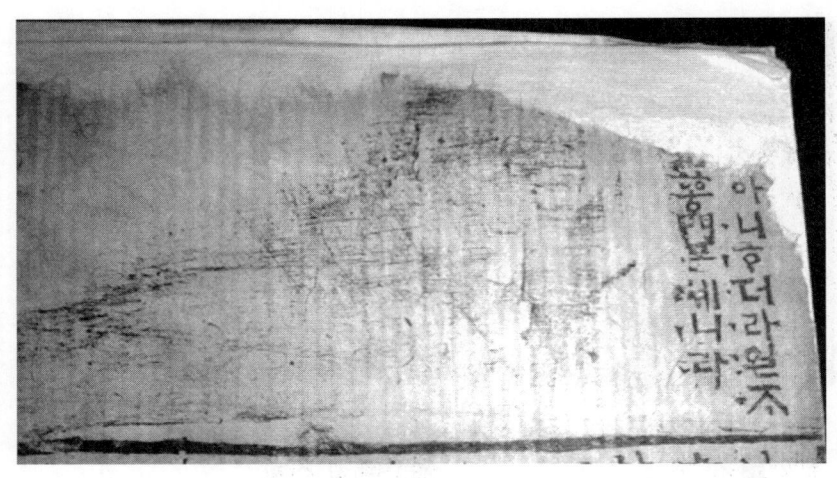

〈烈女圖 21ㄴ〉

性伊。金海府吏。許厚同妻。年二十。夫歿。凡朝夕奠具。務欲潔精。別置鼎俎以供。每遇朔望。備時物。製時服以祭。祭畢。焚之。常恐有强暴之污。佩刀帶繩。以自誓曰。刀不能決。繩以縊之。泣血三年。未嘗與人對面。事聞。旌門

〈열녀도 21, 셩이패도 본국〉

나히 나이가. 나ㅎ[歲]+ㅣ(주격).
스믈힌 스물인. 스무살인.
　스믈ㅎ[二十]+이+ㄴ
남지니 남편이. 사내가.
　남진[夫]+이(주격)
아츰나죄 아침저녁. 조석(朝夕).
祭奠(제전) 의식을 갖춘 제사와 갖추지 아니한 제사의 총칭.
각별훈 특별한. '別'에 대한 번역.
그르세 그릇에. 그릇+에(처격).
조히 깨끗이. 좋-[潔]+이(부사화접미사). '됴-[好]'와는 구별이 된다.
時節(시절) 차바놀 계절 음식을. 여기서 '時節'은 '계절(季節)'을 의미함.
ᄀ초 갖추어.
장망ᄒ고 장만하고. '장만ᄒ-'도 쓰임.
時節(시절) 오술 계절 옷을.
조쳐 함께.
ᄉ더라 (불에) 사르더라. 술[燒]-+더+라. 'ㄷ'어미 앞에서 용언 어간 'ㄹ'은 자동 탈락함.
샹녜 항상. '常例'.

더러일가 더럽힐까. '汚'의 대역.
　더럽-+이(사동)+ㄹ가
저허 두려워하여. 젛-[恐]+어.
갈 칼. 갈>칼 (유기음화).
노 씌여셔 끈을 띠고서.
갈호로 칼로. 갈ㅎ[刀]+-ᄋ로(구격). 'ᄋ로→오로는' 'ᄋ'역행동화
미야 매어서. 미-+야.
주구리라 죽으리라. '-우'는 1인칭 활용어미.
내 내내, 계속.
우러 울어. 울-+어.
사ᄅᆞᆷᄃᆞ러 사람에게. 'ᄃᆞ러'는 'ᄃ려'의 탈각 또는 오기.
마조 마주. 맞-+오(부사화접사).
紅門(홍문) 홍살문. 능(陵), 원(園), 묘(廟), 대궐, 관아(官衙) 따위의 정면에 세우는 붉은 칠을 한 문. 둥근 기둥 두 개를 세우고 지붕 없이 붉은 살을 세워서 죽 박는다.
셰니라 세우니라.
　셔-+ㅣ(사동파생접미사)+니라.

현대역 **성이가 칼을 차다**

성이는 김해 향리 허후동의 아내이다. 나이 스물인 때에 제 남편이 죽거늘 아침 저녁에 제사를 특별한 그릇에 깨끗이 지내며 삭망이면 시절 음식을 갖추어 장만하고 시절 옷을 함께 지어 제사 지내고 제사 지낸 후에 (불에) 살랐다. 항상 강포한 놈이(남자가) (자기를) 더럽힐까 두려워하여 칼을 차고 끈을 띠고서 맹세하여 이르되 '칼로 죽지 못하면 끈으로 목매어 죽으리라.' 하고 삼년 내내 울어 사람들과 마주 서지도 아니하더라. 여쭙거늘 홍문을 세웠다.

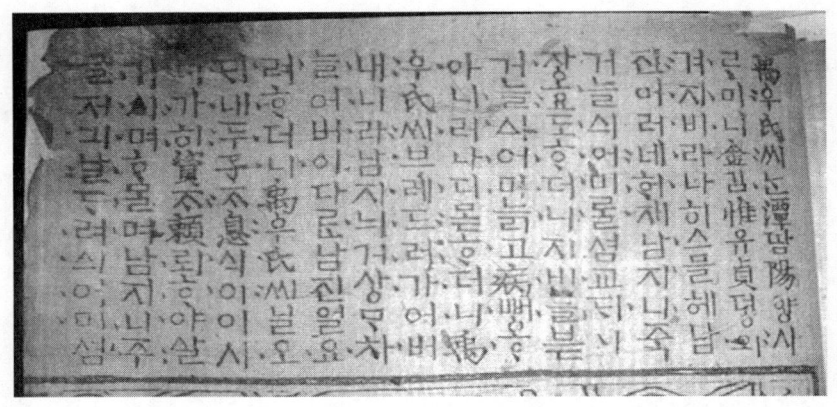

〈烈女圖 22ㄱ〉　　　　　　　**禹氏負姑 本國**

禹:우氏:씨ᄂᆞᆫ 潭땀陽양 :사ᄅᆞ미·니 金김惟유貞뎡·의 :겨·지·비·라 ·나히 ·스·믈·헤 남진 어러 :네 ·ᄒᆡ·재 남지·니 죽거·늘 ·싀·어·미·롤 셤·교·ᄃᆡ ᄀᆞ·장 :효도·ᄒᆞ·더니 지·비 ·블 븓거·늘 ·싀·어·미 늙고 病·뼝 ·ᄒᆞ·야 니·러나 ·디 :몯·ᄒᆞ·더니 禹:우氏:씨 ·브·레 ·드·러·가 어·버·내·니·라 남지·늬 거상 ᄆᆞ·차·늘 어버·이 다른 남진 얼·요·려 ·ᄒᆞ·더니 禹:우氏:씨 닐·오·ᄃᆡ ·내 :두 子·ᄌᆞ息·식·이 이시·[니] :가히 資ᄌᆞ賴·뢰·ᄒᆞ·야 :살 ·거시·며 ·ᄒᆞ·믈·며 남 지·니 ·주글 저·긔 :날ᄃᆞ·려 ·싀·어·미 셤<22ㄴ>☞[·꼴] :이·를 니ᄅᆞ·니 ·ᄎᆞ ·마 背·ᄇᆡ叛·빤·ᄒᆞ·려 ·ᄒᆞ고 주·구ᄆᆞ·로 盟밍誓·쎄·ᄒᆞᆫ·대 어버·이 구·틔우·디 :몯·ᄒᆞ·니·라 ·싀·어·미 죽거·늘 ᄀᆞ·장 슬·허·ᄒᆞ고 送·송葬·장·과 祭·졔奠·뎐 ·을 禮:례다이 ᄒᆞ·니·라

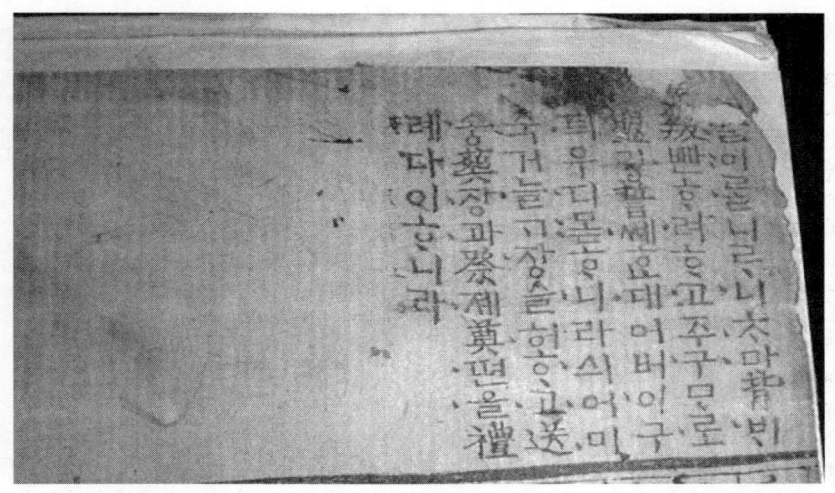

⟨烈女圖 22ㄴ⟩

禹氏。潭陽人。金惟貞妻。年二十。歸金。四年而夫死。事姑田氏甚孝。家嘗失火。田耄且病。不能起。禹肩火負而出。及夫喪畢。父母欲奪志。禹曰。我有二子。可資以生。況良人死時。屬我養姑。其忍背之。以死自誓。父母不能強。姑歿。哀毀。葬祭以禮

〈열녀도 22, 우씨부고 본국〉

겨지비라 아내이다. 겨집[妻]+-이라.
나히 나이가. 나ㅎ[歲]+이(주격).
스믈헤 스물에. 스믈ㅎ+에.
남진 남편.
어러 시집가. 혼인하여. 얼-[嫁]+어.
네 히재 네 해째. 네[四]#히[年]+재.
싀어미롤 시어머니를. 싀어미[姑]+롤.
셤교되 섬기되. 셤기-[事]+오되. 'j' 활음화.
ᄀ장 매우.
지비 집이. 집[家]+이(주격).
블 불[火]. 블>불(원순모음화)
븓거늘 붙거늘. '븥거늘'의 8종성 표기.
病(병)ᄒᆞ야 병이 들어서.
니러나디 일어나지.
브레 불에. 불 속에. 블[火]+에(처격).
어버내니라 업어 내었다.
남지늬 남편의. 남진+의.

ᄆᆞ차늘 마치거늘. '-아'는 타동사에 붙는 확인법어미.
얼요려 혼인시키려. 얼-+이(사동)+오+려
가히 가이. 15세기에는 '어루,어로'형.
資賴(자뢰)ᄒᆞ야 의지하여.
주글 저긔 죽을 때에, 죽을 적에.
날ᄃᆞ려 나에게. 날+드려.
背叛(배반)ᄒᆞ려 배반하랴.
주구ᄆᆞ로 죽음으로. 죽-+움+ᄋᆞ로.
구틔우디 강제로 시키지. 구틔-+우(사동접사)+디(어미).
슬허ᄒᆞ고 슬퍼하고. 슳-[悲]+어#ᄒᆞ-+고
送葬(송장)과 장례를 치르는 것과.
祭奠(제전) 의식을 갖춘 제사와 갖추지 아니한 제사의 총칭.
禮(례)다이 장례 법식 대로

현대역 **우씨가 시어머니를 업어내다**

우씨는 담양 사람이니 김유정의 아내이다. 나이 스물에 남편에게 시집가 네 해째에 남편이 죽으니 시어머니를 섬기되 매우 효도하였다. 집이 불 붙거늘 시어머니가 늙고 병들어 일어나지 못하더니 우씨가 불에 들어가 업어 내었다. 남편의 거상을 마치거늘 어버이가 다른 남자에게 혼인시키려 하였다. 우씨가 이르되 "내가 두 자식이 있으니 가히 의지하여 살 것이며 하물며 남편이 죽을 때에 나에게 시어미 섬길 일을 이르니 차마 배반하랴." 하고 죽음으로 맹세하니 어버이가 강제로 혼인시키지 못하였다. 시어머니가 죽거늘 매우 슬퍼하고 장례치르기와 제사를 장례 법식대로 하였다.

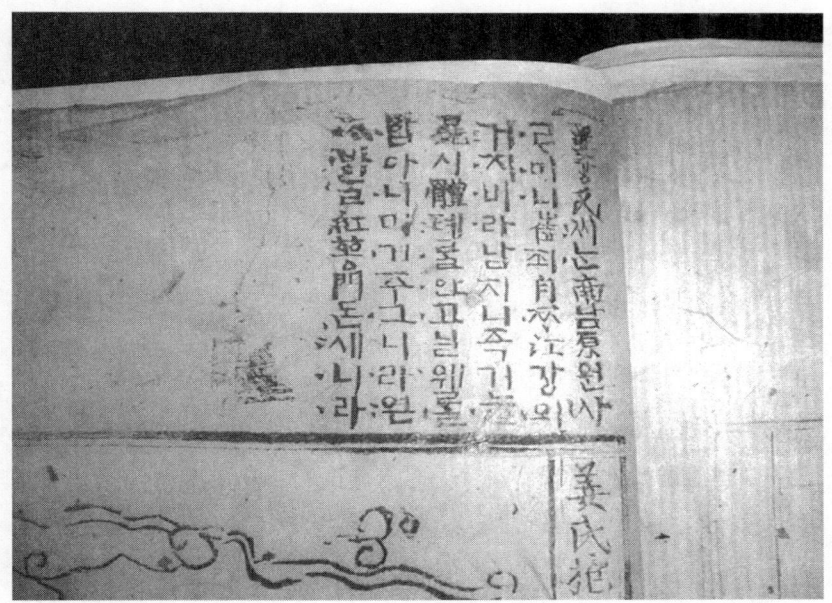

〈烈女圖 23ㄱ〉　　　　　　　**姜氏抱屍 本國**

[姜]강氏·씨〯ᄂᆞᆫ 南남原원 :사ᄅᆞ·미·니 崔최自ᄌᆞ江강·의 :겨·지·비·라 남지니 죽거·[늘] 屍시體톄·ᄅᆞᆯ ·안고 닐·웨·ᄅᆞᆯ 밥 아니 머·거 주·그니·라 :연·ᄌᆞ·ᄫᅡ·ᄂᆞᆯ 紅횽門몬 :셰·니·라

〈烈女圖 23ㄴ〉

姜氏。南原人。崔自江妻。夫死。姜抱屍七日。不食而死。事聞。旌閭

〈열녀도 23, 강씨포시 본국〉

사르미니 사람이니. 사룸+이니.
겨지비라 아내이다. 명사 '겨집'에 서술격조사 '이라'가 통합한 것을 음절경계 단위로 조정한 연철 표기형. '겨집'은 ① 여자, ② 아내 등 2가지 의미를 가졌음. ① 優婆塞는 淸淨훈 남지니오 優婆夷는 淸淨훈 겨지비라(석상19:1). ② 아비와 아둘왜 親호미 이시며 님금과 臣下왜 義 이시며 남진과 겨집괘 굴희요미 이시며 (내훈 1:19).
남지니 남편이. 중세국어에서 '남진'은 ① 사내·남자, ② 남편 등 2가지 뜻으로 쓰임. ① 丈夫는 게여본 남지니니(석상 9:3). ② 남지니 어디디 몯ᄒ면 겨지블 거느리디 몯ᄒ고(내훈 2:5).
죽거늘 죽으니. 죽거늘.
屍體(시체)를 시체를. 시신을.
닐웨를 이레[七日]를. 한국어의 날짜 관련 수사는 큰 변화 없이 현재에 이른

다. 참고로 고유어 수사 중 1일~10일까지 15세기 어형과 현대어형을 함께 보이면, ᄒᆞᄅᆞ[하루], 이틀[이틀], 사올[사흘], 나올[나흘], 다쐐[닷새], 여쐐[엿새], 닐웨[이레], 여드래[여드레], 아흐래[아흐레], 열흘[열흘] 등과 같다.
머거 먹어. 먹고.
주그니라 죽으니라. 죽었다.
엳주바놀 여쭙거늘. <열녀도 24> 참조
紅門(홍문) 홍살문. <열녀도 24> 참조
셰니라 세우니라. 세웠다.
셔-+ㅣ(사동접미사)+니+라.

✎ 문헌 존대 방식 및 겸양 방식
① 대두법 : 줄을 바꾸어 1~3자 위로 올려 쓴다. 주체높임
② 공격 : 공란(글자의 앞에 공란을 둔다.) 관용문서나 관찬(官撰)의 경우에 주로 쓰임. 광개토왕비문에서 처음 발견됨. ☞<효자도18> 참조

[현대역] **강씨가 (남편의)시체를 안다**

강씨는 남원 사람이니 최자강의 아내이다. 남편이 죽거늘 시체를 안고 이레를 밥 아니 먹고 죽었다. (관아에서 이러한 사실을 조정에) 여쭙거늘 홍문 세웠다.

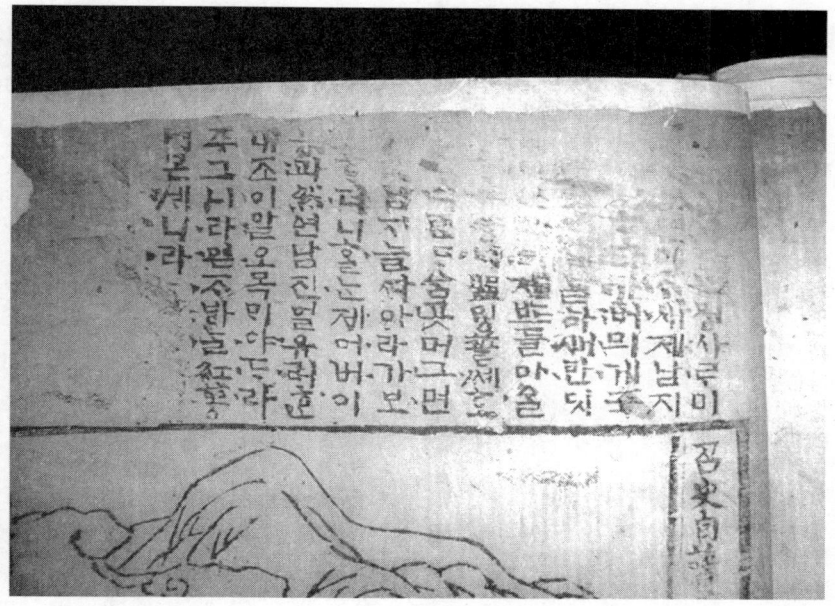

〈烈女圖 24ㄱ〉 召史自誓 本國

[조이 $\cdot$ 는 丹단城셩] 사ᄅ미[라 나히 열여ᄉ]·새 제 남지[니 나모ᄒ라] 가 :버·믜·게 죽[거늘 조이 슬탈히] :쎠·만 잇[더니 어버이 제] 뜨들 아ᄋᆞᆯ[가 ᄒ야 샹녜] 盟밍誓·쎄호[ᄃᆡ :내 다ᄅᆞᆫ] ᄆᆞᆷ·곳 머·그면 [엇뎨] 남지·늘 싸아라 ·가 보[료] ᄒ·더니 ᄒᆞᆯ·ᄂᆞᆫ 제 어버·이 果:과然션 남진 얼·유려 ᄒ대 조·이 :알·오 목 믜·야 듲·라 주그니·라 :연·즈·바ᄂᆞᆯ 紅홍門몬 :셰·니·라

〈烈女圖 24ㄴ〉
召史。丹城人。年十六。其夫採薪。爲虎所害。召史。毀戚骨立。恐父母奪志。常自誓曰。我若有他。將何以見亡人於地下。一日其父母果欲嫁。召史知之。縊死。事聞。旌閭。

〈열녀도 24, 소사자서 본국〉

나히 나이가. 나ㅎ[歲]+이(주격).
열여ᄉ새 열여섯에. 열여슷[十六]+애.
제 저의. 주격형은 [:제].
나모 나무. '나모'는 'ㄱ'곡용어. 자음조사 앞에서는 '나모', 모음조사 앞에서는 '낡'형으로 곡용함.
버믜게 범에게. 범[虎]+의게.
슬탏히 슬피 애타워. 슳-[哀]+닳-[凄]+-이.
제 ᄠᅳᄃᆞᆯ 자기의 뜻을.
아ᅀᆞᆯ가 앗을까, 빼앗을까.
샹녜 항상. 언제나.
盟誓(맹셰)ᄒᆞ디 맹세하되.
내 내가.
ᄆᆞᅀᆞᆷ곳 마음을. ᄆᆞᅀᆞᆷ+곳(강세).
엇뎨 어찌.
자 아라 땅 아래에. 죽은 후에.
보료 보겠는가. 보리오.
ᄒᆞᆯᄂᆞᆫ 하루는. 특수한 곡용을 하는 'ᄒᆞᄅᆞ'[一日]에 보조사 '-ᄋᆞᆫ'이 통합한 형태이다. 15-6세기 일반형은 'ᄒᆞᄅᆞᆫ'이나, 17세기에는 'ᄒᆞᆯᄂᆞᆫ'이 일반적.
얼유려 얼게 하려, 교합하게 하려고, 시집 보내려고.

알오 알고. 알-+오('고'에서 'ㄱ'약화).
목ᄆᆡ야ᄃᆞ라 목매달아[經,縊]. 'ᄆᆡ야ᄃᆞᆯ-'[經]은 어기 'ᄆᆡ-'와 'ᄃᆞᆯ-'이 연결어미 '-야'로 결합된 통사적합성어.
엳ᄌᆞᄫᅡᄂᆞᆯ 여쭙거늘, 엳줍-+-아늘, '엳ᄌᆞ와ᄂᆞᆯ'이 당시 일반적 표기이나, '삼강행실도'와 같이 'ᄫ'표기를 유지한 것이다.
'ᄫ'이 쓰인 의고적인 표기는 다음과 같다.
① : 엳ᄌᆞ·ᄫᅡᄂᆞᆯ 〈효자도 2, 5, 6 7···〉
② 禮·례·다ᄫᅵ 〈열녀도 2〉
③ 믈·리바ᄃᆞ·며 〈열녀도 19〉
紅門(홍문) 홍살문. 홍살문. 능(陵), 원(園), 묘(廟), 대궐, 관아(官衙) 따위의 정면에 세우는 붉은 칠을 한 문. 둥근 기둥 두 개를 세우고 지붕 없이 붉은 살을 세워서 죽 박는다.
이 책의 다른 곳의 '홍문'으로 표기되어 있는 것은 현실 한자음의 반영이 나타난 것이다.
셰니라 세우니라. 세웠다.
셰-+ㅣ(사동접미사)+니라.

현대역 조이가 스스로 맹세하다

조이는 단성(=단양) 사람이다. 나이 열여섯에 제 남편이 나무하러 가서 범에게 죽거늘 조이가 슬피 애태워 뼈만 (남아) 있더니 어버이가 자기의 뜻을 앗을까 하여 항상 맹세하되 '내가 다른 마음을 먹으면 어찌 남편을 땅 아래에 가서 보겠는가.' 하였다. 하루는 제 어버이가 과연 (다른) 남자에게 시집보내려 하니, 조이가 알고 목매달아 죽었다. (관아에서 이러한 사실을 조정에) 여쭙거늘 홍문 세웠다.

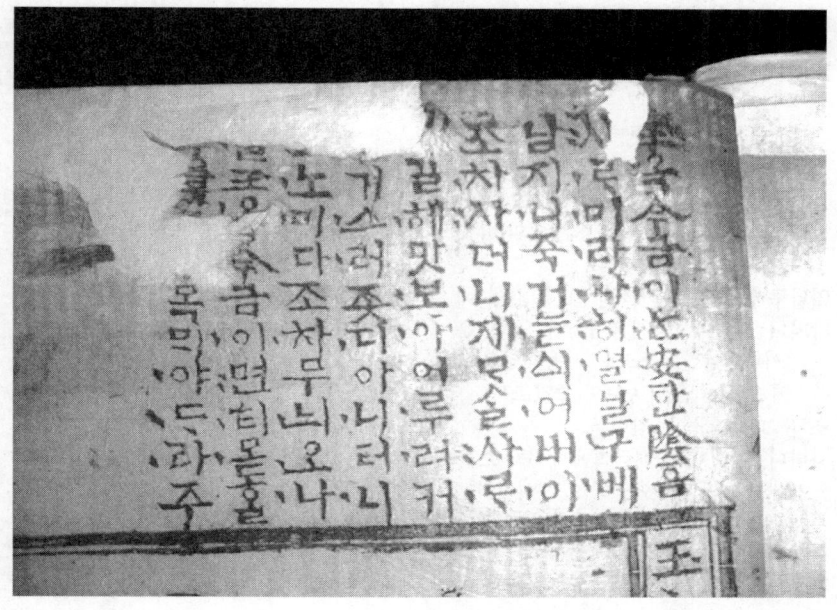

〈烈女圖 25ㄱ〉　　　　　　　**玉今不汚 本國**

玉·옥今금·이﹍는 安한陰흠 :사ᄅ·미·라 ·나히 ·열닐·구베 남지·니 죽거·늘 ·싀·어버·이 조·차 :사더·니 제 ᄆ·ᄋ :사ᄅ[미] 길·헤 맛·보·아 어·루·려커[늘] 거·스러 좃·디 아니터·니 [그] ·노·미 다조·차 무·늬 ·오·나[ᄂᆞᆯ] 玉·옥今금·이 :면·티 ·몯홀 [주를 알오] 목 미·야 ᄃ·라 주[그니라]

〈烈女圖 25ㄴ〉

玉今。安陰人。年十七。夫死。隨舅姑而居。路遇逼里人。欲汚之。拒不從。里人。之至門。玉今知不免縊死

〈열녀도 25, 옥금불오 본국〉

安陰(안음) 경상남도 안음. 경남 함양군과 거창군의 일부 지역을 관장하던 조선 초기 행정구역명. 1728년(영조 4)에 안의현(安義縣)으로 개칭하였다가 1895년(고종32) 군(郡)으로 승격되었음. 지금은 함양군 안의면(安義面)으로 남아 있다.

열닐구베 열일곱 살에. 열[十]+닐굽[七]+에

남지니 남편이. 중세국어에서 '남진'은 '사내, 남편' 등으로 사용되었는데, 여기서는 남진[夫]+이(주격조사).

조차 따라. 좇아. 같이.

사더니 살더니. 중세국어에서 'ㄹ'로 끝나는 용언 어간에 'ㄷ'으로 시작하는 문법형태소(예컨대 '도, -더-' 등)가 붙을 때 'ㄹ'이 자동 탈락함.

ᄆᆞᄉᆞᆯ 마을[里]. 효자도(3,6,22,26) 및 열녀도(28) 등에서 거의 'ᄆᆞᄉᆞᆯ'로 적었으나, 여기서만 'ᄆᆞᄉᆞᆯ'로 됨. 오기일 수도 있지만, 방언형 'ᄉᆞ이~ᄉᆞ시'에 대한 표준어형 'ᄉᆡ'처럼 방언형을 적었을 가능성도 있다.

맛보아 만나. 만나보고. 어간 '맛보-[遇]'는 어기 '맞-'과 '보-'가 중간에 연결어미 없이 결합한 비통사적 합성어. '맛보-⇒맛보-'는 8종성법에 따른 표기. 유의어로 '맛나-'(←맞나-)가 있는데 재구조화된 '만나-'가 16세기 문헌에 보임.

어루려 어르려고. 강제로 욕보이려. 겁탈(劫奪)하려. 얼-[娶]+우(의도법 선어말어미)+리(주어가 어떤 일을 할 의향이나 의지를 나타내는 어미)+어(부동사어미). 한문 '欲汚之(욕오지)'에 대한 번역.

거스러 거슬러. 거역하고. 어간 '거슬-'은 오늘날엔 '거스르-'형으로 변했고 활용양상도 달라짐. "일이 돌아가는 상황과 반대되는 태도를 취하다."는 정도의 뜻을 나타냄.

그 노미 그 남자가. 그 놈[者]+이.

다조차 다급하게 좇아(따라와). 다조차자바오라(석6:46). 迫 다조출박(유합, 하62).

무늬 문(門)에. 문(門)+의(처격).

오나눌 오거늘. '-나-'는 용언 '오다'에만 붙는 '-아/어-'의 형태론적 이형태이고, 통합형 '-나눌'은 까닭이나 원인을 나타내는 어미. ¶四海ㅅ믈 이여 오나눌 마리예 븟ᄉᆞᆸ고(월곡34장). 현대어 '오다'의 명령형 '오너라'의 '-너-'는 '-나-'의 계승형임.

알오 알고. 본래 '알-+고'의 통합형인데, '오' 어미인 것은 어간 말음 'ㄹ' 뒤에서 '고'의 'ㄱ'이 약화되는 당대 음운규칙에 따른 것임.

목미야ᄃᆞ라 목매달아[經縊]. '미야돌-'[經]은 어기 '마'와 '돌-'이 연결어미 '-야'로 결합된 통사적 합성어.

주그니라 죽으니라. 죽었다.

현대역 옥금이는 몸을 더럽히지 않았다

옥금이는 안음(安陰) 사람이다. 나이 열일곱에 남편이 죽거늘, 시부모를 따라가 살았는데, 그 마을 사람이 길에서 (옥금이를) 만나 (강제로) 어르려고 하거늘 거역하고 따르지 아니하였다. 그 놈이 다급하게 따라와 문에 오거늘 옥금이가 (겁간을) 면치 못할 줄을 알고 목매달아 죽으니라.

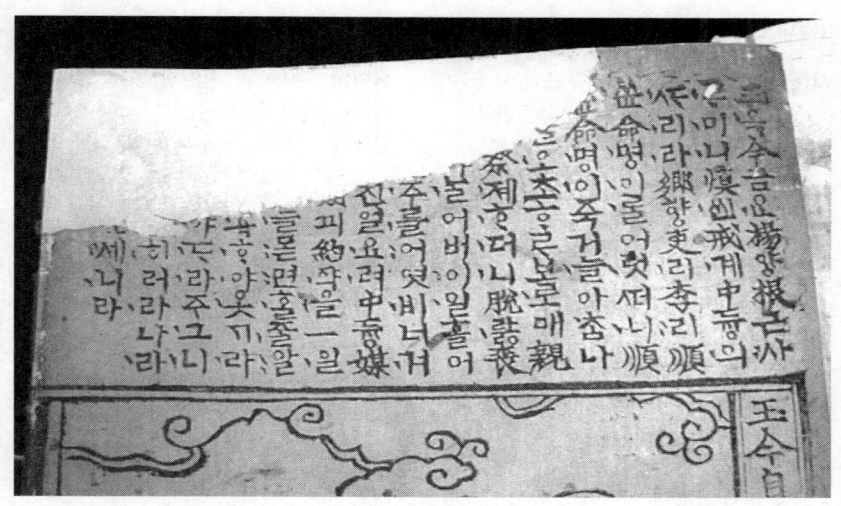

〈烈女圖 26ㄱ〉　　　　　　　　　**玉今自縊 本國**

玉·옥今금·은 陽양根근 :사ᄅ·미·니 愼·신戒·계中듕·의 ·ᄯᆞ리·라 鄕향里·리 李:리順·슌命·명·이를 어·렷·써·니 順·슌命·명·이 죽거·늘 아·춤 나[죄울]·오 초ᄒᆞᄅᆞ 보·로매 親[친히] 祭·졔·ᄒᆞ·더·니 脫·탈喪[상ᄒᆞ야]·늘 어버·이 ·일 홀어[미 도왼] ·주·를 :어엿·비 너·겨 [다른 남]진 얼·요·려 中듕媒[미ᄒᆞ야] 期끠約·햑·을 一·일[定·뎡·ᄒᆞ야]·늘 :몯 :면·홀 ·줄 :알[오 沐목浴]·욕·ᄒᆞ·야 ·옷 ᄀᆞ·라 [닙고 목민]·야 드·라 주·그·니 [·나·히 셜·흔둘]·히러·라 나라[히 紅훙門몬] :셰·니라

〈烈女圖 26ㄴ〉

玉今。陽根人。愼戒中女。嫁郡吏李順命。順命死。朝夕器泣。親奠朔望。服闋。父母憫其早孀。　欲改嫁。媒約已定。知不可免。沐浴更衣。自縊而死。年三十有二。弘治十三年。旌閭。

〈열녀도 26, 옥금자액 본국〉

싀어버이 (열녀도 25)시부모(媤父母). 한자어 '구고(舅姑)'에 대한 번역으로, 오늘날 높임 표현은 '시부모님'. '싀어버이'는, 가족 관계에서 '남편의 부모'의 의미를 나타냄. 우리나라에서 만들어진 한자 접두사 '媤(싀)'에 '父母'의 고유어 '어버이'가 결합한 파생명사. '시아버지'와 '시어머니'는 아직도 생산적으로 사용되나, '시어버이'는 '시부모'로 완전히 교체됨.
사른미니 사람이니. 사룸+이니.
뚠리라 딸이다. 뚤[女息]+이라.
어럿셔니 혼인하였더니. 시집갔더니. 얼-[嫁]+-어#잇-+쩌(더)+니
아춤나죄 아침저녁으로.
울오 울고. 울-+오('고'의 ㄱ 약화).
초ᄒᆞᄅᆞ 초하루. 초+ᄒᆞᄅᆞ.
祭(제)ᄒᆞ더니 제사지내더니. 제사지냈다.
일 일찍이. '무'에 대한 번역.
홀어미 과부. 홀어미. '孀'의 대역.
도왼 된. 도외-(<ᄃᆞ뵈~ᄃᆞ외-)+ㄴ. 바로 앞 시기의 'ᄃᆞ외-'가 제2음절 주음 '오'의 영향으로 제1음절 'ᄃᆞ→도'로 역행동화함.
주를 줄을, 것을. 줄(명사)+을.

어엿비 불쌍히, 가엾이[憐].
너겨 여겨. 너기-+어.
얼요려 얼리려, 시집보내려고 어간 '얼이-'는 '얼-'[嫁]에 사동접사 '-이'가 통합된 파생동사이다.
中媒(중매)ᄒᆞ야 중매하여.
期約(기약)을 기약을.
一定(일정)ᄒᆞ야늘 정하거늘.
몯 면홀 줄 알오 면하지 못할 것을 알고.
옷 ᄀᆞ라 닙고 옷 갈아 입고.
목미야ᄃᆞ라 목매달아[縊]. '미야돌-'[經]은 어기 '미-'와 '돌-'이 연결어미 '-야'로 결합된 통사적합성어.
주그니라 죽으니라. 죽었다.
셜흔 서른, 삼십(三十).
둘히러라 둘이더라. 둘ᄒ+이러라.
나라히 나라에서. 나라ㅎ[國]+이.
紅門(홍문) 홍살문. 능(陵), 원(園), 묘(廟), 대궐, 관아(官衙) 따위의 정면에 세우는 붉은 칠을 한 문. 둥근 기둥 두 개를 세우고 지붕 없이 붉은 살을 세워서 죽 박는다.
셰니라 세우니라, 세웠다. 어간 ':셰-'는 '셔-(立, 평성)+-ㅣ(사동접사, 거성)'의 통합에 의한 것으로 음절 축약으로 ':셰-'가 상성이 되었다.

현대역 옥금이 스스로 목매달다

옥금이는 양근(=양평) 사람이니 신계중의 딸이다. 향리 이순명이에게 시집갔는데 순명이 죽거늘 아침 저녁으로 울고 초하루 보름에 친히 제사지냈다. 탈상하거늘 (옥금이의) 어버이가 일찍 홀어미 된 것을 가엽게 여겨 다른 남자에게 혼인시키려 중매하여 기약을 정하거늘 못 면할 줄을 알고 목욕하여 옷 갈아입고 목매달아 죽으니 나이 서른둘이었다. 나라에서 홍문을 세웠다.

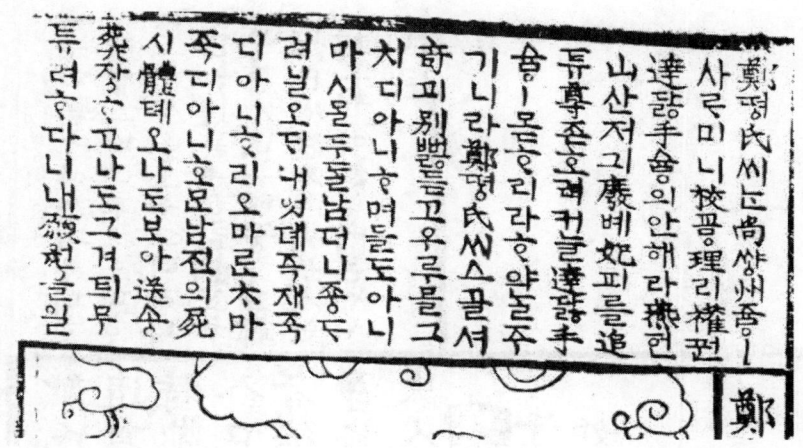

〈烈女圖 27ㄱ〉　　　　　　　　鄭氏不食 本國[13]

鄭뎡氏씨는 尙샹州쥬ㅣ 사ᄅᆞ미니 校굣理리 權권達닯手슈의 안해라 燕
연山산 져긔 廢폐妃피를 追튜尊존호려 커늘 達닯手슈ㅣ 몯ᄒᆞ리라 ᄒᆞ야
늘 주기니라 鄭뎡氏씨 스골셔 奇긔別별 듣고 우루믈 그치디 아니ᄒᆞ며
믈도 아니 마시믈 두둘 남더니 죵ᄃᆞ려 닐오ᄃᆡ 내 엇뎨 즉재 죽디 아니ᄒᆞ
리오마른 ᄎᆞ마 죽디 아니호ᄆᆞᆫ 남진의 屍시體톄 오나둔 보아 送송葬장ᄒᆞ
고 나도 그 겨틱 무튜려 ᄒᆞ다니 내 願원을 일<27ㄴ>☞우디 몯ᄒᆞ야셔
긔우니 ᄒᆞ마 업스니 내 주그로다 ᄒᆞ고 ᄀᆞ장 울오 주그니라 나라히 達닯
手슈란 都도承숭旨지 追튜贈증ᄒᆞ고 鄭뎡氏씨란 淑슉夫부人인 封봉ᄒᆞ야
紅홍門몬 셰시니라

---

13) 규장각본에 없어 동양문고본 것으로 보충 편집함.

〈烈女圖 27ㄴ〉

鄭氏。尙州人。監察繼金之女。適安東權達手。燕山甲子。議追尊廢妃尹氏。達手時爲弘文館校理。以爲不可。遂被殺。時鄭氏在咸昌村舍。聞之。號哭不絶聲。淚盡繼血。食飮不入口者。凡六十餘日。語侍婢曰。我豈不能卽死。忍活至今者。待夫骸還葬。我便托骨其側耳。吾願未遂。而氣力已盡吾其死矣。乃痛哭而絶。今　上初。贈達手都承旨。鄭氏淑夫人。旌其閭

〈열녀도 27, 정씨불식 본국〉

안해라 아내라. 아내다. 안해[妻].
　이 책의 다른 곳에서는 '겨집'으로
　나타남.
저긔 적에. 적+-의.
追尊(추존)ᄒ오려 커놀 추존하려고 하거
　늘.
　여기서 追尊은 왕비에 오르지 못한
　폐비에게 왕비의 칭호를 주는 일을
　뜻함.
몯ᄒ리라 못하겠다고. 몯ᄒ-+리+라.
　중간본에는 '못ᄒ여'로 표기. '몯호
　리라'가 일반적임.
주기니라 죽이었다. 죽-+이(사동)+니라.
스골셔 시골에서.
奇別(긔별) 기별, 소식.
우루믈 울음을. 울-+움(명사형)+을.
마시믈 마심을. 마시-+ㅁ(명사형)+을.
　15세기 문헌에는 '마쇼믈'이 일반적.
두ᄃᆞᆯ 두달. 2개월.
남더니 넘더니. 남-+더+니.
죵ᄃᆞ려 종에게. 죵[奴]+ᄃᆞ려.
즉재 즉시, 곧. 15세기 '즉자히, 즉재'의
　계승형으로, 이 당시에는 '즉제'(소
　언 2:46)도 공존하였다. 이 책에서도
　'즉제'가 나옴. "아비 病이 즉제 됴
　ᄒᆞ"<효자도5>
오나ᄃᆞᆫ 오거든, 오면.

送葬(송장)ᄒ고 장사지내고.
겨틔 곁에. 곁+의(처격).
무튜려 묻히려. 묻히려고.
　묻-[埋]+히(피동)+우(의도법)+려.
ᄒ다니 하더니. ᄒ-+더+오(의도법)+니.
일우디 이루지. 완수하지[遂].
긔우니 기운이. 긔운+-이.
ᄒᆞ마 이미. '장차'의 뜻으로도 쓰임.
ᄀᆞ장 매우.
울오 울고. 울-[泣]+오('고'의 음운론적
　이형태). 'ㄱ→ㅇ'는 'ㄹ' 아래에서 ㄱ
　약화되는 당시 음운규칙이 적용된 결
　과이다.
나라히 나라가. 나라에서.
追贈(추증)ᄒ고 추증하고.
　☞ 추증(追贈)이란 나라에 공로가 있는
　벼슬아치가 죽은 뒤에 품계를 높여
　주던 일.
封(봉)ᄒ야 봉하여.
　☞ '봉하다'는 임금이 작위(爵位)나 작
　품(爵品)을 내려 주는 것을 뜻한다.
紅門(홍문) 홍살문. 능(陵), 원(園), 묘
　(廟), 대궐, 관아(官衙) 따위의 정면
　에 세우는 붉은 칠을 한 문. 둥근 기
　둥 두 개를 세우고 지붕 없이 붉은
　살을 세워서 죽 박는다.
셰시니라 세우시니라.

현대역 정씨가 음식을 먹지 아니하다

정씨는 상주 사람이니 교리 권달수의 아내이다. 연산군 때에 폐비(윤씨)를 추존하려 하거늘 달수가 못한다고 하니 죽이었다. 정씨가 시골에서 (남편이 죽었다는) 기별을 듣고 울음을 그치지 아니하며 물도 아니 마시기를 두 달 넘더니 종에게 이르되 "내 어찌 즉시 죽지 아니하겠는가마는 차마 죽지 않은 것은 남편의 시체가 오거든 보아 장사지내고 나도 그 곁에 묻히려고 하였는데 내 원을 이루지 못하여서 기운이 이미 없으니 내가 죽으리로다." 하고 매우 울고 죽었다. 나라에서 달수는 도승지로 추증하고 정씨는 숙부인으로 봉하여 홍살문을 세우시었다.

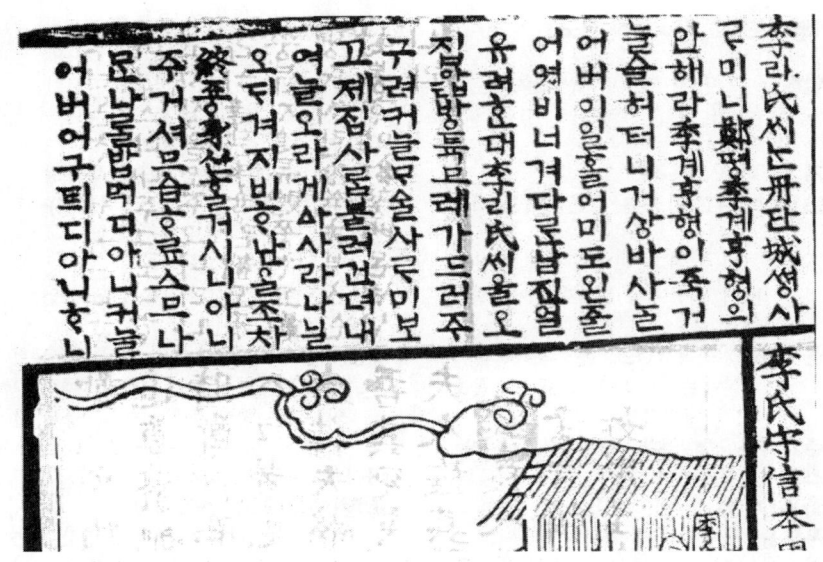

〈烈女圖 28ㄱ〉　　　　　　　　　李氏守信 本國

李리氏씨는 丹단城셩 사ᄅ미니 鄭뎡季계亨형의 안해라 季계亨형이 죽거늘 슬허터니 거상 바사늘 어버이 일 홀어미 도왼 줄 어엿비 너겨 다른 남진 얼유려 ᄒ대 李리氏씨 울오 집앏 방툭 므레 가 드러 주구려 커늘 ᄆ슬 사ᄅ미 보고 제 집 사ᄅᆷ 블러 건뎌 내여늘 오라게사 사라나 닐오ᄃᆡ 겨지비 ᄒ나흘 조차 終죵身신홀 거시니 아니 주거셔 므슴 ᄒ료 스므나ᄆᆫ 나를 밥 먹디 아니커늘 어버이 구틔디 아니ᄒ니<28ㄴ>☞라 李리氏씨 남진의 兄형의 ᄯᄅᆯ 더브러 사더니 어버이 말인대 ᄃᆡ답호ᄃᆡ 내 이를 의뢰홀 주리 아니라 주근 남진 위ᄒᆞ야 슈신호려 ᄒᆞ는 계교ㅣ라 싀어버이 다 늙더니 終죵身신도록 효도ᄒ더라

〈烈女圖 28ㄴ〉

李氏。丹城人。鄭季亨妻。季亨死。哀毀終喪。父母憐其早寡。欲奪志。李氏號哭。抵家前潴水自溺。里人適見之。呼其家人拯出。良久乃甦曰。婦人從一而終。不死何爲。不食數旬。父母知其志堅。不敢强。李氏取夫兄之女與居。父母禁之答曰。非欲賴兒生活。爲亡夫守信之計耳。姑舅俱年老。終身孝養

〈열녀도 28, 이씨수신 본국〉

사ᄅᆞ미니 사람이니.
안해라 아내이다. 이 책의 다른 곳에서는 '겨집'으로 나타난다.
슬허터니 슬퍼하더니. '슬허ᄒ더니'로도 표현함.
거상 居喪, 부모의 상을 치르고.
바사늘 벗거늘, 거상을 마치거늘.
　밧-[脫]+-아놀. '-아놀'의 '-아'는 타동사에 붙는 확인법어말어미.
　중세어에서는 대체로 '옷, 갇, 허물[殼]' 등 구체화된 사물을 벗는 경우는 '밧다', 추상적인 짐을 벗는 경우는 '벗다'로 구분하여 사용하였다.
　예) 오ᄉᆞᆯ 아니 바사(용92)
　　　罪를 버서(곡 78)
어버이 어버이가.
일 일찍이. 일찍.
홀어미 혼자 사는 어미, 과부.
도왼 줄 된 줄을, 된 것을.
　15세기 정음 창제 초기 문헌인 '용비어천가'에서만 'ᄃᆞ빙-'형이, 그 후 'ᄃᆞ외야(석9:16)~ᄃᆞ외여(두초8:64)'가 일반적으로 쓰였고, 15C 후기 이후 16C에서는 '도외야(두초25:51)~도외여(속삼,열1)' 등으로 어간이 변화하여 나타난다.
어엿비 가엾게, 불쌍히.
얼유려 얼게 하려, 교합하게 하려고, 시집 보내려고.
울오 울고. 어미 '오'는 'ㄹ' 아래에서 'ㄱ'약화.
집앏 집 앞. 앏→앒(8종성법).
방튝 방축, 제방.
므레 물에. 믈>물(원순모음화).
드러 주구려 들어가(=빠져) 죽으려고.
ᄆᆞᇫ 마을.
블러 불러.
건뎌 건져.
오라게사 오래 되어서야.
　오라+거+ㅣ(서술격)+사(강세)
사라나 살아나서.
ᄒᆞ나흘 하나를, 한 남편을. ᄒᆞ나ᄒ+올.
조차 좇아, 따라.
주거셔 죽어서.
므슴 무엇.
ᄒᆞ료 하리오. ᄒᆞ-+리+오(설명의문형).
스므나몬 이십여[二十餘].
　스믈+나몬[餘].
구틔디 강제로 시키지.
ᄯᆞᆯ 딸과. ᄯᆞᆯ[女息]+올(공동격).
더브러 -과 더불어.
사더니 살더니. 살-+더+니.
말인대 말리니.
주리 줄이, 것이.
슈신호려ᄒᆞᄂᆞᆫ 수신(守信)하려고 하는, 믿음(=약속) 지키려고 하는.
계교ㅣ라 계교이다. 꾀이다.

현대역 이씨가 믿음을 지키다

이씨는 단성 사람이니 정계형의 아내이다. 계형이 죽거늘 슬퍼하더니 거상을 벗거늘 어버이가 일찍 홀어미 된 것을 가엽게 여겨 다른 남자에게 혼인시키려 하니 이씨가 울고 집 앞 방축 물에 가서 들어(=빠져) 죽으려 하거늘 마을 사람이 보고 제 집 사람을 불러 건져 내었다. 오래되어서야 살아나 이르되 "아내는 하나(=한 남편)를 좇아 종신할 것이니 아니 죽어서 무엇 하겠는가?" 이십여 일을 밥 먹지 아니하거늘 어버이가 강제로 시집보내지 아니하였다. 이씨가 남편 형의 딸과 더불어 살았는데, 어버이가 말리니 대답하되 "내 이를 의지하는 것이 아니라 죽은 남편을 위하여 수신하려고 하는 계교이다."라 하였다. 시부모가 다 늙더니 종신토록 효도하더라.

* 조선국 시호(諡號) 및 중국 연호 대조표

재위 연도(기간)	干支	왕의 諡號(尊諡)[14]	묘호(廟號) 능호(陵號)	中國年號
1392~1398(7)	壬申~戊寅	태조 강헌 지인계운 응천조통 광훈영명 성문신무 정의광덕 고황제 太祖 康獻 至仁啓運 應天肇通 光勳 永命 聖文神武 正義光德 高皇帝	태조(太祖) 건원릉 (健元陵)	明 太祖 - 洪武25~洪武31
1398~1400(2)	戊寅~庚辰	정종 공정 의문장무 온인순효 대왕 正宗 恭靖 懿文莊武 溫仁順孝 大王	정종(定宗)	建文1(元年) ~建文2
1400~1418(18)	庚辰~戊戌	태종 공정 성덕신공 건천체극 대정계우 문무예철 성렬광효 대왕(26자) 太宗 恭定 聖德神功 建天體極 大正啓佑 文武叡哲 成烈光孝 大王	태종(太宗) 헌릉(獻陵)	建文4, 永樂1~永樂16
1419~1450(32)	己亥~庚午	세종 장헌 영문예무 인성명효 대왕 世宗 莊憲 英文睿武 仁聖明孝 大王	세종(世宗) 영릉(英陵)	永樂17~永樂22, 洪熙1, 宣德1~宣德10, 正統1~正統14, 景泰1
1451~1452(2)	辛未~壬申	문종 공순 흠명인숙 광문성효 대왕 文宗 恭順 欽明仁肅 光文聖孝 大王	문종(文宗) 현릉(顯陵)	景泰2~景泰3
1453~1454(2)	癸酉~甲戌	단종 공의온문 순정안장 경순돈효 대왕 端宗 恭懿溫文 純定安莊 景順敦孝 大王	단종(端宗) 장릉(莊陵)	景泰4~景泰5
1455~1468(14)	乙亥~戊子	세조 혜장 승천체도 열문영무 지덕융공 성신명예 흠숙인효 대왕 世祖 惠莊 承天體道 烈文英武 至德隆功 聖神明睿 欽肅仁孝 大王	세조(世祖) 광릉(光陵)	景泰6~景泰7, 天順1~天順8, 成化1~成化4
1468~1469(1)	戊子~乙丑	예종 양도 흠문성무 의인소효 대왕 睿宗 襄悼 欽文聖武 懿仁昭孝 大王	예종(睿宗) 창릉(昌陵)	成化4~成化5
1469~1494(25)	乙丑~甲寅	성종 강정 인문헌무 흠성공효 대왕 成宗 康靖 仁文憲武 欽聖恭孝 大王	성종(成宗) 선릉(宣陵)	成化5~成化23, 弘治1~弘治7
1494~1506(11)	甲寅~丙寅	諱는 융(㦕)	연산군(燕山君)	弘治7~弘治18, 正德1
1506~1544(39)	丙寅~甲辰	중종 공희 휘문소무 흠인성효 대왕 中宗 恭僖 徽文昭武 欽仁誠孝 大王	중종(中宗) 정릉(靖陵)	正德1~正德15, 嘉靖1~嘉靖23

---

14) 시호: 제왕이나 재상, 유현(儒賢)들이 죽은 뒤에, 그들의 공덕을 칭송하여 붙인 이름.

재위 연도(기간)	干支	왕의 諡號(尊諡)	묘호(廟號) 능호(陵號)	中國年號
1545(1)	乙巳	인종 영정 헌문의무 장숙흠효 대왕 仁宗 榮靖 獻文懿武 章肅欽孝 大王	인종(仁宗) 효릉(孝陵)	嘉靖24~嘉靖27
1546~1567(22)	丙午~丁卯	명종 공헌 헌의소문 광숙경효 대왕 明宗 恭憲 獻毅昭文 光肅敬孝 大王	명종(明宗) 강릉(康陵)	嘉靖27~嘉靖44, 隆慶1
1568~1608(41)	戊辰~戊申	선조 현문 의무 성경 달효 대왕 宣祖 顯文 毅武 盛敬 達孝 大王	선조(宣祖) 목릉(穆陵)	隆慶2~隆慶6, 萬曆1~萬曆36
1609~1622(14)	乙酉~壬戌	諱는 혼(琿)	광해군 (光海君)	萬曆37~萬曆48, 天啓1~天啓2
1623~1649(27)	癸亥~己丑	인조 헌문 열무 명숙 순효 대왕 仁祖 憲文 烈武 明肅 純孝 大王	인조(仁祖)	天啓3~天啓7, 崇禎1~崇禎15, 順治1~順治6
1650~1659(10)	庚寅~乙亥	효종 선문 장무 신성 현인 대왕 孝宗 宣文 章武 神聖 顯仁 大王	효종(孝宗)	順治7~順治16
1660~1674(15)	庚子~甲寅	현종 순문 숙무 경인 창효 대왕 顯宗 純文 肅武 敬仁 彰孝 大王	현종(顯宗)	順治17~ 康熙1~康熙13
1675~1720(46)	乙卯~庚子	숙종 장문 헌무 경명 원효 대왕 肅宗 章文 憲武 敬明 元孝 大王	숙종(肅宗)	康熙14~康熙59
1721~1724(4)	辛丑~甲辰	경종 덕문 익무 순인 선효 대왕 景宗 德文 翼武 純仁 宣孝 大王	경종(景宗)	康熙60, 雍正1~雍正2
1725~1776(52)	乙巳~丙申	영조 익문 선무 희경 현효 대왕 英祖 翼文 宣武 熙敬 顯孝 大王	영조(英祖)	雍正3~雍正13, 乾隆1~乾隆41
1777~1800(24)	丁酉~庚申	정조 문성 무열 성인 장효 대왕 正祖 文成 武烈 聖仁 莊孝 大王	정조(正祖)	乾隆42~乾隆60, 嘉慶1~嘉慶5
1801~1834(34)	辛酉~甲午	순조 문안 무정 헌경 성효 대왕 純祖 文安 武靖 憲敬 成孝 大王	순조(純祖)	嘉慶6~ 道光1~道光14
1835~1849(15)	乙未~己酉	헌종 경문 위무 명인 철효 대왕 憲宗 經文 緯武 明仁 哲孝 大王	헌종(憲宗)	道光15~道光29
1850~1863(14)	庚戌~癸亥	철종 문현 무성 헌인 영효 대왕 哲宗 文顯 武成 獻仁 英孝 大王	철종(哲宗)	道光30 咸豊1~咸豊11, 同治1~同治2
1864~1906(32)	甲子~丙午		고종(高宗)	同治3~同治13, 光緒1~光緒32
1907~1910(4)	丁未~庚戌		순종(純宗)	光緒33~光緒34, 宣統1~宣統2

* 續三綱行實圖 언해문의 대조 - 原刊本과 重刊本의 比較

```
孝子圖 1, 王中感天 本朝
```

原　<효자 1ㄱ>　[王]왕中듕·이·논　登등封봉　　:[사]·ᄅ·미:라
重　　　　　　　　왕듕이논　　　　등봉　　　　사ᄅᆷ이라

原 지·비 녀·름지·이ᄒ·고 [·그]·를 :몰·로·듸 性·셩·이 ᄀ[쟝 효]·도·롭더니
重 집이　녀름지이ᄒ고　　글을　　모로되　　　　　　ᄀ쟝 효도롭더니

原 ·어·미 죽[거]·늘 三삼年년 侍·씨墓모·ᄒ·야·딛 옷 닙·고 :나날 粥·쥭 머·그·며
重 엄이　　죽거늘　　삼 년　　시묘ᄒ야　　　딧옷 닙고 나날　　죽 멕[외]며

原 아ᄎᆞᆷ나죄 :울·오 祭·졔·ᄒ·며 머·리 비·서와 ·옷ᄀ·라 닙·디 아니터·라
重 앗ᄎᆞᆷ나조 울고　제ᄒ며　　　멀이 빗기와　옷ᄀ라　 닙디 아니[터]라

原 무·덤 겨·틱　·믈 :업·서 ·우·므·를 :네 :길·나마 포·딕 ·므·리 :업거·늘
重 무덤　곗틱　믈이 업서　우믈을　네　길나마　 ᄑ되　믈이　 업거늘

原 우·므를 횟도·라·절·ᄒ·야 하ᄂᆞ·ᄂᆞ·ᄂᆞ·의 블러 [:빈]·대 ·므·리 [소]·사나거·늘
重 우믈을 횟도라　절ᄒ야　 하ᄂᆞᆯᄭᅴ　　　블러 빈대 믈이　소사나거늘

原 ᄆᆞᄉᆞᆯ[·]히 ·호·딕　[孝:喜誠]셩·으·로 그·러·타 ·ᄒ더·라
重 ᄆᆞ올히　　호딕　　 효셩으로　　　 그러타　 ᄒ더라

原 洪홍[武]:무 저·긔　洪홍門몬　:셰·니[·라]
重 　홍[무　　저긔의]　홍문　　　셰니라

```
孝子圖 2, 周炳致獐 本朝
```

原　<효자 2ㄱ>　[周쥬炳:병·이]·논　無:무陽양　:사ᄅ·미·라
重　　　　　　　쥬병이논　　　　　무양　　　사ᄅᆷ이라

原 ·어·미 焦쵸氏·씨[을] 셤교·듸 ·지·그·기 :효·도·ᄒ·야
重 엄이　　쵸시을　　 셤기되　지극이　효도ᄒ야

原 ·치·움 더·움과 아ᄎᆞᆷ나죄 슯·펴:보·믈 禮:례·예 그르·디 아니터·니
重 치움　 더움과　 앗ᄎᆞᆷ나조 슯퍼보믈　 녜예　 그르디 아니터니

原 ·어·미 病뼝·이 딛거·늘 炳:병·이 슬허 하늘·ᄭᅴ 비·러
重 엄믜긔 병이 [밋]거늘 쥬병이 슬허 하늘ᄭᅴ 빌어

原 제 :모·모·로 代·ᄯᅵ身신·ᄒᆞ·야 지·라 터·라
重 제 몸으로 ᄃᆡ신ᄒᆞ야 죽거지라 ᄒᆞ더라

原 ·어·미 ·ᄯᅩ 놀·이 고기 먹·고·쟈 커·늘
重 엄이 ᄯᅩ 놀ᄂᆡ 고기을 먹고자 ᄒᆞ거늘

原 炳:병[이] 이러 ·뎌·러 ·가 :얻다·가 :몯·ᄒᆞ·야 더욱 ·셜·워·ᄒᆞ더·니
重 쥬병이 ᄉᆞ도로 엇다가 못ᄒᆞ야 더[우] 셜워ᄒᆞ더니

原 나조·ᄒᆡ 忽·홀然션·히 놀·이 ·제 지·븨 ·드[·러]·오·나·ᄂᆞᆯ
重 홀연히 놀ᄂᆡ 제 집의 들어오나ᄂᆞᆯ

原 자·바 ·어·미·를 머[·기]·니 病뼝·이 :됴·ᄒᆞ[·니]·라
重 잡아 엄이을 먹이니 병이 됴ᄒᆞ니라

原 :엳ᄌᆞ·바·ᄂᆞᆯ 洪ᅙᅩᆼ武:무[저긔 洪ᅙᅩᆼ門몬 :셰·니·라]
重 엿ᄌᆞ와 [홍무 적]의 홍문 셰니라

孝子圖 3, 趙娥復讎 本朝 - 原刊本 (보사)

原 <효자 3ㄱ> [趙]됴娥아ᄂᆞᆫ 酒쥬泉쳔 사ᄅᆞ미[라
重 조아ᄂᆞᆫ 쥬천 사름이라

原 아]비 安안이 ᄒᆞᄀᆞ올 李리壽슈의게 죽고
重 아비 ᄒᆞ고을 잇는 니슈의게 죽고

原 제 兄형弟뎨 세히 홈ᄭᅴ 病병ᄒᆞ야 죽거늘
重 제 형뎨 세히 홈ᄭᅴ 병ᄒᆞ여 죽거늘

原 趙됴娥아ㅣ 아븨 寃원讐슈를 갑디 몯ᄒᆞ야 셜워
重 됴애 아븨 원슈을 갑디 못ᄒᆞ야 셜워

原 술위예 댱 [둘로]고 ᄉᆞ매예 갈 녀허 나죄
重 술위예 댱 둘오고 ᄉᆞ매에 칼 더허 나직

原 李리壽슈를 都도亭뎡 앏픠 가 딜어 주기고
重 니슈을 도뎡 앏픠 가 딜너 죽이고

原 ᄀ올히 드러가 ᄂᆞ비츨 변티 아니ᄒᆞ야 니오ᄃᆡ
重 고을히 들어가 ᄂᆞ빗츨 변티 아니ᄒᆞ야 닐오되

原 아비 寃원讐슈를 ᄒᆞ마 갑ᄒᆞ니 罪죄를 니버지라 쳥ᄒᆞ대
重 아븨 원슈을 ᄒᆞ마 갑프니 죄을 니버시라 쳥호대

原 원이 法법을 늣추워 趙됴娥아를 노코져 ᄒᆞ더니
重 원이 법을 늣추어 됴아을 노코져 ᄒᆞ더니

原 趙됴娥아ㅣ 나가디 아니커늘 구틔여 지브로 도로 보내니
重 됴애 나가디 아니ᄒᆞ거늘 구틔여 집으로 도로 보내니

原 마초와 敕샤로 免면커늘 ᄀᆞ올히 嗟차歎탄ᄒᆞ야
重 맛초아 <효자3ㄴ>사로 면커늘 고을히 차탄ᄒᆞ야

原 돌해 사겨 ᄆᆞ을ᄒᆞᆯ 表보ᄒᆞ[니]라
重 돌해 사겨 ᄆᆞ을이 표ᄒᆞ니라

孝子圖 4, 仁厚廬墓 本國 - 原刊本 (보사)

原 <효자 4ㄱ> 尹윤仁인厚후ᄂᆞᆫ 河하陽양 사르미라
重 유인후ᄂᆞᆫ 하양 사름이라

原 나히 아홉인 제 아븨 거상 니버 侍시墓묘ᄒᆞ여늘
重 나히 아홉인 제 아븨 몽상 니버 시묘ᄒᆞ거늘

原 恭공定뎡大대王왕 朝됴애 엳ᄌᆞ와ᄂᆞᆯ 紅홍門문 셰니라
重 공뎡대왕 ᄭᅴ 엿ᄌᆞ와 홍문 셰니라

孝子圖 5, 姜廉鑿氷 本國

原 <효자 5ㄱ> [姜강]廉렴·이·ᄂᆞᆫ 安한邊변 :사ᄅᆞ·미·라
重 강념이ᄂᆞᆫ 안변 사름이라

原 永:영樂·락 져·긔 아[비] 病·뼝·ᄒᆞ·야 大·때小:숄便·뼌 不·블通통커늘
重 영낙 적의 아비 병ᄒᆞ야 대쇼변을 블통커늘

原 廉렴·이 벼·슬 브·리·고 侍:씨病·뼝·ᄒᆞ·야
重 념이 벼슬 브리고 시병ᄒᆞ야

原 ·손·소 분·지 받·내·믈 :네 ·히·도·록 그·치·디 아니·ᄒᆞ·야
重 손조 분지 받내기을 네 히 되도록 그치디 아니ᄒᆞ야

原 大·때便·뼌·을 맛·보·아 :됴·쿠·지·를 ·알·오·져 ·ᄒᆞ·더·라
重 대변을 맛보아 됴쿠즈믈 알고져 ᄒᆞ더라

原 아·비 ·또 브ᄉᆞ·럼 :내·엿·거·늘 醫희員원·이 닐·오·디
重 아비 쏘 브으름 내엿거늘 의원이 닐오되

原 :거·머·라·로 ·파·를 샬·아·면 :됴·ᄒᆞ·라·라·ᄒᆞ·야·늘 그제 [보야호·로·칩·더·니
重 거말이로 피 샬니면 도ᄒᆞ리라 ᄒᆞ야늘 그제 [보]야호로 칩더니

原 廉렴·이 [므]·레 ·가 :울·오 어·르·믈 :좃[고] :어·든·대
重 념이 믈에 가 울고 얼음을 좃고 어든대

原 忽·홀然[션·히·거]·머·리 :두·서·히 손까 <효자 5ㄴ>락·애 브[·터]
重 홀연히 거말이 두어히 손까락애 붓터

原 ·나·거·늘 가·져·다·가 브ᄉᆞ·르·믈 샬·인·대
重 나거늘 가다다가 브으 <효자 5ㄴ>름을 샬닌대

原 아·빈 病·뼝·이 :즉제 :됴·하 ·나·히 아[흔·다]·ᄉᆞ ·시·도·록 :사·니·라
重 아븨 병이 즉제 됴하 나히 아흔다ᄉᆞᆺ 되도록 사니라

原 :엳[·ᄌᆞ]·바·늘 紅홍門몬 :셰·니·라
重 엿ᄌᆞ와 홍문 셰니라

孝子圖 6, 德崇全孝 本國

原 <효자 6ㄱ> 金김德·덕崇슝·이·ᄂᆞᆫ 鎭·딘川쳔 :사·ᄅᆞ·미·라
重 김덕슝이ᄂᆞᆫ 딘션 사름이라

原 韓ᄒᆞᆫ山산 원 ᄒᆞ·야·셔 어·버·이·를 아ᄎᆞᆷ나죄 :몯 ·보·애·라 ·ᄒᆞ·야
重 한산 원 ᄒᆞ야셔 어버이을 앗ᄎᆞᆷ나조 몯 보매라 ᄒᆞ야

原 벼·슬 브·리·고 와 :효·도·를 ·지·그·기 ·ᄒᆞ·더·니 ·나·히 여:슌둘·헤
重 벼슬 불이고 와 효도을 지극이 ᄒᆞ더니 나히 여슌둘히

原 ·어·미 죽거·늘 三·삼年년 侍:씨墓·모홀 제 :미일 아촘나죄 祭·졔ᄒᆞ·고
重 어미 죽거늘 삼 년 시묘홀 제 미일 앗촘나조 졔ᄒᆞ고

原 아:비·를 ·와 :뵈·요·ᄃᆡ 비록 :눈·비 :와도 ·폐·티 아니터·라
重 아비을 와 뵈오되 비록 눈비 와도 폐티 아니ᄒᆞ더라

原 脫탏喪상ᄒᆞ·고 아븨 겨·틔 ·ᄠᅥ나·디 ·아니·ᄒᆞ·더·니
重 탈상ᄒᆞ고 아븨 겻틱 ᄠᅥ나디 아니ᄒᆞ야 더옥 효양ᄒᆞ더니

原 [공격] 莊장憲·헌大:때王왕·이 아름다·이 너·기·샤 수·울 고·기·와 ·ᄲᅮᆯ
重 장헌대왕이 아롬다이 녀겨 술과 고기와 ᄲᅮᆯ

原 주·시·니라 아비 죽거·늘 ·ᄯᅩ 侍:씨墓·모·ᄒᆞ야 슬·허 여·위·여
重 주시니라 아비 죽거늘 ᄯᅩ 시묘ᄒᆞ야 슬허 여위여

原 ᄲᅧ만 잇·더·니 그제 德·덕崇슝·의 ·나·히 닐·흔·둘·히어·늘
重 ᄲᅧ만 잇더니 그제 덕슝의 나히 닐흔둘히어늘 <효자 6ㄴ>

原 ᄆᆞ슬·히·호·ᄃᆡ 늘·거셔 喪상禮:례다·이 ᄒᆞ·면 샹ᄒᆞ·리·라 ·ᄒᆞ·야 말·인·대
重 ᄆᆞ을히 호되 늘거셔 거상을 녜대로 ᄒᆞ면 샹ᄒᆞ리라 ᄒᆞ야 말닌대

原 德·덕崇슝·이 :울·오 닐·오·ᄃᆡ 아비란 ·ᄒᆞᆫᄃᆡ 무·더두·고
重 덕슝이 울고 닐오되 아비란 ᄒᆞᆫᄃᆡ 무더두고

原 ·ᄌᆞ·시·기 지·븨 펴난히 이·쇼·ᄆᆞᆯ <효자 6ㄴ> ·ᄎᆞ·마·몯·ᄒᆞ·애·라·ᄒᆞ·더·라
重 ᄌᆞ식이 집의 편안히 시시믈 ᄎᆞ마 못ᄒᆞ리로다 ᄒᆞ더라

原 새배 니·러 의·식 무·덤 [앏]·픠·가 :울·오 脫·탏喪상ᄒᆞ·고도 더·욱 슬·코
重 새배 닐어 반ᄃᆞ시 무덤 압픠 가 울고 탈상ᄒᆞ고도 더옥 슬허

原 ·그·려 어버·의 샹·녜안·썬·ᄃᆡ·를·보·와·ᄃᆞᆫ 恭공敬·경호·ᄆᆞᆯ :산 ·젹·ᄀᆞ·티
重 그려 어버의 샹녜 안썬 ᄃᆡ을 보와ᄃᆞᆫ 공경호을 산 젹ᄀᆞ티

原 ᄒᆞ·며 ·ᄯᅩ 祀[ᄊᆞ]堂땅·애 아촘나죄 의·식 절ᄒᆞ·고 朔:삭望·망祭:졔·와
重 ᄒᆞ며 ᄯᅩ ᄉᆞ당애 앗촘나조의 반ᄃᆞ시 절ᄒᆞ고 삭망졔와

原 薦·쳔新신[을] ·궐·티 아니ᄒᆞ·며 :일 잇거·든 의·식 告·골홀 :후에·ᅀᅡ
重 쳔신을 궐티 아니ᄒᆞ며 일이 잇거든 반ᄃᆞ시 고혼 후에야

原 ·ᄒᆞ·더·라 죽거·늘 :두 [·아]·ᄃᆞᆯ 벼·슬:히·시·고무·덤·의 碑비 :셰·시니·라
重 힝ᄒᆞ더라 죽거늘 두 아ᄃᆞᆯ 벼슬ᄒᆡ이시고 무덤의 비 셰니라

孝子圖 7, 韓述疏食 本國

原　　<효자 7ㄱ> 生싱員원 韓한述슗ᄭᅮᆫ 廣:광州쥬ㅣ :사ᄅᆞ미라
重　　　　　　　싱원　　　한구는　　　광쥬　　사ᄅᆞ미라

原 다ᄉᆞᆺ :서·레 아비 죽고 ·ᄌᆞ라셔 ·어·미 죽거늘 아비·와 ᄒᆞᆫᄃᆡ 묻고
重 다ᄉᆞᆺ 서레 아비 죽[고] ᄌᆞ라셔 엄이 죽거늘 아비와 ᄒᆞᆫᄃᆡ 못고

原 여ᄉᆞᆺ ·ᄒᆡ·를　侍:씨墓·모·호·ᄃᆡ　祭졔服·복　밧·디　아니ᄒᆞ·며
重 여ᄉᆞᆺ 히을　　　시묘호되　　　졔복　　벗씨　아니ᄒᆞ며

原 사오나온·밥·애·믈만·마시·고 ᄂᆞ물 果·과實·씷 먹·디 아니·코
重 사오나온 밥애 믈만 마시고 ᄂᆞ물과 실과을 먹디 아니ᄒᆞ고

原·손소 祭·졔奠·뎐·의·차반 ᄆᆡᆼᄀᆞᆯ·며·사ᄅᆞᆷᄃᆞ려:말ᄒᆞᆯ·졔·니·내·디 아·니·ᄒᆞ·야
重 손조　　　졔뎐의　　　차반 ᄆᆡᆼ[ᄀᆞᆯ]며 사ᄅᆞᆷᄃᆞ려 말ᄒᆞᆯ 졔 니 내디 아니ᄒᆞ야

原:내·내 우러 거상 :디·내·오 ᄒᆞᆫ 번·도 지·븨 가·디 아니ᄒᆞ·니·라
重 내내 우러 거상 디내고 ᄒᆞᆫ 번도 집의 가디 아니ᄒᆞ니라

原 正·졍統·통 저·긔　:엳·ᄌᆞ·와·늘　紅홍旌문門문　:셰·니·라
重 　졍통　　적의　　엿ᄌᆞ와늘　　홍문　　셰니라

孝子圖 8, 正命分鼊 本國

原　　<효자 8ㄱ> 安안正·졍命·명·이·는　昌챵平평　:사ᄅᆞ미·라
重　　　　　　　안졍명이ᄂᆞᆫ　　　챵평　사ᄅᆞ미라

原 아·븨 거상·ᄒᆞ·야[셔]　侍:씨墓·모　三삼年년·ᄒᆞ·야
重 아븨　거상 닙어　　　시묘　　삼 년 살며

原 ᄂᆞ·물·와 果:과實·씷·도[·]먹·디 아니ᄒᆞ·며 슬허·호·믈 禮·례·예 너무·ᄒᆞ·더·라
重 ᄂᆞ물과　실과을　먹디 아니ᄒᆞ며 슬허홈을 녜예 너무 ᄒᆞ더라

原 어·미 오래 病·뼝·ᄒᆞ·야 머리 빗·디 :몯ᄒᆞ·니
重 엄이 오래 병드러 머리 빗디 못ᄒᆞ여

原·니 하 므·러 ᄇᆞ·려·워 :셜·워커·늘 正·졍命·명·이 제 머리·를 ·퍼 ·어·믜
重 니 하 무러 ᄇᆞ려워 셜러ᄒᆞ거늘 　졍명이　제 머리를 플어 엄의

原 머·리·예 대·혀 그 ·니·를 올·마오·게 ·ᄒᆞ·더·라
重 머리에 다혀 그 니을 올마오게 ᄒᆞ더니

原 ·쏘 病·뼝·의 :됴·쿠·지·를 :알·오·져 ·ᄒᆞ·야 大·때便·뼌·을
重 쏘 병의 됴쿠즘을 알고져 ᄒᆞ여 대변을

原 ·맛·보더·니 죽거·늘 侍·씨墓·모ᄒᆞ·며 슬·허호·믈 몯젓 거상·ᄀᆞ·티 ·ᄒᆞ·더·라
重 맛보더니 죽거늘 시묘 살며 슬허홈을 몬젓 거상ᄀᆞ티 ᄒᆞ더라

孝子圖 9, 延守劫虎 本國

原 <효자 9ㄱ> 朴·박延연守:슈·ᄂᆞᆫ 靈령山산 :사ᄅᆞ·미·라
重 박연슈ᄂᆞᆫ 녕산 사름이라

原 ·나·히 ·열:네·힌 ·제 아·비 조·차 :뫼헤 ·가 나모 버·히·고 받 딩·ᄀᆞ더·니
重 나히 열네힌 제 아비 좃차 모해 가 나모 버히고 밧 딩ᄀᆞ더니

原 아·비:버·믜·게자·피·여 ·가거·늘 延연守:슈ㅣ ·왼·소·노·로 아·빅·발 잡·고
重 아비 범의게 자피여 가시늘 연슈 왼손으로 아븨 발잡고

原 올·ᄒᆞᆫ·소·노·로 ·나·ᄃᆞᆯ 횟두루·며 버·믈 저·티·고 미조·차 쯱·이·여
重 올흔손으로 낫을 횟쑤르며 범을 저히고 미좃차 쯱이여

原 二·싀三삼百·빅 步·뽀ㅣ 나 ·가 아·빅 屍시體:톄·를 아·사 ·오 나·늘
重 두 빅 보나 가 아븨 [시톄]을 아사 오나늘

原 景:경泰·태 乙·ᄋᆞᆯ 亥:ᄒᆡ·예 紅쭝門몬 :셰·니·라
重 경태 을히예 홍문 셰니라

孝子圖 10, 克一馴虎 本國

原 <효자 10ㄱ> 金김克·[큭]一·잃·이·ᄂᆞᆫ 金김海:ᄒᆡ :사ᄅᆞ·미·라
重 김극일이ᄂᆞᆫ 김해 사름이라

原 性·셩·이 ·지·그·기 :[효]·도롭더·니 ·어·미 :위·ᄒᆞ·야 브ᅀᅳ름 ·셜·며
重 셩이 지극히 효도롭더니 엄이 위ᄒᆞ야 브으믈 셜며

原 아·비:위·ᄒᆞ·야 大·때便·뼌·을 ·맛·보·며 侍·씨墓·모·를 여·슷·ᄒᆡ·를 ᄒᆞ·니·라
重 아비 위ᄒᆞ야 대변을 맛보며 시묘을 여슷 희룰 사더니

原 ·버·미 무·덤 겨·틔 ·와 삿기 ·치·거·늘
重 범이 무덤 겻틔 와 사끼 치거늘

原 祭·졔 믈론 거슬 ·주어 머·교· 짐즘싱 ·치·· 시 ·ㅎ·더·라
重 졔ᄒ고 무로온 거슬 주어 먹이되 집즘싱 치ᄃᆺ ᄒ더라

原 아·비 妾·쳡 :둘·히 잇거·늘 셤·교·ᄃᆡ 아비 사라 이실 적·ᄀᆞ·티·ᄒᆞ·더·니
重 아븨 쳡 둘히 이시니 셤기되 아비 사라 이실 적ᄀᆞ티 ᄒ더니

原 죽거·늘 :다 期끠年년 거상ᄒᆞ·니·라
重 죽거늘 다 긔년 거상 닙으니라

原 天텬順슌·甲갑申신·에 :엳·ᄌᆞ·바·ᄂᆞᆯ 紅홍門몬 :셰·니·라
重 텬슌갑신에 엿ᄌᆞ와 홍문 셰니라

孝子圖 11, 梁郁感虎 本國

原 <효자 11ㄱ> [梁량]郁·>>후ㄱ·이·ᄂᆞᆫ 山산陰음 :사ᄅᆞ·미·라
重 냥욱이ᄂᆞᆫ 산음 사ᄅᆞ미라

原 父·뿌母·모 ·위ᄒᆞ야 여ᄉᆞᆺ ·히 侍·씨墓·모 ᄒᆞ니·라 ᄒᆞᆰ과 ·돌 홀 ·지여 무덤
重 부모 위ᄒᆞ야 여ᄉᆞᆺ 히 시묘 사더니 ᄒᆞᆰ과 [돌ᄒ] 지어 무덤

原 밍ᄀᆞ더·니 ᄒᆞᄅᆞᆺ 바·ᄆᆡ 무덤:뒤·헤·울·에·ᄀᆞ·튼 소·리 잇거·늘 보·니
重 밍ᄀᆞ더니 ᄒᆞ[ᄅᆞᆺ]밤의ᄂᆞᆫ 무덤 뒤헤 울에 ᄀᆞᆺ튼 소리 잇써늘 보니

原 ·큰 :버·미 ·싸ᄒᆞᆯ 벋·듸·고 ·큰 :돌 :세·흘 무덤ᄉᆞ·애 구·려오·니
重 큰 범이 싸ᄒᆞᆯ 벗드듸고 큰 돌 세흘 무덤ᄉᆞ애 [구]우려오니

原 :사ᄅᆞ·미 ·호·ᄃᆡ 孝·횰誠셩·을 感:감動·동·ᄒᆞ·야 그러·타 ·ᄒᆞ·더·라
重 사ᄅᆞ미 호되 효셩을 감동ᄒᆞ야 그러타 ᄒᆞ더라

原 :엳·ᄌᆞ·바·ᄂᆞᆯ 紅·홍門몬 :셰·오 벼·슬 :히·시·니[·라]
重 엿ᄌᆞ와 홍문 셰고 벼슬 히이시니라

孝子圖 12, 信之號天 本國

原 <효자 12ㄱ> 別·뼗侍·씨衛·위 黃횡信·신之·는 高골城셩 ·사ᄅ·미·라
重　　　　　　별시위　　　황신지는　　　고셩　　　사름이라

原 孝·횰誠셩·이 ·지·극더·니 ·어·미 ·나·히 닐·흔 아홉·인 ·졔病·뼝·이 되·야
重　　 효셩이　　지극ᄒ더니 엄이 나히 닐흔 아홉인 졔 병이 　디터

原 氣:긔絶·쪓·ᄒ·거·늘 信·신之·지 아나·셔 하늘 브르·고 목·숨·을 :빈·대
重　　 긔졀ᄒ거늘　　　 신지　 안아셔 하늘을 브르고 목숨을 빈대

原 사 ᄒᆞᆺ·날:재 다시 사라 ·열흔 ·희:재 죽거·늘
重　 삼 일 안의 다시 사라셔 열흔 　희만의　 죽거늘

原 送·숑葬·장祭·졔[奠뎐]·을 精졍誠셩·으로 ·ᄒ·야 終죵身신·토·록 슬허 ᄒ·니
重　　 송장 졔뎐을　　　　 졍셩으로　　 보ᄒ야 죵신토록　 슬허 ᄒ더니

原 :엳·ᄌ·바·늘 :두번 벼·슬·ᄒ·샤·ᄃᆡ 오·디 아·니·ᄒ·니·라
重　 엿ᄌ와늘　 두 번 벼슬ᄒ이시되　 오디　아니ᄒ니라

孝子圖 13, 邦啓守喪 本國

原 <효자 13ㄱ> [金김邦방]啓·계:는 星셩州[쥬] l :사ᄅ·미·라
重　　　　　　　김방계는　　　 셩쥬　　 사름이라

原 어버·의 거[상]·을 니·서 닙고 ·또 ·하나·븨 [거]상·을 :되·상·ᄒ·야
重　 어버의　 거상을　 니어 닙고 쏘　 하나븨　 거상을　　 닙어

原 아홉 ·히[를] 侍·씨墓·모·ᄒ·야·셔 ᄒ 번[도] 지·븨 오디 아니·ᄒ·더·니
重　 아홉 히을　　 시묘사라　　　ᄒ 번도 집의 오디 아니ᄒ더니

原 <효자 11ㄱ> [梁량]郁·>>후ㄱ·이·는 山산陰흠 :사ᄅ·미·라
重　　　　　　　　 냥욱이는　　 산음　　 사름이라

原 [:엳]·ᄌ·바·늘 紅훙門몬 :셰·니[·라]
重　 엿ᄌ와늘　 　 홍문　　 셰니라

孝子圖 14, 玉良白棗 本國

原　<효자 14ㄱ> 鄭·뎡玉·옥良·량·이·는　三삼嘉가 ㅣ　:사ᄅ·미·라
重　　　　　　　뎡옥냥이는　　　삼가　　　사ᄅᆷ이라

原　河하陽양 縣·현監감·ᄒ·얏더·니　:셩·이 ·지·그·기 ·효:도·로·아 :가
重　　하양　　　현감ᄒ엿더니　　　텬셩이 지극히　효도로와　가

原　벼·슬 말·오 本·본鄕향·의 ·어·미·를 孝:효養·양·ᄒ·더·니 ·어·미 죽거늘
重　벼슬 말고　　본향의　엄이을　　효양ᄒ더니　　엄이 죽거늘

原　送·송葬·장·이·며　祭·졔祀·ᄉ를　禮:례다·이　ᄒ·며
重　　송장ᄒ며　　　졔ᄉ을　　　녜로써　　ᄒ며

原　祠ᄉ堂땅·애　아ᄎᆞᆷ나죄　飯·빤祭·졔·호·믈　죽·도·록　ᄒ·니
重　　ᄉ당애　　앗ᄎᆞᆷ나조　　뫼졔호믈　　　죽도록　　ᄒ니

原　祠ᄉ堂땅 겨·틔·힌 大·때棗·좋 나모 닐·굽 :되 忽·훓然·션·히 ·나·거·늘
重　　ᄉ당 곁틔 흰　　대쵸 나무 닐곱 뒤　홀연이　　나거늘

原　:사ᄅ·미　닐·오·딕　孝·효誠·셩·으·로　·그·러타　·ᄒ·더·라
重　사ᄅᆷ이　닐오되　　효셩으로　　　그러타　　ᄒ더라

孝子圖 15, 今之撲虎 本國

原　<효자 15ㄱ> 今금之지·는　晋·진州쥼 ㅣ　百·ᄇᆡᆨ姓·셩의　·ᄯ·리·라
重　　　　　　　금지는　　　진쥬　　　[ᄇᆡᆨ셩]의　ᄯᆞ리라

原　·나·히　·열:둘·힌 ·제 ·어·미 조·차 :묏바·틔 ·가 기·슴 ·ᄆᆡ·다·가
重　나히　열둘힌　제　엄이 조차 묏밧틔 가 기음　ᄆᆡ다가

原　·어·미　·버·믜게 자피여·늘 今금之지 ᄒᆞᆫ 소·노·로 ·어·미 잡고
重　엄이　범의게 잡피여늘　　금진　　ᄒᆞᆫ 손으로　엄이　잡고

原　ᄒᆞᆫ 소·노·로　호·믜 자바 :버믈 ·틔·며 ᄀᆞ·장 브·르·지·지·고
重　ᄒᆞᆫ 손으로　홈믜을 잡아 범을 틔여 ᄀᆞ장 블으지지고

原　百·ᄇᆡᆨ步·뽀 ㅣ ·나 가·니 :버·미 ᄇᆞ·리·고 ·니·거·늘 주거·믈 지·븨
重　　ᄇᆡᆨ 보나　　가니 범이 ᄇᆞ리고　가거늘　주검을　집의

原 [가]·져다가 두고 :새·도·록 아나셔 :울오·오·슬·프·라 棺관·사 무드니·라
重   가져다가 두고 새도록 안아서 울고 옷슬 프라 관을 사 무드니라

原 :엳즈·바·늘   紅鸚門몬 :셰니·라
重   엿즈와늘   홍문   셰니라

孝子圖 16, 漢老嘗痢 本國

原 <효자 16ㄱ> 田뎐漢·한老:롱·는 石·셕城·셩   :사ᄅᆞ·미·라
重   뎐한노는   셕성   사ᄅᆞᆷ이라

原 ·나·히 아·홉 :서·레 아·비 즈[최]·움 :어·더·늘 漢·한老:롱ㅣ
重 나히   아홉인 제   아비   니질을   어더늘   한뇌

原 大·때便·뼌·을 ·맛·보더·니 죽거·늘 三삼年년 侍:씨墓·모ᄒᆞ·고 소곰·이·며
重   대변을   맛보더니   죽거늘   삼 년   시묘ᄒᆞ고   소금과

原 ᄂᆞ·믈·흘 먹·디 아·니터·라 ·열·세·헤·어·미 죽거·늘 ·ᄯᅩ그:양오·로 ᄒᆞ·더·니
重 ᄂᆞ믈을 먹디 아니ᄒᆞ더라 열 세헤 엄이 죽거늘 ᄯᅩ ᄒᆞᆫ갓티 ᄒᆞ더니

原 :엳·즈·바·늘 벼[슬]: 히·시니·라
重   엿즈와늘   벼슬 ᄒᆞ이시니라

孝子圖 17, 祿連療父 本國

原 <효자 17ㄱ> 李:리祿·록連련·이·는 居거昌챵 :사ᄅᆞ·미·라
重   니녹년이는   거챵   사ᄅᆞᆷ이라

原 ·나·히 아·홉 :서·레 아·비 :모·딘 病·뼝 :어·더·늘 손까락·을 버·혀
重 나히 아홉인 제 아비 사오나온 병   어더늘   손까락을   버혀

原 藥·약·애 섯·거 머기·니 病·뼝·이 :됴·ᄒᆞ·니·라
重   약에   섯써   먹이니   병이   됴ᄒᆞ니라

原 :엳·즈·바·늘 紅鸚門몬 :셰·니·라
重   엿즈와늘   홍문   셰니라

孝子圖 18, 乙時負父 本國

原　<효자 18ㄱ> 金김乙·흐ᅟᅳᆯ時씨·는　昌챵城셩　:사ᄅᆞ·미·라
重　　　　　　　김을시는　　　창성　　사름이라

原 城셩 [·]안·해·셔　·블나　제 지·비　니·러　븓거·늘
重　성　동에셔　　블이나　제 집이　니어　븟거늘

原 아비　病뼝ᄒᆞ·야 니·러나디 :몯·더니 乙·흐ᅟᅳᆯ時씨 ·브·레 드·라드·러
重 아비　병ᄒᆞ야　닐어나디 못ᄒᆞ더니　을시　블에 ᄃᆞ라드러가

原 아비 어·버:내·다가 어·비 아ᄃᆞ·리 ·브·레 :다 주·그니·라
重 아비　업어내다가　부지　　　　　블에　다 죽으니라

原 엳·ᄌᆞ·ᄫᆞ늘　·블 ·주시·고 紅홍門몬 :셰·니·라
重 엿ᄌᆞ와늘　　블 주시고　홍문　　셰니라

孝子圖 19, 二朴追虎 本國

原　<효자 19ㄱ> 朴팍云운·이·는　昌챵寧녕　:사ᄅᆞ·미·라
重　　　　　　　박운이는　　　챵녕　　사름이라

原 ·나히 :열 :네·히오 ·제 아ᅀᆞ 云운山산이·는 ·나히 여·듧·이러·니
重 나히　열 네히오 제 아ᄋᆞ　운산이는　　나히 여듧이러니

原 제 아비 :버·미·게 자·피·여·가거·늘 朴팍云운·이 쟈근 :도·치 가지·고
重 제 아비 범의게 자피여 가거늘　박운이는 쟈근 도치 가지고

原 云운山산이·와 ᄲᅩᆯ·와 셜·ᄒᆞ나 ᄆᆞᆫ거·ᄅᆞ·미·나 가며
重 운산이와 범을 ᄲᅩ와 삼 십여 보을　　나가며

原 ·하ᄂᆞᆯ [브]르·며 ·하 ·운·대 :버·미 ᄇᆞ·려·늘 朴팍云운·이·는 주검 지·고
重 하늘을 블으며 하 운대 범이 ᄇᆞ리거늘　박운이는 　주검을 지고

原 云운山산이·는 :도·치 가지·고 미조·차 오·니
重 　운산이는　도치 가지고　조차 오니라

原 :엳·ᄌᆞ·ᄫᆞ늘 紅홍門몬 :셰·니·라
重 　엿ᄌᆞ와늘　　홍문　셰니라

孝子圖 20, 思用擔土 本國

原　<효자 20ㄱ> [全]젼思ᄉ用용이·ᄂᆞᆫ　井:졍[邑]·흡　·사ᄅᆞ·미·라
重　　　　　　　　전ᄉ용이ᄂᆞᆫ　　　　졍읍　　　사름이라

原 ·나히 ·열 :둘·헤 ·어·미 죽거·늘 흘·기·며 :돌[·흘 지]여 ·무·덤 밍·ᄀᆞ더·니
重　나히　열　둘헤　엄이　죽거늘　홁이며　돌흘　지겨　무덤　밍ᄀᆞ더니

原　:엳·ᄌᆞ·ᄫᅡ·ᄂᆞᆯ　紅萼門몬　:셰·니·라
重　　엳ᄌᆞ와ᄂᆞᆯ　　　홍문　　　셰니라

孝子圖 21, 龜孫吮癰 本國

原　<효자 21ㄱ> 金김龜귀孫손이·ᄂᆞᆫ　賤:쳔人·ᅀᅵᆫ·이·니
重　　　　　　　　김귀손이ᄂᆞᆫ　　　　쳔인이니

原　開[킈]城셩府:부 :사·더·니 져·머·셔 ·어·미 주·것[더]·니
重　　킈셩부　ᄯᅡ히셔　사더니　져머셔　엄이　죽엇ᄂᆞᆫ디라

原 ·ᄌᆞ라슬·허 ·그·려 神씬主:쥬·를 밍·ᄀᆞ·라 두·고 아ᄎᆞᆷ나죄 祭·졔·ᄒᆞ·더·라
重　ᄌᆞ라　슬허　그려　　신쥬을　　밍ᄀᆞ라　두고　앗ᄎᆞᆷ나조　졔ᄒᆞ더라

原　아·비·와 :훗·어·미 셤교·ᄃᆡ　ᄀᆞ·쟝 :효·도·ᄒᆞ·더·니
重　아비와　　훗엄이　　셤기되　ᄀᆞ쟝　　효도ᄒᆞ더니

原　아·비　·죵·긔·를　:내·여　ᄀᆞ·쟝　:셜·워커·늘
重　아비　　죵긔을　　내여　　ᄀᆞ쟝　셜워ᄒᆞ거ᄂᆞᆯ

原　龜귀孫손·이 ·싼·니 :됴·ᄒᆞ·니·라　　죽거·늘　侍:씨墓·모·ᄒᆞ·며
重　　귀손이　　싼니　　됴ᄒᆞ니라　　후에　죽거늘　　시묘ᄒᆞ며

原 :미·실 아ᄎᆞᆷ나죄 祭·졔·ᄒᆞᆫ :후·에 ·와 繼·계母·모·ᄅᆞᆯ :뵈·오
重　미일　앗ᄎᆞᆷ나조　제ᄒᆞᆫ　후에　　　계모을　　　가뵈고

原　머·글 것·들 숨·펴보·고 侍:씨墓·모幕막애 도·라가·더·니
重　먹을　거슬　솗펴보고　　　녀막으로　　도라가더니

原 ·이·리 ·호·믈 三삼年년을 그·치·디 아니터<효자 21ㄴ>·라
重　일이　호믈　　삼 년을　　긋치디　아니ᄒᆞ더라

原 :엳·ᄌᆞ·ᄫᅡ·ᄂᆞᆯ 紅홍門몬 :셰:고   復·뽁戶호ᄒᆞ·시·니·라
重   엿ᄌᆞ와ᄂᆞᆯ   홍문   셰<효자 21ㄴ>고   복호ᄒᆞ시니라

孝子圖 22, 叔咸侍藥 本國

原 <효자 22ㄱ> 崔최叔슉咸함·이·ᄂᆞᆫ 稷·직山산 :사ᄅᆞ·미·라
重   최슉함이ᄂᆞᆫ   직산   사름이라

原 咸함悅엻 ·ᄯᅡ해 :사더니 ·큰 時씨病·뼝에 ·어·미 病·뼝·이 :되·어·ᄂᆞᆯ
重   함열   ᄯᅡ희셔 사더니 큰   시병에   엄의   병이 [이]러써ᄂᆞᆯ

原 아·비·와   형·과   아ᅀᆞ·들·흔 :다   避·삐接·졉나·고
重   아비와   형과   아ᅀᆞ들흔   다   피졉나고

原 叔·슉咸함·이 호·ᅀᅡ·셔 侍:씨病·뼝ᄒᆞ·며 ·어·[미] 大·때便·뼌·을 ·맛보·니
重   슉함이   혼자   시병ᄒᆞ며   엄의   대변을   맛ᄡᅩ매

原 ·ᄡᅳ[다]·니 果:과然션 病·뼝·이 ·됴·ᄒᆞ·니·라
重   ᄡᅳ더니   과연   병이   됴ᄒᆞ니라

原 :후·에 어·미 죽거·ᄂᆞᆯ 아·비 子:ᄌᆞ息·식·의·게 田뎐地·띠
重   후에 엄이 죽거ᄂᆞᆯ 아비 ᄌᆞ식의게   뎐디

原 奴노婢:삐·를 [ᄂᆞᆫ]·호·아 :주·려 ᄒᆞᆫ·대
重   노비을   ᄂᆞ화   주려   ᄒᆞᆫ대

原 叔슉咸함·이 :다 사·오·나온 받·과 늘·근 :죵·을 제 모·긔 :내·오
重   슉함이ᄂᆞᆫ 다 사오나은   밧과 늘근 죵을 제 목의 내고

原 그 나·ᄆᆞ·니·란 兄형弟:뗴·를준·대 ᄆᆞᄋᆞᆯ :사<효자 22ㄴ>ᄅᆞ·미닐·오·ᄃᆡ
重 그 남으닐   형뎨을   주대   ᄆᆞᄋᆞᆯ 사름이   닐오ᄃᆡ

原 :녜 庚:유黔검婁·롱·와 薛·셜包볼·이 :힝·뎍·을 千쳔載·ᄌᆡ·[에]:울·워·더·니
重   녜 유검누와   셜포의   ᄒᆡᆼ실을   뎐지예   울어더니

原   ·ᄒᆞ·믈·며 ᄒᆞ나·히 겸ᄒᆞᆯ·셔 ·ᄒᆞ·더·라
重 <효자 22ㄴ> ᄒᆞ믈며 ᄒᆞᆫ사름이 겸ᄒᆞᆯ셔 ᄒᆞ더라

孝子圖 23, 閔文圖形 本國

原　<효자 23ㄱ> 卜·복閔·윤文문·이·는　全젼州쥬ㅣ　:사ᄅᆞ·미·라
重　　　　　　　　　[복]윤문이는　　　　　　 견쥬　　　 사름이라

原　父·뿌母:모·의　거상　니·버　여·슷　·히·를　侍:씨墓·모·ᄒᆞ·야
重　　부모의　　 거상　 닙어　 여슷　 히을　　 시묘ᄒᆞ여

原 슬·허　여·위·여　쎠[만] 이·셔　病·뼝·드·러쩌·니　脫·탏喪샹ᄒᆞ·고
重 슬허　 여위여　 쎠만 이셔　 병[드]럿써니　　 탈상ᄒᆞ고

原　어버·ᄉᆡ　양·ᄌᆞ·롤　·그려두고　아춤나죄　飯·빤祭졔:ᄒᆞ·야
重　어버[의]　얼구를　　 그려두고　 앗춤나조　　뫼 졔ᄒᆞ야

原　精졍誠쎵·이　·지·극·ᄒᆞ·야　게을우미　:업·스·니
重　　정성이　　 지극ᄒᆞ여　　 게일음이　 업더니

原　:열·ᄌᆞ·바·ᄂᆞᆯ　　　　褒봏奬쟝·ᄒᆞ·시니·라
重　 엿ᄌᆞ와ᄂᆞᆯ　 홍문 셰고　 표[쟝]ᄒᆞ시니라

孝子圖 24, 得仁感倭 本國

原　<효자 24ㄱ> 金김得·득人ᅀᅵᆫ·이·는　東·동萊래ㅣ　:사ᄅᆞ·미·라
重　　　　　　　　 김득인는　　　　　 동ᄂᆡ　　　 사름이라

原　·나히　져머셔　아비 죽거·늘　지·비　艱간難난·ᄒᆞ·ᄃᆡ
重　 나히　 져머셔　아비 죽거늘　 집이　 간난ᄒᆞ되

原　·어·미　孝[횽]養·양·호ᄆᆞᆯ　·지·그·기　·ᄒᆞ·더·니
重　 엄이　 효양홈을　　　　 지극히　　 ᄒᆞ더니

原　·어·미　죽거·늘　侍:씨墓·모　三삼年년　ᄒᆞᆫ　·후·에
重　 엄이　 죽거늘　 시묘　　　 삼 년　　 산　 후에

原 아비를　어·믜　·墳[분]墓·모ㅅ　겨틔　遷쳔葬·장ᄒᆞ·고
重 아비을　 엄의　 분못　　　　 겻틔　 천장ᄒᆞ고

原　쏘　三삼年년　侍:씨墓·모ᄒᆞ니
重　 쏘　 삼 년　　 시묘ᄒᆞ니

原 :대·되 거상을 아홉 ·히를 ·ᄒᆞ·니·라
重 대되 거상을 아홉 히를 닙으니라

原 마초·와 녀·름 사오나와 釜·[브]山산·개: 예들히 ᄒᆞ·터·나·와
重 맛초와 히줄여 부산개예 예노들이 흐터나와

原 도즉·ᄒᆞ·다·가 得득仁신·의 侍:씨墓:모ㅅ幕막:애 ·와 보·고
重 도적ᄒᆞ다가 득인이 시묘막애 와 보고

原 그 誠셩孝·횰]를 感:감激·격·ᄒᆞ·야
重 그 정셩된 효도을 감격ᄒᆞ야

原 嗟<효자 24ㄴ> 차嘆·탄ᄒᆞ·고 간 :후에
重 차탄ᄒᆞ고 간 후에

原 잇·다·감 머·육과 ·ᄡᆞᆯ·와 香향과 가져다·가 ·주·더·라
重 잇다감 머육과 ᄡᆞᆯ과 향을 가져다가 주더라

原 康강靖:졍大·대王왕 朝됴애 벼슬 ᄒᆞ·시·니·라
重 <효자 24ㄴ> 강졍대왕 됴에 벼슬 ᄒᆞ이시니라

孝子圖 25, 友明純孝 本國

原 <효자 25ㄱ> 同동知디中듕樞츄 河하友:우明명·이·ᄂᆞᆫ 晋·진州쥬ㅣ
重   하우명이는 진쥬

原 :사ᄅᆞ·미·니 領:령議·의政·졍 河하演·연 아ᄃᆞ·리·라
重 사름이니 녕의졍 하연의 아들이라

原 仁신川쳔 ᄀᆞ올 ·짜 蘇소來ᄅᆡ산 미·틔 :사더·니
重 인쳔 고을 짜 소릭산 알에셔 사더니

原 ·어·미·를 ·지·그·기 :효·도·ᄒᆞ·다·가 죽거·늘 侍:씨墓:모·ᄒᆞ·야
重 엄이을 지극히 효도ᄒᆞ다가 죽거늘 시묘ᄒᆞ야

原 親친·히 나모 ·지·여 祭·졔物·믈을 ᄆᆡᆼ·ᄀᆞ더·니 거상 바ᄉᆞᆫ :후·에
重 친히 마무 지겨 졔을 밍ᄀᆞ더니 거상 필흔 후에

原 影:영堂당 :짓·고 믈읏 時씨節·졀 거·시·어·든
重 영당 짓고 샹 그려두고 믈읏 시졀 거시어든

原 의·식 몬져 祭·졔ᄒᆞ고 孝·횻誠·셩·이 ·지·극·ᄒᆞ·더·라
重 반ᄃᆞ시 몬져 졔ᄒᆞ고 효셩이 지극ᄒᆞ더라

原 :엳·ᄌᆞ·바ᄂᆞᆯ 紅홍門몬 :셰·오 復·뽁戶·호·ᄒᆞ니·라
重 엳ᄌᆞ와ᄂᆞᆯ 홍문 셰고 복호ᄒᆞ시니

原
重 위죵내 벼슬을 동디듕줘부ᄉᆞᄀᆞ지 ᄒᆞ니라

孝子圖 26, 慶延得鯉 本國

原 <효자 26ㄱ> [慶]경延연·이·ᄂᆞᆫ 淸쳥州쥬ᅙᆞᆼ[ㅣ] :사ᄅᆞ·미·라
重 경연이ᄂᆞᆫ 쳥쥬 사ᄅᆞᆷ이라

原 性·셩·이 ·지·극 :효·도·ᄅᆞᆸ더니 아비 病·뼝·ᄒᆞ·야·셔
重 셩이 지극 효도옵더니 아비 병이 이셔

原 ᄀᆞ·장 ·치·위·예 生ᄉᆡᇰ鮮션·을 먹·고져 커·늘
重 ᄀᆞ장 치위예 ᄉᆡᇰ션을 먹고져 ᄒᆞ거늘

原 延연·이 그·믈 가·지·고 ·므·레 ·드·러 鯉·리魚어 :둘흘
重 경연이 그믈 가지고 믈에 들어니 어믈흘

原 :어·더 머·긴·대 病·뼝·이 :됴ᄒᆞ니·라
重 어더 먹인대 병이 됴ᄒᆞ니라

原 :후·에 兩:량親친이 죽거·늘 侍·씨墓·모·를 여·슷 ·ᄒᆡ·를 ·호·되
重 후에 냥친이 죽거늘 시묘를 여슷 ᄒᆡ을 호되

原 祭·졔祀·ᄉᆞ·를 家가禮·례다·이 ᄒᆞ·며 ·겨·집·과 ᄒᆞ·야 親친·히
重 졔ᄉᆞ을 가녜대로 ᄒᆞ며 계집으로 더브러 친히

原 밍·ᄀᆞ·라 祭·졔·ᄒᆞ·더·니 ᄆᆞ슬·히 :다 感:감化화터·라
重 밍ᄀᆞ라 졔ᄒᆞ더니 ᄆᆞ을히 다 감화ᄒᆞ더라

原 康강靖쪙大·때王왕·이 드르·시·고 驛역馬:마로 블·러
重 강졍대왕이 들으시고 역마로 블러

原 原·보시<효자 26ㄴ>·고 어·디·다 ·ᄒᆞ·샤
重 ·보시고 어디다 ᄒᆞ샤

原 ·각·벼·리 :네 加가資ᄌᆞ :ᄒᆡ·여 司ᄉᆞ宰:지主·쥬簿뿌ᄒᆞ·이시·다
重 각별이 네 [가]ᄌᆞ 주어 ᄉᆞ진쥬부ᄒᆞ이<효자 26ㄴ>시다

原 아니 오·라 尼니山산 顯·현監감ᄒᆞ·니 鄕향吏·리·며 百·빅姓·셩·이
重 올애디 아녀셔 니산 현감ᄒᆞ니 향리며 빅셩이

原 저·코 ᄉᆞ랑·ᄒᆞ·더·니 죽거·늘 ᄀᆞ올 :사ᄅᆞ·미 喪상事·ᄊᆞ·애·쓸 거·슬
重 저허ᄒᆞ고 ᄉᆞ랑ᄒᆞ더니 죽거늘 고을 사ᄅᆞ미 상ᄉᆞ애 ᄡᅳᆯ 것

原 뫼·화 ·주·워·늘 :겨·지·비 닐·오·ᄃᆡ :엇·디
重 길음과 꿀을 모ᄒᆞ 주거늘 계집이 닐오ᄃᆡ 엇디

原 내 남지ᄂᆡ 淸쳥白·ᄇᆡᆨ·을 ·더·러·이로 ᄒᆞ·고 :다 받디 아니ᄒᆞ·니[·라]
重 내 남진의 청[빅]을 더러히료 ᄒᆞ고 다 밧디 아니ᄒᆞ니라

孝子圖 27, 趙錦獲鹿 本國

原 <효자 27ㄱ>趙:됴[錦]:금·이·ᄂᆞᆫ 春츈川쳔富·부昌[챵]驛역子:ᄌᆞㅣ·라
重 됴금이ᄂᆞᆫ 츈쳔 고을 역지라

原 져·믄 ·제브·터 어버·이 셤·교·믈 ᄀᆞ·장 :효·도·ᄒᆞ·야 ·ᄂᆞ·미
重 져믄 제븟터 어버이 셤기믈 ᄀᆞ장 효도ᄒᆞ[야] ᄂᆞᆷ이

原 :됴·흔 飮·음食·씩 ·주·어·든 의·식 ·푸·머다·가 이받·더·니
重 됴흔 음식을 주어든 반ᄃᆞ시 품어다가 이밧더니

原 ·ᄌᆞ·라·ᄂᆞᆫ 명·일·이·어·든 의·식 ᄆᆞ·술 :얼·운 [請·쳥]·ᄒᆞ·야다·가
重 ᄌᆞ라는 명일이어든 반ᄃᆞ시 ᄆᆞ올 얼운을 쳥ᄒᆞ야다가

原 어버·의게 獻·헌壽·슈·ᄒᆞ·더·라 ·아비 나·히 닐·흔 ·둘·헤 죽거·늘
重 어버의게 헌슈ᄒᆞ더니 아비 나히 닐흔 둘헤 죽거늘

原 錦:금·이 슬·허 ·호·믈 禮:례·예 너[모] ·ᄒᆞ·더·라
重 됴금이 슬허 호믈 녜에 너무 ᄒᆞ더라

原 ·어·미 늘·거 起:킈居거 :몯·거·늘 錦·금·이 겨·틔 나·디 아니·ᄒᆞ·야·셔
重 엄이 늘거 긔거을 못ᄒᆞ거늘 됴금이 겻틔 ᄯᅥ나디 아니ᄒᆞ야셔

原 ·삐·드·러 :닐며 누이·며 ᄒᆞ·고 親친·히 飮:음食·씩·을 밍·ᄀᆞ로·ᄃᆡ
重 븟드러 닐며 누이며 친히 음식 밍그로되

原 <효자 27ㄴ> 모·로·매 ·맛난 거·시 잇·게   ·ᄒᆞ·더니
重   반ᄃᆞ시 맛난 거시 잇게 <효자 27ㄴ> ᄒᆞ더니

原 ᄒᆞᆫ·버·는 獻헌壽:슈·ᄒᆞ·려ᄒᆞ·니 마·초·와
重 ᄒᆞᆫ번는   헌슈ᄒᆞ려ᄒᆞ니   맛초아

原 사ᄉᆞ·미   門문·의 들·어[를] 자·바 ·ᄡᅳ·니·라
重 사슴이   문의   들어늘   잡아   ᄡᅳ니라

原 成셩化·화 저·긔 紅홍門문   :셰·시·고 復·뽁戶:호ᄒᆞ·니·라
重 셩화   적의   홍문   셰고   복호ᄒᆞ시니라

孝子圖 28, 徐萬得魚 本國

原 <효자 28ㄱ> 徐셔萬·만·이·는   木·목川쳔 :사ᄅᆞ·미·라
重   셔만이는   목쳔   사름이라

原 아비·를 셤·교·ᄃᆡ ᄀᆞ·장 :효·도·ᄒᆞ·야 [들]   초·ᄒᆞ·리어·든
重 아비을   셤기되   ᄀᆞ장   효도ᄒᆞ야   미양   초ᄒᆞ니어든

原 의·식   수울·와   ·차·반   쟝·만·ᄒᆞ·야   이받·더·라
重 반ᄃᆞ시 술과   차반을   쟝만ᄒᆞ야   이밧더라

原 아비 病뼝 :어·더·셔 ·믓고·기 먹·고:져 ᄒᆞ·니
重 아비 병   어더셔   믈고기   먹고져   ᄒᆞ더니

原 보야·호·로 치·운   저·긔어·늘 萬·만·이 어름   두드리·고
重 비야호로   치온   저기어늘   셔만이   얼음을 두들이고

原 하ᄂᆞᆯ·ᄭᅴ ·비·니 고기 :네·히 ᄲᅱ·여·나거·늘 가져·와 머·기니
重 하ᄂᆞᆯᄭᅴ   비니   고기   네히   ᄲᅱ여나거늘   가져와   먹이니

原 病·뼝·이·즉재:됴·ᄒᆞ·니·라 ·후·에 아비 죽거늘 三삼年년 侍:씨墓·모ᄒᆞ·며
重 병이 즉제 됴ᄒᆞ니라 후에 아비 죽거늘   삼 년   시묘ᄒᆞ며

原 ·손·소 祭·졔·를   ᄆᆡᆼ·글·오   ᄒᆞᆫ·번도   지·븨 오·디 아니터·라
重 손조   졔믈을   ᄆᆡᆼ글고   ᄒᆞᆫ 번도   졔 집의 오디 아니ᄒᆞ더라

原 成셩化·화 庚경子·ᄌᆞ·애   :엳·ᄌᆞ·바ᄂᆞᆯ 벼<효자 28ㄴ>·슬·ᄒᆡ·시·니·라
重 셩화   경ᄌᆞ애   엳ᄌᆞ와늘   벼슬<효자 28ㄴ>ᄒᆞ이시니라

孝子圖 29, 應貞禱天 本國

原　　<효자 29ㄱ> 生싱員원　姜[강]應·응貞뎡이·는
重　　　　싱원　　강응뎡이는 진쥬　사름이니

原 中듕樞츄姜강毅·의의　아·드·리라　·나·히　·열　·닐·구베
重　　　듕츄강의　　아들이라　나히　열　닐곱에

原 ·어·미　病·뼝·ᄒᆞ·야　:두·서　·ᄃᆞᆯ　:됴·티　아·니·코
重　엄이　병ᄒᆞ야　두어　ᄃᆞᆯ을　됴티　아니ᄒᆞ고

原 아·비 ·ᄯᅩ 復·복疾·찔·ᄒᆞ·얏거·늘 應·응貞뎡·이 :ᄆᆡ·양 侍·씨病·뼝ᄒᆞ·며
重 아비 ᄯᅩ　복질ᄒᆞ엿거늘　　응뎡이　ᄆᆡ양　시병ᄒᆞ며

原 ·옷　닙·고　·ᄯᅴ　밧·디　아·니·ᄒᆞ·야　:새·도·록　자·디　아·니·코
重 옷　닙고　ᄯᅴ　벗씨　아니ᄒᆞ야　새도록　자디　아니ᄒᆞ고

原 大·때便·뼌·을　·맛보·며　향 픠·오·고　하·ᄂᆞᆯ·ᄭᅴ　비·로·ᄃᆡ
重　대변을　　맛보며　향 픠오고　하ᄂᆞᆯᄭᅴ　빌오되

原　　　갑새　죽거지·라　·ᄒᆞ·더·라 아비 ·어·미　니·어　죽거·늘
重 어버의　갑새　죽거지라　ᄒᆞ더라　　부뫼　　니어　죽거늘

原 侍·씨墓·모 다 다ᄉᆞᆺ·히 ᄒᆞ·고 수·울 와 果·과實·씷 ᄂᆞ·믈 소곰 먹·디 아니·코
重　시묘을　다ᄉᆞᆺ 히 ᄒᆞ고　술과　실과와　ᄂᆞᄆᆞᆯ 소곰을 먹디 아니ᄒᆞ고

原 너무　슬·허·ᄒᆞ·야　막·대　딥·고·사　:니<효자 29ㄴ>·더·니
重 너무　슬허ᄒᆞ야　막대　딥고야　니더니<효자 29ㄴ>

原 :엳·ᄌᆞ·ᄫᅡ·ᄂᆞᆯ　紅횽門몬　:셰·니·라
重　엿ᄌᆞ와ᄂᆞᆯ　　홍문　셰니라

孝子圖 30, 從孫斷指 本國

原　　<효자 30ㄱ>玉·옥從쫑孫손·이·는 東·동萊ᄅᆡ 향니 石·쎡根근·의 아 ᄃᆞ리·라
重　　　　　옥종손이는　　동ᄂᆡ　향니　셕근의　아들이라

原 ·나·히　·열　ᄒᆞ나힌　·제　아·비　:모·딘　病·뼝 :어더늘
重　나히　열　ᄒᆞ나인　제　아비　사오나온　병을　어더늘

原 제 손까락:을 버·혀 ·야개 섯·거 머·긴·대 아:비 病·뼝이 :됴·ᄒᆞ·니라
重 제 손까악을 버혀 약에 섯꺼 먹인대 아비 병이 됴하니라

原 :엳·ᄌᆞ·ᄫᆞ·ᄂᆞᆯ 紅홍門몬 [:]셰·오 免·면役역ᄒᆞ·니·라
重 엳ᄌᆞ와ᄂᆞᆯ 홍문 셰고 면역ᄒᆞ니라

孝子圖 31, 得平居廬 本國

原 <효자 31ㄱ> 進·진士:ᄉᆞ 權퀀得·득平뼝·이·ᄂᆞᆫ 豊풍基긔 :사ᄅᆞ·미·라
重   진ᄉᆞ   권득펑이ᄂᆞᆫ   풍긔   사름이라

原 제 아:비 ·눈 :몯 ·보거·늘 나며 [들] ·제 :미·양 ·삣들며
重 제 아비 눈을 못 보거늘 나며 들 제 믜양 븟들며

原 飮:흠食·씩·을 의·식 親친·히 이받·더·니
重   음식을   반ᄃᆞ시 친히   이밧더니

原 어버·이 :두·서 날 ᄉᆞ·이·예 니·서 죽거·늘 三삼年년 侍·씨墓·모ᄒᆞ·고
重 어버이 두   ·날 ᄉᆞ이에 니어 죽거늘 삼   년   시묘 살고

原 :어·미 :위·ᄒᆞ·야 ·ᄯᅩ 三삼年년 거상ᄒᆞ·니·라
重 엄이   위하야   ᄯᅩ   삼 년   거상 닙으니라

原 祠ᄉᆞ堂땅애 아ᄎᆞᆷ나죄 飯·빤祭·졔ᄒᆞ·며 ·나갈 ·제 告·골ᄒᆞ·고
重   ᄉᆞ당애   앗ᄎᆞᆷ나조   뫼졔ᄒᆞ며   나갈 제 고ᄒᆞ고

原 도·라와 뵈·요·ᄆᆞᆯ :산 ·제 ᄀᆞ·티 ·ᄒᆞ·더·라
重 도라와 뵈요ᄆᆞᆯ 산   제 ᄀᆞ티   ᄒᆞ더라

原 紅홍治띠 己:긔未·미·예 :엳·ᄌᆞ·ᄫᆞ·ᄂᆞᆯ 紅홍門몬 :셰·니·라
重 홍티   긔미예   엳ᄌᆞ와ᄂᆞᆯ   홍문   셰니라

孝子圖 32, 鄭門世孝 本國

原 <효자 32 > 承쑹旨:지 鄭·뎡諴·셩謹·근이·ᄂᆞᆫ 晉·진州쥬ㅣ :사ᄅᆞ미·니
重   승지   뎡셩근이ᄂᆞᆫ   진쥐   사름이라

原 知디中듕樞츄 鄭·뎡陟·텩·의 아ᄃᆞ리·라
重 디듕취부ᄉᆞ   뎡텩의   아들이라

原 져·머·셔 及·곱第·뎨ᄒ·야 節·졀介·개 잇·고
重 져머셔 급뎨ᄒ야 졀개 잇고

原 本:본性·셩·이 ·지·극·이 :孝·도·롭더·니 父·뿌母·모ㅣ 죽거·늘
重 본셩이 지극히 효도롭더니 부뫼 죽거늘

原 廣:광州쥬ㅣ 따해 묻·고 侍:씨墓·모ᄒ·야 슬·허·호·믈 禮:례다·이·ᄒ·야
重 광쥬 따해 뭇고 시묘 살며 슬허홈을 녜다이 ᄒ야

原 아·ᄎᆞᆷ나죄 祭·졔物·믈을 親·친·히 ·ᄒ·[야]
重 앗ᄎᆞᆷ나조 졔믈을 친히 빙그라

原 :그·믈 시·시라·도 죵 맛·뎌 아·니·ᄒ·더·니
重 비록 그믈 싯기라도 죵을 맛티디 아니ᄒ더니

原 :後·에 벼·슬·ᄒ·야 비록 :이·리 겨·를 :업·서·도 [믹]·양 朔·삭望·망·애
重 후에 벼슬ᄒ야 비록 일이 겨를 업서도 믹양 삭망애

原 의·식 무·덤·의 ·가 :뵈·오 修슈掃:슬ᄒ·며
重 반ᄃᆞ시 무덤의 가 뵈고 쓰러질ᄒ며

原 親친·히 :그·믈 [사]·셔 際·졔·호·믈 侍:씨墓· 모홀 제 ᄒᆞ가·지·로
重 친히 음식 빙ᄀᆞ라 졔믈을 살 제 ᄀᆞ티

原 ·ᄒ·야 죽도·록 게을·이 <효자 32ㄴ>아·니·ᄒ·더·니
重 ᄒ야 죽도<효자 23ㄴ>록 게을이 아니ᄒ더니

原 ·ᄯᅩ 康강靖:쪙大·대王왕 :위·ᄒ·ᄉᆞ·바 心심喪상 三삼年년 혼·대
重 ᄯᅩ 강졍대왕을 위ᄒ와 심상 삼 년 혼대

原 :사ᄅᆞ·미 닐·오·ᄃᆡ 忠듕·과 孝·효홀왜 :다 ᄀᆞ·다 ·ᄒ·더·라
重 사름이 닐오되 튱과 회 다 ᄀᆞ다 ᄒ더라

原 紅홍治[티] 甲·갑子·ᄌᆞ·애 燕연山산君이 詭·궤異·이혼 :힝·뎍·이·라·ᄒ·시·고
重 홍티 갑ᄌᆞ애 연산군이 거줏 힝실이라 ᄒ시고

原 주·기신·대 아ᄃᆞᆯ 舟즁臣씬·이 承슝文문博·박士:ᄉᆞㅣ러·니
重 죽이신대 아ᄃᆞᆯ 쥬신이 그 적의 승문박시러니

原 아비 罪:죄 :업·시 주근 ·주·를 :셜·이 너·겨 가ᄉᆞᆷ 두드·려 :울·오
重 아비 죄 업시 죽은 줄을 셜이 너겨 가ᄉᆞᆷ 두들여 울고

原 飮:흠食·씩 아니 먹·고 주·그·니 드른 ·사ᄅ·미 :다 :셜워 ·ᄒ·더·라
重   음식을   아니 먹고 죽으니 들은 사름이 다 셜워 ᄒ더라

原 今금上쌍·이 ·[셔]·샤 誠셩謹:근·을 追튜贈·쯩 벼·슬:히·시·고
重   금샹이   주워ᄒ야   뎡셩근을   튜증ᄒ여   벼슬ᄒ이시고

原 紅홍門몬 :셰·니·라
重   홍문   셰니라

孝子圖 33, 自華盡孝 本國

原 <효자 33 > 李:리自·쯔華화·ᄂᆞᆫ 殷흔山산   :사ᄅ·미·라
重   니ᄌᆞ화ᄂᆞᆫ   은산   사름이라

原 져·믄·제브·터 어버일 :효·도ᄒ·야 아ᄎᆞᆷ나죄問·문安안을 게을이 아니·ᄒ:야
重 져믄 제븟터 어버이을 효도ᄒ야 앗ᄎᆞᆷ나조 문안을   게을이 아니ᄒ야

原 親친·히 ·밥 지·서 이바·ᄃᆞ·며 時씨節·졇 것 ·어·더든 의·식 이받·더·니
重 친히 밥 지어 이바ᄃᆞ며   시졀 것 어더든   이밧더니

原 아비 죽거·늘 슬·허·호·믈 禮:례·예 너무 ·ᄒ·야거상 못·도·록·죽 머·그·며
重 아비 죽거늘 슬허홈을   녜예 너무 ᄒ야 거상 못도록 죽 먹으며

原 어·미 죽거·도 ·또 그리·터·라 康강靖:졍大·때王왕 國·국喪상·애
重 엄이 죽거늘 ᄯᅩ도 글이 ᄒ더라 강졍대왕   국상애

原 三삼年년 거상·ᄒ·며 門몬 닫고 나디 아니ᄒ·며
重 삼 년 거상 닙어 문 닷고 나디 아니ᄒ며

原 수울 먹·디 아니ᄒ·며 소곰 :쟝 ᄂᆞ·믈 果과實·씷 먹·디 아니터·라
重 술 먹디 아니ᄒ며 소곰 쟝 ᄂᆞ믈 과실을 먹디 아니ᄒ더라

原 燕현山 <효자 33ㄴ> 산朝됴 ·처·서·믜 벼·슬:히·이·고
重 연산   됴   처음의   벼슬ᄒ이

原   紅홍門몬 셰·옛더·니 甲·갑子:ᄌᆞ年년·에 詭·궤異·이흔
重 <효자 33ㄴ>며 홍문 셰엿더니 갑ᄌᆞ 년애   거즛

原 :힝·덕·이·라 ·ᄒ·야 주·규·려 [져]·주거·늘 다딤 :두듸 :님·금·위·ᄒ·야
重 힝젹이라 ᄒ야 죽이려 져조거늘 다딤을 호되 님금 위ᄒ야

原 거·상·호·미 일·홈 :내·요·려 ·ᄒᆞᄂᆞᆫ ·주·리 아니·라
重 거상호미 일홈 어들여 ᄒᆞᄂᆞᆫ 줄이 아니라

原 :님·금과 아비와 ᄒᆞᆫ가진·가 녀겨 ·호·라 ᄒᆞ·고
重 님금과 아비와 ᄒᆞᆫ가지로 녀겨 호미라 ᄒᆞ고

原 從쭁容용·히 죽거늘 모·다 슬허 ·ᄒᆞ·더라
重 종용히 죽거늘 모다 슬허 ᄒᆞ더라

孝子圖 34, 有文服喪 本國

原 <효자 34> 正·졍兵병 羅·라有:유文문·이·ᄂᆞᆫ 丹단城셩 :사·ᄅᆞ·미·라
重 정병 나유문이ᄂᆞᆫ 단셩 사ᄅᆞ미라

原 燕연山산 져·긔 ·어·미 죽거·늘 그제 短:단喪상홀 法·법·이 嚴엄嚴엄ᄒᆞ·니
重 연산 적의 엄이 죽거늘 그제 단상홀 법이 엄엄ᄒᆞ니

原 :사·ᄅᆞ·미 거·스·디 :몯거·늘 有:유文문·이 호·ᄉᆞ 거상·을 禮:례로
重 사ᄅᆞ미 거스디 못ᄒᆞ거늘 유문이 혼자 거상을 녜로

原 ᄀᆞ·장 삼·가ᄒᆞ·더·니 ᄆᆞᆯ 아ᅀᆞᆷ·들·히 :다 닐·오·디
重 ᄀᆞ장 삼[가]ᄒᆞ더니 ᄆᆞᄋᆞᆯ히 [□]친쳑들히 닐오되

原 災ᄌᆡ禍:화ㅣ 그·지 :업·스·리·라 ᄒᆞ·고 脫·탈喪상ᄒᆞ·라
重 화 쏘 블측홀이라 ᄒᆞ고 탈상ᄒᆞ라

原 勸·권ᄒᆞᆫ·대 有:유文문·이 :내·죵:내 좃·디 아니ᄒᆞ·고 슬허 여·위·여
重 권ᄒᆞᆫ대 유문이 내죵내 좃디 아니ᄒᆞ고 슬허 여위여

原 病·뼝·드·럿더·니 주·글저·긔 :겨·집 더·브·러 닐·오·디·어·믜三삼年년
重 병들엇더니 죽을 적의 계집으로 더브러 닐오되 엄의 삼 년

原 祭·졔·를·내 사·라 이실 <효자 34ㄴ> 적·ᄀᆞ·티·ᄒᆞ·야 아ᄎᆞᆷ나죄 게을·이 :말·오
重 졔을 내 살아 이실 적ᄀᆞ티 ᄒᆞ야 앗ᄎᆞᆷ나조 게을이 말고

原 ·쏘 :나·를 ·어·믜 ·무덤 겨·틔 무·드·라 ᄒᆞᆫ·대
重 쏘 나를 엄의 <효자 34ㄴ> 무덤 겻틔 무드라 ᄒᆞᆫ대

原 제 :겨·집 李:리氏·씨 닐·온·대로·ᄒᆞ·야 ·어·미와 남진·의 墳뿐土·토·애
重 계집 니시 닐은대로 ᄒᆞ야 엄이와 남진의 분묘애

原 親친·히 祭·제·[호]·믈 비록 :눈비 ·와도 ·폐티 아니·ㅎ·더·라
重 친히 졔홈을 비록 눈비 와도 폐티 아니ㅎ더라

孝子圖 35, 淑孫立祠 本國

原 <효자 35> 金김淑슉孫손·이·눈 信·신川쳔 :사ᄅ·미·라
重 김슉손이눈 신쳔 사름이라

原 어버·의 夢몽喪상애 :다 侍:씨墓·모·를 三삼年년·곰 ㅎ·고
重 어버의 몽상애 다 시묘을 삼 년식 살고

原 脫·탈喪상·ㅎ·야·도 소곰 :쟝 먹·디 아니·ㅎ·더·니
重 탈상ㅎ야도 소곰과 쟝을 먹디 아니ㅎ더니

原 무·덤 겨·틔 祠ᄉ堂땅 딩·ᄀ·라 두고 아츰나죄 飯·뻔祭·졔·호·믈
重 무덤 겻틔 ᄉ당 지어 두고 앗츰나조 뫼졔홈을

原 :산·젹·ᄀ·티·ㅎ·야·나히 여·ᄃ·니·남도록:죠·고·마·도 게을·이아니·[더]·니
重 산 젹ᄀ티 ㅎ야 나히 여ᄃ니 남도록 죠곰도 게을이 아니ㅎ더라

原 :엳·ᄌ·바·ᄂᆞᆯ 紅홍門몬 :셰·니·라
重 엿ᄌ와ᄂᆞᆯ 홍문 셰니라

孝子圖 36, 繼周誠孝 本國

原 <효자 36> 鄭·뎡繼·계周쥼:눈 安[한岳·악] :사ᄅ·미·라
重 뎡계쥬눈 안악 사름이라

原 져·머·셔 아·비 죽거·늘 ·어·미·를 :효·도·ㅎ·야 ·나갈 ·제 告·골ㅎ·고
重 져머셔 아비 죽거늘 엄이을 효도ㅎ야 나갈 제 고ㅎ고

原 도·라·와 :뵈·며 :닐 ·제 잘 ·제·와 더·움 ·치움 슯·퍼 :보·믈
重 도라와 뵈며 닐 제와 잘 제 더움과 치움 슯펴 보기을

原 :죠·고·마·도 게을·이 아니·터·니 ·어·미 죽거·늘 三삼年년 侍:씨墓·모ㅎ·고
重 죠곰[도] 게을이 아니ㅎ더니 엄이 죽거늘 삼 년 시묘 살고

原 脫·탈喪상ㅎ·고 ·ᄯᅩ 아·비 :위·ㅎ·야 믈·려 三삼年·을 니·브니·라
重 탈상ㅎ고 ᄯᅩ 아비 위ㅎ야 믈려 삼 년을 니브니라

原 샹녜 :스 명·일이·며 時씨享[향] ·그日·싈祭 ·계흘 ·제
重 샹녜   명일이며   시향   긔일   계흘 제

原 의·식 :울오 孝·享誠셩·이 늙·도·록 더·욱 ·지·극더·라
重 반드시 울고 효셩이 늙도록 더욱 지극ᄒ더라

原 :엳·ᄌ·ᄫᅡ·ᄂᆞᆯ 벼·슬 :히·시고 紅紅門몬 :셰·니·라
重   엿ᄌ와ᄂᆞᆯ [벼]슬 ᄒᆞ이시고   홍문   셰니라

忠臣圖 1, 孫炎不屈 本朝

原   <충신 1> 孫손炎[염]·이·ᄂᆞᆫ 句구容용 :사·ᄅᆞ·미·라
重   손염이ᄂᆞᆫ   구용   사름이라

原 ·그·를 너·비 :알오 :의·론을 잘·ᄒᆞ·더·니 大·때明명 적 처·어·믜·[쳥]·호·되
重 글을 너비 알고 의논을 잘 ᄒᆞ더니   대명 적   처엄의   청호되

原 ·어·딘 :사·ᄅᆞ·믈 ·ᄡᅥ 큰 :이·를 일·오쇼·셔 ᄒᆞ·더·라
重   어딘   사름을   ᄡᅥ 큰   일을   일오쇼[셔] ᄒᆞ더라

原 浙졀東동 ·ᄯᅡᆺ 싸[홈] 싸호·매   조·차가   ·유공·커·ᄂᆞᆯ
重   절동   ᄯᅡ해   [가]님금을   좃차 사호매 유공ᄒ거늘

原 處·쳐州쥬ㅣ ·ᄯᅡ 摠·총制·졔·랏 벼·슬 :히·엿더·니
重   쳐쥬   ᄯᅡ   총제   벼슬을 ᄒᆞ엿더니

原 도ᄌᆞ·긔·게 자·피·여 항·ᄒᆞ·라 ·겁·틱·ᄒᆞ·거·늘
重   도적의게   잡히여   항복ᄒᆞ라 겁틱ᄒ거늘

原 炎·염이 ᄀᆞ·쟝 ᄭᅮ·짓·고 항·티 아니커·ᄂᆞᆯ 도ᄌᆞ·기 :노·ᄒᆞ·야 ·갈 ·ᄲᅡ·야
重 손염이 ᄀᆞ장 ᄭᅮ짓고 항복디 아니ᄒ거늘 도적이 노ᄒᆞ야 칼을 ᄲᅡ야

原 ·옷 바·ᄉᆞ·라 ᄭᅮ·지·즌대 炎·염이 닐·오·ᄃᆡ ·이 ·오·ᄉᆞᆫ 天텬子:ᄌᆞㅣ
重 옷슬 버스라 ᄭᅮ지즌대 손엄이 닐오되 이 옷ᄉᆞᆫ   님금이

原 ·주신 거·시·라 밧·디 :몯·ᄒᆞ·리·라 ᄒᆞ<충신 1ㄴ>고
重   주신   거시라   벗찌   못ᄒ리라   ᄒ<충신 1ㄴ>고

原 도ᄌᆞ·긔·게 죽·거·ᄂᆞᆯ 丹단陽양 ·ᄯᅡ 諸졔侯후·를 封봉·ᄒᆞ·시·다
重   도적의게   죽거늘   단양   ᄯᅡ   제후을   봉ᄒ시다

忠臣圖 2, 易先守城 本朝

原　　<충신 2>　　[易]역先션·이᧞　湘샹陰음　 :사᪽·미·라
重　　　　　　　　역션이᧞　　　샹음　　　사름이라

原 永:영樂락 적·처·ᅀᅥ·믜 交골趾[지]·ᄯᅡ 按안察찰使ᄉᆞㅣ·랏 벼·슬 ᄒᆞ·얏더·니
重　영낙 적　처엄의　　교지　ᄯᅡ　안찰ᄉᆞ　　　벼슬ᄒᆞ엿더니

原 交골趾·지 :반·ᄒᆞ·야　도ᄌᆞ·기　셩·을　·티·거·늘
重　교지　　　반ᄒᆞ야　　도적이　　셩을　　티거늘

原 先션·이 ᄠᅳ·들 닐와다 도로혀·디 아니ᄒᆞ·야 셩을 구·디 딕·킈·엿다·가
重 역션이 ᄠᅳ들 닐으와다 도로혀 아니ᄒᆞ야 셩을 구디 딕희엿다가

原 량시·[기]　·업[거]·늘　집:사름·과　:다　홈·끠　주·그[니]·라
重　냥식이　　업거늘　　집읫 사름과　다　홈의　　죽으니라

原 :열ᄌᆞ바늘 관원 보내·여·졔·ᄒᆞ·시·고 參참政졍 벼·슬 追듀贈증 :ᄒᆡ시·다
重 엿ᄌᆞ와늘 관원을 보내여　졔ᄒᆞ시고　　참졍　벼슬　　튜증ᄒᆞ시[다]

忠臣圖 3, 何忠罵賊 本朝

原　　<충신 3>　　何하忠튱·이᧞　江강陵릉　 :사᪽·미·라
重　　　　　　　　하튱이᧞　　　강능　　　사름이라

原 永영樂락 저·긔 급·뎨·ᄒᆞ야 監감察찰御어史ᄉᆞㅣ·랏 벼슬 ᄒᆞ·엿더·니
重　영낙　　적의　급뎨ᄒᆞ야　　감찰어ᄉᆞ　　　　벼슬ᄒᆞ엿더니

原 말ᄉᆞ·믈 어디·리·ᄒᆞ[거]:늘 交골趾:지·ᄯᅡ 知디州쥬ㅣ랏
重 말ᅀᆞᆷ을 어딜이 ᄒᆞ거늘　교지　ᄯᅡ 디쥐란

原 벼스·를 도·도·혀 :ᄒᆡ이신대 :유덕혼 ·일·와 ·례·도·로 슝·샹ᄒᆞ·니
重 벼슬을　도도와　ᄒᆡ이신대　유덕혼　일과　녜도로　승샹ᄒᆞ니

原 ·뵉셩이 ·항·복·ᄒᆞ·야 좃더라 交골趾:[쥐] 반·커·늘
重 빅셩이　황복ᄒᆞ야　좃더라　교지　　반ᄒᆞ니

原 忠튱·이　　에·위·옛더·니　:쟝:쉬　·닐·오·ᄃᆡ
重 하튱이　도적의게　ᄡᆞ이엿ᄯᅥ니　대신들히　닐오되

原 忠튱·이 직·죄·며 ·디·뫼 잇·고 ·담대·타
重 하튱이 직조며 디헤 잇고 담대ᄒ다

原 ·ᄒ야 나라히 군스 ·쳥ᄒ라 ·[부]·려·늘
重 ᄒ야 나라히 군스을 쳥ᄒ라 블려늘

原 忠튱이 셩·으·로 너·머 ·나다가 [도]즈괴·게 ·자펴 수·짓·고 [항티]
重 하튱이 셩으로 너머 나다가 도적의게 잡히여 수짓고 항복디

原 <츙신 3ㄴ> 아니·ᄒ·야 죽거·늘
重 <츙신 3ㄴ> 아니ᄒ야 죽거늘

原 :엳·ᄌ·온[대] 旌졍門몬ᄒ·고 諡시號[호 忠튱節·졀]·이·라 ᄒ·니[라]
重 엿ᄌ온대 홍문 셰오시고 시호을 튱졀이라 ᄒ시니라

忠臣圖 4, 云革討賊 本國

原 <츙신 4> [車차云]운革·혁·이·논 會·회寧령 [:사 ᄅ]·미·라
重 차운혁이논 회녕 사름이라

原 丁뎡亥ᄒᆡ 年년·에 李:리施시愛이 제 아ᄋᆞ 施시合·합·이·와 ·ᄒ·야
重 뎡ᄒᆡ 년이 니시이 제 아ᄋᆞ 시합으로 더브러

原 吉·긿州쥬ㅣ 를 가:지고 叛:반커·늘 云운革혁·이
重 길쥬을 가지고 반ᄒ거늘 챠운혁이

原 龜귀城셩君군 軍군官관·으·로 ·티·라 조·차 ·가더·니
重 구셩군의 군관으로 티러 좃차 가더니

原 鍾종城셩 :사·ᄅᆞᆷ 鄭:뎡休휴明명·과 富불寧령 :사·ᄅᆞᆷ 曺쪼糾규·와
重 종셩 사름 뎡휴명과 부녕 사름 조규와

原 鏡·경城셩 :사·ᄅᆞᆷ 朴팍成셩章쟝·과로 [도즉]의·게 ·드·러·가
重 경셩 사름 박셩쟝으로 더브러 도적의게 들어가

原 :외며·올ᄒᆞᆫ·주를 알:외·여 니·ᄅᆞ·고 施시合·합·이·와 아ᄋᆞ 施시伯·ᄇᆡᆨ·이·를
重 외며 올ᄒᆞᆫ 줄을 알외여 닐ᄋᆞ고 시합이와 아ᄋᆞ 시ᄇᆡᆨ이을

原刊本과 重刊本의 比較 _ 203

原 자바 미·여 보·내더·니 길·헤·와 제녁 :사ᄅ[·미] 아ᅀᅡ 드·려가니·라
重 잡아 미여 보내더니 길해와 제녁 사ᄅᆷ이 아사 들여가니라

原 云운革·혁·이 쏘 休휴明명·이·와 ·ᄒ·야 鍾죵城셩 會회寧녕
重 챠운혁이 쏘 명휴명으로 더브러 종셩 회녕

原 군·ᄉ 드·리·고 磨마雲운嶺·령을 마·가이신·대 施시愛·의
重 <충신 4ㄴ> 군수을 들이고 마운녕을 마가이신대 니시이

原 ·일·로 <충신 4ㄴ> [□□□] 수이 ·나오·디 :몯·ᄒ·더·라
重 글로 ᄒ여 수이 나오디 못ᄒ더라

原 마[□□초]와 崔최[閏슌]孫·손·이 叛:반·ᄒ[야] 施시愛·의게 [븓]거·늘
重 맛초와 최윤손이 반ᄒ야 니시이게 가니

原 云운革·혁·이 施시愛·의게 자·피·여 休휴明명·과 糾규·와 成셩章쟝·이·와로
重 챠운혁이 니시이[게] 잡히여 명휴명과 조규와 박셩쟝이와

原 :다 端단川쳔 獄·옥·애셔 주·그니·라 :후·에 주·거·믈 :어·드·니
重 다 단천 옥애 갓티여 죽으니라 후에 주거믈 어드니

原 :다 ·갈ᄒᆞᆯ 벗·기·디 아니ᄒ·고 머·리·를 브스·텨 잇·더·라
重 다 칼흘 벗끼디 아니ᄒ고 머리을 브으려 잇더라

原 나라·희·셔 云운革·혁·이·를 功공臣씬ᄒ·이시·고
重 나라히셔 챠운혁이을 공신ᄒ이시고

原 녀ᄂ :사ᄅ·ᄆ·란 :다 당·샹관 追듀贈[쯩]·ᄒ·시니·라
重 녀ᄂ 사ᄅᆷ은 다 당샹 벼슬을 튜증ᄒ시니라

| 忠臣圖 5, 金同活主 本國 |

原 <충신 5> 金김同똥·이·ᄂ 宗종親친 江강寧녕副·부正·졍 :죵이·라
重 김동이ᄂ 종친 강녕부졍의 죵이라

原 燕연山산君군 ᄉ랑·ᄒ시·ᄂ 女:녀妓·기 江강寧녕副·부正·졍 지·[블] :앗고
重 연산군 ᄉ앙ᄒ시ᄂ 녀기 강녕부졍의 집을 앗고

原 ᄯᅩ 다ᄅᆫ 지·블 아ᅀᅩ·려 ·ᄒ·야 :거·즛 :이·를 [□□]되
重 ᄯᅩ 달은 집을 아올으려 ᄒ야 거즛 이을 할흐되

原 江강寧녕副·부正·졍이　·죵　·[쥬]·겨　·나·를　쑤·지·졔·라
重　　강녕부졍이　　　죵을　　쥬겨　　나를　　쑤지즈라

原 ·ᄒᆞ·야·ᄂᆞᆯ　燕연山산君군·이　:노·ᄒᆞ·야　江강寧녕副·부正·졍[과]
重　ᄒᆞ야ᄂᆞᆯ　　연산군이　　　노ᄒᆞ야　　　　강녕부졍과

原 金김同동·이·ᄅᆞᆯ　가도·아　烙·락刑형　니·르[리]　·ᄒᆞ·여·ᄂᆞᆯ
重　김동이ᄋᆞᆯ　　가도아　　낙히쓰기예　　　닐ᄋᆞ어ᄂᆞᆯ

原 金김東동·이　닐·오·ᄃᆡ　내·죄·라　·항·거·시　모·ᄅᆞ·리·라　·ᄒᆞ·더·니
重　김동이　　닐오되　　내 죄라　　항거시　　[모르]리라　ᄒᆞ더니

原 ·ᄂᆞ·미　닐·오·ᄃᆡ　:네　·항·것·과　·닫·살·어·니　·몰·래·라　ᄒᆞ면
重　ᄂᆞ미　　닐오되　　네　항것과　　닷티사니　　몰내라　ᄒᆞ면

原 버·스·리·라　·ᄒᆞ·야·ᄂᆞᆯ　金김東동·이　닐·오·ᄃᆡ　·내　버스·면
重　벗서날이라　ᄒᆞ야ᄂᆞᆯ　　김동이　　닐오되　　내　　버서나면

原 항·거·시　:죄·ᄅᆞᆯ　니·브·리·니　·항것　:죄　니·피·고
重　항거시　　죄을　　니블[리]니　항것　죄　니피고

原 ·내　사로·믈　　　　　　　　·ᄎᆞ·마　:몯ᄒᆞ·로·다　ᄒᆞ·더·라
重　내　　살　<충신 5ㄴ> 오믈　ᄎᆞ마　못ᄒᆞ리라　ᄒᆞ더라

原 주·길　·졔　닐·오·ᄃᆡ　<충신 5ㄴ> 내　주·구·믄　벌에　[즘]숭　·ᄀᆞᆮ·ᄒᆞ·야
重　죽일　제　닐으되　　　　　　　내　죽으믄　벌어지　즘싱　ᄀᆞᆺᄒᆞ야

原 [앗:갑]디　아니커·니·와　오·직　내　·항·거·시　·죄　:업·시
重　앗갑디　　아니커니와　　오직　내　항거시　　죄　업시

原 ·매　마자　귀·향　·가ᄂᆞᆫ　·주·ᄅᆞᆯ　:셟·워　·ᄒᆞ·노·라
重　매　마자　귀향　　가ᄂᆞᆫ　　줄을　　셜워　ᄒᆞ노라

原 제·어·미　:울·어·늘　金김東동·이　닐·오·ᄃᆡ　·어·미　브·리·고
重　제 엄이　울어늘　　　김동이　　닐오되　　엄이을　　불이고

原 주·구·미　진·실로　·브회·나　내　·항·거·시　이시·면　·어·미·를　:어엿·비
重　죽으미　진실로　　부회니　내　항거시　　이시면　　엄이을　어엿비

原 너길　거·시·니　슬·허　:말·라　·ᄒᆞ·더·라　:사ᄅᆞ·미　[술]　머·겨·늘　:울·오
重　너길　거시니　　슬허　말나　ᄒᆞ더라　　사름이　　술　먹여늘　울고

原 닐·오·딕 내 항·거·시 어려·이 머·리 귀·향 ·가·거·늘
重 닐오딕 내 항거시 어려이 멀니 귀향 가거늘

原 ·뉘 머·기는·고 호·고 구·장 슬·허 호·거·늘 본 :사루·미 :다
重 뉘 먹이는고 호고 구장 슬허 호거늘 본 사룸이 다

原 슬·피 너·겨 ·호·더·라 今金上:쌍 三삼年년[에] 紅홍門문 :셰·니·라
重　　　슬퍼호더라　　　이 상　　　삼 년에　　　홍문　　셰니라

忠臣圖 6, 深源斥姦 本國 - 重刊本

重 <충신 6ㄱ> 종친 쥬계군 심원이는 셩이 엄엄호고 총명코 글호미 졍호고

重 쏘 사룸을 알아 보더니

重 강졍대황 됴애 시죵호연는 관원 이임원쥰과 그 아들 임수홍의 샤특호 줄을 엿줍다가

重 파직호니 리임수홍의 계집은 심원의 아뷔 누의라

重 그 아비 아들의 졍상을 주셔히 아더니 대궐의 나아가 구장 그 샤특혼 이을

重 엿줍고 닐오되 샹위 듯디 아니호시연대 죵애 나라홀 그릇 임갈린이다
·

烈女圖 1, 白氏盡姑 本朝

原　<열녀 1ㄱ>　白·빅氏:씨·는　太·태原원 :사ᄅᆞ·미·니　남지·니
重　　　　　　　빅시ᄂᆞᆫ　　　태원　　사ᄅᆞ미라　남진이

原　집　ᄇᆞ·리고　:즁　도외·여·늘　白·빅氏:씨 이셔
重　집을　불이고　즁이　되여늘　　　빅시 이셔

原　·싀·어·미　이받고　·나가디　아니·ᄒᆞ·야　브즈[러]니　·질·삼 ᄒᆞ·야
重　싀엄이ᄋᆞᆯ　이밧고　나가디　아니ᄒᆞ야　브즐어니　질삼ᄒᆞ야

原　구실 :듸답·ᄒᆞ·더·니　남지·니　홀·른　도·라·와 다ᄅᆞ·니　어·ᄅᆞ·라 뵈아거·늘
重　구실　듸답ᄒᆞ더니　남진이　홀ᄂᆞᆫ　도라와　다른듸　가라　뵈야거늘

原　白·빅氏:씨　머·리　버·히·고　盟밍誓쎼·ᄒᆞ·야　좃디　아니ᄒᆞ·니·라
重　　빅시　머리　버히고　　밍셰ᄒᆞ야　좃디　아니ᄒᆞ니라

原　·싀·어·미　·나·히　아ᄒᆞ내　죽거·늘　·힘·을 :다　·드·려　送·송葬·장·ᄒᆞ·고
重　싀엄이　나히　아흔　되여　죽거늘　힘을　다　들여　　송장ᄒᆞ고

原　·싀·어·믜　양ᄌᆞ·를　·그·려　·두고　죽도·록　祭·졔ᄒᆞ·니·라
重　싀엄의　얼구를　글여　두고　죽도록　　졔ᄒᆞ니라

烈女圖 2, 張氏負屍 本朝

原　<열녀 2ㄱ>　張댱氏:씨·는　陣띤州쥬ㅣ :사ᄅᆞ·미·니
重　　　　　　댱시ᄂᆞᆫ　　　딘쥬　　사ᄅᆞ미라

原　·나·히　·열 :네·헤　ᄒᆞᄀᆞ올　잇는　孟ᄆᆡᆼ七·칧保:봉·와
重　나히　열　네해　ᄒᆞ고을　잇ᄂᆞᆫ　　밍칠보와

原　婚혼姻인ᄒᆞ·쟈　期끠約·약·ᄒᆞ·얏더·니　아니　오·라
重　　혼인ᄒᆞ자　　언약ᄒᆞ엿더니　오래디　아녀셔

原　七·칧保:봉ㅣ　開킹封봉　·ᄊᆞ·해　貢·공稅·셰　바·티·라　·가다·가
重　　밍칠븨　　긔봉　　ᄊᆞ해　공셰　밧틸어　가다가

原　길·헤　죽거·늘　草:촐葬·장·ᄒᆞ·얏더·니
重　길헤셔　죽거늘　　초장ᄒᆞ엿더니

原　張댱氏:씨·의　어버·이　남진　얼·요·려　·ᄒᆞ·더·니
重　　댱시의　　어버히　남진　엇티고져　ᄒᆞ더니

原　張댱氏:씨　닐·오·ᄃᆡ　ᄒᆞ·마　孟ᄆᆡᆼ氏:씨·의　　거·긔　期긔約·약ᄒᆞ·니
重　　댱시　닐오되　ᄒᆞ마　ᄆᆡᆼ시의게　　　　긔약ᄒᆞ니

原　·비·록　주·거·도　제·어·미　依의據거ᄒᆞᆯ　·ᄃᆡ　:업·스·니
重　비록　죽어도　제 엄이　　의거ᄒᆞᆯ　　ᄃᆡ　업스니

原　願·원ᄒᆞᆫ·ᄃᆞᆫ·가　셤·겨·지·라　·ᄒᆞ·야·늘　어버·이　그　·ᄠᆞ·들　重·듕·히
重　원컨대　가　셤겨지라　ᄒᆞ야늘　어버이　그　ᄠᆞ들　　듕히

原　너　<열녀 2ㄴ>·[겨]　조·ᄎᆞᆫ·대　·싀·어·미·와　草:촐葬·장ᄒᆞᆫ　·ᄃᆡ　·가
重　너겨　　　　　　　　좃ᄎᆞᆫ대　싀엄이과　　초장ᄒᆞᆫ　ᄃᆡ　가

原　屍:시體:톄·를　·지·여·와　永　　　·영葬·장ᄒᆞ·고　　죽·도록
重　　신톄을　　지여와　　　영장ᄒᆞ<열녀 3ㄱ>고　죽도록

原　·싀·어·미·를　셤·기더·니　·싀·어·미　죽거·늘　禮·례·다·비　送·송葬·장ᄒᆞ·니
重　싀엄이을　섬기더니　싀엄이　죽거늘　녜로써　　송장ᄒᆞ니라

原　:엳·ᄌᆞ·바·늘　紅홍門몬　:셰·니·라
重　엿ᄌᆞ와늘　　홍문　　셰니라

烈女圖 3, 陳氏剪髮 本朝

原　<열녀 3ㄱ>　陳띤氏:씨·는　樂·락平뼝　:사·ᄅᆞ·미·니
重　　　　　　　　띤시는　　낙평　　사름이니

原　徐쎠得·득安한·의　:겨·지·비·라　·나히·스·믈·헤　남지·니　病·뼝·ᄒᆞ·야
重　　셔득한의　　계집이라　　나히　스믈에　남진이　　병들어

原　죽게　도·여·서　닐·오·ᄃᆡ　:네·나히　:졈·고　子:ᄌᆞ息·식·이　:업·스·니
重　죽게　도여셔　닐오되　네　나히　졈고　　ᄌᆞ식이　　업스니

原　나　죽거·든　:훗남지·늘　:됴·히　셤·기·라　·ᄒᆞ·야·늘　陳띤氏씨　:[울]오
重　내　죽거든　훗남진을　　됴히　섬기라　　ᄒᆞ야늘　　띤시　　울고

原　닐·오·ᄃᆡ　ᄒᆞ·마　그딋　:겨·지·비　ᄃᆞ외·여시·니·ᄎᆞ·마　:두:사·ᄅᆞ·믈　셤·기·려
重　닐오되　ᄒᆞ마　그딋　계집이　　도여시니　ᄎᆞ마　두　사름을　셤기랴

原 ᄒ·고 ·즉재 ·귀·와 머리·와·를 버혀 盟·[밍]誓·쎼ᄒ·고 남지·니 죽거·늘
重 ᄒ고 즉제 귀과 머리을 버혀 밍셰ᄒ고 남진이 죽거늘

原 ·귀·와 머·리[□]를 棺관 안해 녀·코 죽·도·록 ᄆ·ᅀ·믈 고·티·디 아니ᄒ·니
重 귀과 머리터를 관 안해 녀코 죽도록 ᄆᆞᅀᆞᆷ을 곳티디 아니ᄒ니라

原 :엳·ᄌᆞ·ᄫᅡ·ᄂᆞᆯ 紅홍門몬 <열녀 3ㄴ> [:셰]·니·라
重 엿ᄌᆞ와ᄂᆞᆯ 홍문 셰니라

烈女圖 4, 許梅溺水 本朝

原 <열녀 4ㄱ> 許:허梅ᄆᆡ·ᄂᆞᆫ 同똥安한 :사ᄅᆞ·미·니
重

原 宣션德·덕 저·긔 흐ᄆᆞ슬 宋·송隱·흔山산[의] 아ᄃᆞᆯ·ᄅᆞᆯ 어·러 오·라디
重

原 아니 ·ᄒ·야·셔 남지·니 ·큰 病·뼝·을 :어·더·늘 許:허梅ᄆᆡ
重

原 侍:씨病·뼝·호·믈 ·지·그·기 ·ᄒ·더·니 남지·니 죽거·늘 盟밍誓·쎼·호·ᄃᆡ
重

原 :두 ·남진 아니 ·호·려·코 ·싀어·미·를 더·욱 :효·도·ᄒ·더·니
重

原 졔 아비라셔 져·믄 ·주·를 :어·엿·비 너·겨 구·틔·여 다ᄅᆞ·니 얼·요·려
重

原 ·ᄒ·야 ᄒ·마 보·낼 저·긔 許:허梅ᄆᆡ ·므·레 ·드·러 주그·니 :밀·므·리
重

原 밀·여 ·오·나도 주[검]·미 흘:러 가[디 아]·니·ᄒ더<열녀 4ㄴ>·라
重

烈女圖 5, 劉氏授地 本國

原 　<열녀 5ㄱ> 劉류氏:씨·는　　　　　　齊졔關관·의:겨·지·비러·니
重 　　　　　　　　류시는　하남 사룸이니　졔관의　　계집이라

原 齊졔關관·이　軍군士:ᄉᆞㅣ 도외·여　싸·호·매 죽거·늘
重 　졔관이　　　　군ᄉᆞ　　되어　　사홈애 죽거늘

原 劉류氏:씨 守·슈節·졀·ᄒᆞ·얏더·니 구틔·여 다와다 어·루·려·홀 :사ᄅᆞ·미
重 　뉴시　　슈졀ᄒᆞ엿더니　　구틔여 다아다 혼인홀　　　사ᄅᆞ미

原 잇거·늘 劉류氏:씨 소·겨 닐·오·듸 ·내 三삼月·웛三삼日·싫에 므ᄉᆞ·매
重 　잇거늘　　뉴시　　소겨 닐오듸 내　　삼월 삼일에　　[ᄆᆞᄅᆞ]애

原 願·원ᄒᆞᆫ :일 이시·니 ·이 웃 :디·나·면 네 :마·ᄅᆞᆯ 조·초·리·라 ᄒᆞ·고
重 　원ᄒᆞ는 일이 이시니 이을 지나면 네 말을 좃ᄎᆞ리라 ᄒᆞ고

原 그 나·래 彰챵德·덕 天텬寧녕寺ᄊᆞㅣ·란 더·레·가
重 　그 날에 　　 챵덕　　　 텬녕ᄉᆞ란　　 뎔에 가

原 塔·탑 ·민그테 올·아 하늘·쯰 비러 닐·오·듸 ·나·는 본·듸
重 　탑 　 민웃긋틔 올나 하늘의 빌어 닐오듸 나는 본듸

原 河하南남　일·훔·난집 子·ᄌᆞ 息·식·이·니 남지·니 주<열녀도 5ㄴ>[그]·니
重 　하남 　 ᄡᅵ 일훔난　가문이니　　　남진이　　 죽으매

原 失·싫 節·졇·티 :몯홀 거시라 ᄒᆞ·고 ᄡᅡ해 ᄂᆞ·려·디·여 [주]그니·라
重 　졀을 일티 못홀 거시라 ᄒᆞ고 ᄡᅡ해 ᄂᆞ려디<열녀 5ㄴ>어 죽으니라

烈女圖 6, 兪氏從死 本朝

原 　<열녀 6ㄱ> 兪유氏:씨·는 上:썅海:히 :사ᄅᆞ·미·니
重 　　　　　　　　유시는　　　샹히　　　사ᄅᆞ미라

原 永:영樂·락 저·긔 남진 張댱文문通통·이 시·드·는 病·뼝·을 :어·드·니
重 　영낙 적의 남진　　댱문통이　　시드는　　병을　　어드니

原 藥·약·으·로 고·티·디 :몯ᄒᆞ·야 兪유氏:씨·ᄃᆞ·려 닐:오·듸
重 　약으로　곳티디　못ᄒᆞ야　　유시ᄃᆞ려　　닐오듸

原 ·내 쟝·촛 주그·로소·니 :네 ·나히 :졈고 子:ᄌ息·식 ·업거니
重 내 쟝ᄎ 죽게 되여시니 네 나히 졈고 ᄌ식이 업ᄉ니

原 훗남진·을 :됴히 셤·기·라 ᄒᆞᆫ·대 兪유氏·씨 닐·오·ᄃᆡ 아비 :날로
重 훗남진을 됴히 셤기라 ᄒᆞᆫ대 유시 닐오되 아비 날로

原 남진·을 셤·기·라 ᄒᆞ·니 남지·니 죽고 ·ᄯᅩ 子:ᄌ息·식·이 :업·스니 ·누를
重 그ᄃᆡ을 셤기라 ᄒᆞ니 그ᄃᆡ 죽고 ᄌ식이 업ᄉ니 누을

原 조·ᄎ·리·오 그듸·를·싸 아래·가 조·초리·라·ᄒᆞ·더니 文문通통·이 죽거늘
重 좃ᄎ리오 그듸을 디하의 가 좃ᄎ리라 ᄒᆞ더니 문통이 죽거늘

原 그·날 兪·유氏:씨 목미·야·ᄃᆞ·라 주<열녀도 6ㄴ>[그]·니·라
重 유시 목미야 죽으니라

烈女圖 7, 馬氏投井 本朝

原 <열녀 7ㄱ> 馬마氏:씨·ᄂᆞᆫ 湯탕陰음 :사ᄅᆞ·미니
重 마시ᄂᆞᆫ 탕음 사ᄅᆞᆷ이라

原 일·홈·은 瑞쉐香향·이·라 져·며·셔 孝·효經경·과 烈·렬女:녀傳뎐을
重 일홈은 세향이니 졈어셔 효경과 녈녀뎐을

原 닐·거 ·ᄠᅳ들 :아더·니 어버·이 ᄀᆞ·장 ᄉᆞ랑·ᄒᆞ·야 ᄊᆞ회·를 굴·ᄒᆞ·야
重 닐거 ᄠᅳ들 아더니 어버이 ᄀᆞ장 사ᄅᆼᄒᆞ야 사회을 굴ᄒᆞ야

原 薛·셜縠·구·를 얼·여 ᄒᆞᆫ ·ᄯᆞᆯ 나ᄒᆞ·니·라 薛·셜縠구ㅣ :셰·간 [사]·리
重 셜구을 얼여 ᄒᆞᆫ ᄯᆞᆯ을 나ᄒᆞ니라 셜귀 셰간 사리을

原 잘 :몯·ᄒᆞ·거늘 瑞쉐香향의 어버·이 怒노·ᄒᆞ·야말·이·고
重 잘 모ᄒᆞ거늘 마시의 어버이 노ᄒᆞ야 ᄭᅮ즁ᄒᆞ니→셜귀 알고 나가거늘

原 三삼年년·이 :디·나거·늘 어버·이 다ᄅᆞ·니·를 얼요려 ᄒᆞ대
重 삼 년만의 어버이 다ᄅᆞ니을 얼요려 ᄒᆞ대

原 瑞쉐香향이라셔 禮:례·예 ·두 번 남진 어·롤·리 ·업·스·니·라
重 마시 녜예 두 번 쵸례ᄒᆞ의 업스니라

原 ·ᄒᆞ·야 ·ᄡᅥ :븬·대 어버·이 :듣·디 아니·ᄒᆞ·거·늘 瑞<열녀 7ㄴ>
重 ᄒᆞ야 ᄡᅥ 고ᄒᆞᆫ대 어버이 듯디 아니ᄒᆞ거늘

原 [·쎄]香·향이　·죠·고·만　죠·히·예　[어버]·이　여·히·는
重　　마시　　죠고만　　죵희예　　어버이　　여히는

原　　　　　　　　:말·ᄉᆞ·믈　·뻐　[제·ᄯᆞ릭]　푸·메　품·기·고
重 <열녀 7ㄴ>　말슴을　　　뻐　　제 쫄의　품에　품기고

原 우·므[·레 드]러　죽거·늘　드른　사ᄅᆞ[미　셜]·워·ᄒᆞ·더·라
重　우믈에　들어　죽거늘　들은　사름이　　셜워ᄒᆞ더라

| 烈女圖 8, 袁氏尋屍 本朝 |

原　<열녀 8ㄱ>　袁원氏·씨는　　　　　嚴엄庸용·의 :겨·지·비·라
重　　　　　　　원시는　농쥬 사름이니　엄용의　　계집이라

原 ·싀·어버·이·를　셤·교·디 :효·도·ᄒᆞ·더·니 ·싀·어미 病·뼝·ᄒᆞ·얏거·늘
重　싀어버이을　셤기되　　효도ᄒᆞ더니　싀엄이　　병들엇거늘

原 :모·셔 이·셔 藥·약　더·이·믈　게을·이　아니ᄒᆞ·니　ᄆᆞ슬·히　일콛·더·라
重　뫼셔 이셔　약　더이기을　게을이　아니ᄒᆞ니　ᄆᆞ을히　일콧더라

原 永:영樂·락 저·긔　嚴엄庸용이 ·므·레 ·ᄲᅡ·뎌　[죽]거·늘
重　영낙　　적의　　엄용이　　믈에　ᄲᅡ디어　죽거늘

原 袁원氏:씨 나·히 ·열 여·듧·이러·니 ·즉재 남진·의 ·ᄲᅡ·딘 ·ᄯᅡ·히 ·가
重　원시　나히 열 여듧이러니　즉제　남진의　ᄲᅡ딘　ᄯᅡ히　가

原 屍시體:톄·를 :몯·보·아 ᄀᆞ장 :울오 ·닐·오·디 남지·니 죽고
重　신톄을　　못보아　ᄀᆞ장　울고　닐오되　남진이　죽고

原 子:ᄌᆞ息·식·이 :업·스·니 혼·자　사라·셔　므슴ᄒᆞ·료 ᄒᆞ·고
重　ᄌᆞ식이　　업스니　혼자　사라셔　므엇ᄒᆞ료　ᄒᆞ고

原 ·므·레 ·드·러　죽거·늘 :후에　고·기　자·볼 :사ᄅᆞ·미 ·믓·ᄀᆞ·새
重　믈에　들어　죽거늘　후에　고기　잡을　사름이　물ᄀᆞ애

原 :두 주·검<열녀 8ㄴ>·이　ᄒᆞᆫ·티　잇·거·늘
重　두　주검이<열녀 8ㄴ>　ᄒᆞᆫ되　잇거늘

原 :어·드·니 모·다 닐·오·디 節·졂義·의·로 感:감動·똥·ᄒᆞ·야 그·러·타·ᄒᆞ·더·라
重　사름이　모다 닐오되　절의로　　감동ᄒᆞ야　　그러타　ᄒᆞ더라

原 旌졍表:붕·ᄒᆞ·야 貞뎡烈렳·이·라 ᄒᆞ·라ᄒᆞ·시·다
重 경표ᄒᆞ야   뎡녈이라   ᄒᆞ시다

烈女圖 9, 藥哥貞信 本朝

原 <열녀 9ㄱ> 藥·약哥가·ᄂᆞᆫ 善:션山산 [:]사ᄅᆞ·미·니
重   약가ᄂᆞᆫ   션산   사름이니

原 趙뚀乙을ㅭ生ᄉᆡᆼ:의 :겨·지·비·라 乙을ㅭ生ᄉᆡᆼ·이 :예·게 자·피·여
重   됴을ᄉᆡᆼ의   계집이라 을ᄉᆡᆼ이 예게 잡히어

原 ·니·거·늘·주:근·동 :산·동 :몰·라 고·기와 마·늘 ·파 먹·디 아·니ᄒᆞ·며
重 가거늘 죽으며 살으믈 몰나 고기와 마늘 파[힐] 먹디 아니ᄒᆞ며

原 옷 바사 자디 아·니·ᄒᆞ·더·니 제 어버·이 남진 얼·요·려 ᄒᆞᆫ·대
重 옷 버서 자디 아니ᄒᆞ더니 제 어버이 남진 얼요려 ᄒᆞᆫ대

原 주·고·모·로 盟밍誓·쎼·코 좃·디 아·니·ᄒᆞ·더·니 여·듧 ·힛[:]마·ᄂᆡ
重 죽기로   밍셰ᄒᆞ고   좃디 아니ᄒᆞ더니   여듧 힛만의

原 乙을ㅭ生ᄉᆡᆼ·이 사·라 ·오·나·ᄂᆞᆯ [도로] 남진 :겨·지·비 도외·니·라
重   을ᄉᆡᆼ이   살아 오거늘   도로 남진   계집되니라

烈女圖 10, 宋氏誓死 本國

原 <열녀 10ㄱ> 宋·송氏:씨·ᄂᆞᆫ 礪:려山산 :사ᄅᆞ·미·라
重   송시ᄂᆞᆫ   녀산   사름이라

原 제 남진 鄭·뎡希희重·듕·이 ·일 죽거·늘 거상 三삼年년·을
重 제 남진   뎡희듕이   일즉 죽거늘 거상 삼 년을

原 :내 우러 :디·내니·라 어버·이 져·머·셔 홀·어·미 ᄃᆞ왼 ·줄
重   우러 디내니라 어버이 겸어셔 홀엄이 된 줄을

原 :어·엿·비 [너·겨] 남진 얼·요·려 ᄒᆞᆫ대 宋·송氏:씨 주·구·ᄆᆞ·로
重 어엿비   너겨 남진 얼요려 ᄒᆞᆫ대 송시   죽으모로

原 盟밍誓·쎼·ᄒᆞ야 닐·오·딕 ·싀·어·미 金김提뎨 이·셔
重   밍셰ᄒᆞ야 닐오되 싀엄이 김뎨 이셔

原 녀논 子:ᄌᆞ息·식 :업·스니 ·내 남진·곳 어·ᄅᆞ·면
重 녀논 ᄌᆞ식 업스니 내 남진곳 좃ᄎᆞ면

原 ·싀·어·미 어·듸 ·가 依의託·탁ᄒᆞ·료·ᄒᆞ·야·늘 어버·이 듣·디 [아니]ᄒᆞ·대
重 싀엄이 어듸 가 의탁ᄒᆞ료 ᄒᆞ야늘 어버이 듯디 아니ᄒᆞ대

原 宋·송氏:씨 ·아기 업·고 逃똘亡망·ᄒᆞ·야 ·싀지·븨 ·가
重 송시 아기 업고 도망ᄒᆞ야 싀집의 가

原 여·[러] ·ᄒᆡ·ᄅᆞᆯ 도·라오·디 아니·ᄒᆞ<열녀 10ㄴ>더·니[□]
重 여러 ᄒᆡ을 도라오디 아니ᄒᆞ더니

原 어버·이 그 ·지·극ᄒᆞᆫ 精졍誠셩·을 感:감激·격·ᄒᆞ·야
重 어버이 그 지극ᄒᆞᆫ 졍셩을 감격ᄒᆞ야<열녀 10ㄴ>

原 집 겨[틔 別]·뼗室·실 지·어·준·대 宋·[송]氏:씨·싀·어·미 드·려 와·:살[며]
重 집 겻틔 별실 지어준대 송시 싀업이 들여와 살며

原 親친·히 飮:흠食·씩·ᄒᆞ·야 [·주]·더·니 싀·어·미 죽거·늘 거상 三삼年년·을
重 친히 음식ᄒᆞ야 주더니 싀엄이 죽거늘 거상 삼 년을

原 :내 우러:디·내·니·라 :열·ᄌᆞ·바·늘 紅뽕門몬·셰·오 復·뽁戶:호·ᄒᆞ시니·라
重 내 우러 디내니라 엿ᄌᆞ와늘 홍문 셰고 복호ᄒᆞ시니라

| 烈女圖 11, 崔氏守節 本國 |

原 <열녀 11ㄱ> 崔최氏:씨·ᄂᆞᆫ 忠튱州쥬ㅣ :사·ᄅᆞ·미·니
重 최시ᄂᆞᆫ 튱쥬 사름이라

原 韓ᄒᆞᆫ約약·이·와 婚혼姻인ᄒᆞ·쟈 ·일 [뎡]·ᄒᆞ·얏더·니 韓ᄒᆞᆫ約·약·이
重 한약이와 혼인ᄒᆞ엿더니

原 日·실本[본] ·틸 ·제 조·차 ·갓·다가 싸호·매 죽거·늘
重 일본국 틸 제 한약이 좃차 갓다가 사호매 죽거늘

原 崔·최氏·씨 죽도·록 남진 아니ᄒᆞ·니·라 :열·ᄌᆞ바늘 紅뽕門몬 :셰·니·라
重 최시 죽도록 남진 아니ᄒᆞ니라 엿ᄌᆞ와늘 홍문 셰니라

烈女圖 12, 徐氏抱竹 本國

原 <열녀 12ㄱ> [徐셔]氏씨는 [豊풍]긔ㅅ :사ᄅ미·니
重   셔시는   풍긔   사름이니

原 思ᄉ達:딿·의 ᄯ·리·라 ᄒᆞ·올 잇는 사·룸
重 셔ᄉ달의 ᄯᆞᆯ이라 ᄒᆞ고을 잇는 사룸

原 都[도]雲운峯봉이 어·른 ᄒᆞᆫ ·힛:만·니 죽거늘 :셜·워·호·믈 너모·ᄒᆞ·야
重   도운봉의게   싀집 간 ᄒᆞᆫ 힛만의 죽거늘 셜워홈을 너무 ᄒᆞ야

原 :ᄆᆡ·양 집 :뒷 ·댓수·헤 ·가 ·대·를 :안·고[셔] :우·더·니
重 ᄆᆡ양 집 뒷 대숩플에 가 대을 안고 우더니

原 홀·ᄅᆞᆫ ·힌 ·대 :[세 ·퍼기]·나 三삼年년:재 닐여·듧 [퍼]·기 도외·니·라
重 홀는 흰 대 세 퍼기나 삼 년[채] 닐곱여듧 퍼기 되니라

原 莊장憲헌大·때王왕·이 ·힌 ·대 그·[리] ·드·리·라 ·ᄒᆞ·시고
重   장헌대왕이   흰 대을 글려 들이라 ᄒᆞ시고

原 復·뽁戶·호ᄒᆞ·고 紅홍門몬 [:]셰·라 ᄒᆞ시다
重   복호ᄒᆞ고   홍문   셰라 ᄒᆞ시니라

烈女圖 13, 石今捐生 本國

原 <열녀 13ㄱ>石·셕今금이는 高골陽양鄕향吏·리植·씩培ᄈᆡ·의 :겨[집]·바라
重   셕금이는   고양   향니   식ᄇᆡ의   계집이라

原 魯:로山산 [저]·긔 植·씩培ᄈᆡ 罪:죄 니·버 죽거·늘 石·셕今금·이 엿·쇄를
重 노산   적의   식ᄇᆡ   죄 닙어 죽거늘   셕금이   엿새을

原 陰:흠食·씩 아니 먹·고·밤나즐 울며 닐·[의]·듸 ·내 머·리 귀·향 갈 [거]·시·니
重 음식   아니 먹고 밤나즐 울며 닐오듸 내 멀니 귀향 갈거시니

原 必·빓然연 ᄃᆞ·려 갈 :사·름·의게 :더·러·요·미 ᄃᆞ외·리·니 사라 이·쇼·미
重 필연이   들여 갈 사름의게   더러이미   되리니   살아 이시미

原 주·곰만 ·곧·디 :몯ᄒᆞ·니·라 ᄒᆞ·고 목미·야[ᄃᆞ]·라 주·그니·라
重 죽음만 ᄀᆞ디 못ᄒᆞ니라 ᄒᆞ고 목미야   죽으니라

烈女圖 14, 仇氏寫眞 本國

原　<열녀 14ㄱ> [仇궇]氏:씨·는　益·히ㄱ山산　:사[·ㄹ·미]·니
重　　　　　　　구시는　　　익산　　　사룸이니

原　曹쫑敏·민·의 :겨·지·비·라 나·히 :열 다·ᄉ·신 ·제 남진·의 지[븨] 가 ·[일]
重　　조민의　　계집이라　나히 열 다ᄉ신 제 남진의 집의 가 일즉

原　홀[어]·미　·두외·여　머·리　버·히·고　盟밍誓·쎼[호]·듸
重　　홀엄이　　도여　　머리털　버히고　　　　밍셰호되

原　다시 남진 아니·호[려코]　　남진·의 진양 ·그·려　ᄇ[ᄅ매] 걸·오
重　　다시 남진 아니호리라 ᄒ고 남진의 샹을 글여 ᄇ람(벽)의 걸고

原　닙던 ·옷조·쳐 노[코·밤·나]졀 슬·허 :울며 아츰[나죄·로]祭제ᄒ·며·나가·며
重　　닙던 옷도 노코 밤나졀 슬허 울며 앗춤나조로　 졔ᄒ며 나가며

原　[드·러올 제] 의식 告·곱·ᄒ·며 [時씨節졇] 거·슬 의·식 祭·졔[·ᄒ고
重　　들어올 제 반ᄃ시　고ᄒ며　　시절　 거슬 반ᄃ시　 졔ᄒ고

原　ᄂ·믈] :깅·도 먹·디 아니[ᄒ며]　　　　　　　　　　죽·도·록
重　　ᄂ·믈도　　 먹디　아니ᄒ며　 깅도 먹디 아니ᄒ고　죽도록

原　·힌 ·옷 니브니[라] 康강靖졍大때王왕 [朝둏애]　　　　　　·셜]
重　[흰] 옷　닙으니라　강졍대왕 됴애　 엿ᄌ와 <열녀 14ㄴ>눌 셜

原　주·시·고　紅홍門문　<열녀도 14ㄴ> [몬　:셰·니]·라
重　　주시고　　홍문　　　　　　　　　　 셰시니라

烈女圖 15, 金氏自縊 本國

原　<열녀 15ㄱ> 金김氏:씨·는　咸함陽양　:사ᄅ·미·니
重　　　　　　　 김시는　　　 함양　　　사룸이니

原　李:리陽양·의 :겨·지·비·라 남지·니 子:ᄌ息·식 :업·고 ·일 죽거·늘
重　　니양의　　 계집이라　 남진이　 ᄌ식　　업고　일즉 죽거늘

原　다른 :사ᄅ·미　어루·려 ᄒ·대 金김氏:씨 제 남진·의 墳뿐土:토·애
重　　다른　사룸이　댱가들고져 ᄒ대　김시　 제 남진의　　 분묘애

原 ᄃ·라가 ·플 헤혀·고 사ᄒᆞᆯ ·쌔ᄆᆞᆯ 자·니·라:후·에 ·ᄯᅩ :겨·집 사모·려
重 들아가 플을 헤혀고 사흘 밤을 자니라 후에 ᄯᅩ 계집 삼을여

原 ᄒᆞ·리 잇거·늘 金김氏:씨 對·ᄃᆡ答·답[·□] 아니ᄒᆞ·고
重 ᄒᆞ리 잇거늘 김시 ᄃᆡ답 아니ᄒᆞ고

原 목ᄆᆡ·야·ᄃᆞ·라 주·그니·라 康강靖졍大대王왕·이
重 목ᄆᆡ야 죽으니라 강졍대왕 삼 년에 고을을

原 그 墳·뿐土:토·애 祭·졔ᄒᆞ·라 ·ᄒᆞ·시·고 紅홍門몬 :셰시니·라
重 명ᄒᆞ야 분묘에 졔ᄒᆞ라 ᄒᆞ시고 홍문 셰시니라

烈女圖 16, 仇音方逃野 本國

原 <열녀 16ㄱ> 仇꿀音음方방·이·ᄂᆞᆫ 禮:례貧빈寺씨 :하뎐·이·라
重 구음방은 녜빈 시죵이라

原 남지·니 죽거·늘 제 아비 ·일 홀·어·미 도왼 줄 :어엿·비 ·너·겨
重 남진이 죽거늘 제 아비 일즉 홀엄이 된 줄을 어엿쎄 녀겨

原 남진 얼·유려·ᄒᆞ·거·늘 仇꿀音음方방·이 盟밍誓쎼·ᄒᆞᄃᆡ 다ᄅᆞ·니·게 가·디
重 남진 얼요려 ᄒᆞ거늘 구음방이 밍셰ᄒᆞ야 다ᄅᆞᆼ 의게 가디

原 아니·호·려 ᄒᆞ·고 逃똘亡망·ᄒᆞ·야 :들·헤 ·가 ·수·무·믈 :두:세 번 ᄒᆞ·고
重 아니호려 ᄒᆞ고 도망ᄒᆞ야 들 우헤 가 숨기을 두세 번 ᄒᆞ고

原 죽도·록 고·기·와 마ᄂᆞᆯ ·파 먹·디 아니터·라 ·ᄯᅩ 샹·녜 어·셔 주[구]리·라
重 죽도록 고기와 마늘 파헐 먹디 아니ᄒᆞ고 ᄯᅩ 샹녜 어셔 죽어지라

原 ᄒᆞ·고 神신祀:ᄊᆞ 아니 ᄒᆞ·더·니 康강靖졍大대王왕 朝됴·애
重 ᄒᆞ고 무당 신ᄉᆞᄒᆞ기을 아니 ᄒᆞ더라 강졍대왕 됴애

原 :엳·ᄌᆞ·바ᄂᆞᆯ 紅홍門몬 [:셰]·니·라
重 엿ᄌᆞ와늘 홍문 셰니라

烈女圖 17, 孫氏守志 本國

原 <열녀 17ㄱ> 孫손氏:씨·는 密·밇陽양 :사ᄅ·미·니
重   손시는   밀양   사름이니

原 胤·인河하·의 ·ᄯ·리·라 열여·ᄉ·신 ·제 草:초溪계 [잇]는 安안近:끈·이·를
重 손윤하의   ᄹᆞᆯ이라 열여ᄉ신 제   초계   사름 안근의게

原 어·러 게·우 :두·서 ·나ᄅᆞᆫ ·ᄒᆞ·야 죽거·늘 三삼年년 :내 :울·오
重 싀집 가 계유 두어 날은 ᄒᆞ야 죽거늘 삼 년을 내 울고

原 아츰나죄 親친·히 祭·졔·ᄒᆞ·더·니 脫탈喪상·ᄒᆞ·야·늘
重 앗츰나조   친히   졔ᄒᆞ더니   탈상ᄒᆞ야늘

原 ·한父·뿌母:모ㅣ ·나 져·믄 ·주·를 :어·엿·비 너·겨
重   조부의   나히   졈은 줄을 어엿쎄 녀겨

原 남진 얼·요:려 커·늘 孫손氏:씨 주·거·도 :몯·ᄒᆞᆯ·다 ·ᄒᆞ·더·니
重 남진 얼요려 ᄒᆞ거늘 손시   죽어도   아니호리라   ᄒᆞ더니

原 ·한아·비 怒·노·ᄒᆞ·야 구·티·여 얼·유려커·늘
重 한아비   노ᄒᆞ야   구틔여 얼요려ᄒᆞ거늘

原 孫손氏:씨 ᄀᆞ마·니 ·댓수·헤 ·가 목ᄆᆡ·야 ᄃᆞᆯ·엿거·늘
重 손시   ᄀᆞ마니   대숩플에 가 목ᄆᆡ야 ᄃᆞᆯ엿쩌늘

原 제 兄형·이 보고 그르·니·라 ·즉재 ·싀<열녀 17ㄴ>어버·[싀] 지·븨
重 제 형이   보고 글으니라   즉제 싀어비의   집의

原 ·가 :살·며 아츰나죄   의·식   祭·졔혼 :후·에·사
重 가   살며 앗츰<열녀 17ㄴ>나조 반ᄃᆞ시 남진의게 졔혼   후에야

原 밥 먹·더·니 ·나히 셜흔 :둘·헤 [주]그니·라
重 밥을 먹더라 나히 셜흔 둘해   죽으니라

烈女圖 18, 梁氏抱棺 本國

原　<열녀 18ㄱ> [梁]량氏:씨·는　茂·물朱쥬ㅣㅅ　:사ᄅ·미·니
重　　　　　　　　냥시는　　　무쥬　　　사름이니

原 具·구吉·긿生싱의 :겨·지·비·라 吉·긿生싱·이 죽거·늘 草:촣葬·장ᄒ·고
重　　구긿싱의　　계집이라　긿싱이　죽거늘　초장ᄒ고

原 아ᄎᆷ나죄·로 親친·히 祭·졔·ᄒ·더·니 ᄒᆞᆯ·ᄂᆞᆫ ·가 祭·졔ᄒ·고
重　앗ᄎᆞᆷ나조　친히　　제ᄒ더니　ᄒᆞᆯᄂᆞᆫ　가　제ᄒ고

原 오라ᄃᆞ·록 도·라오·디 아니ᄒᆞᆯᄉᆡ 어버·이 황당·이 너겨 ·가 :어·더보·니
重 올애도록 도라오디 아니ᄒᆞᆯᄉᆡ 어버이 황당이 너겨 가 어더보니

原 草:촣葬·장ᄒ　·되 :[열]·오　槨·곽·올　:안·고·셔　:울·어·[늘]
重　초장ᄒ　　되　열고　관을　　안고셔　울건을

原 어버·이 븓드·러 드·려 ·오·더·니 [마]·초·아 집 앏 :내·해 믈[디]·엿더·니
重 어버이 븟들여 들여 오더니 맛초아 집 압 내에 믈 [메]엇쩌니

原 梁량氏:씨 믄·득　ᄠᅱ·여 ·들·어·늘 제 ·오·라비 거녀:내·니·라
重 [냥]시　믄득　ᄠᅱ여　들거늘 제 오라비　거녀내니라

原 :두·서 ·드·른 ·ᄒ·야 제 ·자·ᄂᆞᆫ 房빵·의·셔 목ᄆᆡ·야 <열녀 18ㄴ>·드·라
重 두어 ᄃᆞᆯ은 ᄒ야 제 자는 방의셔 목ᄆᆡ야

原 죽거늘 어버·이 :어·엿비 너겨 제 남진·[과]　ᄒᆞᆫ·ᄃᆡ 무드니·라
重 죽거늘 어버이 어엿쎄 너겨　남진과 ᄒᆞᆫ<열녀 18ㄴ>ᄃᆡ 무드니라

烈女圖 19, 權氏負土 本國

原　<열녀 19ㄱ> 權[꿘]氏[:]씨·ᄂᆞᆫ　安한東동　:사ᄅ·미·니
重　　　　　　　　권시는　　　안동　　　사름이니

原 啓:계生싱·의·ᄯᆞ·리·라 나·히 스·믈·힌 ·제 남진 宋:송孝효從쭝·이 죽거·늘
重 권계싱의 ᄯᆞᆯ이라 나히 스믈에 제 남진　송효종이　죽거늘

原 親친·히 흙 ·지·여 집 :뒤·헤다가 [묻]·고 다ᄉᆞᆺ :셜 머·근 아기·ᄃᆞ:리·고
重　친히 흙 지여 집 뒤[헤]　뭇고 다ᄉᆞᆺ [셜] 머근 ·아기 ᄃᆞᆯ이고

原 三삼年년·을 아춤나죄 무·덤 [겨]·틔 쩌나디 아니·ᄒ·더·니
重   삼 년을   앗춤나조   무덤   겻틔   써나디   아니ᄒ더니

原 홀·ᄂᆞᆫ :버·미 ·와 ·아기·를 더위·여 가·거늘 權권氏·씨 :왼·녁 ·소·노·로
重 홀ᄂᆞᆫ 범이 와 아기을 들어 가거늘 권시 왼녁 손으로

原 ·아기 잡·고 ·올ᄒᆞᆫ·소·노·로 :버·를 들리바ᄃᆞ·며 닐:오·ᄃᆡ
重 아기을 잡고 올ᄒᆞᆫ손으로 범을 들니며 닐오되

原 하ᄂᆞᆯ·히 :아ᄅᆞ시거·든 비·취·여 ·보·쇼·셔 ᄒᆞᆫ·[대] ·버·미 ᄇ·리·고 가·니·라
重 하늘이 알ᄋᆞ시거든 비최여 보쇼서 ᄒᆞᆫ대 범이 ᄇᆞ리고 가니라

烈女圖 20, 金氏衣白 本國

原   <열녀 20ㄱ>   金김氏[:]씨ᄂᆞᆫ   扶뿡安한   :사ᄅᆞ·미·라
重   김시ᄂᆞᆫ   부안   사름이라

原 啓:계生싱·의·ᄯᆞ·리·라 나·히 스·믈·힌 ·제 남진 宋:송孝효從쭁·이 죽거·늘
重 권계싱의 ᄯᆞᆯ이라 나히 스믈에 제 남진 송효죵이 죽거늘

原 져·머·[셔] 남진 죽거·늘 어버·이 다ᄅᆞ니·를 얼·이고·져 ·ᄒᆞ더니
重 졈어셔 남진 죽거늘 어버이 다ᄅᆞ니을 얼요려 ᄒᆞ더니

原 金김氏:씨 盟밍誓·쎼·ᄒᆞ·야 다ᄅᆞᆫ 남진 아·[니] ᄒᆞ·려 ᄒᆞ·고
重   김시   밍셰ᄒᆞ야   다ᄅᆞᆫ 남진 아니호리라   ᄒᆞ고

原 ·므:레 ·드·러 주[·]구려 ᄒᆞᆫ·대 어버·이 두·려 아니 얼:이니·라
重 믈에 들어 죽을여 ᄒᆞᆫ대 어버이 두려 아니 얼이니라

原 金김氏:씨 죽도·록 ·힌 ·옷 니·버·셔 祭졔奠[뎐]ᄒ·고
重   김시   죽도록 흰 옷 닙어서   졔뎐ᄒᆞ고

原 고·기 먹·디 아니ᄒ·[니]·라
重 고기 먹디 아니ᄒᆞ니라

烈女圖 21, 性伊佩刀 本國

原　　<열녀 21ㄱ> 性·셩伊히·는　金김海:히　鄕[향]吏·리
重　　　　　　　셩이는　　　　김히　　　향니

原 許:허厚:후 同똥의:겨·지·비·라 ·나히 ·스믈·힌 ·제 남지·니 죽거·늘
重　　허후동의　　　계집이라　나히 스믈에　　　남진이 죽거늘

原 아츰나죄　祭졔奠뎐·을　·각·별혼　그르세　조·히　호·며
重　앗츰나조　　졔뎐을　　각별혼　　그르세　조히　호며

原 朔·삭望·망·이[여]든 時씨節졀 ·에 차·바·놀 ᄀᆞ·초 쟝·망ᄒᆞ·고 時씨節졀 ·오[슬]
重　　삭망이어든　　시졀　　차반을　ᄀᆞ초 쟝만ᄒᆞ고　시졀　옷슬

原 [조]쳐　지·어　祭·졔·ᄒᆞ·고　祭졔 :후·에　·수·더·라
重　　좃차　지어　　졔ᄒᆞ고　　졔혼 후에　술오더라

原 샹·녜 强강暴·포혼 ·노·미 :더·러·일·가 저[·허] 갈 ·ᄎᆞ고 노 ·ᄡᅴ·여·셔
重 샹녜　강포혼　놈이　더러일가　저허　칼을 ᄎᆞ고 노홀　ᄡᅴ여

原 盟밍[誓]·셰·ᄒᆞ·야　닐·오·ᄃᆡ　·갈·호·로　[죽]·디　몯ᄒᆞ·면
重　밍셰ᄒᆞ야　　　닐오되　　칼로　　죽디　못ᄒᆞ면

原 노·호·로　목믹[야] 주구리·라 ᄒᆞ·고 三삼[年년] :내 우러 :사름 ᄃᆞ려
重 노흐로　목믹야　죽글이라　ᄒᆞ고　삼 년을　내 울어 사름들여

原 마<열녀 21ㄴ>초 셔디 아니·ᄒᆞ·더·라 :엳·ᄌᆞ·바·늘 紅홍門몬 :셰·니·라
重　　마조　　셔디 아니ᄒᆞ니라　엿ᄌᆞ와늘　홍문　셰니라

烈女圖 22, 禹氏負姑 本國

原　<열녀 22ㄱ>禹:우氏:씨·는　潭땀陽양 :사ᄅᆞ·미·니
重

原 金김惟유貞뎡·의 :겨·지·비·라 ·나히 ·스믈헤 남진 어러 :네 ·히·재
重

原 남지·니 죽거·늘 ·싀·어·미·롤 셤·교·ᄃᆡ ᄀᆞ·장 :효·도·ᄒᆞ·더·니
重

原 지·비 ·[블] 븓거늘 ·싀·어·미 늙·고 病·뼝·ᄒᆞ·야
重

原 니·러나·디 :몯·ᄒᆞ·더·니 禹:우氏:씨 ·브레 ·드·러·가 어·버·내·니·라
重

原 남지·늬 거상 ᄆᆞ·차·늘 어버·이 다른 남진 얼·요·려 ·ᄒᆞ·더·니
重

原 禹:우氏:씨 닐·오·ᄃᆡ 내 :두 子:ᄌᆞ息·식·이 이시·[니] :가히 資ᄌᆞ賴뢰·ᄒᆞ·야
重

原 :살 ·거·시·며·ᄒᆞ·들·며 남지·니 ·주글 저·긔 :날ᄃᆞ·려
重

原 ·싀·어·미 셤<열녀 22ㄴ>[·길] :이·롤 니ᄅᆞ·니 ·ᄎᆞ·마
重

原 背·ᄇᆡ叛·빤ᄒᆞ·려 ᄒᆞ·고 주·구ᄆᆞ·로 盟밍誓·쎼·호·ᄃᆡ 어·버·이 구·틔우·디
重   ᄇᆡ반ᄒᆞ랴   ᄒᆞ고 죽으모로   밍셰호ᄃᆡ   어버이 구틔여

原   :몯ᄒᆞ·니·라 ·싀·어·미 죽거·늘 ᄀᆞ·장 슬·허ᄒᆞ·고
重 얼이디 못ᄒᆞ니라   싀엄이 죽거늘   ᄀᆞ장 슬허ᄒᆞ고

原 送·송葬·장·과 祭·졔奠·뎐·을 禮·례다이 ᄒᆞ·니·라
重   송장과   졔뎐을   녜로써   ᄒᆞ니라

烈女圖 23, 姜氏抱屍 本國

原 <열녀 23ㄱ> [姜]강氏:씨·ᄂᆞᆫ 南남原원 :사·ᄅᆞ·미·니
重   강시ᄂᆞᆫ   남원   사름이니

原 崔최自·ᄍᆞ江강·의   :겨·지·비·라   남지·니 죽거·[늘]
重   최ᄌᆞ강의   계집이라   남진이   죽거늘

原 屍시體톄·ᄅᆞᆯ ·안·고 닐·웨·ᄅᆞᆯ 밥 아·니 머·거 주·그니·라
重   신톄을   안고   닐[에]을   밥 아니   먹고   죽으니라

原 :엳·ᄌᆞ·바·늘   紅홍門몬   :셰·니·라
重   엿ᄌᆞ와늘   홍문   셰니라

烈女圖 24, 召史自誓 本國

原 <열녀 24ㄱ> [조이는 丹단城셩] 사ᄅ미[니 나히 열 여ᄉ]·새
重　　　　　　　조사는　단셩　사ᄅ미니 나히 열 여ᄉ새

原 제 남지[니 나모 ᄒ라] 가 :버·믜·게 죽[거늘 조이 슬허]:쎠·만 잇[더니
重 제 남진이 나모 ᄒ다가 범의게 죽거늘 조[이] 슬허 쎠만 잇더니

原 어버이 제] 쁘들 아ᅀᆞᆯ[가 ᄒ야 샹녜] 盟밍誓·셰호[ᄃᆡ
重 어버이 제 쁘들 아ᄉᆞᆯ가 ᄒ야 샹녜　 밍셰ᄒ되

原 내 다른]ᄆᆞᆯᆷ·곳머·그·면 [엇뎨] 남지·늘 ᄧᅡ아라 ·가 보[료] ᄒ·더니 ᄒᆞᆯ·ᄂᆞᆫ
重 내 다른 마ᄅᆞᆷ곳 먹으면 엇디 남진을 ᄧᅡ알애 가 볼요 ᄒ더니 ᄒᆞᆯᄂᆞᆫ

原 제 어버·이 果:과然션 남진 얼·유·려 ᄒᆞᆫ대 조·이 :알 오
重 제 어버이　과연　남진 얼요려 ᄒᆞᆫ대 조[이] 알고

原 목미·야·ᄃᆞ·라 주그니·라 :엳·ᄌᆞᄫᅡ·ᄂᆞᆯ 紅홍門몬 :셰·니라
重　　목미야　죽으니라　엿ᄌᆞ와ᄂᆞᆯ 홍문　셰니라

烈女圖 25, 玉今不汚 本國

原 <열녀 25ㄱ> 玉·옥今금·이·ᄂᆞᆫ 安한陰흠 :사ᄅ·미·라
重　　　　　　　옥금이ᄂᆞᆫ　　안음　사ᄅᆞ미라

原 ·나히 ·열 닐·구·베 남지·니 죽거·늘 ·싀·어버·이 조차 :사더·니
重 나히 열 닐곱에 남진이 죽거늘 싀어버이 좃차 사더니

原 제 ᄆᆞᅀᆞᆯ :사ᄅᆞ[·미] 길·헤 맛·보·아 어·루·려커[·늘]
重 제 ᄆᆞᄋᆞᆯ 사ᄅᆞ미 길헤셔 맛보아 얼요려 ᄒ거늘

原 거·스·러 좃·디 아니터·니 [그] ·노·미 다조·차 무·늬 ·오·나[·늘]
重 거슬어 좃찌 아니ᄒ더니 그　놈이 다좃차 문의　오나늘

原 玉·옥今금·이 :면·티 ·몯홀 [주를 ·알오] 목미·야 ᄃᆞ·라 주[그니·라]
重　옥금이　면티 못홀 줄을 알고 목미야　　 죽으니라

烈女圖 26, 玉今自縊 本國

原　<열녀 26ㄱ>　玉·옥今금·은　陽양根근　:사ᄅ·미·니
重　　　　　　　옥금이는　　양근　　사름이니

原　愼·씬戒·계中듕·의·ᄯ·리·라　鄕향里·리 李:리順·슌命·명·이·를 어·렷써·니
重　　신계듕의　ᄯᆞᆯ이라　향니　　　　니슌명이을　　얼럿쩌니

原　順[·]슌命·명·이 죽거·늘　아·춤나[죄] 울]·오　초ᄒᆞᆯ　보·로매
重　　　슌명이　죽거늘　앗츰나조　울고　초홀라　볼음에

原　親[·친히]　祭·졔·ᄒᆞ·더·니　脫·탈喪[상ᄒᆞ야]·늘　어버·이　·일
重　　친히　　제ᄒᆞ더니　　　탈상ᄒᆞ야늘　　어버이　일즉

原　홀어[미 도왼]　·주·를 :어엿·비 너·겨 [다ᄅᆞᆫ 남]진 얼·요·려
重　　홀엄이　된　줄을　어엿쎄 너겨　다른　남진　얼요려

原　中듕媒[미ᄒᆞ야 期]끠約·약·ᄒᆞ·을 一·일[定·뎡·ᄒᆞ야]·늘
重　　듕미ᄒᆞ야　　　긔약을　　　　일뎡ᄒᆞ야늘

原 :몯:면·홀 ·줄 :알[·오 沐·목浴]·욕·ᄒᆞ·야 ·옷 ᄀᆞ·라[·닙·고 목미]·야 ᄃᆞ·라
重 몯 면홀 줄을 알고　　목욕금고　옷 ᄀᆞ라닙고　목미야

原 주·그·니 [나히 셜·흔 둘]·히러·라 나라[헤셔 紅홍門몬] :셰·니[·]라
重 죽으니라 나히 셜흔 둘히러라 홍티 적의　홍문　　셰시니다

烈女圖 27, 鄭氏不食 本國

原　<열녀 27ㄱ>　鄭뎡氏씨ᄂᆞᆫ　尙썅州쥬ㅣ　사ᄅᆞ미니
重　　　　　　　뎡시는　　　샹쥬　　　사름이니

原　校굠理리 權권達닳手슈·의 안해라　燕연山산 저긔　廢폐妃피를
重　　교리　　권달슈의　　　안해라　연산　적의　폐비을

原　追튜尊존ᄒᆞ려커늘 達닳手슈ㅣ 몯ᄒᆞ리라 ᄒᆞ야늘　　　주기니라
重　　튜존ᄒᆞ려 ᄒᆞ거늘　달슈　못ᄒᆞ리라 ᄒᆞ야늘 연산이 죽이니라

原 鄭뎡氏씨 스골셔 奇긔別뼐 듣고 우루믈 그치디 아니ᄒᆞ며
重　　뎡시　싀골셔　긔별　듯고 울으믈 긋치디 아니ᄒᆞ니 눈믈이 진ᄒᆞ야

原　　　　　　믈도 아니 마시믈 두들 남더니 죵드려 닐오뒤
重 피나더라 밥이며 믈도 아니 마시믈 두들 남더니 죵드려 닐오되

原 내 엇뎨 즉재 죽디 아니ᄒ리오마ᄅ 츠마 죽디 아니호ᄆ
重 내 엇디 즉제 죽디 아니ᄒ리오마ᄂ 츠마 죽디 아니훔은

原 남진의 屍시體톄 오나ᄃᆫ 보아 送송葬장ᄒ고 나도 그 겨틔 무튜려 ᄒ다니
重 남진의　신톄　오나ᄃᆫ 보아　송장ᄒ고　나도 그 겻틔 뭇틸여 ᄒ더니

原 내 願원을 일우디 몯ᄒ야셔 긔우니 ᄒ마 업스니 내 주그로다　ᄒ고
重 내　원을 일우디 못ᄒ야셔 긔운이 ᄒ마 진ᄒ니 내 죽글리로다 ᄒ고

原 ᄀ장 울오 주그니라 나라히　達달手슈란 都도承숭旨지 追튜贈쯩ᄒ고
重 ᄀ장 울고 죽으니라 듕종 됴애　권달슈은　　　　승지　튜증ᄒ이시고

原 鄭뎡氏씨란 淑쓕夫부人신 封봉ᄒ야 紅홍門몬　셰시니라
重　 뎡시은 　　 슉부인　　 봉ᄒ야　 홍문　 셰시니라

烈女圖 28, 李氏守信 本國

原 <열녀 28ㄱ>李리氏씨ᄂ 丹단城셩 사ᄅ미니 鄭뎡季계亨형의 안해라
重　　　　　니시ᄂ　 단성　사ᄅ미니　 뎡계형의　 안해라

原 季계亨형이 죽거늘 슬허터니 거상 바사늘 어버이 일 홀어미 도원 줄
重　 계형이　죽거늘 슬허ᄒ더니 거상 버서늘 어버이 일즉 홀엄이 된 줄을

原 어엿비 너겨 다른 남진 얼유려 ᄒ대 李리氏씨 울오 집 앏 방튝 므레 가
重 어엿비 너겨 다른 남진 얼요려 ᄒ대　 니시　 울고 집 앏 방튝 믈에 가

原 드러　주구려커늘　ᄆ슬 사ᄅ미　　　 보고 제 집　 사ᄅᆷ
重 들어 죽을여 ᄒ거늘 ᄆ을 사ᄅ미 마초아 보고 제 집 사ᄅᆷ을

原 블러 건뎌 내여늘 오라게사 사라나 닐오뒤 겨지비 ᄒ나흘 조차
重 블너 건뎌 내여늘 오래게야 살아나 닐오되 계집이 ᄒ나흘 좃차

原 終즁身신홀 거시니 아니 주거셔 므슴ᄒ료 스므나믄 나를 밥 먹디
重　 죵신홀　거시니 아니 죽어셔 무엇ᄒ료 스므남은 날을 밥 먹디

原 아니커늘 어버이 구틔디 아니ᄒ니라
重 아니ᄒ거늘 어버이 [□□디□□]ᄒ 줄을 알고 구틔 우[기]디 아니ᄒ니

原 李리氏씨 남진의 兄형의 ᄯᆞᆯ 더브러 사더니 어버이 말인대 딕답호딕
重 　니시　 남진의 형의 ᄯᆞᆯ을 더브러 사더리 어버이 말닌대 딕답호되

原 내 이를 의뢰홀　　 주리 아니라 주근 남진 위ᄒᆞ야 슈신호려 ᄒᆞᄂᆞᆫ
重 내　이 아히을덕 니블주리 아니라 죽은 남진 위ᄒᆞ야 슈신호려 ᄒᆞᄂᆞᆫ

原 계교ㅣ라　　 싀어버이 다 늙더니 終종身신도록　효도ᄒᆞ더라
重 　계괴라　니시　어버이　다 늙더니　종신토록　　효도ᄒᆞ니라

색인

1. 한자색인

가

家禮(가례)다이 ·········· 60
加資(가자)히여 ·········· 60
艱難(간난) ·········· 55
甘旨(감지) ·········· 63
監察御使(감찰어ᄉᆞ)ㅣ랏 ·········· 94
甲申(갑신)에 ·········· 24
江寧副正(강녕부정) ·········· 100
康靖大王(강정대왕)
  ·········· 55, 60, 76, 79, 138
開城府(개성부) ·········· 47
慶延(경연)이ᄂᆞᆫ ·········· 60
庚子(성화경자)·애 ·········· 66
景泰(경태) ·········· 22
貢稅(공세) ·········· 106
恭定大王(공정대왕) ·········· 9, 12
果實(과실) ·········· 18, 20, 69
廣州(광주)ㅣ ·········· 18, 76
軍士(군사)ㅣ ·········· 115
金德崇(김덕숭)이는 ·········· 15
今上(금상)이 ·········· 76, 100
金淑孫(김숙손)이ᄂᆞᆫ ·········· 84
期年(기년) ·········· 24

奇別(기별) ·········· 169
期約(기약)을 ·········· 166
氣絶(기절)ᄒᆞ거늘 ·········· 28

나

烙刑(낙형) ·········· 100
女妓(여기) ·········· 100
魯山(노산) 저긔 ·········· 135

다

短喪(단상) ·········· 82
堂上官(당상관) ·········· 97
大明(대명) 적 ·········· 90
大小便(대소변) ·········· 12
代身(대신)ᄒᆞ야지라 ·········· 5
大棗(대조) ·········· 32
都亭(도정) ·········· 7
同知中樞(동지중추) ·········· 57

마

盟誓(맹세)호ᄃᆡ ·········· 162
免役(면역) ·········· 71

蒙喪(몽상)애 ······················ 84
茂朱(무주) ㅣ ㅅ 사ᄅ미니 ··········· 148

바

朴成章(박성장)과로 ················· 97
朴云(박운)이ᄂᆞᆫ ····················· 42
飯祭(반제) ············· 32, 52, 73, 84
背叛(배반)ᄒᆞ려 ······················ 158
百步(백보) ㅣ나 ····················· 34
別侍衛(별시위) ······················· 28
病(병)드럿더니 ······················· 82
病(병)ᄒᆞ야 ········ 12, 20, 40, 109, 158
病(병)ᄒᆞ얏거늘 ······················· 124
卜閏文(복윤문)이ᄂᆞᆫ ················· 52
本鄕(본향)의 ························· 32
封(봉)ᄒᆞ야 ··························· 169
父母(부모) ······················ 26, 76
富昌驛子(부창역자) ㅣ라 ············ 63
不通(불통)커늘 ······················ 12
復戶(복호) ············ 47, 57, 63, 129
墳土(분토)애 ···················· 82, 140

사

赦(사)로 免(면)커늘 ··················· 7
祠堂(사당) ··························· 32
朔望(삭망)애 ························· 76
朔望祭(삭망제) ······················ 16
三嘉(삼가) ㅣ ························· 32
三年(삼년)재 ························· 133
三年祭(삼년제)를 ···················· 82
喪禮(상례)다이 ······················· 15
生員(생원) ······················ 18, 69

徐萬(서만)이ᄂᆞᆫ ····················· 66
宣德(선덕) ··························· 112
薛包(설포) ··························· 50
成章이와로 ·························· 97
星州(성주) ㅣ ························· 30
成化(성화) ··························· 63
送葬(송장) ···························
 ············ 28, 32, 103, 106, 158, 169
修掃(수소) ··························· 76
承旨(승지) ··························· 76
侍墓(시묘) ······ 3, 9, 15, 18, 20, 36,
                         52, 73, 84, 86
侍墓幕(시묘막)애 ···················· 47
時病(시병) ····················· 50, 112
時節(시절) 것 ············ 57, 79, 138
時節(시절) 오ᄉᆞᆯ ···················· 155
時節(시절) 차바ᄂᆞᆯ ·················· 155
屍體(시체)를 ························ 160
時享忌日(시향기일) ··················· 86
諡號(시호) ··························· 94
植培(식배)의 ························ 135
神祀(신사) 아니ᄒᆞ더니 ············· 142
神主(신주) ··························· 47
失節(실절)티 ························ 115
心喪(심상) ··························· 76

아

安陰(안음) ··························· 164
按察使(안찰사)랏 ···················· 92
藥哥(약가)ᄂᆞᆫ ······················· 126
梁郁(양욱)이ᄂᆞᆫ ····················· 26
嚴嚴(엄엄)ᄒᆞ니 ······················· 82

易先(역선)이는 …………………… 92
燕山(연산) ……………………… 82
燕山君(연산군) ………………… 100
烈女傳(열녀전) ………………… 121
影堂(영당) ……………………… 57
永樂(영락) ………… 12, 92, 94, 118
永葬(영장) ……………………… 106
禮(예)다비 ……………………… 106
禮(예)다이 ……………… 32, 76, 158
禮(예)로 ………………………… 82
禮(예)예 ………………… 20, 79, 121
禮賓寺(예빈시) ………………… 142
玉從孫(옥종손)이는 …………… 71
王中(왕중)이는 ………………… 3
云山(운산)이는 ………………… 43
願(원)호든 ……………………… 106
胤河(윤하) ……………………… 145
乙亥(을해)예 …………………… 22
飮食(음식)호야 ………………… 129
依據(의거)홀 …………………… 106
李祿連(이록련)이는 …………… 38
李壽(이수)의게 ………………… 7
李施愛(이시애) ………………… 97
李自華(이자화)는 ……………… 79
仁川(인천) ……………………… 57
一定(일정)호야늘 ……………… 166
鯉魚(잉어) ……………………… 60

자

資賴(자뢰)호야 ………………… 158
子息(자식)의게 ………………… 50
莊憲大王(장헌대왕) …………… 15

災禍(재화)] …………………… 82
全思用(전사용)이는 …………… 44
全州(전주)] …………………… 52
田地(전지) ……………………… 50
旌門(정문)호고 ………………… 94
正兵(정병) ……………………… 82
鄭玉良(정옥량)이는 …………… 32
井邑(정읍) ……………………… 44
正統(정통) ……………………… 18
丁亥年(정해년) ………………… 97
祭(제)호더니 …………… 145, 166
祭(제)호더라 …………………… 47
祭(제)호며 ……………………… 3
祭物(제물) ……………………… 76
祭奠(제전) …… 18, 28, 152, 155, 158
祭祀홀 제 ……………………… 86
從容(조용)히 …………………… 79
主簿(주부) ……………………… 60
重(중)히 ………………………… 106
中媒(중매)호야 ………………… 166
中樞(중추) ……………………… 69
知州(지주)랏 …………………… 94
知中樞(지중추) ………………… 76
進士(진사) ……………………… 73
陳州(진주)] …………………… 106
晋州(진주)] …………………… 34

차

嗟歎(차탄)호야 ………………… 7
參政(참정) ……………………… 92
處州(처주)] …………………… 90
天順(천순) ……………………… 24

薦新(천신) ········· 16	風氣(풍기) ········· 133
賤人(천인) ········· 47	避接(피접) ········· 50
天子(천자)ㅣ ········· 90	褒獎(포장) ········· 52
遷葬(천장) ········· 55	
淸州(정주)ㅣ ········· 60	**하**
草葬(초장) ········· 106, 148	韓述(한구)는 ········· 18
摠制(총제)랏 ········· 90	漢老(한로)ㅣ ········· 36
追尊(추존)호려 커놀 ········· 169	獻壽(헌수) ········· 63
追贈(추증) ········· 92, 97, 169	婚姻(혼인)ᄒᆞ샤 ········· 106, 131
忠節튱졀(충절) ········· 94	忽然(홀연) ········· 32
忠州(충주)ㅣ ········· 131	紅門(홍문) ··· 9, 22, 34, 38, 40, 42,
	44, 47, 63, 71, 73, 79, 84,
타	109, 155, 160, 162, 166, 169
脫喪(탈상)ᄒᆞ고 ········· 15, 52	弘治 甲子(홍치 갑자) ········· 76
脫喪(탈상)ᄒᆞ야늘 ········· 145	弘治 己未(홍치 기미) ········· 73
	孝養(효양)ᄒᆞ더니 ········· 32
파	孝養(효양)호몰 ········· 55
	褒獎(포장)ᄒᆞ시어 ········· 52

2. 한글색인

가	
가거늘 ········· 42	갈 녀허 ········· 7
가니라 ········· 150	갈 ········· 90, 155
가도아 ········· 100	갈호로 ········· 155
가져다가 ········· 34, 55	갈ᄒᆞᆯ ········· 97
가지고 ········· 97	갑새 ········· 69
가히 ········· 158	갑ᄒᆞ니 ········· 7
각벼리 ········· 60	갓다가 ········· 131
각별ᄒᆞᆫ ········· 155	거녀내니라 ········· 148
	거상 ········· 9, 20, 30, 129, 172

거상호미	79	그르니라	145
거스디	82	그르세	155
거스러	164	그리터라	79
거ᄅ미나	42	그믈	60
건뎌	172	그제	82
겁틱ᄒ거늘	90	그지	82
게우	145	그치디	12, 47
게을우미	52	그딋	109
게을이	79, 82, 84, 86, 124	그롤	90
겨지비라	109, 124, 126, 138, 158, 160	급뎨	94
겨지비러니	115	긔믈	76
겨집	82, 140	긔우니	169
겨틔	15, 24, 32, 55, 84, 150, 169	기슴	34
겨틱	3	길헤	97
겸ᄒ셔	50	ᄀ마니	145
계교ㅣ라	172	ᄀ올	57, 106, 133
고티디	109, 118	ᄀ장	60
관원	92	ᄀ초	155
구디	92	ᄀ티	20
구려오니	26	ᄀ장	34, 47, 63, 66, 82, 90, 121, 158, 169
구실	103		
구음방이	142	글ᄒ야	121
구틱디	172	ᄀ다	76
구틱여	7, 111, 114	깅	138
구틱우디	158		
구티여	145	**나**	
궐티	16	나	145
궤이혼	79	나가디	103
귀향	100, 135	나날	3
그듸를	118	나라헤셔	166
그러타	3	나라희셔	97
그려	16, 47	나라히	169
그려두고	52		

나라히 …………………………… 94
나며 들 제 …………………… 73
나모 …………… 22, 32, 57, 162
나죄 ……………… 3, 7, 47, 145, 148
나히 …… 9, 15, 22, 28, 34, 36, 38,
　　　　42, 44, 54, 69, 71, 84, 118,
　　　　　　138, 150, 155, 158, 162
나둘 …………………………… 22
나ᄆ니란 ……………………… 50
나물 ……………………… 69, 79
나ᄒ니라 …………………… 121
나히 …………………………… 63
날로 …………………………… 118
날ᄃ려 ………………………… 158
남더니 ………………………… 169
남도록 ………………………… 84
남지늬 ………………………… 158
남지니 103, 109, 115, 140, 155, 160, 164
남지ᄂ ………………………… 60
남진 …………… 82, 138, 150, 158
남진곳 ………………………… 129
남진의 ………………………… 138
남진ᄂ ………………………… 124
내 ……… 82, 129, 145, 155, 162
내여 …………………………… 47
내엿거늘 ……………………… 12
내오 …………………………… 50
내요려 ………………………… 79
내죵내 ………………………… 82
너겨 …………… 112, 148, 166
너기샤 ………………………… 15
너모 …………………… 63, 133
너무 …………………… 20, 69

너무ᄒ야 ……………………… 79
너비 …………………………… 90
녜 길 나마 ……………………… 3
녜 히재 ……………………… 158
녜히 …………………………… 66
녜히도록 ……………………… 12
녀코 ………………………… 109
녀ᄂ ……………………… 97, 129
녀룸 사오나와 ………………… 55
녀룸지이 ……………………… 3
노 씌여셔 …………………… 155
노미 ………………………… 164
노코져 ………………………… 7
노ᄒ야 ……………………… 100
놀이 …………………………… 5
누를 ………………………… 118
누이며 ………………………… 63
니[齒] 내디 …………………… 18
니[蝨] ………………………… 20
니거늘 ………………………… 34
니더니 ………………………… 69
니러 …………………………… 16
니러나디 ……………… 40, 158
니버 …………………… 9, 52, 135
니버셔 ……………………… 152
니버지라 ……………………… 7
니브니라 ……………………… 86
니브니 ……………………… 100
니오ᄃ ………………………… 7
니ᄅ고 ………………………… 97
니서 ……………… 30, 40, 69, 73
닐오ᄃ ………………………… 50
닐거 ………………………… 121

닐굽	32	더러요미	135
닐며	63	더러이료	60
닐여듧	133	더러일가	155
닐오듸	109, 150	더브러	82, 172
닐와다	92	더움	5, 86
닐웨롤	160	더위여	150
닐흔아홉인	28	더이믈	124
닙고	30	뎌례	115
ᄂ려디여	115	도도혀	94
ᄂ믈	18, 138	도여셔	109
ᄂ믈와	20	도외여	115
ᄂ믈홀	36	도외여늘	103
ᄂ호아	50	도왼 줄	172
ᄂᆞ비츨	7	도왼	142, 166
		도ᄅ혀디	92
다		도즈긔게	90
다딤두듸	79	도즈기	92
다와다	115	도족의게	97
다조차	164	도치	42
다ᄅ니	112	돌해	7
다ᄅ니를 어ᄅ라	103	돌홀	44
다ᄅ니를	152	돌홀	26
다ᄅ늬게	142	동래는	71
다ᄉ 설	150	되야	28
다ᄉ	69	됴쿠지	12, 20
달 살어니	100	됴티	69
담대타	94	됴하	12
대답	140	됴히	109, 118
대되	55	됴ᄒ니라	5, 38, 47, 50, 66, 71
대수혜	133	됴ᄒ리라	12
대혀	20	두려	152
댱	7	두돌	169
		두서	69, 145

두서날	73
두서히	12
둘로고	7
둘헤	63
둘흘	60
둘히	24
둘히러라	166
뒤헤	26
뒤헤다가	150
드러 주구려	172
드러	112, 124, 152
드러써니	52
드려	103
드른	76
들헤	142
디내오	18
디뫼	94
디엿더니	148
딕킈엿다가	92
딛거늘	5
딛옷	3
딜어 주기고	7
딥고사	69
되	32
ᄃᆞ라	140
ᄃᆞ라드러	40
ᄃᆞ려	148
ᄃᆞ려가니라	96
ᄃᆞ려와	129
ᄃᆞ리고	97, 150
ᄃᆞᆯ	66
ᄃᆡ답ᄒᆞ더니	103
ᄃᆡ샹ᄒᆞ야	30

라
량식	92

마
마가이신대	97
마시믈	169
마조	155
마초아	97, 148
마초와	7, 55, 63
막대	69
말오	82
말이고	121
말인대	15, 172
말ㅅ믈	94
맛뎌	76
맛보니	50
맛보더니	20, 36
맛보아	164
매마자	100
머거	160
머교딕	24
머글 것들	47
머기니	38, 66
머긴대	60, 71
머리	135
머리를	20
머리비시와	3
머육	55
명일이어든	63
모괴	50
모다	79, 124
모딘	38, 71

모로매	63	미조차 오니	42
모모로	5	미조차	22
모셔	124	미틱	57
목숨을	28	밀므리	112
목미야 들엿거늘	145	밀여	112
목미야ᄃ라	118, 135, 148, 162, 164, 166	ᄆ차늘	158
몯젓	20	ᄆ술	164
몯	166	ᄆᄉ믈	109
몯더니	40	ᄆ술	50, 63, 82, 172
몯ᄒ니	20	ᄆ술히	15
몯ᄒ리라	169	ᄆ술홀	7
몰라	126	ᄆ슘곳	162
몰래라	100	뭇도록	79
뫼헤	22	미다가	34
뫼화	60	미야	155
묏바틱	34	미양	69
무늬	164	미여	97
무덤	26, 44	미실	47
무덤의	76	미양	73, 133
무드니라	34, 148	믿그테	115
무튜려	169	밍ᄀ라	60
묻고	18	밍ᄀ더니	22, 26, 44, 57
므러	20	밍ᄀ라	47, 84
므레	12, 60, 152, 172	밍글며	18
므슴	172	밍글오	66
믈려	86		
믈론 거슬	24	**바**	
믈리바ᄃ며	150	바사	126
믈만	18	바사눌	172
믈읫	57	바티라	106
뭇고기	66	바민	26
뭇ᄀ새	124	바스라	90

색인 _ 235

바손	57, 60	뵈아거늘	103
반커늘	97	뵈오	47
반ᄒᆞ야	92	뵈요ᄃᆡ	15
받	22, 50	뵈요믈	73
받내믈	12	뵌대	121
밧디	18	부려늘	94
방튝	172	부산개	55
버믜게	34, 162	분직	12
버미	24, 150	브레	158
버스리라	100	브르고	28
버혀	38, 71	브르며	42
버히고	22, 138	브르지지고	34
버믜게	22, 42	브즈러니	103
벋드듸고	26	브ᄉᆞ럼	12
벌에	100	브ᄉᆞ름	24
벼슬	36	브ᄉᆞ텨	97
벼슬 말오	32	브회나	100
벼슬ᄒᆡ샤ᄃᆡ	28	븓거늘	40, 97, 158
벼슬ᄒᆡ이고	79	븓드러	148
벼슬ᄒᆡ이시고	16	블	40, 158
변티	7	블러	3, 172
병이 되어늘	50	비니	66
병ᄒᆞ야	7, 69	비로ᄃᆡ	69
병ᄒᆞ야셔	60	비취여	150
보료	162	빈대	3, 28
보셔셔 ᄒᆞ대	150	빗디	20
보아	124	ᄲᅳ들	162
보애라	15	ᄇᆞ려늘	42
보야호로	12, 66	ᄇᆞ려워	20
보와ᄃᆞᆫ	17	ᄇᆞ리고	12, 34, 103, 150
보믈	86	ᄇᆞᄅᆞ매	138
복질ᄒᆞ얏거늘	69	ᄇᆡ셩	94
뵈며	86	ᄲᅥ나디	15, 150

뛰여 들어늘 ·················· 148
뛰여 ································ 66
쁘들 ································ 92
쁠와 ································ 42
뻐 ···································· 90
쓰니라 ······························ 63
쓰다니 ······························ 50
쓸 ····························· 15, 40
쓸와 ································ 55
삐드러 ······························ 63
삐들며 ······························ 73

사

사겨 ·································· 7
사더니 ············ 47, 50, 57, 164, 172
사라 오나눌 ······················ 126
사라 ································ 24
사라나 ···························· 172
사로물 ···························· 100
사르미라 ···························· 9
사모려 ···························· 140
사오나온 ····················· 18, 50
사ᄅ미니 ················ 160, 166, 172
사ᄅ미라 ·················· 3, 18, 84
사ᄅ믜게 ·························· 135
사ᄅᄃ러 ·························· 155
사ᄅᄃ려 ···························· 18
사ᄉ미 ······························ 63
사시예 ······························ 73
사훌 쌔물 ······················ 140
사훗날재 ·························· 28
산 ···································· 73

삼년곰 ······························ 84
삿기 ································ 24
상녜 ································ 16
새도록 ······················ 34, 69
새배 ································ 16
서레 ································ 18
셤겨지라 ·························· 106
셧거 ·························· 38, 71
세흘 ································ 26
셜워 ··························· 7, 76
셜워커늘 ····················· 20, 47
셜워호ᄆᆞᆯ ·························· 133
셜워ᄒᆞ더라 ························ 121
셜이 ································ 76
셜흔 ······························ 166
셜ᄒᆞ나믄 ···························· 42
셤교ᄃᆡ ·········· 5, 24, 47, 66, 124, 158
셤교ᄆᆞᆯ ···························· 63
셤기려 ···························· 109
셩이 ································ 24
셰간사리 ·························· 121
셰고 ···················· 47, 57, 66
셰니라 ·············· 3, 9, 22, 30, 34, 38
················ 40, 42, 44, 73, 84, 86
················ 138, 155, 160, 162, 166
셰시니라 ·························· 169
셰옛더니 ·························· 79
셰오 ······················ 26, 71, 129
소겨 ······························ 115
소곰 ·················· 36, 69, 79, 84
소노로 ····················· 34, 150
소릭 ································ 26
손까락애 ···························· 12

손까락을	38, 71	ᄉ매예	7
손소	12, 18, 66	ᄉ명실	86
수울	15, 69	ᄉ랑ᄒ시ᄂ	100
수울와	66	ᄉ랑ᄒ야	121
술위예	7	숨펴	47, 86
슈신호려ᄒᄂ	172	숨펴보물	5
슝샹ᄒ니	94	싀새	26
스골셔	169	ᄡ지레라	100
스므나ᄆ	172	ᄡ짓고	90
스믈헤	109, 158	싁이여	22
스믈힌	150, 155	ᄊ	57, 92, 94, 162
슬탈히	162	ᄊ해	50, 76
슬허	5, 47, 52, 79, 138	ᄊ홀	26
슬허터니	28, 172	ᄧ	90
슬허호믈	20, 63	씌 밧디	69
슬허ᄒ고	158	ᄯ리라	34, 133, 150, 166
싀어미	103, 129	ᄯ를	172
싀어미를	112	ᄯ리	121
싀어미롤	158	ᄊ뎌	124
싀어버이	166	ᄊ야	90
싀어버싀	145	ᄊ	15, 52
싀지븨	129	ᄊ니	47
시드는	118	샬며	24
시병ᄒ야	12	샬이면	12
시시라도	76	샬인댄	12
싸호매	90, 115, 131		
싸홈	90	**아**	
싸회	121	아나셔	28, 34
써	121	아니코	69
샹녜	142, 155, 162	아니터니	86
샹ᄒ리라	15	아니터라	36, 47
셩이	32	아니ᄒ려	152
ᄉ더라	155		

아더니	121	어든대	12
아름다이	15	어디다	60
아븨	9, 20	어디리	94
아비 어미	69	어딘	90
아비	12, 18, 40, 55, 63, 142	어러	112, 158
아비라셔	112	어럿써니	166
아홉 서레	36, 38	어롤리	121
아ᄃ를	112	어루려	115, 140, 164
아ᄃ리라	57, 76	어름	66
아빈	12, 22, 24, 71	어믜	20, 55, 82
아ᄉᆞ	22, 97	어미	44, 47, 55, 86
아소려	100	어버내니라	158
아ᄉ	42, 97	어버내다가	40
아ᄉ돌흔	50	어버이	15, 63, 73, 106, 148, 172
아슬가	162	어버일	79
아ᅀᆞᆷ돌히	82	어버의	16, 30, 84
아ᄎᆞᆷ	47	어버의게	63
아ᄎᆞᆷ나죄	5, 15, 32, 52, 73, 79, 82, 84, 150, 155, 166	어버ᅀᅵ	52
		어셔	142
안해	109	어엿비	112, 148, 166, 172
안해라	169, 172	어룬	133
안해셔	40	어믜	50
알오	90, 162, 164	얼여	121
알오져	12, 20	얼요려	106, 112, 121, 126, 158, 166
알외여	97	얼유려	142, 162, 172
앏픠	7	얼이고져	152
앗고	100	얼이니라	152
야개	71	업고	140
양ᄌᆞ를	51	엇뎨	162
어더 보니	148	에위옛더니	94
어더늘	36, 38, 112	여슌둘헤	15
어더든	79	여위여	15, 52, 82
어드니	97, 124	여ᄃ니	84

여듧 ········· 42	오솔 ········· 34
여듧힛마니 ········· 126	옥애셔 ········· 97
여슷 ········· 24, 52	올마오게 ········· 20
여히는 ········· 121	올아 ········· 115
엳ᄌᆞ온대 ········· 94	올흔 ········· 97, 150
엳ᄌᆞ와늘 ········· 9	옷ᄀᆞ라닙고 ········· 166
엳ᄌᆞ바늘 ········ 5, 18, 28, 30, 34, 36,	옷ᄀᆞ라닙디 ········· 3
38, 40, 42, 44, 52, 71, 73,	옷조쳐 ········· 138
84, 86, 92, 131, 160, 162	외며 ········· 97
열네히오 ········· 42	왼녁 ········· 150
열네힌 ········· 22	왼소노로 ········· 22
열닐구베 ········· 164	우더니 ········· 133
열둘헤 ········· 44	우러 ········· 155
열둘힌 ········· 34	우루믈 ········· 169
열릴구베 ········· 69	우므를 ········· 3
열세헤 ········· 36	운대 ········· 42
열여듧이러니 ········· 124	울에 ········· 26
열여ᄉᆞ새 ········· 162	울오 ········ 3, 16, 34, 75, 85, 144,
열여ᄉᆞ신 제 ········· 145	166, 169, 172
열ᄒᆞ나힌 ········· 70	울워더니 ········· 50
엿쇄를 ········· 135	원ᄒᆞ야셔 ········· 15
예게 ········· 126	위ᄒᆞ야 ········· 79
예들히 ········· 55	위ᄒᆞᄉᆞ바 ········· 76
오나늘 ········· 22	유공커를 ········· 90
오나도 ········· 112	의거긔 ········· 106
오나ᄂᆞᆯ ········· 164	의당 ········· 16
오나ᄃᆞᆫ ········· 169	의론 ········· 90
오라 ········· 60, 106	의식 ······ 16, 57, 63, 66, 73, 76, 79,
오라게사 ········· 172	86, 138
오라디 ········· 112	이러 뎌러 ········· 5
오라비 ········· 148	이리 ᄒᆞ몰 ········· 47
오라ᄃᆞ록 ········· 148	이리[事] ········· 76
오손 ········· 90	이바ᄃᆞ며 ········· 79

이받고 ·········· 103
이받더니 ········ 63, 73
이받더라 ········ 66
이셔 ············ 51, 129
이쇼미 ·········· 135
이쇼믈 ·········· 16
이실 ············ 24
이옷 ············ 115
이롤 ············ 90
일[早] ········· 138, 142, 166, 172
일로 ············ 97
일오쇼셔 ········ 90
일와 ············ 94
일우디 ·········· 169
일홈은 ·········· 121
일홈 ············ 79
일홈난 ·········· 115
일뎡ᄒ얏더니 ···· 131
잇고 ············ 76, 95
잇다감 ·········· 55

자

자바 ············ 34
자피여 ·········· 22, 42, 90, 126
자피여늘 ········ 34
장망ᄒ고 ········ 155
쟈근 ············ 42
쟝만ᄒ야 ········ 66
저긔 ············ 12, 18, 82, 94, 169
저기어늘 ········ 66
저코 ············ 60
저티고 ·········· 22

저허 ············ 155
적그티 ·········· 84
제 ············· 20, 22, 28, 34, 40, 73, 86, 129, 140, 162
졔녀 ············ 97
져머셔 ·········· 47, 55
져머셔 ·········· 76, 86, 152
져며셔 ·········· 121
져믄 ············ 63, 79
져주거는 ········ 79
졈고 ············ 109, 118
졔ᄒ시고 ········ 92
조차 ············ 22, 34, 131, 164, 172
조쳐 ············ 155
조초리라 ········ 115, 118
조히 ············ 155
조ᄎ리오 ········ 118
조ᄎ대 ·········· 106
좃고 ············ 12
좃더라 ·········· 94
좃디 ············ 82, 103, 126
죠고마도 ········ 84, 86
죠고만 ·········· 121
죠희예 ·········· 121
주거믈 ·········· 34, 97
주거미 ·········· 112
주거셔 ·········· 172
주검 ············ 42
주것더니 ········ 47
주고모로 ········ 126
주곰만 ·········· 135
주구려 ·········· 152
주구리라 ········ 142, 155

주구믄	100
주구ᄆ로	129, 158
주규려	79
주그니라	160, 164, 166
주그로소니	118
주근동 산동	126
주글 저긔	82, 158
주기니라	169
주기신대	76
주러	50
주를	97, 112, 166
주리	79, 172
주어든	63
주워늘	60
죽거늘	7, 36, 160
죽거도	79
죽거지다	69
죽도록	32, 76, 131, 152
준대	50
쥭	79
즈츼움	36
즉재	66, 109
즉제	12
즘승	100
지그기	5, 15, 24, 32, 55, 57, 112
지극더니	28
지극더라	86
지극이	76
지븨	16, 18, 30, 34, 66
지비	3, 55, 158
지여	26, 44, 106
지서	79
진양	138

짇즘싱	24
질삼	103
집사롬	92
집앏	172
쟝	79, 84
쟝쉬	94
쟝춧	118
죵긔	47
죵이라	100
죵드려	169
즈라	47
즈라는	63
지죄며	94

차

차반	18, 66
처서믜	79, 90, 92
쳥호딕	90
초ᄒᆞᄅ	166
초홀리어든	66
츄겨	100
치운	66
치움	5, 86
치위예	60
치ᄃᆞ시	24
쳥ᄒᆞ대	7

타

탈상	84
틱거늘	92
틱라	97
틱며	34

파

펴	20
펴기	133
펴난히	16
폐티	15, 82
푸머다가	63
퓌오고	69
프라	34

하

하	20, 42
하나비	30
하뎐이라	142
하료딕	100
하놀	28, 42
하놀히	150
하놀끽	65, 68, 115
한父母(부모)	145
한딕	15
항복ᄒ야	94
항티	94
항ᄒ라	90
향니	71
헤혀고	140
호라ᄒ고	79
호려코	112
호딕	55, 60
호미	34
호ᄉ	82
호ᄉ셔	50
홀어미	129, 138, 142, 166, 172
황당이	148
횟도라	3
효도로아	32
효도롭더니	24, 55, 60, 76
효왜	76
후에ᅀᅡ	16
훗남지늘	109
훗남진을	118
훗어미	46
횟두르며	22
흐터	54
항거시	100
향	69
ᄒ나히	50
ᄒ나흘	172
ᄒ니라	24
ᄒ다니	169
ᄒ더라	20
ᄒ료	172
ᄒ리	140
ᄒ마	7, 109, 112, 169
ᄒ야	60, 97
ᄒ여늘	9
ᄒ여늘	100
ᄒ엿더니	90
ᄒ이시고	97
ᄒ이시니라	55
ᄒ이시다	60
ᄒ릇	26
ᄒ믈며	50
흔가진가	79
흔대	118
흔ᄀ올	7
흔딕	18, 148

흔힛마니 ……………………… 133	히시니라 ………………… 36, 66
훌기며 ………………………… 44	히이시고 …………………… 86
훌눈 ………………… 148, 150	히이신대 …………………… 94
훌룬 …………… 103, 133, 162	힌옷 ……………………… 152
훍 ………………………… 26, 150	힝덕 ………………………… 50
훔끠 ………………………… 7, 92	힝덕이라 …………………… 79

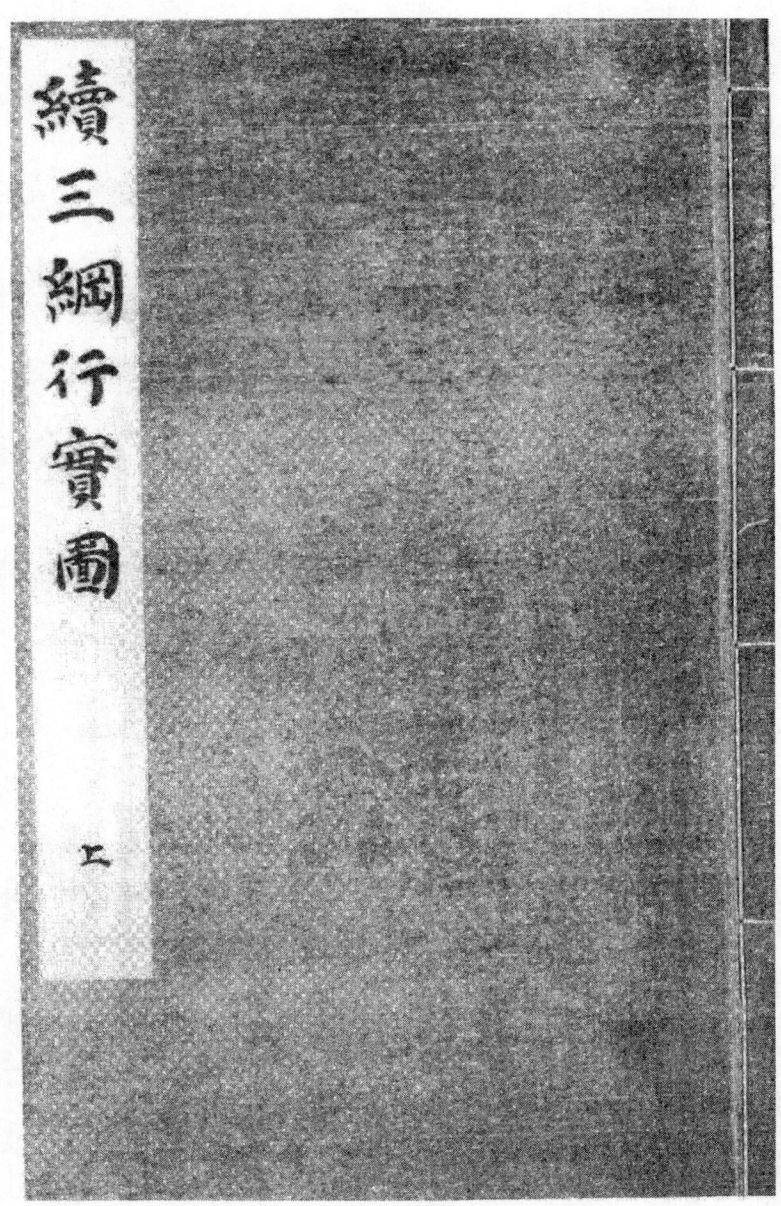

속삼강행실도 겉표지 〈동양문고본, 일본〉

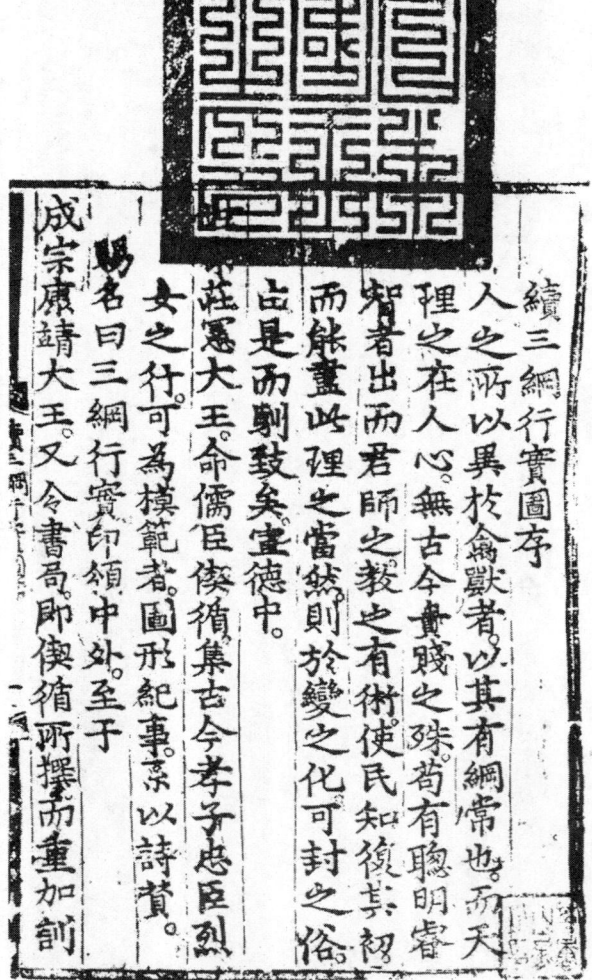

續三綱行實圖序

人之所以異於禽獸者、以其有綱常也。而天理之在人心、無古今貴賤之殊。苟有聰明睿智者出而君師之教之有術、使民知復其初、而能盡此理之當然、則於變之化可封之俗、占是而馴致矣。惟我

莊憲大王命儒臣俛循集古今孝子忠臣烈女之行可爲模範者、圖形紀事系以詩贊。名曰三綱行實、印頒中外、至于

成宗康靖大王、又令書局、卽俛循所撰而重加訓

解譯以諺字使兒童婦女皆得通曉其於惇
典庸民之道可謂無遺憾矣頃罹否運泯泯
蔑蔑人失其趨惟刱之從襲遇
主上殿下滌除昏亂釐理綱維凡所以興化礪世
者皆復
祖宗之舊猶慮其未至也乃
召禮官曰近來綱常墜地予甚痛焉玆欲倣三
綱行實益撰
國朝以來忠孝節義之人續為一編使民觀感
遂開局畺貢命大提學臣申用溉堂其事仍

令判中樞府事臣姜渾吏曹判書臣金詮
曹判書臣朴說知中樞府事臣李繼孟兵
曹判書臣卞孝文禮曹判書臣李長坤兵曹叅知
君臣成夢井吏曹叅判臣李長坤兵曹叅知
臣崔洲生曁臣衮並預編摩一日
殿下降抄本司馬光史論一通
召永臣等曰予因讀史偶閱此論深嘉其言有
關於彝倫夫爲女不正雖復華色之美織紝
之巧不足賢矣爲臣不忠雖復抂智之多治
行之優不足貴矣何則大節已虧小善不足
稱也爾等今方纂書須用此意叙諸編首臣

等閒。命蓋懍於是
上國之事則据一統志所紀封贈旌表之人。而取
其充異者。
本國則攷諸
國乘叅以圖誌以至人家狀牒官府謄奏靡不
蒐閱。又令諸道監司各上所部卓異之行凡
得孝子三十六烈女二十八。若夫忠義之士。
自古多見於危亂之際。故繁夥獨闕焉。始事於
壬申十月間因年歉罷局至甲戌六月書乃

脫稿臣嘗聞三代教民之法惟周家詳司徒
氏掌七教六行以詔於民而猶恐其或不率
也則使官師書其德行以勸之夫既詔之又
後而勸之民安有不化者乎周之治化之養
卜曆之久專在於此我
朝立國規模與周家忠厚無異而其勸民興行
之意則殆有過焉蓋
世宗承草刱之後靡遑他及而首慮於人倫至乃
創出
機智具圖成書揭示民彝如指諸掌

成宗聿遵成規是偘是飭丁寧開釋免民誰戮
殿下與民更始克恢
兩朝之遺範而鼓舞振作使舊邦惟新
三聖相繼既作述耳提面命漸民於善豈特周
家使官師勸之而止者哉說者或曰人心之
所同然者善也一編之書足以感發千萬人
之心不必增而續之殊不知常人之情忽舊
而貴新況古人作於百世之上其姓名行蹟
俱已湮滅觀書者不以為尋常則必謢之於
高遠難及而不之勉焉今新編所錄大抵皆

서 3b

耳目之所逮也將人之得是編者忽覩乎昔
所見聞之人列在卷上必曰彼且能是我獨
不能是耶感勵歆羨不能自已夫如是則我
殿下誘掖開導之方豈不益切於前乎嗚呼自廢
夏以來至于
國朝卓行高節比慮三百三十人而萃于一書
人倫之道備矣自爾至今百許年間興起者
又若干人有以見天下之善無窮而我
盛朝優游敦厚之教矯揉斯民者於此蓋可驗
矣由今以徃凡屬於三綱者宜何所用其心

乎但能各盡本分之所當為而顒俟皇天上帝之所畀付則於
國家重輯新書惓惓為民之意庶無負云。正德
九年甲戌六月下澣嘉善大夫吏曹參判無
同知
經筵事五衛都捴府副捴管臣南袞拜手稽首
謹序、

續三綱行實孝子圖目錄

王中感天　周炳致殫
趙娥復讐　仁厚廬墓
姜廉甕氷　德崇至孝
韓述䟽食　正命分蠱
延守刲髀　克一剖髀
梁郁感虎　信之號天
邦啓守喪　玉良白槖
令之撲虎　漢老甞唎
祿連療父　乙時負父
二朴追虎　思用擔土
龜孫吮癰　叔咸侍藥
閏文圖形　得仁感倭

효자도 목록 1a

續三綱行實孝子圖目錄

友明純孝　　慶延得鯉
趙錦獲鹿　　徐萬得魚
應貞禱天　　從孫斷指
得平居廬　　鄭門世孝
自華盡孝　　有文服喪
淑孫立祠　　繼周誠孝

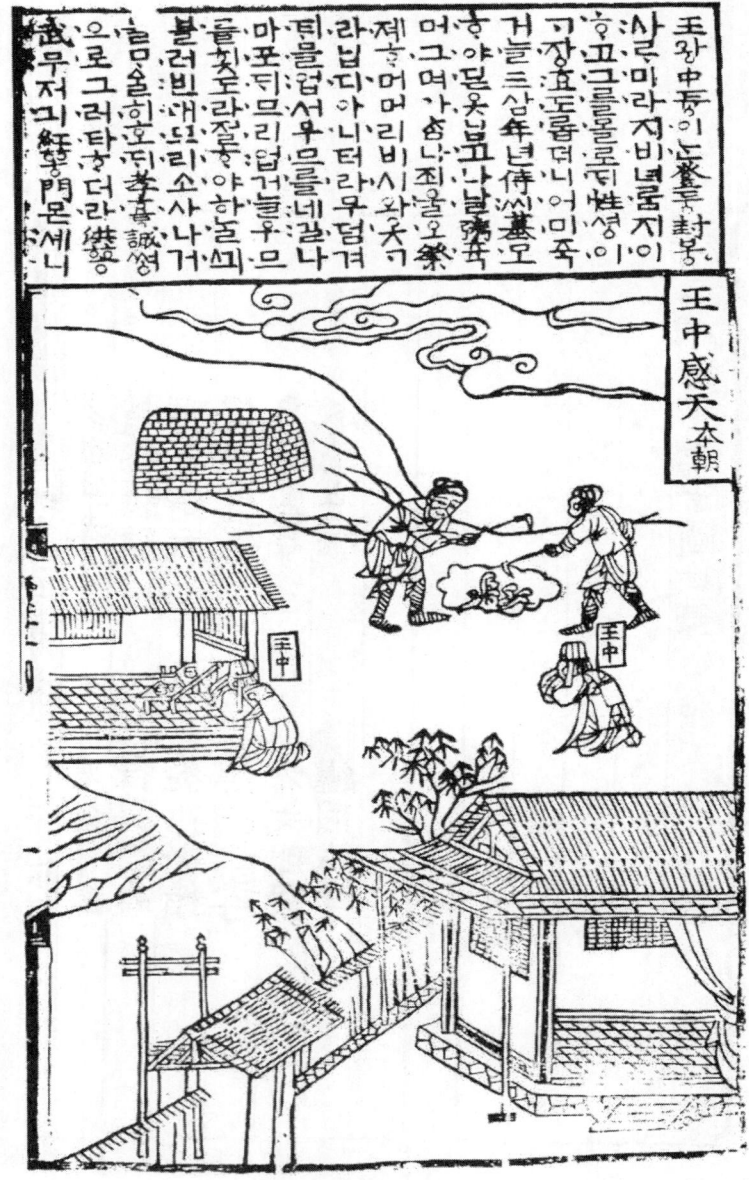

효자도 1a

王中登封人家業農未嘗知書性至孝母歿廬墓三年身被衰麻日食飦粥旦夕哭奠未嘗櫛髮易衣墓側無水汲井四丈餘不得泉中夜叩井再拜籲天泉乃湧出鄉里以爲孝誠所感洪武間喪其門

朝晡哭奠守齋廬飦粥三年廢櫛枇絶孝回如之性耳平生不識一行書 居廬無水薦明翯掘井其如不見泉乎拜倏然波湧出至誠能感彼蒼天

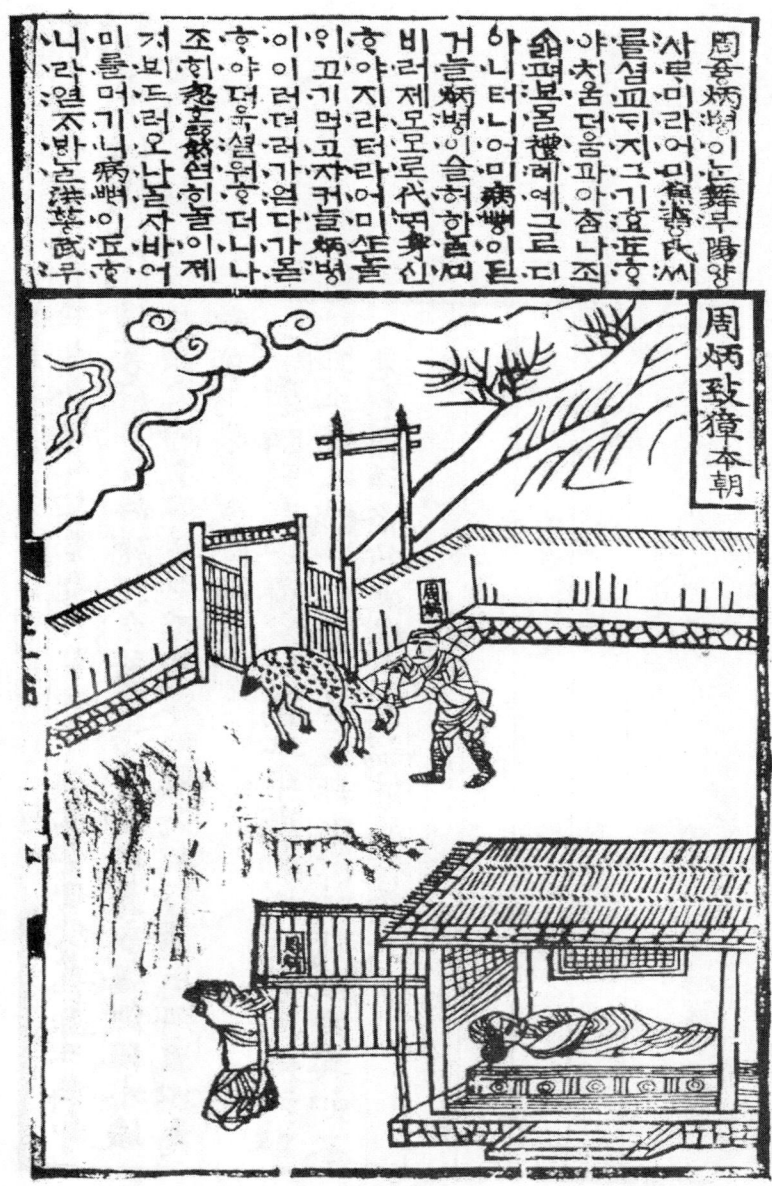

효자도 2a

저그에병문이제시니라

周炳舞陽人事母焦氏至孝溫凊定省盛暑抒母嘗病苦炳哀號籲天願以身代母恩獐肉炳四出求之不得忽痛愈切忽有獐入其室殺以啗母病尋愈中歲母又患獐肉炳四出求之不得

其門

병이아양에이셔신애잇논디라매심에졔슈ᄒᆞ야빌어가로ᄃᆡ원ᄒᆞᄂᆞ니모친의병을이ᄆᆞᆷ으로ᄡᅥ몸을ᄃᆡ신ᄒᆞ야죽으면

惜頌以兒身代母親母患沈病欲食獐四求無從希中腸忽然入室應神貺一獻高堂體便康

효자도 3a

나가다아니커늘후에야
잡브로도로보빗니마
오혀샤로도ㅎ며커늘을
이哭자嘆曰엇야浹해뻐
게도욤을羞븟ㅎ니라

趙娥酒泉人父安為同縣李壽所殺娥兄弟三人同時疫
死娥自傷父讐不報乃悼車袖劒白日刺壽於都亭前徐
詣縣顏色不變曰父讐已報請受戮縣長尹嘉欲縱法縱
娥不肯去強載還家會赦得免郡縣嘆賞列石表閭

誹 父仇未復寢兄亡子五孫娥痛自傷袖刃悼車謀北
武都亭白日快逢場 報仇伏法自心甘義氣磨空直
百男縣尹饒他仍會赦州閭膛車入叢談

효자도 3b

효자도 4a

尹仁厚河陽人年九歲遭父喪廬於墓側。恭定大王朝事聞㫌閭

詩 親亡哀毀是天彛盡禮今聞九歲兒三載結廬居墓側孝誠如子豈堪悲 孰非人子孰無親匍上稀聞孝行純況有䑛兒能守塚髙風百世更誰倫

효자도 4b

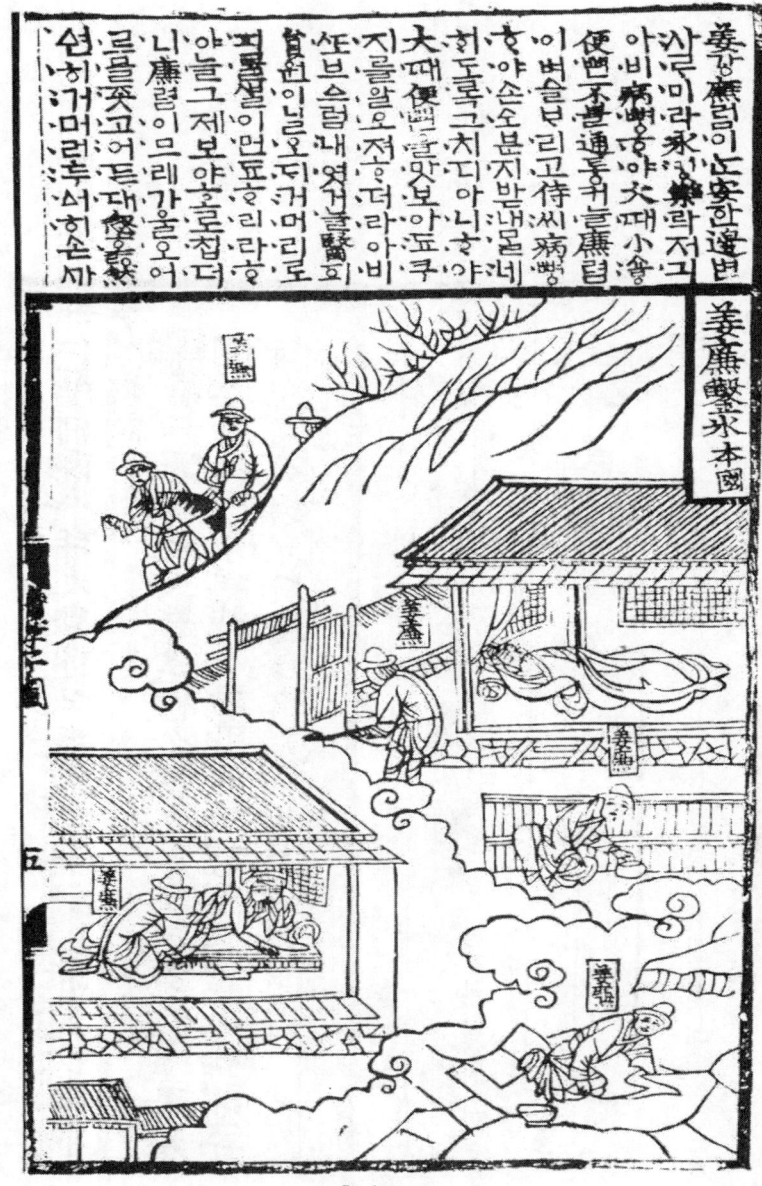

효자도 5a

젹에 나거늘 가져다
기브스믈 갇대아비
병뼈이 즉제됴하야
병ㅎㅣㅅ도록 아
ㅎㄴ라ㄴㅣ열
효ㅣ 자손ㅅ경문보
ㄴㅣㄹㅏ

姜廉安遠人。永樂中父淮相當患便澁不通廉尋官侍疾
氣奉溷器四年不輟至甞糞以驗吉凶父又患瘇腎云水
蛭吃血可治時方寒沍廉就洲上呼號氷求之忽有水
蛭數三附手指而出持以吃其瘇父病即念壽至九十五
歲事聞旌閭

休官手捧溲便器。甜苦尖危豫指知。自是爲親誠感應。
物拾氷求蛭應如期。沍寒覓料氷間蛭吃血敷切父
病瘥畢竟强康蹟上壽一生誠孝格皇天

효자도 5b

金김덕德숭崇의노婢비인川쳔
싸리미라韓한산山의원일어
버희녀글안고야조보애
야벼슬보니고왓도보리
미그허늘들숨와일애
쥭일노참죄쓸어
이니고녀비눈리와
흘녀요록죄썰제고
게임肥비록죄썰며
大대脫탈눈비아
王왕나다안아
아펼티니더디
고이나러아니
도아뷔바라
쟝장爲위훈대
非비라기샤우 올너
컷모샤비기샤우 올너
주시에가아오시기라거만
라니그샤어건묵여만
니가물재ㅣ늘못수호두
형더가러오녜ㅣ만호늘거
훈라듁덕뉴생숑두둘눌
니아밧너쇼ㅣ호펴올귀
라셔人인뉴멱디란훈무더
고죽시지아비란한문업
의는 기비하 것지ㅣ번 셔 남이 누 솝

德德崇崇至至孝孝本本國國

효자도 6a

태막물흥에란하려라새배니
러의무명함비강을脫喪
상하고포두년뉵을쓸리려
하의산에안자물모와도애
훤설정에훈효를모앗도애
훈와셩치에앞잣아시졀
신울결하악보며왓薦新
허불드어며슬다사꼬눔
의碑비셰시니라

金德崇鎮川縣人嘗宰韓山郡念守省父曠養官而歸承
順色養至誠無怠年六十二遭母後廬墓三年每朝夕奠
訖必定省於父雖雨雪不廢服闋不離父側奉養彌篤
莊憲大王嘉其誠孝。特賜酒肉米父亡又廬墓哀毁骨
立日父癰於野子安於家吾所不忍晨興必哭于墳前至
五時年已七十二鄉黨以衰年執喪必至傷性止之德崇
於桐堂晨夕必拜朔望必祭時物必薦有事必告而後行
於終養哀慕益切見父母平昔之座輒哽咽歎之如在又
及其歿。命官其二子。立碑於墓以旌之
父朝晡奠罷拜庭闈父理於野忍家居已七十遭養又
父廬哀慕終身情益切墓前碑表聳州間
晨昏念切棄官歸色養平生志莫達為母居廬仍省
守廬

生원원韓세동운廣
州사람이라다섯
서래아비죽고삼
년侍墓ᄒᆞ
고居喪의호리罷ᄒᆞ야도
祭服을벗디아니ᄒᆞ
며사나온밥을만마
시고믈果實을먹디
아니코오좇祭奠ᄒᆞ며
大샷믈내며사롬드려말
ᄒᆞ며거상내야ᄒᆞ고
내우러거상대오니라
도시비가ᄀᆞᄂᆞ니라
正졆統ᄒᆞ실그연本朝일
紅몬셰니라

효자도 7a

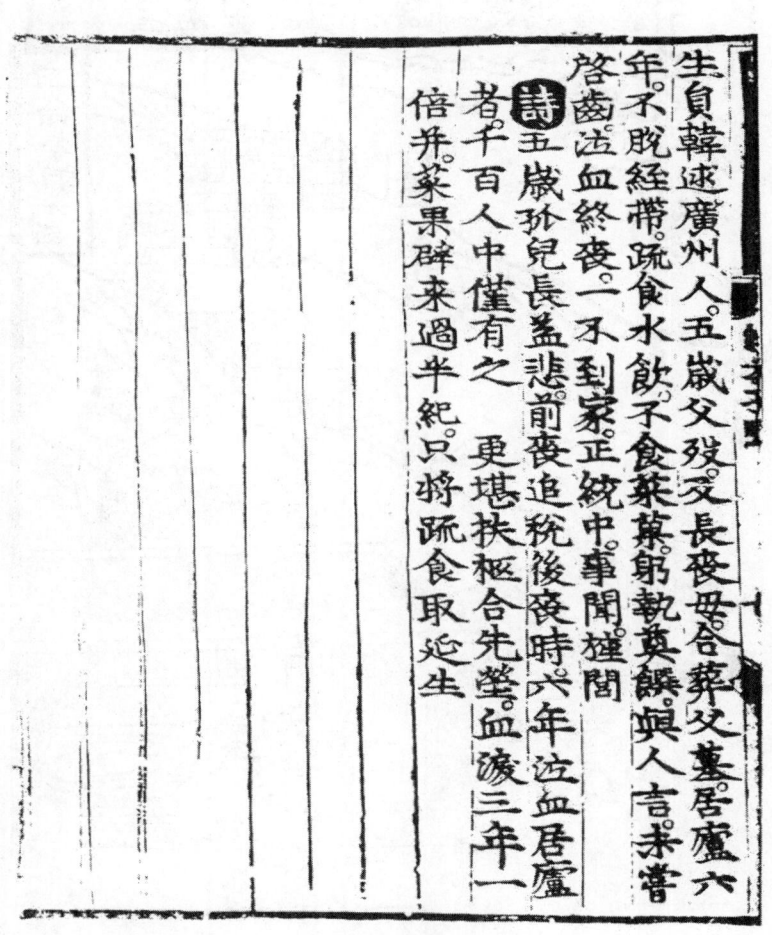

生負韓逑 廣州人。五歲父歿父長喪母合葬父墓居廬六年不脫絰帶䟽食水飲。子食菜菓躬執奠饌與人言未嘗啓齒泣血終喪。一不到家正統中事聞㫌閭

詩

五歲孫兒蓋悲前喪追後喪時六年泣血居廬
者千百人中僅有之 更堪扶柩合先塋血淚三年一
倍幷。菜果辟來過半紀只將䟽食取延生

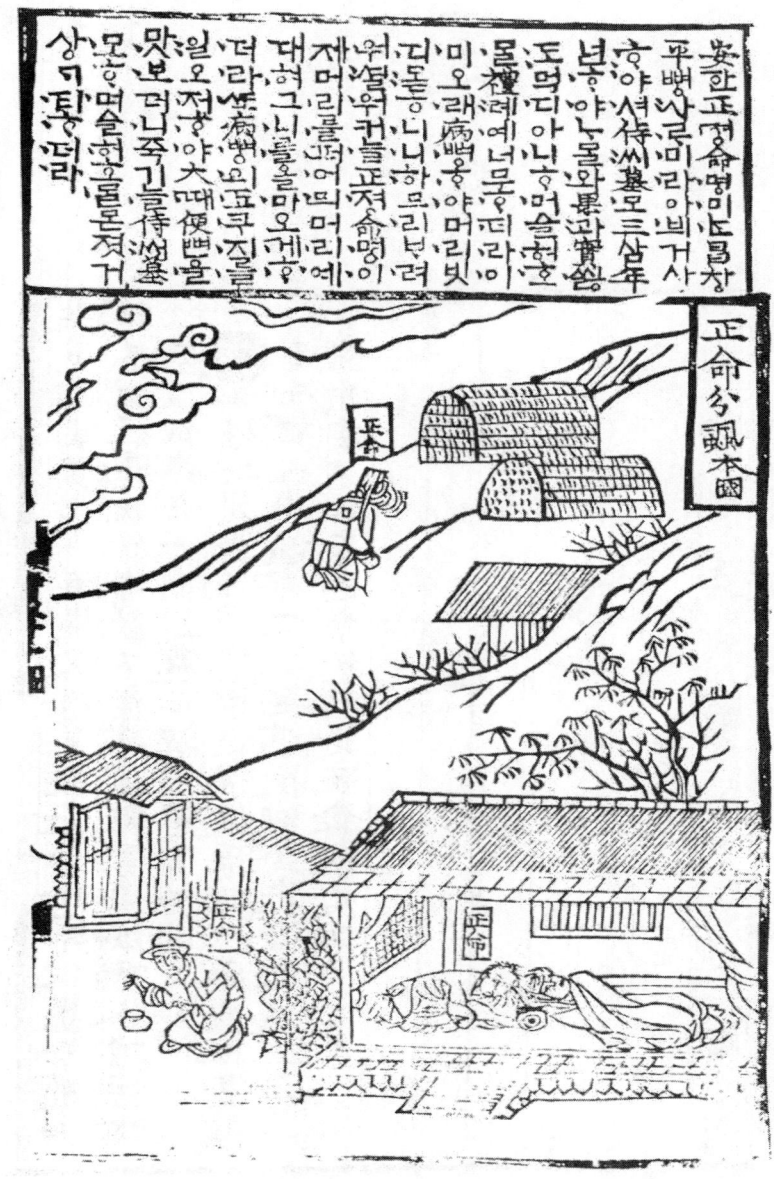

효자도 8a

安正命昌平縣人嘗居父喪廬墓三年不食菜菓哀毀過禮母病沉綿久廢梳櫛苦風寒蹇悶正命欲分療散其疫承接母首以分其疾又嘗糞以驗吉凶及歿中墓哀慕如前喪 嘗吾親遺體即吾死疾痛初無彼此殊歡曖為分蝌蚪療一生誠孝激頑夫 父亡哀兼為居廬骨立三年斷菜蔬母病又能嘗糞驗勢平悲睟一如初

박연슈고령산 山사루미라나히열네힌
제아비조차모해가나모
버히고븜히죄피여가거늘
연슈ㅣ...원손로아비
범잡고울오소로나모
초로머리저리고미
발합고바믈저리고미
뉴ㅣ므러그아비삼百
빈보ㅣ나가아비屍신
톄를아사나믈을
모셰ㅣ니라 乙亥㎎예紅門

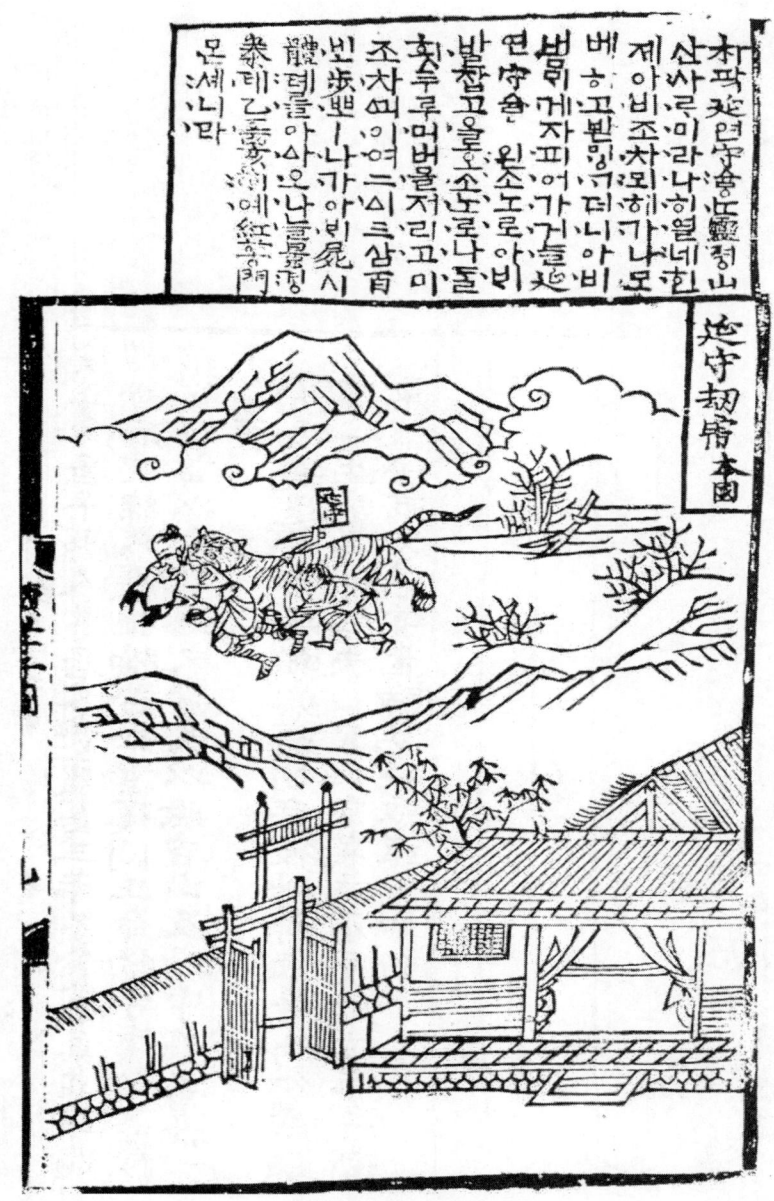

효자도 9a

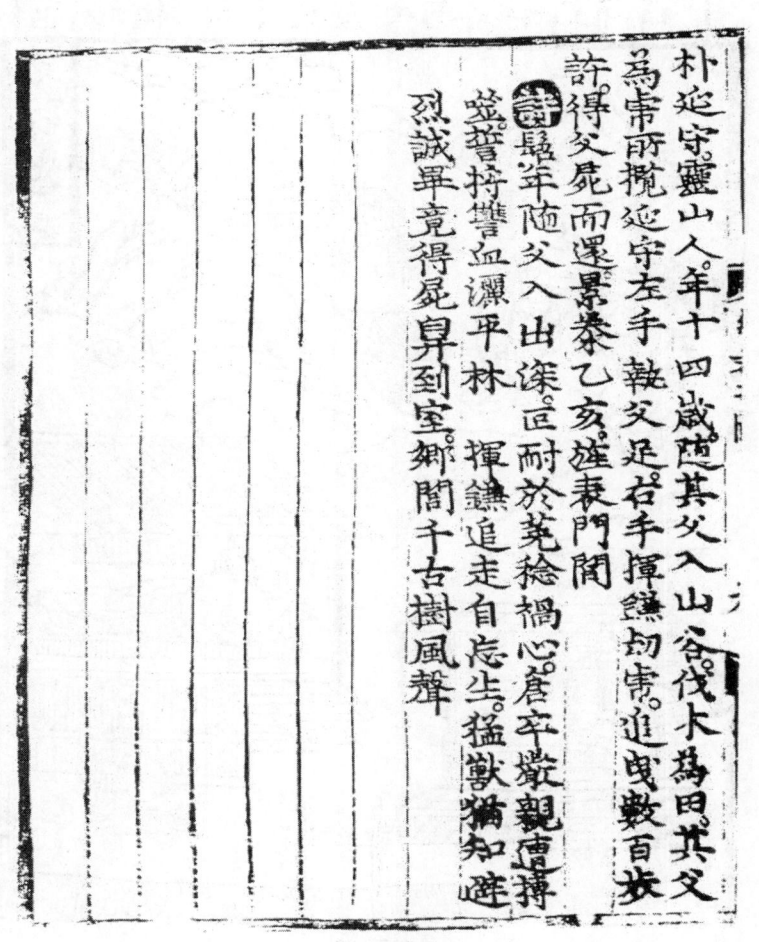

朴延守靈山人年十四歲隨其父入山谷伐木為田其父為虎所攬延守左手執父足右手揮鎌却害追曳數百步許得父屍而還景泰乙亥旌表門閭

詩 髫年隨父入出樵 叵耐於菟稔禍心 蒼卒鷔觀曺搏噬 誓持警血灑平林 揮鎌追走自忘生 猛獸猶知避烈誠 畢竟得屍舁到室 鄉閭千古樹風聲

효자도 9b

金금克극一일이ᄂᆞᆫ金김
海ᄒᆡ사ᄅᆞ미라性셩이지
그고효도롭더니어미위
ᄒᆞ야ᄂᆞᆯ을ᄆᆡ야비위
ᄒᆞ며大대便변을맛보며
侍시墓묘를ᄒᆞ여소흘룸
니라버미무덤겨ᄐᆡ와삿
기치거ᄂᆞᆯ祭졔ᄆᆞᆯ로걸
주어ᄆᆞ피ᄃᆞ진졍슨치니
실ᇰᄒᆞ더라아비病병ᄒᆞᆫ
외거ᄂᆞᆯ섬곡ᄭᅵ아비사
ᄂᆞᆯ거ᄂᆞᆯ주거ᄂᆞᆯ
이실젹긔어버이죽
라ᄎᆞᆫ덕順슌金김甲갑申신에
니ᄇᆞᆫ期긔年년거상
열녀ᄡᅳᆯᄂᆞᆯ紅홍門문ᄒᆞ셰니
라

효자도 10a

金克一。金海人。性至孝。爲母呪疽。爲父嘗糞。前後廬墓六年。有雊乳於墓傍。取祭餘飼之。如養家畜。父有賤妾二人。事之如父。生時孝死亦盡服期年。天順甲申事聞。旌門

詩 六年廬墓孝心純 墓側終敎乳雊馴 呪疽嘗癰神明鑑 異類還能感至仁　愛父深情久不衰 推誠諸妾服喪期 天敎旌常彰純孝 萬古彝倫作範規

梁都ㅣ야양도국의노산산음에사니라미랏뿌리를 키야 엿소히侍州墓모하니 부럽고릉담에 민무덤이 여러닉사이러니 굴범이산에 소리이잇거늘 ᄆᆞ다큰범이 무덤의 와구러 보니사롤먹도 뎌호흘정셩을 감동하야 그 탐을 ᄯᅡ려크게 반코紅 旌門을 셰오셔호시니라

梁郁感虎本圖

효자도 11a

梁郁。山陰人。爲父母廬墓六年嘗擔土負石營其墓一夜墓後有聲如雷見大虵接地轉三大石至墓側人以爲孝感所致事聞旌閭賞職

搘土營墳最可哀。山中一夜響如雷。由来至孝多奇應。猛獸能移大石来。 轉石傳奇古絕倫。於莵簡識孝誠純光陰奄忽情何盡前後居廬六過春

別豐伊川衛위黃화信신
之지는高꼬城셩사람
이라孝효誠셩이지극
어미나히블은인제
병이되야긔絕絶야
노브르고목숨을거
거늘信신이지나셔
채쥭거다사람열제
황뎐을精졍誠셩으로더
아終죵身신토록을허
니열호발두번벌
샤오디아니니라

효자도 12a

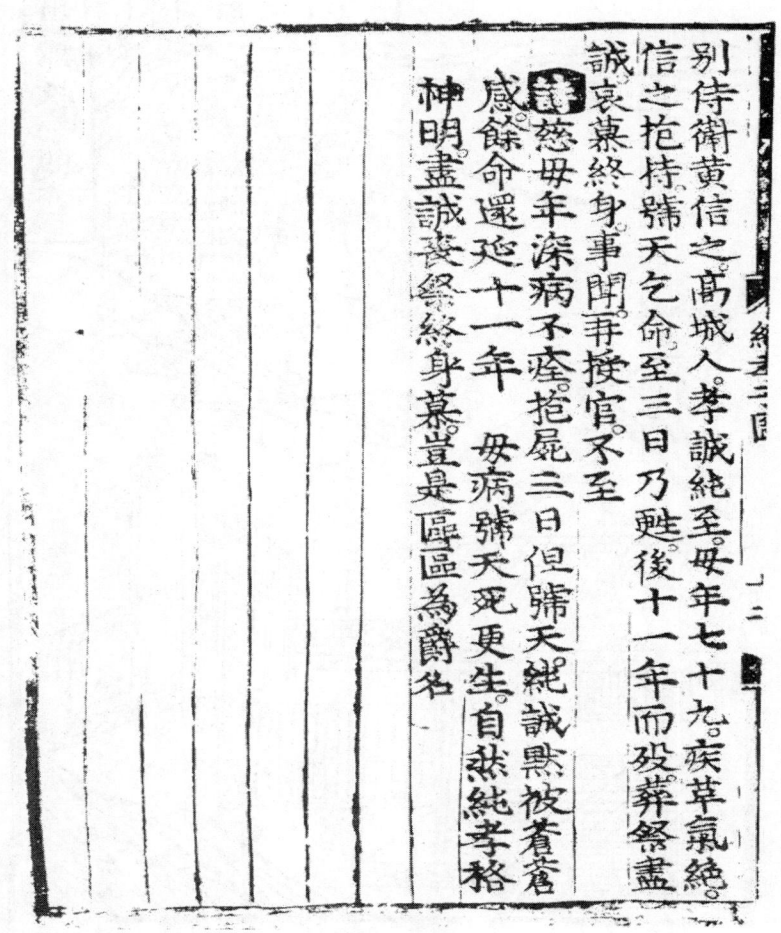

효자도 12b

邦啓守護本國

金邦啓는 셩州
죵이라 어버의 거
상을 사로 미라 어버의 거
상을 닙어 상 하 나 빈
거상을 닙고 상야 양호
를 임씨 분호야 셩효
도지븨 오디 아니 ᄒ 더
니 년죠의 뎡문 ᄒ시
니라

효자도 13a

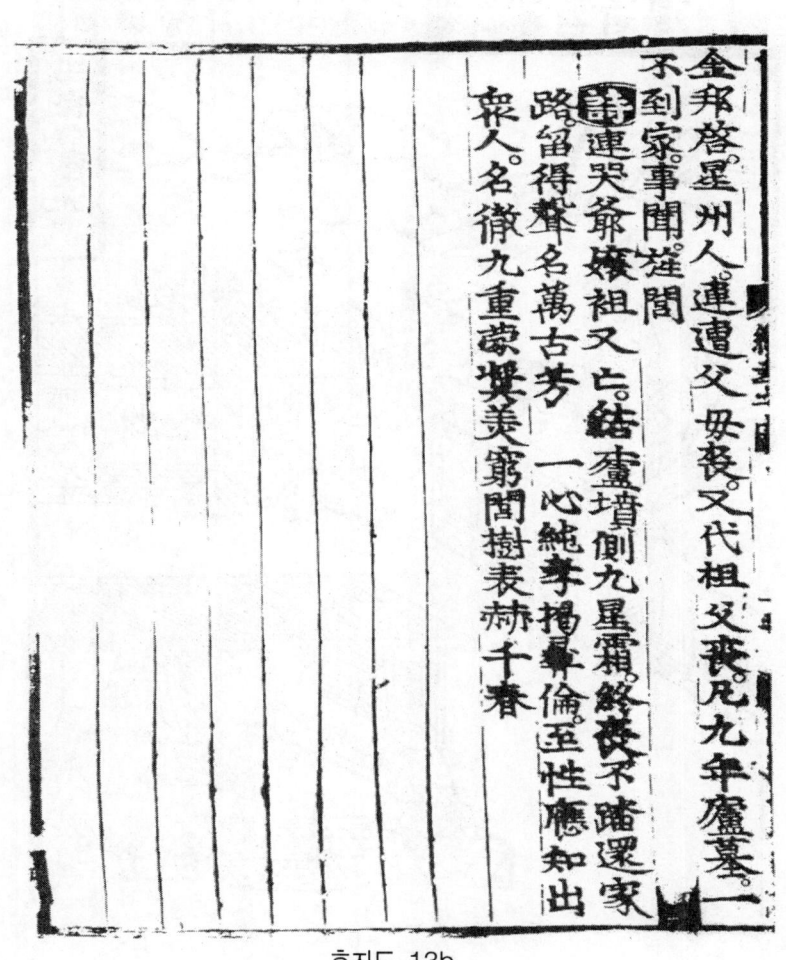

金孚啓星州人連遭父母喪又代祖父喪凡九年廬墓一不到家事聞㫌閭

詩 連哭爺孃祖又㚿 盧墳側九星霜 終䘮不踰還家路 留得聲名萬古芳

結一心純孝揭彛倫 至性應知出眾人 名徹九重蒙獎美 窮閭撥表赫千春

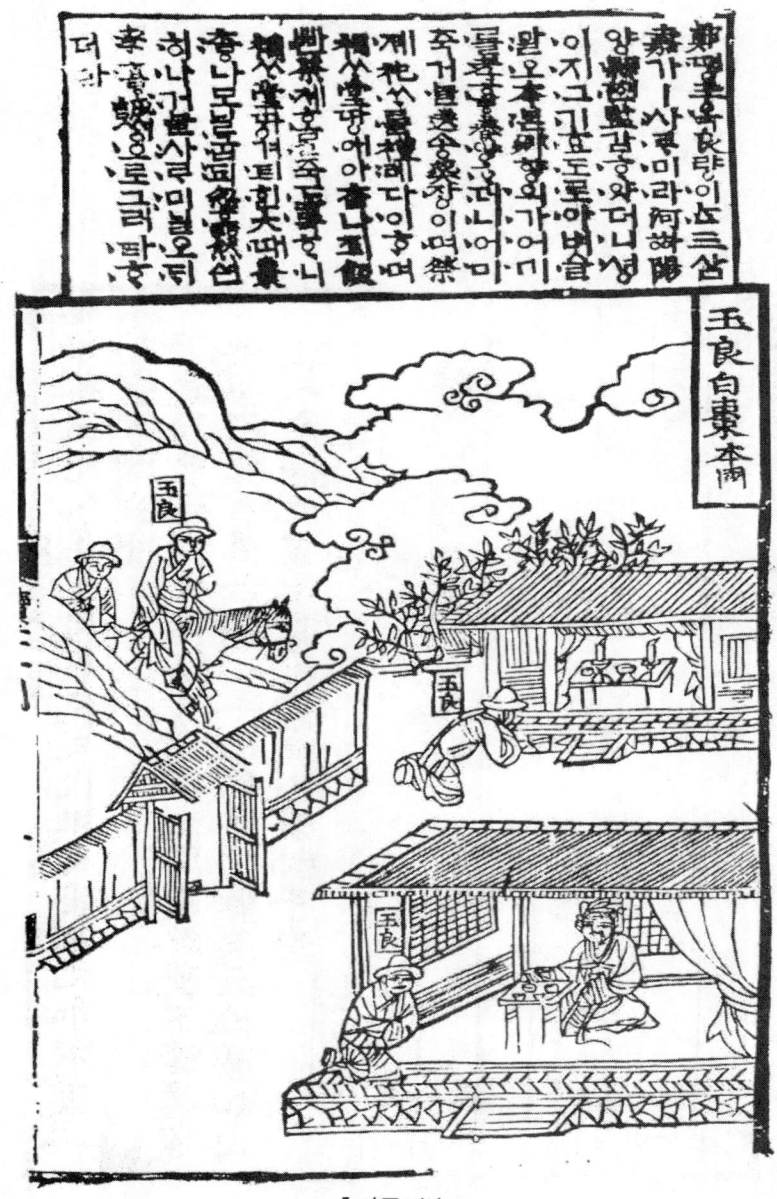

효자도 14a

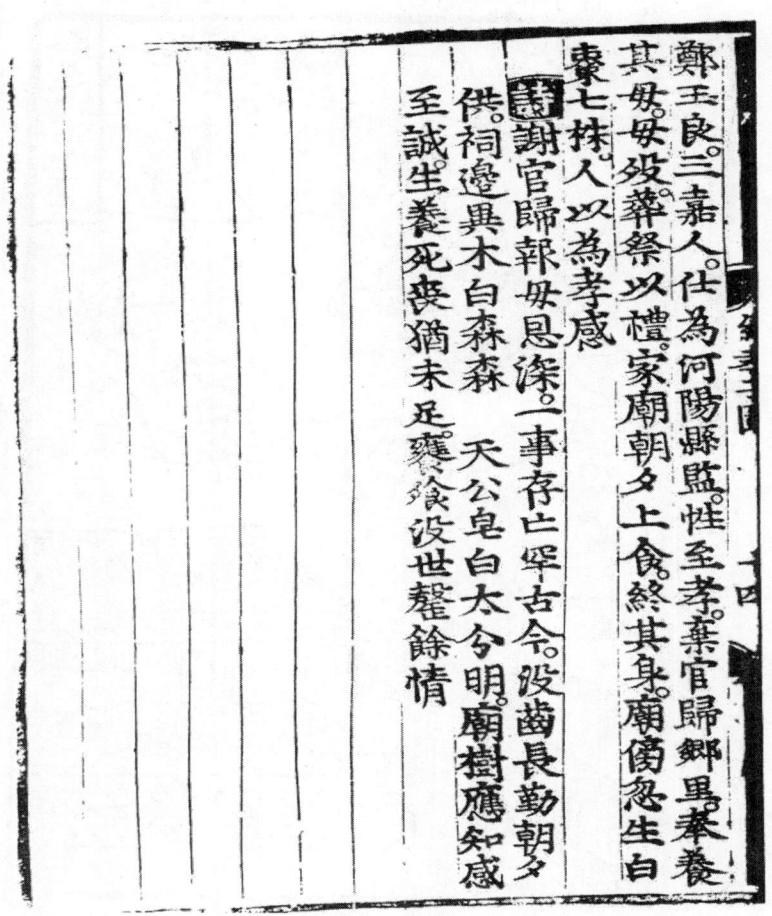

효자도 14b

슈금之지놈音젼州즁의
百빅姓셩와서라나하
열ᄒᆞᆫ졔어미죠차못바
튀가기음미가어미ᄲᅡ
미게자피여늘슈금之지
호소ᄆᆡ자바벼믈티며
노로ᄒᆞ며자바벼믈티며
ᄲᅧ나가니벼미ᄅᆡ고
기장브지지고ᄇᆡᆨ보
ᄯᅡ니거ᄇᆞᆯ새벼ᄀᆡ가
가두고도록아셔
ᄃᆞ니오ᄉᆞᆯ곳라ᄲᆡ
올오ᄉᆞᆯ곳관사ᄆᆞ
몬계ᄒᆞ라편조빅영門

효자도 15a

今之晉州民女。年十二。從母往鋤山田。母為虎所攫。余之一手執母。一手執鋤撲虎大呼。至百步許虎乃去。收屍置其家。徹夜抱哭。賣衣買棺而葬。事聞旌閭

詩 暴虎曾聞古所危。女兒十二况骸虇。一呼倉卒回獰惡。始信至誠天易知 稟得乾坤正氣全。盡於哀禮在髫年。憑兹可卜終身事。堪恨時無野史傳

田뎐漢한老로는石셕城셩
생사람이라나히아읍서
래아비즈려홈어더늘漢한
한老로ᅵ大대便변을맛
보더니죽거늘三삼년
侍시墓모ᄒᆞ고소곰이며
느물을먹디아니터라그
셰혜어미쥭거늘쏘그
오롱더니녈ᄌᆞ바녀
을히시니라

효자도 16a

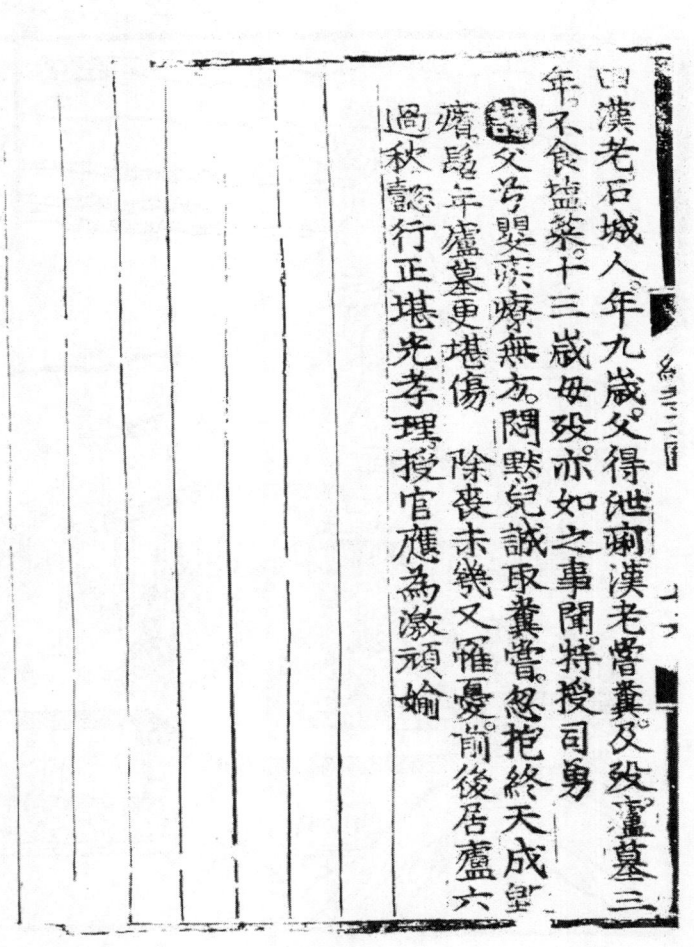

효자도 16b

효자도 17a

李祿連居昌人年九歲父得惡疾斷手指和藥以進病愈
事聞旌門

詩 琵齔兒童未有知父罹惡疾苦難醫將刀割指和羹
進便覺沉痾忽爾離 雖云愛父是良知幼有純誠即
家奇療疾莫言由藥力神明應感九齡兒

효자도 17b

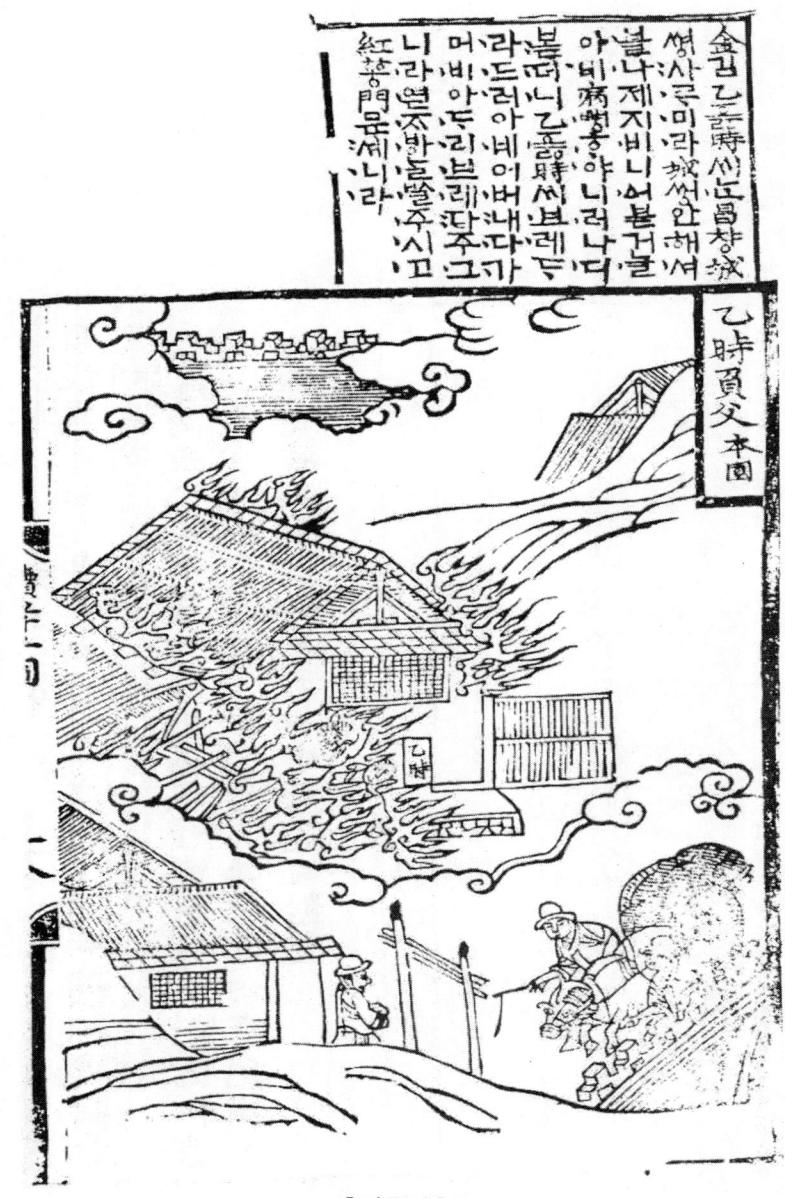

효자도 18a

金乙時昌城人城中失火適又其家父病不能起乙時宜入火焰中負父而出父子觸火俱死事聞 賜䘏旌門
祝融回祿事遷流映父病倉皇未下床直觸蓺收扶將
出力勞同籠事堪傷烈焰人知不可干天倫情至乞
無難扶携父子甘同命此事今從畫上看

박존윤이도창금녕
사르미라 나히열훈살이오
제아슥존산이나
히연의이리계아비
믜게자피여가거
나 존윤이잡디도치피
므르지며 미나가 울
브르며 하 대버미놀
라 존윤산이눈도치
고조차 오니결조차
늘 셔文門閭 니라

효자도 19a

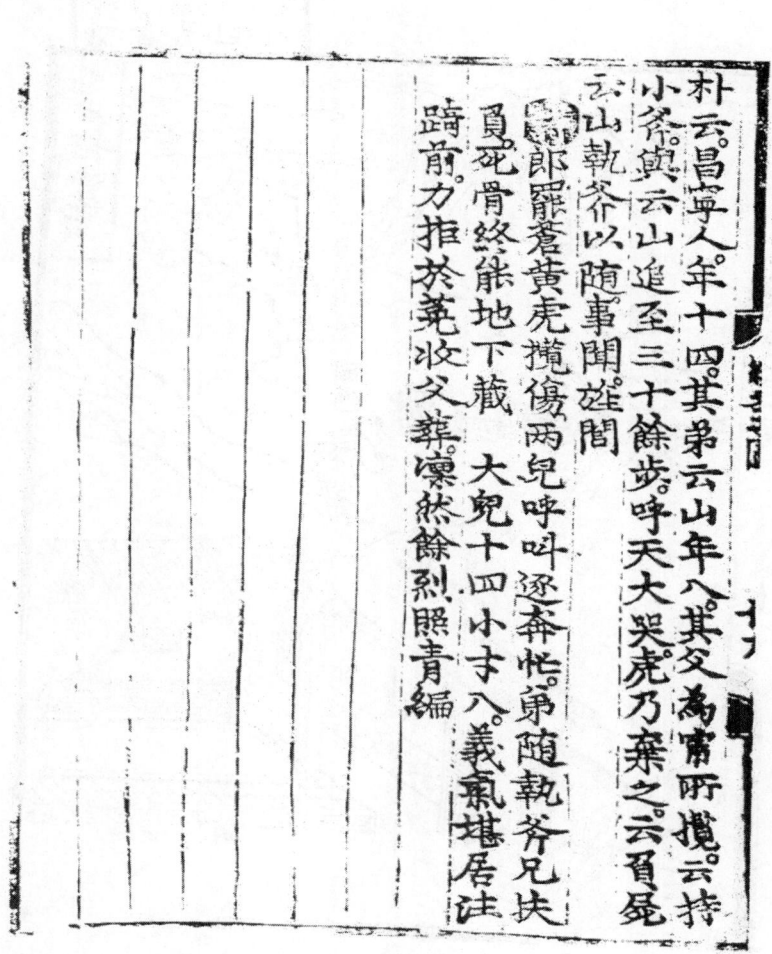

효자도 19b

金젼思ᄉ用용이노井졍
邑읍사ᄅᆞ미라나히十十
헤어미죽거ᄂᆞᆯ흙을지
고지여무덤밍ᄀᆞ니몐
ᄌᆞ발논紅엽門 세니라

思用擔土本國

周用

효자도 20a

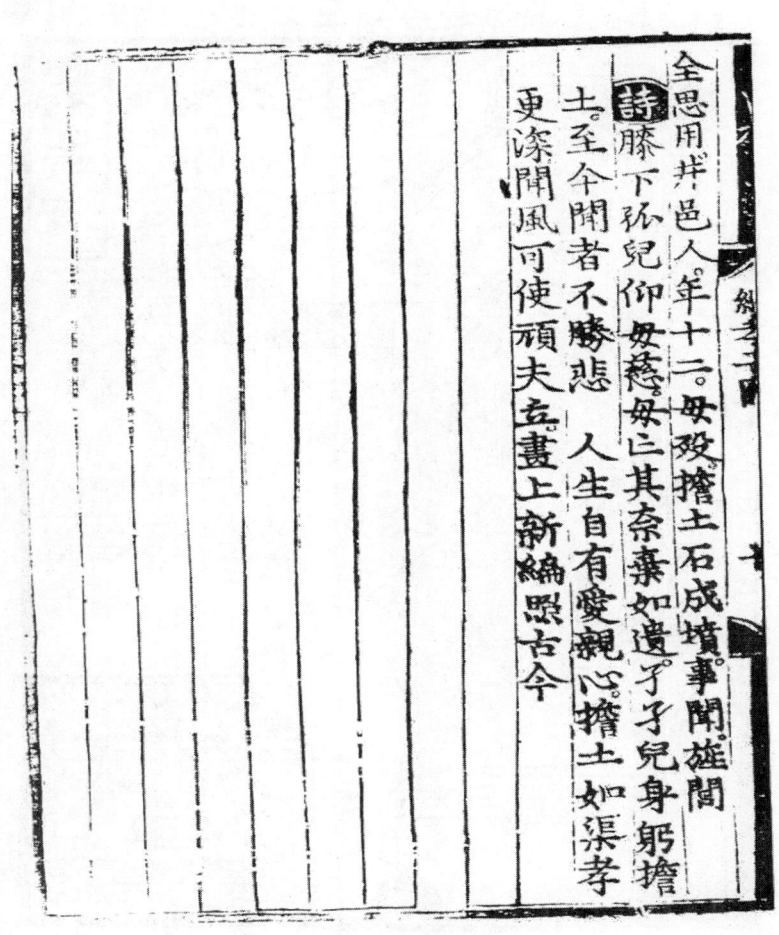

全思用丼邑人。年十二。母歿擔土石成墳事聞旌閭

詩 膝下孤兒仰慈母 其奈棄如遺子兒身躬擔
土 至今聞者不勝悲 人生自有愛親心擔土如渠孝
更深 聞風可使頑夫立 畫上新編照古今

효자도 20b

金김龜귀孫손이 賤쳔人신이니 開기城셩府부
사더니 조미셩교호 더 아비 죽거 그려 神신
쥬더러 말며 묘 앞 장 오 아 비 와
살 셜 워 되 表 표 손 이 비 록 히 뫼 시 더 니 됴
일 홈 짜 모 아 아 미 일 히 계 속 와
持 져 제 호 어 뫼 큰 거 믈 도
편 보 고 侍 시 묘 보 와 애
도 라 가 니 이 리 호 기 三 삼
年 년 을 그 치 아 니 터

효자도 21a

金龜孫賤隸也居開城府幼失母旣長哀慕作主朝夕祭之事父及後母盡孝父嘗患腫甚苦龜孫吮之得愈父發廬於墓側每朝夕奠罷來省繼母饋視饌具還其廬如是三年不輟事聞㫌閭復戶

覺與年俱念母劬追哀作主奉昕晡吮癰醫父收奇效賤隸如渠更有無父歿居廬擬士喪饔飱日上閱

三霜孝誠隨處渾無缺奠罷歸來省後孃

라 원 □ 을 紅門 □ 세
□ 復 □ 戶 □ 하시니라

효자도 22a

ㄹ미ᄂᆞᆯ오거ᄂᆞᆯ庚이黙검
부슈와ᄒᆞ여읍ᄒᆞ야헌덕
ᄒᆞ쳔ᄒᆞ야太예ᄌᆞ위더니
호믈며ᄒᆞ나히검ᄒᆞᆯᄉᆞᆫ
더라

崔叔咸洨山人屠咸悅曹大疫母疾篤父兄諸弟皆避殺
咸獨侍藥嘗母糞而普母果愈後母歿父欲分與子女土
田臧獲。叔咸皆占烧薄老衰者。餘皆擁與兄弟鄉人舉之
曰。史黙婁薛己之行千載景仰。況一人兼之者乎。
> 自視吾身母所遺。忍因疫癘敢違離孜孜湯藥仍寶
糞精感神明病自醫 純孝堪嗟等更點分貼又似薛
已罷二人千載俱超卓。伺況君身卻兩兼

효자도 22b

효자도 23a

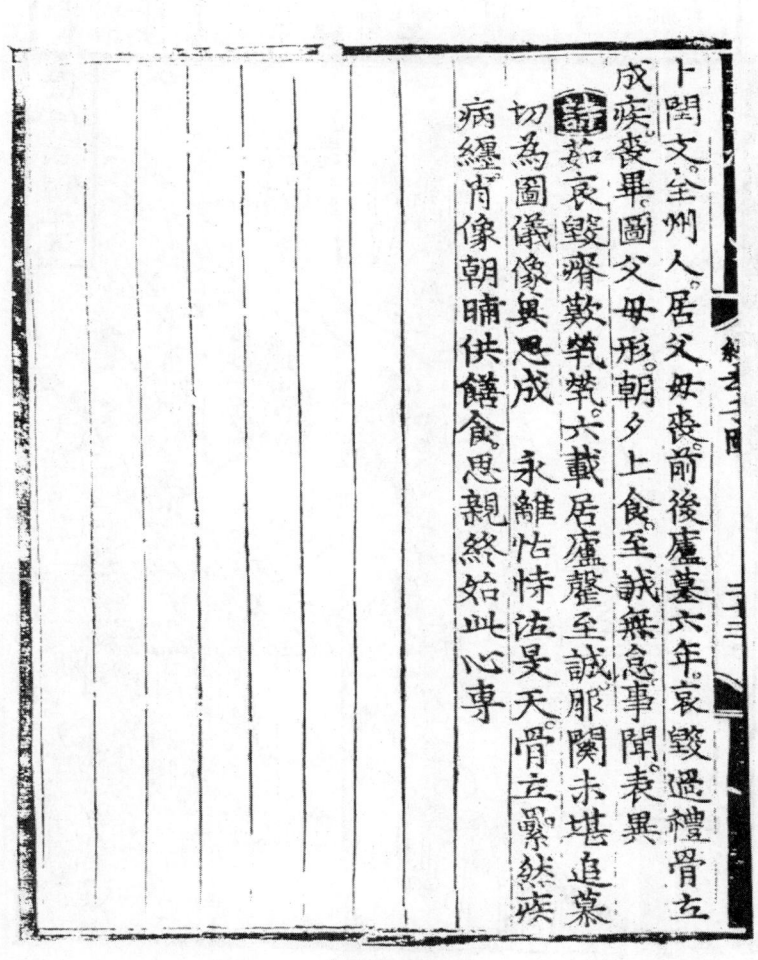

卜閏文全州人居父母喪前後廬墓六年哀毀過禮骨立成疾喪畢圖父母形朝夕上食至誠無怠事聞表異

詩 茹哀毀瘠歎犖犖六載居廬饗至誠那關未堪追慕 切為圖儀像與思成 永離怙恃泣旻天骨立縈然疾 病纏肖像朝晡供饌食思親終始此心專

金김得득仁인이도東동
萊리사ᄅᆞ미라나히져머
서아비죽거늘지비艱간
難난ᄒᆞ되미孝효養양
ᄒᆞ물지극히ᄒᆞ더니미
주거侍侍셔墓모三삼
年년ᄒᆞ후에아비를의墻장
뿐墓모ᄉᆞ겨틔遷쳔葬장
ᄒᆞ고쏘三삼年년侍시
모ᄒᆞ니ᄡᅢ 倭왜亂난의
히홍나라마촌와녀름
사오나釜부山산개예
가得득仁인의侍시墓모
ᄒᆞᄂᆞᆫ양애와보고그
ㅅ孝효ᄅᆞᆯ感감激격ᄒᆞ야嗟ᄎᆞ

得仁感倭本國

자탄ᄒᆞ고간즁에잇다
가먹을과ᄯᅡ향과가
져다가주더니
경대ᄃᆡ왕조애벼ᄉᆞᆯ
ᄒᆞ이시니라

金得仁東萊縣人。幼年喪父家貧養母至孝。母歿廬墓三年後遷其父墓于母塋。又居三年前後居喪九年值年飢釜山浦倭奴。散剽掠猝至得仁廬感其誠芋嗟嘆而去後以海菜来香遺之。康靖大王三年。特授豊儲倉副奉事

喪父悼悼奉母親慈顔見背更誰因仍瘞舊塚同塋葬。九載居廬備苦辛。海寇過廬遺来香固應純孝㰐頑強聲名上徹宸旒聰積善終然荷寵光

同知中樞框车河於 友明이놀푸진州를
友明이사르미니領議政
ᅵ샤르미니領議政
경河ᄒᆞ야演還ᄒᆞ야드리니仁
信川전司을사ᄆᆞ養子ᄒᆞ니
山산미ᄆᆡ사더니어미몰
치그기고ᄒᆞ더니다가주거
나모ᄭᅢ여어버ᅀᅵ와親호
宣陵씨를ᄂᆞᆷᄋᆞᆯ말오廬墓
ᄒᆞ거ᄂᆞᆯ바ᄅᆞᆯ손ᅀᅩ影幀
더니거ᄉᆞᆯ고ᄇᆞᆷ애ᄒᆞᆯ일
ᄃᆞᆼ애ᄉᆞᆼ고ᄅᆞᆯ이실시모진거
거ᄉᆡ어ᄂᆞᆯ孝ᄒᆞ야놀인지극ᄒᆞᆯᄉᆡ
ᄒᆞ고孝子ᄒᆞ샨ᄉᆡᆼᆫ이지극ᄒᆞᆫ
ᄃᆞ라원亦방ᄇᆞᆯ紅門
셰오復戶ᄒᆞ시니라

友明純孝⼤圖

효자도 25a

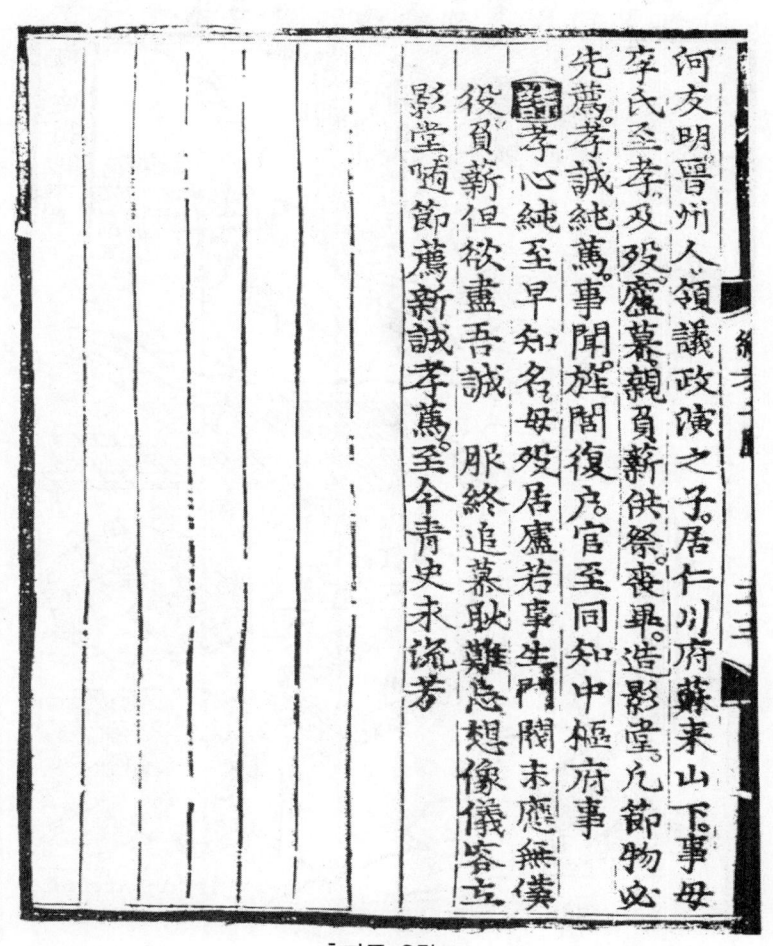

효자도 25b

慶延이正淸州잠
ㅣ사□□니라性이지극
사□□□□□비病호
야□셔고기를머고
호□□□□□대延
이□□□□□드러
病□□□□□ᄯᅦ
뫼□□□□□□간
잇□□□□□侍養
친□□□□□□제
모□□□□□□ᅵᄒᆞ
더□□□친□□□□령
□□□집이□□일
믓□□제□□□□ᄅᆞ
□□□□□□□□□강
□□□□□□□□ᄉᆞ
□沈大匹
瀆□化 □□ ᄑᆞ랴이ᄂᆞ
고驛□□□코ᄅᆞ보
□□ᇢ馬ᄂᆞ마ᄅᆞ려

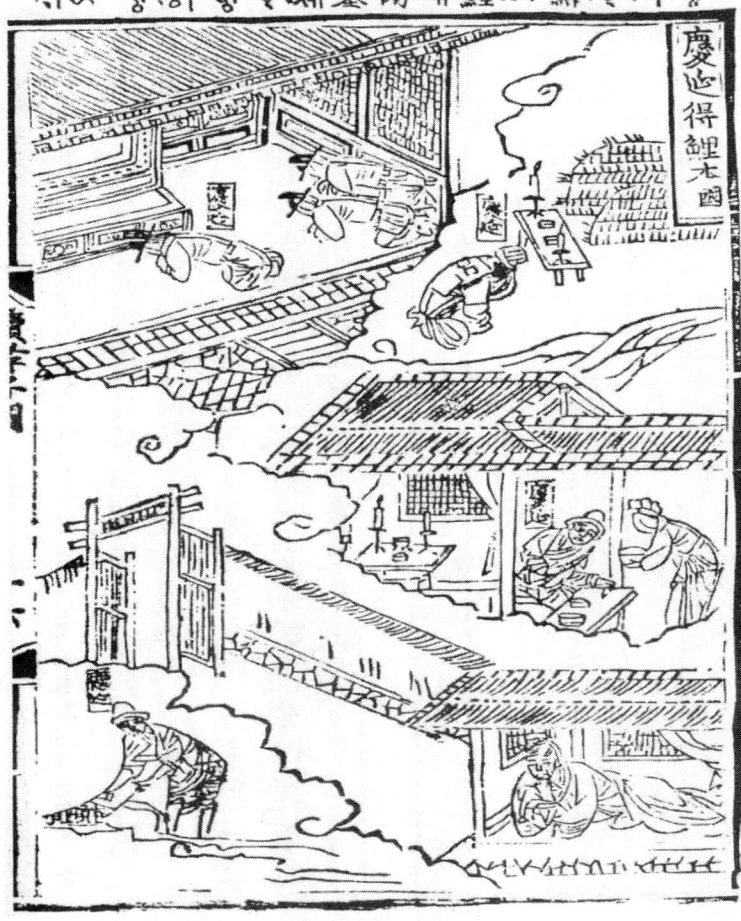

효자도 26a

고여디다ᄒᆞ샤갇벼리예
加가ᄂᆞᆯ不브리여니人ᅀᅵᆫ
主쥬ㅣ怒노ᄒᆞ야주거ᄃᆡ
오란누니山산縣현監감
ᄒᆞ니鎮진고ᄋᆞᆯ사ᄅᆞᆷ더
브러ᄲᅨ거슬가ᄌᆞᆯ바주어
지븨비닐젹디내남
ᄆᆡᆺ고ᄃᆞᄇᆞ다내아니ᄒᆞ

庾운淸쳥州쥬人ᅀᅵᆫ性셩
至지孝효其기父부有유疾질思ᄉᆞ食식鯉니魚어運운持디網망入입
水슈得득二ᅀᅵ鯉니以이進진病병愈유後후二ᅀᅵ親친歿몰盧노墓모前젼後후六뉵年년奉봉祭졔祀ᄉᆞ一일
依의家가禮례與여其기妻쳐手슈自ᄌᆞ割할烹핑隣린里리皆ᄀᆡ化화康강靖졍大대王왕驛역召쇼別별
見견於어宣션政졍殿뎐慰위獎쟝之지特특賜ᄉᆞ拜ᄇᆡ司ᄉᆞ宰ᄌᆡ監감主쥬簿부求구錢젼出츌爲위
尼니山산縣현監감吏리民민畏외愛ᄋᆡ及급卒졸邑읍人ᅀᅵᆫ備비葬장需슈油유蜜밀以이遺유其기妻쳐
曰왈何하敢감累누吾오夫부淸쳥德덕皆ᄀᆡ不블受슈

詩시
玉옥䦨란之지後후有유斯ᄉᆞ人ᅀᅵᆫ凍동綑곤連련登등兩량錦금鱗린居거廬노誠셩禮례
盡진二ᅀᅵ鄕향歸귀厚후自ᄌᆞ吾오身신九구重듕召쇼對ᄃᆡ寵툥無무倫륜百ᄇᆡᆨ里리仍잉紆우黑흑
綬슈新신死ᄉᆞ後후緇ᄌᆡ毫호終죵不블受슈一일家가淸쳥德덕耍ᄂᆞᆼ夫부人ᅀᅵᆫ

효자도 26b

趙崇錦금이 눈秦孟川사
當무넘참驛으로가며
져든제브터버이섬
기도을써서어미도
고장가도아니호고
이바믜가의일식물
두어든의식
풀리다의
노퇴율이라
녀飮食돈쵸야디
비나디를머근후에
錦김이그집의드러
나도지손호거놀쥬
거놀며家홈기드려
너뫼피더러거든
몯호기合허쥬
금나디아니호고
뎌기셔드
딜나며드겨
이제벼이라
야러드코
飮食슬쓰고
로되

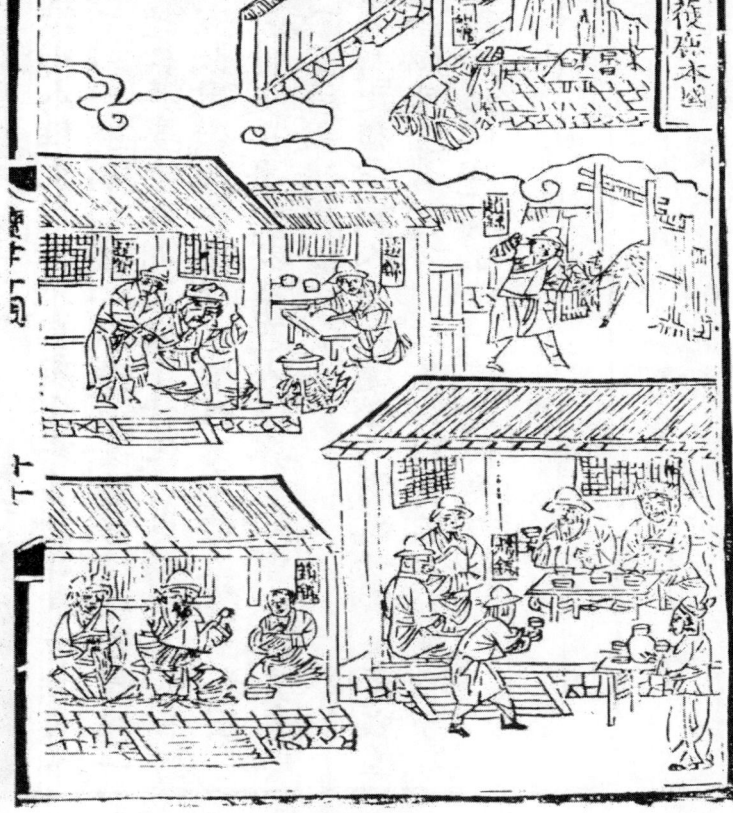

효자도 27a

못ᄒᆞ매밧비셔ᄭᅩ자ᄒᆞ
더니ᄠᅳᆺ밧ᄭᅴ노로ᅦ쭐믈
믈고니마초아사ᄅᆞᆷ문
온ᄃᆡ드리텨자바ᄡᅥ브
모의게ᄃᆞ리화ᄒᆞ니효셩
이디극ᄒᆞᆷ을하ᄂᆞᆯ히

趙錦泰川府宮昌驛吏也自勿事親至孝入造異味必懷
而獻之及壯節日必上壽邀郷黨父老以助歡父年七十
二而歿錦哀毀過禮母老不能起居錦不離側扶持起
親執饋其父有甘旨嘗欲上壽忽有麕至門獲以供之成
化十一年旌門復户

詩 為供甘旨奉晨昏 節日開筵薦壽尊 一念自然能感
物 門前有獸忽來奔 純孝終身暴未衰 從來誠感亦
天知 驚然野麕来投死 政是高堂上壽時

효자도 27b

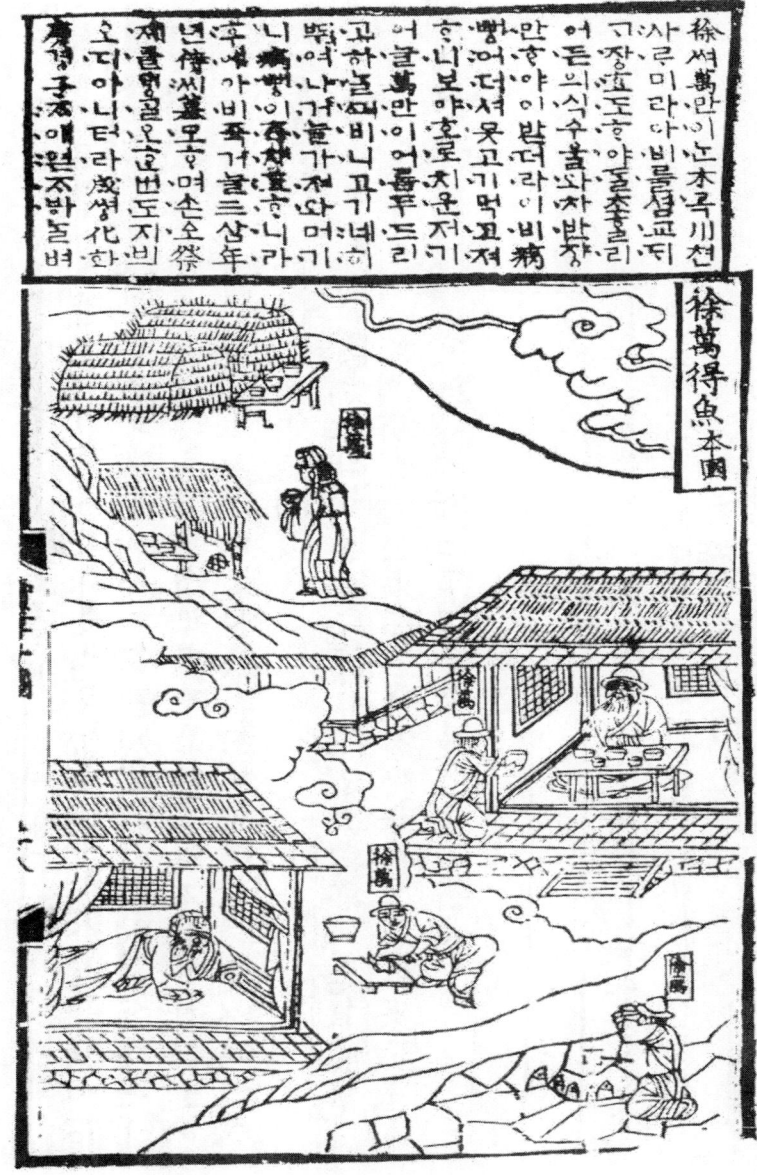

효자도 28a

徐萬木川人事父至孝月朔必具酒饌以奉父嘗得疾欲
食魚時方寒沍萬叩氷祝天有四魚躍出持還以進父病
即愈後父歿廬墓三年躬具黃饌一不至家成化庚子事
聞命授官
躍父病寧須藥石治生盡誠歿盡哀居廬三載絕
孝養何曾一日衰微軀方寸有天知叩氷忽有寒魚
歸來親調美饌供朝夕忽有除書到草萊

應員이 어려셔 아비 죽고 늘근 어미 이시되 병이 잇거늘 應員이 어미 병뼈를 맛보디 아니ᄒᆞ야 새배 거적 도로 자리ᄂᆞ니 ᄒᆞᆫ 때 便(변)을 맛보며 븨여 ᄇᆞ라고 ᄒᆞ며 뼈ᄅᆞᆯ 챠 보ᄃᆡ 향 픠오고 ᄃᆞᆯ ᄯᅥ려 비러 미ᅀᅳᆷ나ᄂᆞᆫ 거ᄉᆞᆯ ᄀᆞᆺ시 쏠 과실 소곰 먹디 아니ᄒᆞ며 슬허 ᄯᅡᆨ대답고 무

應員禱天

효자도 29a

더니 混不㬵 旌經其門呂
제山라

生員姜應貞晉州人。中樞毅之子年十七母遘疾數月不
瘥父又患痢應貞常侍藥不解帶連曙不寐取糞嘗苦
焚香禱天請以身代及父母相繼而歿廬墓凡五年不食
酒果塩菜哀毁過禮杖而後起事聞旌閭

許遲遲侍藥日焦煎瘠不寐床目不眠稽首禱天天儀
將身代父入黃泉 雙親連逝可如何五載山廬不
到家酒醬菜塩都不食古來純孝孰能加

효자도 29b

됴우從죵손손이는東동모
됫향니石셕역根근의아
도리라나히멸흘나힌제
아모딘病병에더
ㅣ손자락을버혀ᄡᅥ
ㅣ며긔ᄃᆡ야ᄇᆞᄅᆡ
ㅣ라ᄒᆞ엳ᄂᆞᆯ도門문
계오로졋役역ᄒᆞ니라

從孫斷指本國

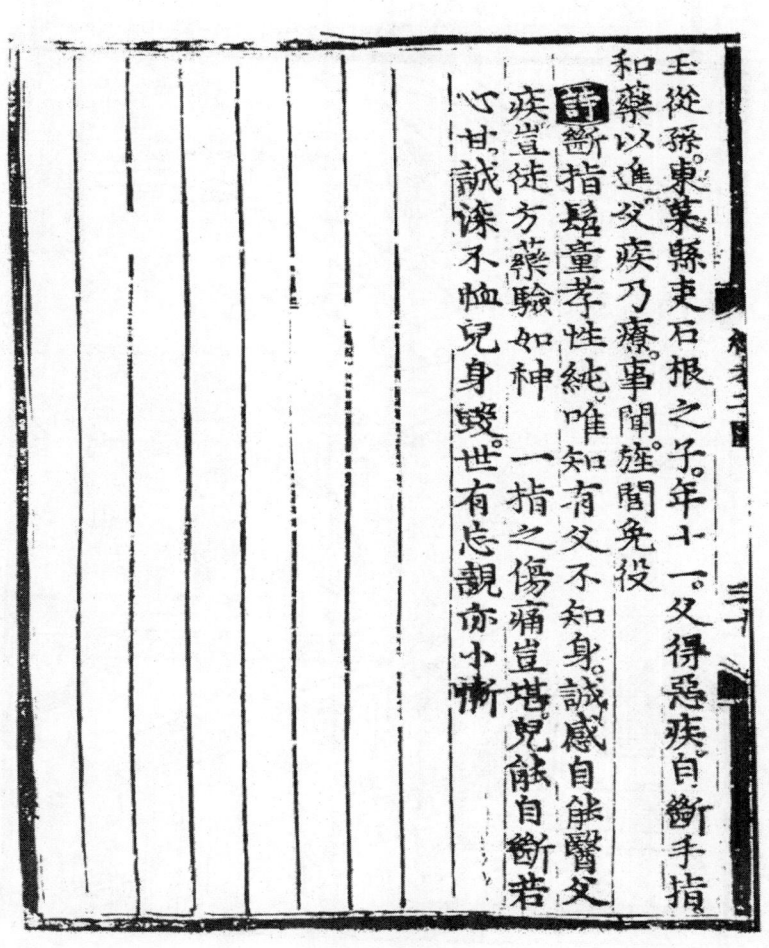

효자도 30b

進사得펑이풍표비그사무미라
ㅣ아비물보거늘나며
제ㅣ어벼들며음식
ㅣ셔버이두날소이예
니아축거놀삼년여
뫼묘못고어미그외
ㅣ셔연년상녀놀라라
젹삼하내아참애
빨바며나골제고반몽
ㅣ고도라보뫼산졔
ㅣ거미여녈조밥토모
ㅣ뭇쎄니니旌門

효자도 31a

進士權得平。豐基人。其父失明。出入常扶持。飲食必親奉。
父母歿。日連逝居廬三年。為妻又服齊衰三年。家廟朝夕
上食。出告反面。如生時。弘治巳未事聞旌閭

詩 父喪其明痛莫醫。尋常出入輒扶持。平居食飲皆親
奉猶恐斯須子職虧。　旬日雙親疊見違。此生無路報
春暉。六載守廬心尚歉。朝晡家廟薦甘肥

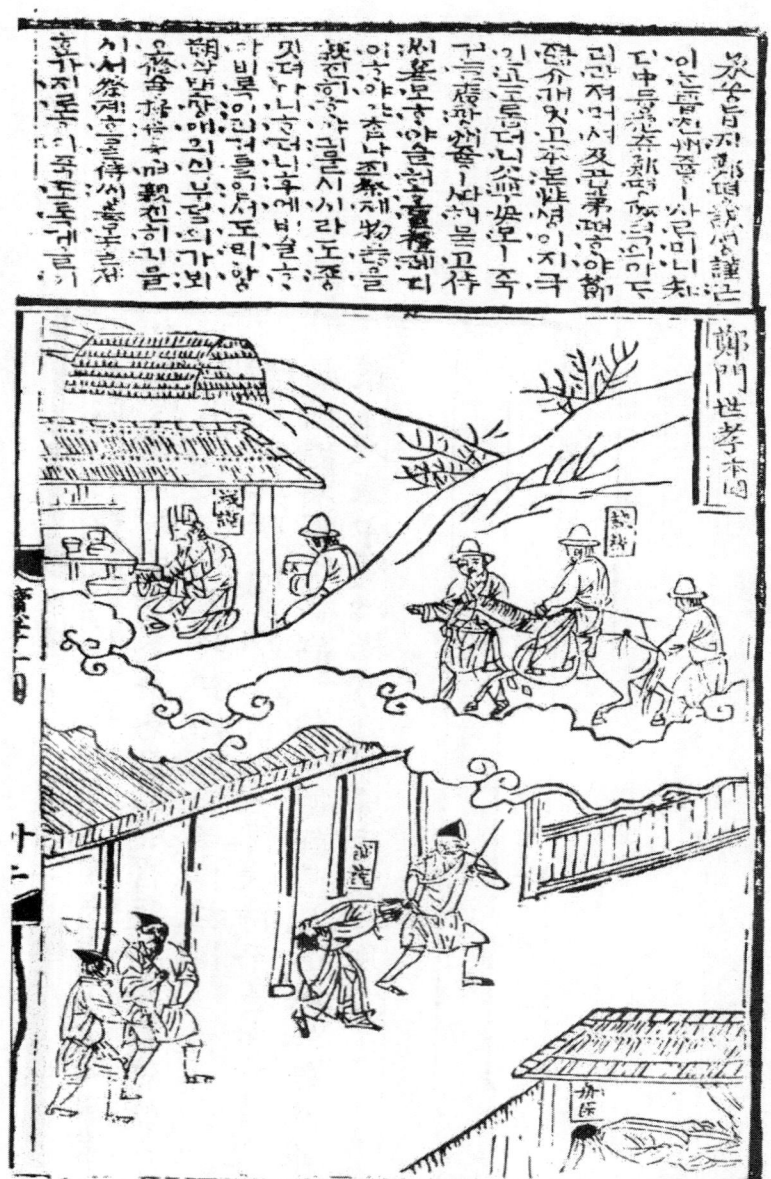

효자도 32a

承旨鄭誠謹晉州人。知中樞府事陟之子少登薦有節操
天性至孝父歿合葬于廣州盧墓終喪哀毀盡禮朝夕
必親具奠饌雖滫瀡之微不委僮僕後為官。雖務劇每過
朔望必詣墓省掃親執饌供祭一如在盧時。終身不怠又
為康靖大王心喪三年人謂忠孝兩全。燕山甲子以母
詭行殺之子舟臣時為承文院博士。慟父非命攀擗不食
而死聞者莫不傷痛수 上即位。贈誠謹吏曹參判旌其
門

詩 親曰誠孝又孫敦。又竭心喪죰
　　　　　主恩天禍善良同
　　殄瘁斯人赤兔一何寃 遺孤痛父領籋玄不惜捐生
報雨天萬古綱常懸日月。鬱人忠孝一家傳

효자도 33a

李自華殷山人自少事親孝定省不懈朝夕必躬爨以供
每遇時羞必獻父殁哀毀逾禮毁瘠終喪母殁亦如之爲
康靖大王服喪三年閉門不出不飮酒不食鹽醫藥燕
山初賞職旌門至甲子以詭行捕鞫將戮之自盡供回爲
君服喪非爲要名妄料君父一體耳遂從容就死國人莫
不傷痛

事親終始竭心誠况服君喪出至情俯仰人天無憾
作忤遭凶禍亦爲榮 誰言忠孝兩全難 能以君親一
體肴已盡 爲臣爲子道 高名千載重於山

션조됴애 니 ᄌᆞ화ㅣ 은산 사ᄅᆞ미니
졈어셔브터 어버이 셤교ᄃᆡ 지셩으로
ᄒᆞ고 죠셕으로 반ᄃᆞ시 친히 블 디더 이
반ᄒᆞ며 됴ᄒᆞᆫ 차반 잇거든 반ᄃᆞ시 받
ᄌᆞ며 ᄎᆔ년의 거상애 녜예 넘게 셜워
ᄒᆞ야 거상 ᄆᆞᆺ도록 몸이 샹ᄒᆞ며 ...

효자도 33b

효자도 34a

正兵羅有文은 舟城人이라 燕山朝에 母死커늘 短喪法嚴호야 人不敢違어늘 有文이 獨守墓執禮謹호야 鄕中親感皆言禍且不測이라 勸脫衰어늘 有文이 竟不從호고 因哀毁感疾호야 臨死語妻曰 三年祭母를 如我生時호야 朝夕無息이라호고 葬我於母墳之側호야 其妻李氏如其言호야 親祭母及夫墳호야 雖雨雪不廢러라

詩
短喪嚴法世無違 特立斯人古亦稀
持服翼然哀毁死 秉彛何幸在寒微
臨終一語托家人 母子期將祔地下
親躬莫不緣風雪 慶至誠夫婦兩無倫

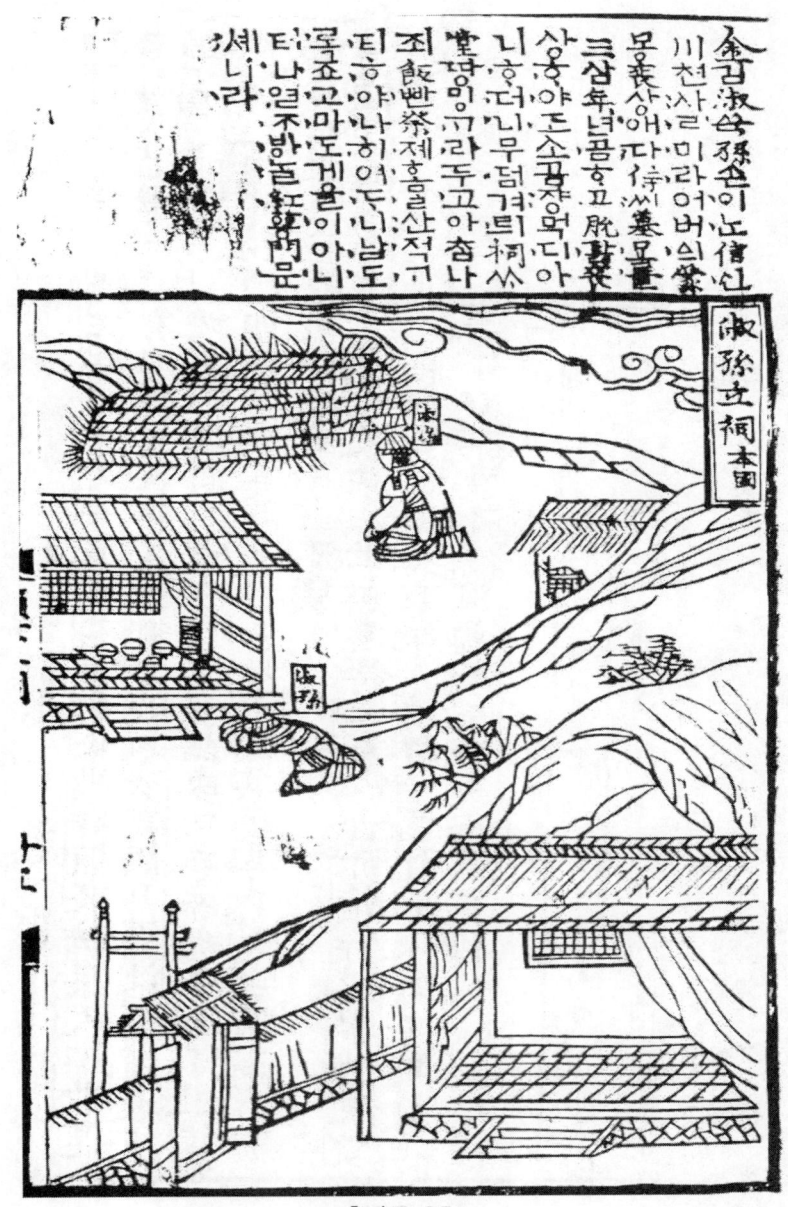

효자도 35a

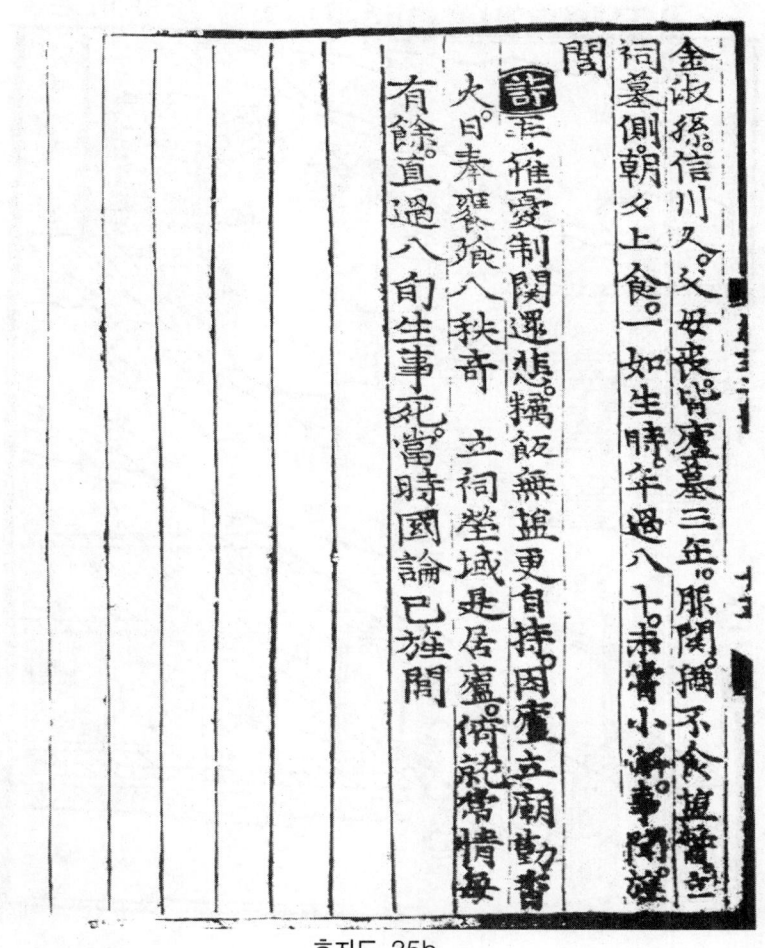

효자도 35b

繼周繼開同居竟並岳
약쇼틈미라재게서아비
주거놀어미몰효도ᄒᆞ야
나갈제ᄎᆡ공을도ᄌᆞ와
며놀제깃겁게ᄒᆞ며
빈며뇌잘제도보며쥭고
음식편보믈믜고맛ᄃᆞ
아니거ᄃᆞᆫ어미게
올ᄎᆞ려ᄡᅥᄶᅮ오
늘ᄌᆞᆷ연年間병이
나병라샹례수삼年을비
ᅮ야허믈려三年도아
고腦湯쥬ᄂᆞᆫ도ᄉᆞ명이
나니ᅡ샹며祭目함
며時죠衣食을지극
졔휘의심을ᄂᆞᆫ다옥후
의셩됴의슈ᄒᆞ심올
리원ᄌᆞ냥놀벼ᄉᆞᆯᄒᆞ시고
旌門ᄒᆞ시니라

효자도 36a

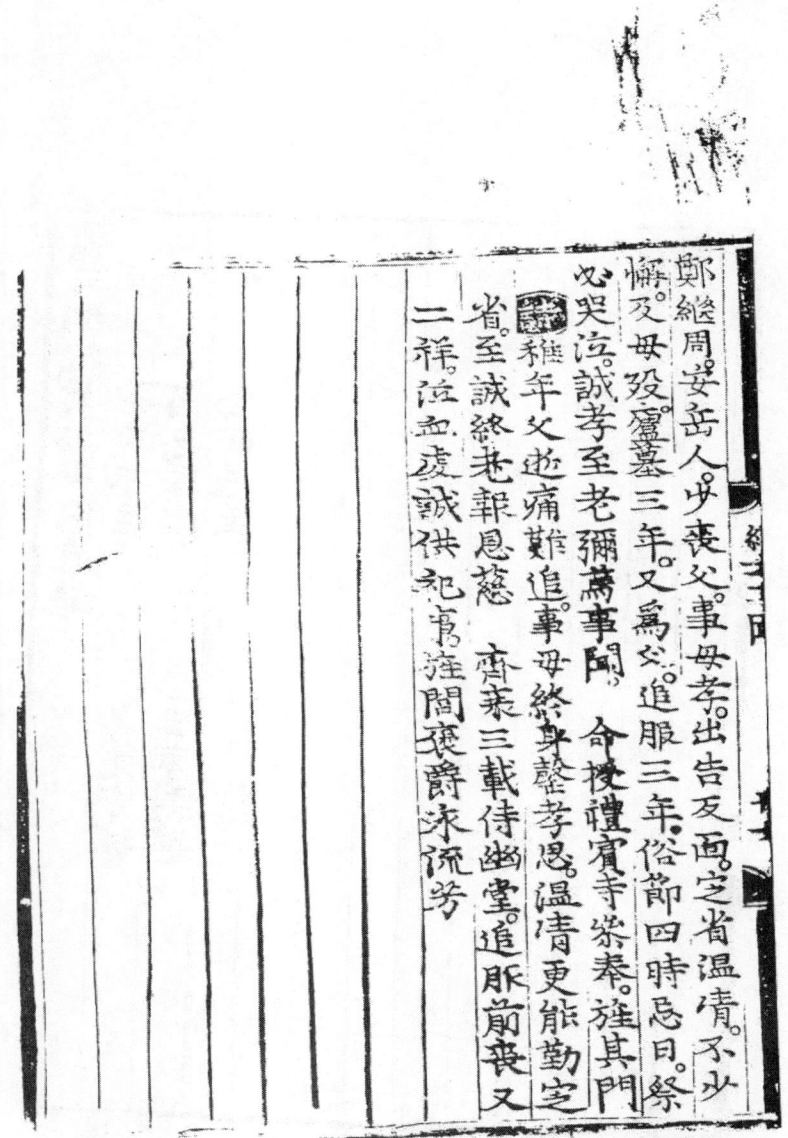

효자도 36b

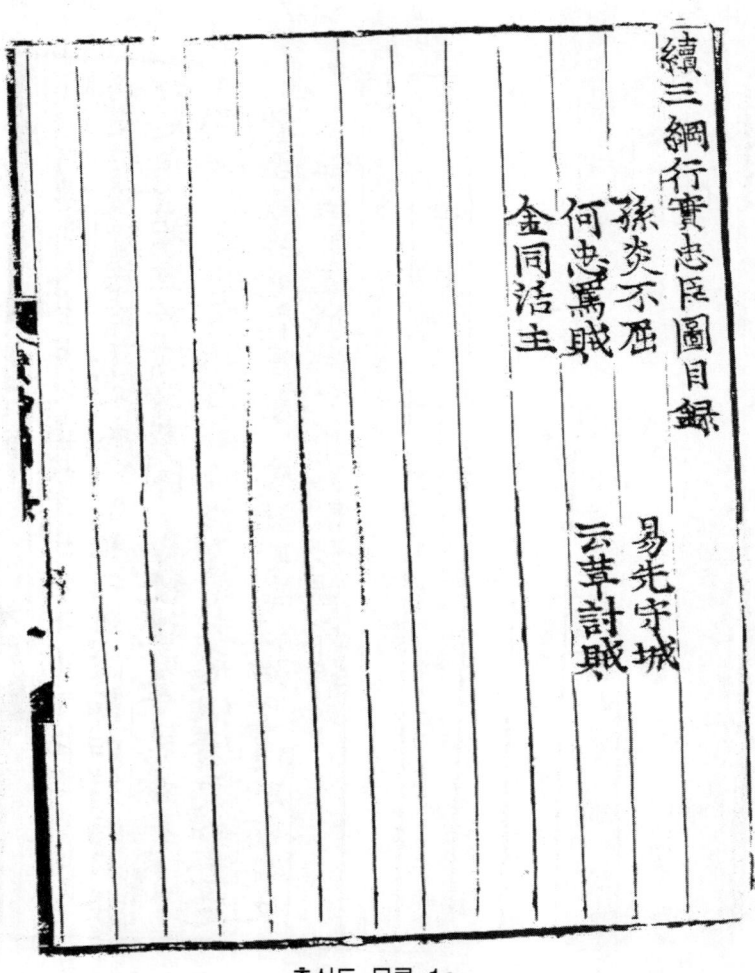

충신도 목록 1a

충신도 목록 1b

孫炎이눈句子容을
샤기미라그롤너비란오
외죡틀이불너니大대明
져젹쳐셔드러영호딕된
시기로더뼈큰졀돌릴오쇼
흡셔러매조차가유롱커
을쥐며쥬ᅵ따撓총制
졔랏내글엿더니도
그게자피여헐고라겁릭
힝거늘옴기고장쟉짓
고향더아기는도소기
호랏갈셔아옵바수라
쥭써대엿이닐오쇠
이야즘혀주신
이오손天텬子즈ᅵ주
캐라밧디졸리랴호

충신도 1a

고도ᄅ 그 비록 가ᄂᆞᆫ 책만
陽(양)에 벼슬 체(?) 봉(?)ᄒᆞ다
ᄒᆞ시다

孫炎句容人博學善辯論 大明初遣請迎攬炎才 以圖大
業 從征浙東 以功授慶州摠制 爲賊所執 賊使降炎 大罵
不屈 賊怒援刀叱解衣 炎曰此紫綺衣君所賜不可汚逐
遇害 追封丹陽男

[國]伏錢堂堂鎭慶州 精忠向賊肯低頭 欲知不負君恩
重 首取留身紫綺裘 罵賊甘心自殺身 偸生降敵是
何人 歲寒高節宜追獎 封爵丹陽罷運新

충신도 1b

충신도 2a

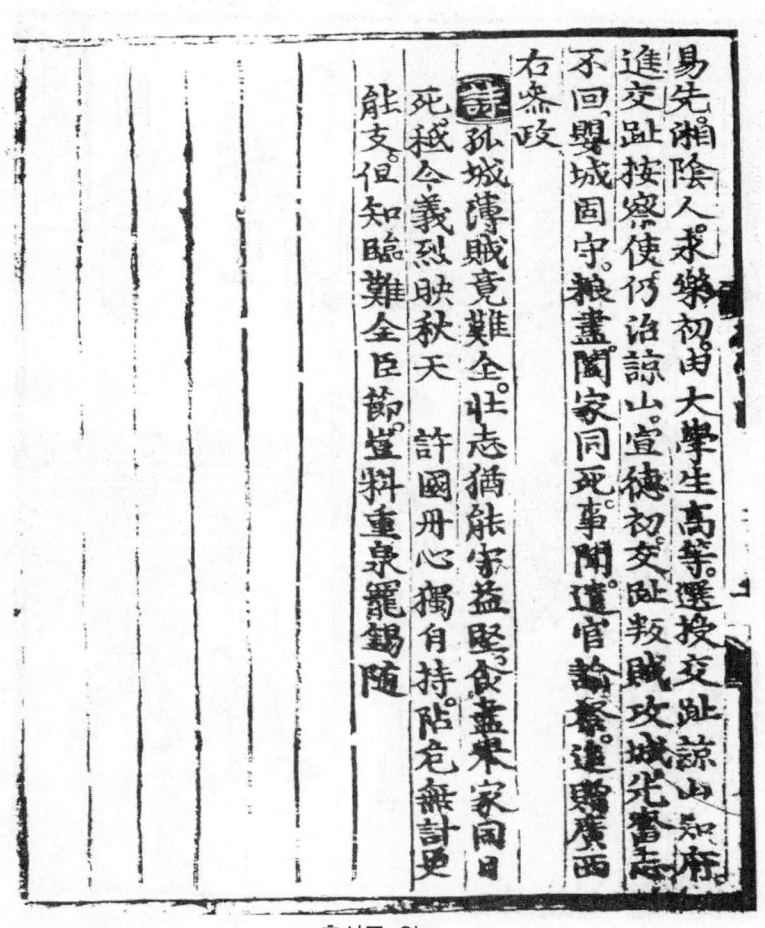

易先湘陰人求樂初由大學生高等選授交趾諒山知府
進交趾按察使仍治諒山宣德初交趾叛賊攻城當志
不回嬰城固守糧盡闔家同死事聞遣官諭祭進賜廣西
右參政

詩

孤城薄賊竟難全 壯志猶能家益堅 食盡衆家同日
死 裁令義烈映秋天 許國丹心擔負持 阽危無計更
能支 但知臨難全臣節 堂料重泉罷錫隨

何해츙등이논江강陵능
사ᄅᆞ미리永영樂낙저그
ᆷ甲甲ᄉᆞ야監감察찰御어
史ᄉᆞᄅᆞᆯ제ᄒᆞ엿더
니監감녕이와交교
기ᄅᆞᆯ도혀ᅘᆞ이신대
말솜이맛디라ᄒᆞ거늘交교
맛ᄉᆞ모디지혀ᄃᆞ미
ᄒᆞ니빅셩이ᄒᆞᆼ복ᄒᆞ야좃
더라交교풍이지며더
오더바ᄋᆞ이나히
외고담대ᄐᆞᆨ야ᄇᆞ나라히 통
이셩ᄎᆞᆼ츙ᄎᆞᆯ여나가티도
ᄒᆞ게자ᄎᆞ며고항

충신도 3a

何忠江陵人。永樂間甲進士拜監察御史讜言正色陛交
趾政平知州專尚德禮夷民懷服交趾叛忠在圍中藩臬
大臣謂忠有才智膽略。使乞師於朝忠縋城出遇伏校執
罵賊不屈死事聞旌門謚忠節

許死節當求敢護中心專許國隱夷同。治州更見民懷
德遇賊終能不失忠若黄雷日在圍中膽略推君獨
擅雄。縋出乞師身被執臨危罵賊杲卿同

나니츙아즉거늘연주은
대웅지闉문고諡에號
라ᄒᆞ忠이라ᄒᆞ니

충신도 3b

충신도 4a

둉아수어나오디로둗더라마
초관최문会졌손이叛했나
야施시愛의게로가고돌모루
혁미施시愛의게자피여쥭으
명과와셩이의쳐단다川錄의쥬오매주고그
후에子쥬거을어드니단
라가고마리딜너
먹이라라
어러죠고음에시긔녀
사로무란다셩연속혀
이로무란다당신連속혀
녕시니라

車云草會寧人成化丁亥李施愛與其弟施合遠吉州以
叛。惠莊大王命適城君浚討之云草以軍官從興鍾城
人鄭休明當寧人曹料鏡城人朴成章入賊中曉諭逆順
軌施合。及其弟施伯縛送官軍中路爲其黨共解脫去云
草又與休明率鍾城會寧兵載磨雲橫賊軍歸義者絡繹
愛所執與休明糾合成章。俱死端川獄中賊平。得其屍皆下
愛以此不得長驅而東。會崔閏孫叛附施愛爲施
執拘鎖頭顱推碎。朝廷追錄云草敵愾功臣餘并贈堂
上官

詩
亮麒稱兵叛吉州麈雲以壯骨成江獨將忠義推鋒
鋭。一死英名萬古留。 功如張許嬰城日。忠似頹泰罵
賊時乘勝官軍齊致死朔方尚有四男兒

金김동同의 논奉봉親친 강江嶺령副부府부正정 […한글 세로쓰기 본문…]

김동종실강녕부정긔의죵이연산벽기리총뎨라샹이또그별실을아오로고져호야맛자긔의죵과김동을블러드려매마자향거놀둘히티고열어날애죵이긔의죵과노라혜셔닐오미리고주긔항거시이시면즐거오리라 호 거 놀 김 동 이 날 오 디 녜 옴 주 긔 라 호 누 니 이 시 면 즐 거 오 미 어 니 와 죄 업 슨 우 리 항 거 술 머 리 고 노 라 호 미 가 티 아 니 타 믈 리 틴 대 긔 죵 이 죽 거 놀 김 동 이 머 리 푸 러 머 리 와 귀 마 자 구 차 가 노 라 호 며 슬 허 호 더 니 죵 신 토 록 본 산 디 나 매 슬 피 너 겨 수 금 샹 됴 애 졍 문 호 시 니 라

金同宗室江寧副正棋之奴燕山壁妓李棋弟。又欲幷其別舍。誕許棋嗾奴罵妾曰。藉威勢入家室長久之道歟。山怒因棋及金同至用烙訊同曰。罪在奴非主所知或謂曰。汝與主異居若云不知可免同曰。奴若免老必陷罪。主自活吾所不忍。臨刑顏色不變曰奴死有同虫獸不足惜以傷吾主無辜耳。其毋悲泣同與訣曰兒棄母死誠不孝。然吾主在必保護母勿自勝。見者莫不傷歎。今上關逮讁誰爲饋酒因悲咽不自勝。

三年旌閭

讚　壁姬讒舌利如刀。奇禍橫來不可逃。陷主求生寧可忍。蟻虫微命棄如拋。臨刑還歎主無辜。慰母情深孝亦俱。士林忠孝猶云罕。況在無知僕隸徒。

續三綱行實烈女圖目錄

白氏畫姑
陳氏剪髽
劉氏投地
馬氏投井
藥哥貞信
崔氏守節
石今掂生
金氏自經
孫氏守志
權氏負主
性伊佩刀
姜氏抱屍

張氏負屍
許梅溺水
俞氏從死
袁氏尋屍
宋氏誓死
徐氏抱竹
仇氏寫真
㖊音方逃野
梁氏抱搥
金氏衣白
禹氏負姑
召史自誓

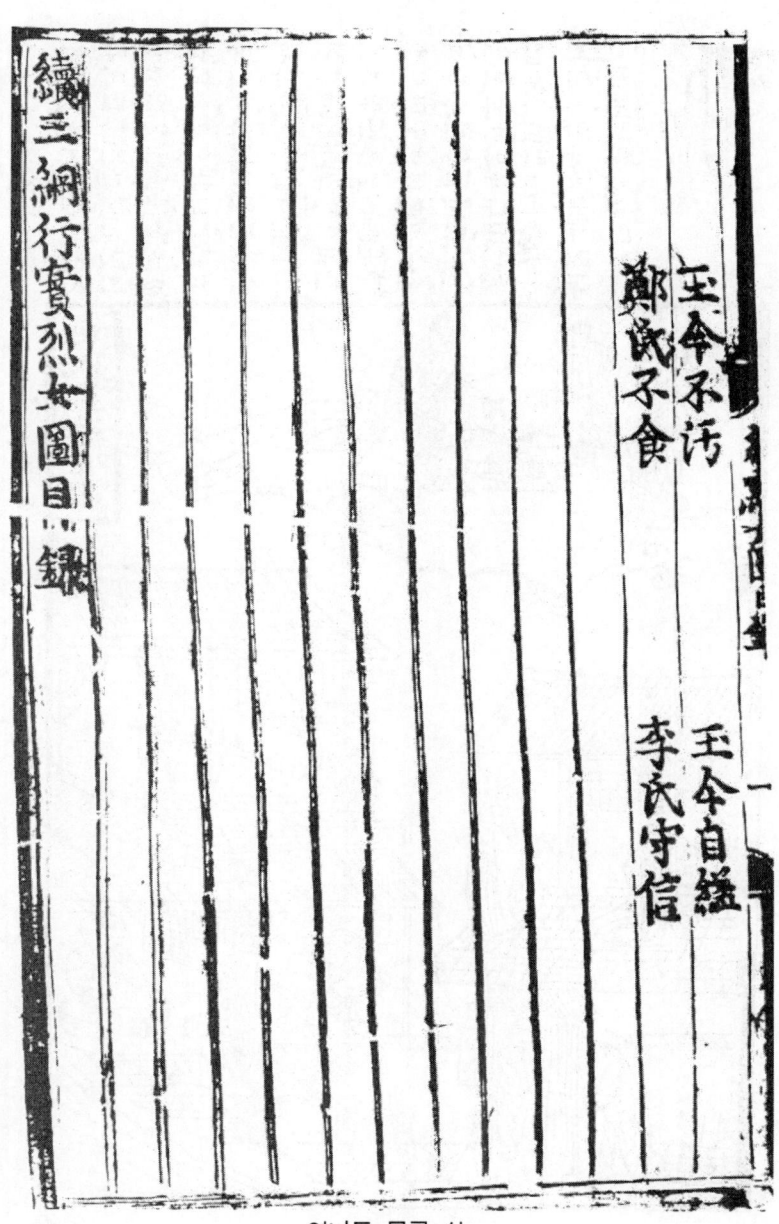

열녀도 목록 1b

白氏재노太原사
롬이니남진니집리
주의언는白氏가이
가나어미이받고나가
서시하야브터잔삼
니호로도라와다니
진야구실던답호더니
씨어머라니로버
이머죽디안호고
힘아희아돈니곡
을다드려보내지
그미어미양주로그두
국도로祭졍니라

白氏太原人。夫棄家爲僧白氏留養姑不去。勒績紝以供粗餽夫一日還迫使他適。白氏斷髮誓不從夫不能奪。姑年九十歿竭力營葬。姑像祀之終身

詩 郎棄天倫妾奉姑。晨昏滫瀡色怡愉。一朝非理還相迫斷髮終身志不渝。可憐姑氏又辭堂竭力經營事克襄。求慕情深開肖像終身莫薦孝思長

張氏﹅陳氏쯩吾ㅣ
살ㆍ미니ㅣ나ᄒᆞᆷ열녜ᄒᆞ고
ᄀᆞ올읫ᄂᆞᆫ孟蒙혼保蒙
와婚을類혼야期約
ᄒᆞ얏더니ᄋᆞ니오고
혈俊ᅩ開케封ᄂᆞ라ᄒᆞ
貢公枕세바티라가다
얏더니張氏와어ᅟᅥ
이남진널오ᄃᆡ호ᄃᆡ張
公氏ᄡ넌요ᄃᆡ호맹
나빈록주거긔어미
氏의거긔期約ᄒᆞ얏
회돋가섭겨도니ᄂᆞᆯ
효긔고덤스니ᄌᆞ라야
어버이그ᄠᆞᆮᆯ奪ᄒᆞ

열녀도 2a

張氏陳州人。年十四。許同郡孟七保爲婚未幾七保輸秋
葬張氏往祭屍體墮
於開封道死萬葬祥符父母欲嫁之張曰旣許孟氏豈敢
二其母無所依顧歸以養之父母重其意從之乃與姑諸
祥符負其夫屍還葬。終身養姑。姑卒以禮葬之事聞旌
氏奉養終身孝更全 婦人從一經天倫媒妁初成來
郎死雖云未醮前禮成媒聘即秘天負屍還葬歸姑
許身。暮年處子持空信千載唯聞有此人

개조ᄎᄋ대사어미외章숭
葬쟝ᄒ라가屍시體톄를
지여와永葬쟝ᄒ고죵
도록싀어미를셤기니
싀어미죽거늘禮례ᄅᆞᆯ다비
送송葬ᄒ얏ᄂᆞ니라 不ᄇᆞᆯ
紅홍門문셰니라

열녀도 2b

陳氏는樂平빡땡의니徐州州의得흥安안의쳐미라하니쇼불에나히쥭게도지니病빵이깁프니나히졈고子셔식이입스니낙속거들못남지ㅣ를셤기라ㅎ야늘陳띤氏씨홀오딕오동마그제비두리여시니太태산블오만기려ㅎ고즉재귀과머리오블버혀盟뗭誓쎄ㅎ야쥭거늘고을빅官관이혀계ㅣ와리터臺딕관안ㅎ녀코보록ㅎ며문의여느ㄹ모ㅊ러미ㅎ거롬ㅎ니라

열녀도 3a

陳氏樂平人徐得安妻年二十夫病革謂之曰吾年少無子我死善事後人陳氏泣曰既為君婦忍事二姓乎即割耳剪髮為誓夫死納之棺中終身不改節事聞㫌其門

註 良人疾革妾縋絰訣語云胡乎我知剪髮矢心仍割耳此心從一死為期旋將耳髮納夫棺生死應知此志完辛苦百年長守誓始終全節古來難

許梅의집이同姓安山ᄯ사
ᄅᆞ미니宣德덕ᄌᆡ져믜房
모ᄉᆞ宋金隱은山의외야
나믈어러오라니나ᄂᆞᆫ
야셔남진니큰病병들어
더닐지그ᄒᆞ더니남지
ᄂᆞ죽거ᄂᆞᆯ盟셰盟뎡코디
두몸되지아니호리라
아비라셔겨ᄅᆞᆫ호되弟
미롱더욱孝도ᄒᆞᆯ디라
비녀겨튀야다ᄅᆞᆫ니얼
효려호야ᄂᆞᄆᆞᆯ보ᄂᆡᆯ져기
니게흐리일여오나도주
거마ᄎᆞ를러가ᄂᆡ이ᄂᆞᆯ

열녀도 4a

밀

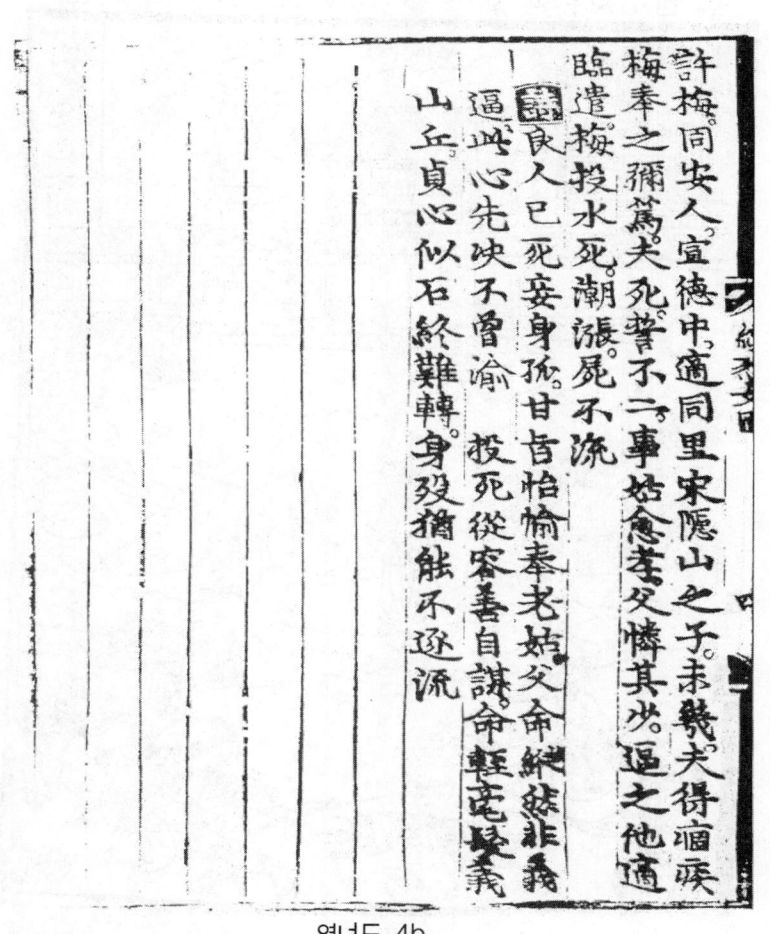

許梅同安人。宣德中適同里宋隱山之子。未幾夫得嘔疾 梅奉之彌篤夫死誓不二事姑念其少逼之他適 臨遣梅投水死潮漲屍不流
良人已死妾身孤甘旨怡愉奉老姑父命綝繼非義 逼此心先决不曾渝投死從容善自謀命輕意義 山丘貞心似石終難轉身歿骸不逐流

열녀도 4b

류시는 쳘녕인의 쌀리라 남편이 죽어 빈소에 두고 있으되 군사가 이르러 싸호매 주검을 버리고 류시를 소겨 내여 ᄃᆞ려가려 ᄒᆞ거ᄂᆞᆯ 류시 ᄀᆞᆯ오ᄃᆡ 이ᄇᆞᆯ 삼일 후 내 무ᄉᆞᆷ 애원호 일이 예 이시니 옷ᄃᆡᆺ내 녜만 ᄌᆞ초리라 ᄒᆞ고 그 남래 장ᄉᆞ 덕ᄀᆞ 탑 압ᄑᆡ 와 ᄯᅡ해 ᄂᆞ려 ᄯᅱ여 ᄇᆞ리되 죽디 아니ᄒᆞ거ᄂᆞᆯ 본 디 아니ᄒᆞ고 남진을 조ᄎᆞ리오 ᄒᆞ고 ᄂᆞᆷ진주

그니失(실)신하야몸을브리거시라하고셔해느려디여수그니라

劉氏河南人齊閏妻閏應募爲卒夫長戰死劉守節不二言是日徑徃彰德天寧寺登浮屠絕頂祝天曰妾本河南名家夫已死不敢失節遂投地而死人有強逼婚者劉紿曰吾三月三日有心願過此當從所

(金)良人死國泣孤䕶郡被狂冏議的期登塔誓天還擲地此心唯有地天知可憐憔悴未亡人外悔都因有此身騰擲片時拚一死貞心萬古不緇磷

열녀도 5b

俞氏는上洛海平이라文通의안해니남편이병드러모든약이效驗업스니俞氏子息이업거늘史와남진이죽거늘또한애셕이라오딕아비로날브터기라호여슈심긔절호엿더라남진이죽으며소니오딕아비로날브터음식을먹지아니호고그믈쓰러소긔호엿더니아래가조초초례로둘거늘支文通의죽거늘아녀俞氏가쎠죽으니야만주

열녀도 6a

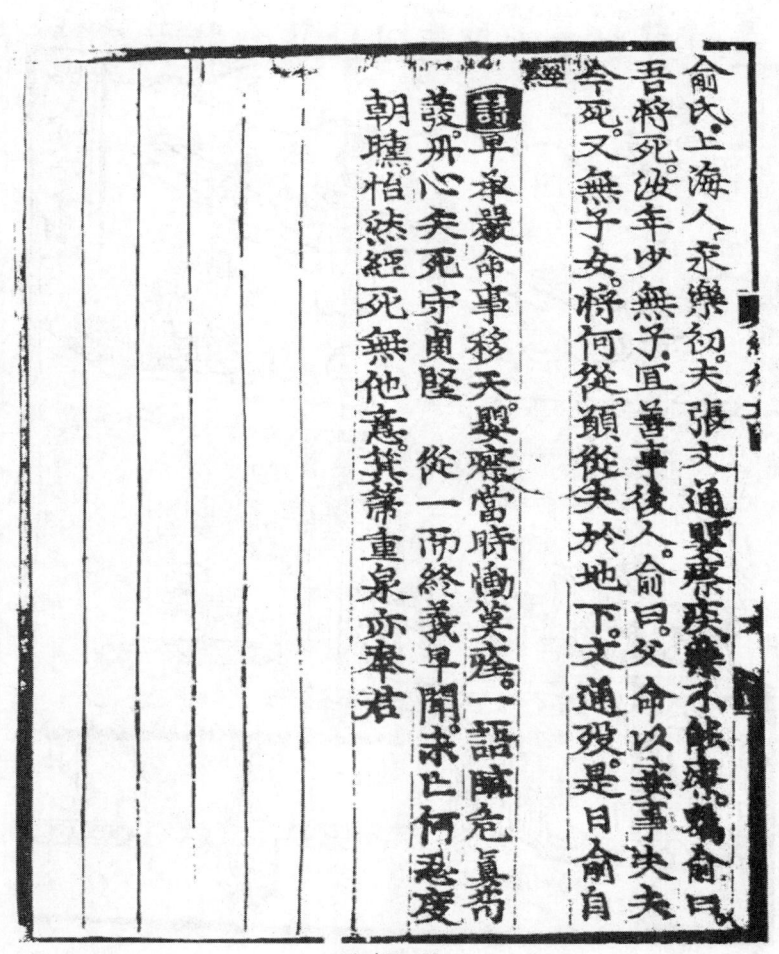

俞氏上海人永樂初夫張文通嬰疾藥不能療謂俞曰吾將死汝年少無子宜善事後人俞曰父命以妾事夫今死又無子女將何從顧從夫於地下文通歿是日俞自經

園早承嚴命事移天奚察當時慟笑聲一語臨危真寄發丹心夫死守貞堅從一而終義早開求仁何愧疚朝暾怡然經死無他意我蕭重泉亦奉君

馬氏는 양탕음의 사
람이니 일홈은 瑞香
이라 져미셔 孝經
列女傳 듣을 비드
들이더니 어버이가장
딩 망이 역 회를 그로 야
설형 구을 를 어 는 셔 나
하니 간 薛彦謨구
사리을 문는 거 言 瑞
하의 어버이가 성노
이고 三 산 년 이 다 나 거
력 혀 대 瑞씨 남 진 어 로
권 혜 에 두 번 남 진 어 로
업시 니 관 공 씨 범 이 더
머 돈 디 이 니 거 늘

열녀도 7a

煙香향긔쯤곡만죠하에
어비에걸헛난말솜물쎠
계도리푸녀품기고우ᄆ
믿셜워쥭거늘듯ᄂ사ᄅ

馬氏潯陰人○名瑞香幼讀孝經烈女傳通大義父母鍾愛
擇壻適薛蒙生一女毅拙於家事婦翁怒責遂離去喻三
年父母欲令他適馬氏曺禮無再醮之義以告父母不從
乃投井而死留片紙於其女懷中壽謝別父母之薛聞者
慟之

詩 少歲通書執女儀良人豈料遽生離禮無再醮吾能
斷郤恨爺嬢莫我知　爺孃雖命豈吾遵投井終成此
志賢小女懷中留訣語至今聞者總潛然

麥氏는嚴百言의쳐
의間라 어버이물섬
교민호도 터니어미
病 드럿 모셔
藥약 덜 예게 아니
효 모 허 므 腐 용 이
라 브 려 져 국 를 짓 氏
계 나 디 니 셰 더 라 즉
시 남 진 니 그 만
身 례 뿔 보 아 잠
테 골 골 고 쟝
오 늘 오 디 남 지 죽 고
大 환 식 이 업 스 니 후 자
라 셔 므 슴 슈 료 고 졔
드 려 국 걸 라 히 에 피 기
 볼 사 루 미 뭇 근 새 주 검

열녀도 8a

이효되 잇거늘 어드 모
다늘 오듸 節ㅅ 義오 도
ㄷ 動 둉 ㅎ 야 그리타 ㅎ 더
라 旌 ㅎ 야 表 표 ㅎ 야 貞 뎡 烈
렬이라 ㅎ 다 ㅎ 얏 ㅅ 더

袁氏龍州人嚴庸妻事舅姑孝姑疾侍湯靡不懃甚爲鄕
里所稱未樂間舅溺水死袁氏年十八呈趨夫溺處尋屍
不見因大哭曰夫死無子獨生何爲亦投水死後漁人於
河邊得二屍同處人以爲節義兩感 命旌爲貞烈

詩 忽聞夫溺走江湄屍去江空哭最悲無子獨生何所
托不如波底共追隨 誠孝平時聞一鄕更隨夫死赴
江洋二屍一處眞諧願義烈從來感彼蒼

열녀도 8b

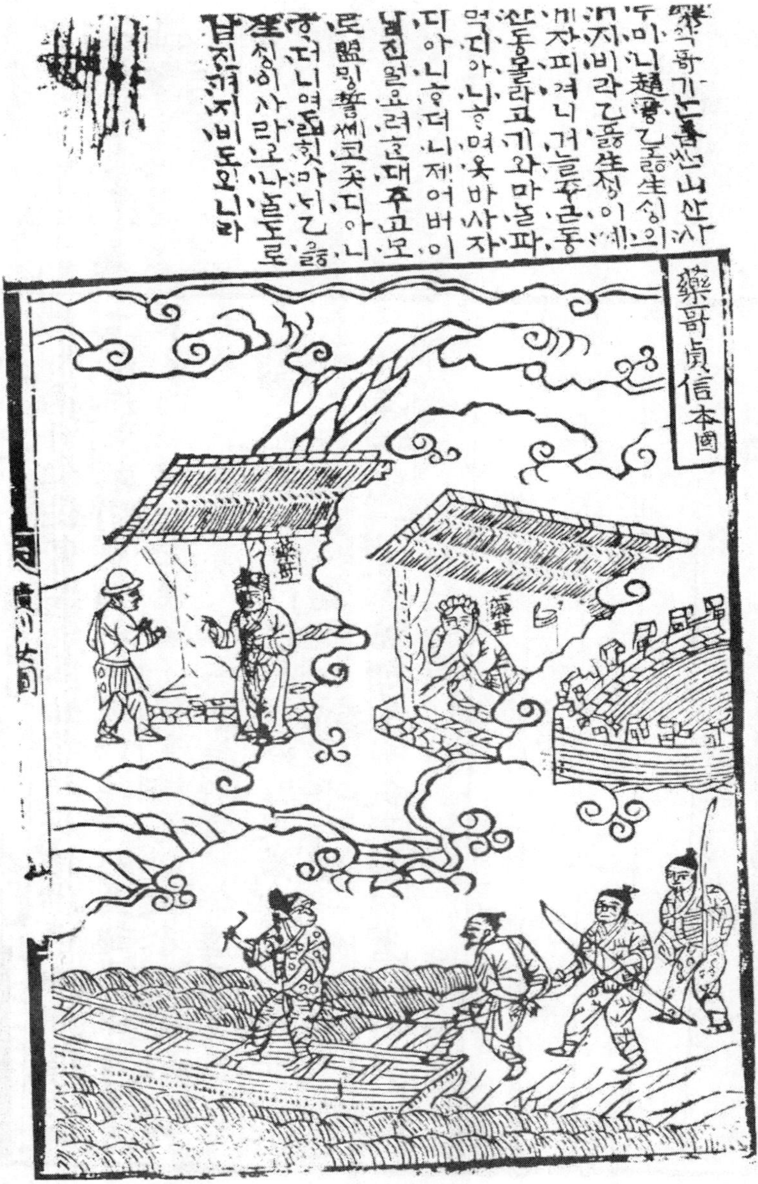

약가가 봉선 山산의 사
로미 趙됴憂우를 生싱각
지 니 라 乙을生싱이 에
개자피여 거늘 죽은 돌
식 동 물 라 고 기 와 마 노 파
먹 다 아 니 ᄒ 며 옷 바 사 자
다 니 놈 더 니 젼 어 버 이
남 진 얼 오 려 ᄒ 대 주 고
ᄒ 거 니 여 여 ᄒ 엿 거 니 乙 을
도 盟 밍 誓 셰 ᄒ 고 조 ᄎ 다 아
ᄒ 야 엄 과 사 라 가 ᄂ 노 로
남 진 괘 져 비 도 외 니 라

열녀도 9a

宋氏洲誓死山산사
라미라졔남진鄭명희
南등이일즉거상三
삼年년을내우러내니
졔거버지져머셔호미
노원들어와비니겨남진
일요하야대宋송씨쥬
구로려문을할매숑야날
오디시어미金김믐뎨이
셔년누즉즉식접스니
내남진곳어르면스어미
어딕가爲懷도艱탄호료
야놀어버이들면아니돈
대宋송씨아기업고逃
동여도망을ᄒ야시비가려
러ᄂ을도라오니라ᄒ니

열녀도 10a

더니어버이시고精
졍셩을感감격ᄒᆞ야
집븨別별튱실지어니와
대죵食식이어미두려
과삼년친척ᄒ야飮음食식ᄒ시며
ᄒ야더니식어미죽거
ᄂᆞᆯ거상三삼년을내
튱문셰오旌졍表표ᄒ
시니라

宋氏。礪山人。其夫鄭希重早死。泣血終喪。父母憐其少寡
欲奪志。宋以死自誓曰。姑在金堤無他子。我若從人則姑
終何托父母聽。宋負兒逃歸姑氏。累年不還父母感其
至誠。乃於舍傍搆別室與之。宋奉姑束居。躬供菽水。姑歿
泣血終喪事聞旌門復户
諺 早孀泣血喪初闋奈彼爺孃不諒人負子從姑期不
返至誠終亦感雙親畢竟親心亦感歎爲營舍與
姑安奉姑存歿誠如一終始無虧婦道完

崔氏는感夢시종
사람이니韓惟約어와
婚姻을定ᄒ얏
더니韓현約에日新호
매로게조ᄎ갓다가싸호
본국계崔氏싀숙도
못보진하나?나라엿ᄌ
놀ᄂᆞᆫ旌門모셰니라

열녀도 11a

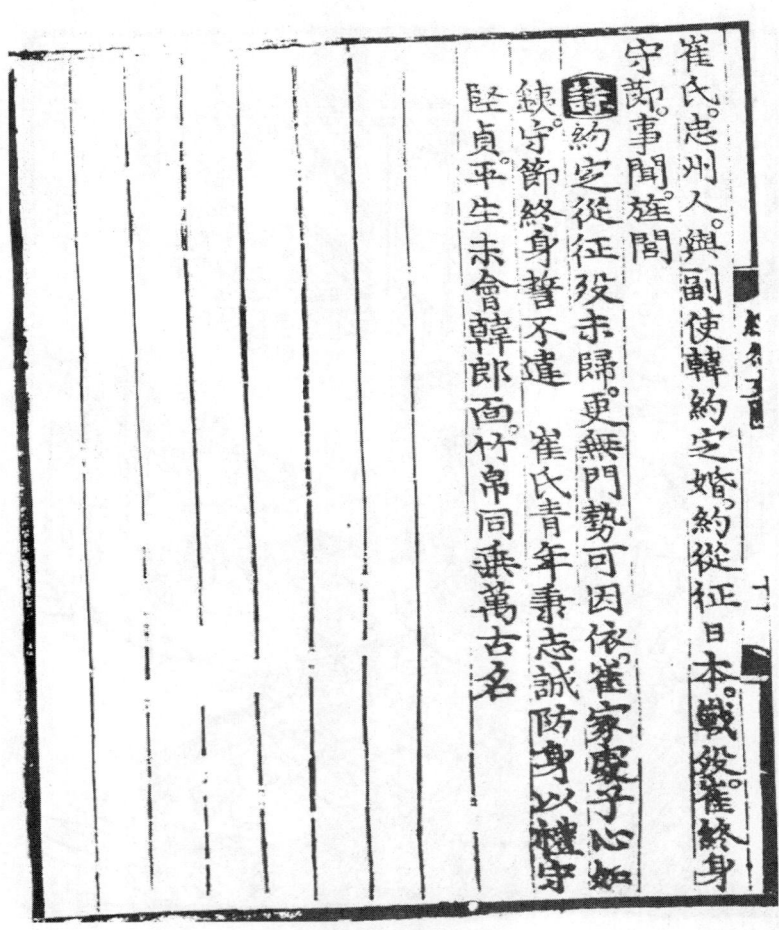

崔氏忠州人與副使韓約定婚約從征日本戰歿崔終身守節事聞旌閭

約定從征沒未歸更無門勢可因依崔家豢子心如鐵守節終身誓不違 崔氏青年秉志誠防身以禮守堅貞平生未會韓郎面竹帛同垂萬古名

열녀도 11b

徐州씨 豐 泰그人
사 리미니思 思人達 살의 사
리라 한다 눈 눈 있 는 사 람 都
도 平 平 홋 중이 어 로 한 헛
모 둔 거 호 중집 잇 수해
기 大 로 안고 셔더 니 너
로 보 대 세어 가 가 산 年
년 재 날 여름 퍼 기 외 니
박 잠 을 움 안 고 天 때도 王
아 헌 대 그 르 드 러 하 시
코 復 북 력 ㅎ 고 紅
론 세 라 ㅎ 시 다 황 門

徐氏抱竹本國

열녀도 12a

徐氏豐基人徐思達之女嫁同郡都雲峯緘一年夫死喪
畢過禮常日就堂後竹林抱竹痛泣忽一日生白竹三叢
三年至七八叢正統戊午莊憲大王命圖白竹以進復
戶旌閭

詩
號天抱竹淚沈瀾 一夜新篁白數竿高節凜然驚世
俗 九重揣上畵圖看 千古瀟湘怨不寬 年年竹上見
斑紅 須知素節無今昔 白笋新生一兩叢

石슉숀슘이노흘흥양양
鄕향호리쟉셔堀의겨
지비라츔로山산거그檀
찡즁뻐즤니녀쯕건
石셕슈금이영희흣로을
굡소이니먹고남나믈
머늘오타내머리구롇갈
겨그ㅣ를밧겾넌두릴
차롱뎍게더러요미돗외
라니사라이미주곰만
편대롤올니탕홀고목만
야도둑주그니라

열녀도 13a

石今高陽郡吏植培妻魯山縣植培被誅石今六日不食
晝夜號泣曰我應例配遠方必爲押去者所污生不如死
遂縊而死
良人坐事被刑誅妾獨偸生敢自圖不食衰號連六
日天乎其奈妾之躬將隨監押配邊塞節焉知不
受緇耻復苟生甘就死至今高行柴民舉

仇시노라니山산시람미니曹좋故인의겨지라니혀덕소신제남진의지비구로드어마디외여머리버히고閔閔참여고참미기덕이구남진이노르르나감긴아진냥그번쏘혼맞얼오남번옷조쵸노밤낮권즈우며슬프마음츠로祭졔술갓면셔서리러을체지석옴곰혼머時시節졀節졀건의식졔흔고저히못노나미늘느르니이구머구로모칫느데시므로졋케머다니고니라 康강鞨靖정大대녀도예님술져시고後후에

열녀도 14a

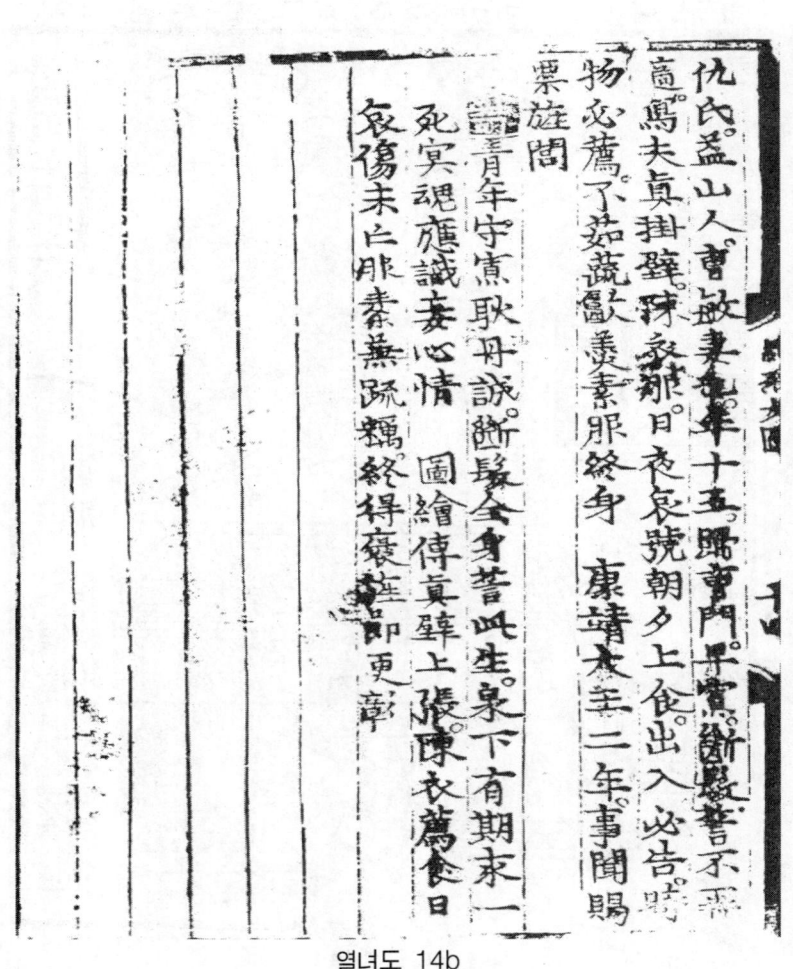

仇氏孟山人曺敏妻年十五歸曺門甫實烹斷髮誓不再
高鳥夫眞掛寢陳衾枕日夜哀號朝夕上食出入必告贈
物必薦不茹蔬歠醬素服終身 康靖大王二年事聞賜
旌閭

青年守烹耿母誠斷髮全身誓此生泉下有期末一
死實魂應識妾心情 圖繪傳眞幀上張陳衣薦食日
哀傷未已服素無踪纔終得褒旌即更章

金氏눈忠州陽양사
람이니李리陽양의겨
집이라남진이子쥬思亽
ㅣ미ㄹ죽거늘다ㅌ사ㄹ미
어ㄹ려ㅎ고대김金씨졔
ㅣ두림ㅎ고산골애몰자
가플혀ㅎ고ㅅ살홀쌔몰자
니랏ㅎ에ㅅ거ㅈ집사ㅁ모
ㅎ리잇거ㄴㅎ목미
야두ㄹ주그니라 康강
뎡大ㅺ적죠왕이시고
토묘애졔ㄹ라ㅎ시고
卽ㄹ門몬셰시니라

열녀도 15a

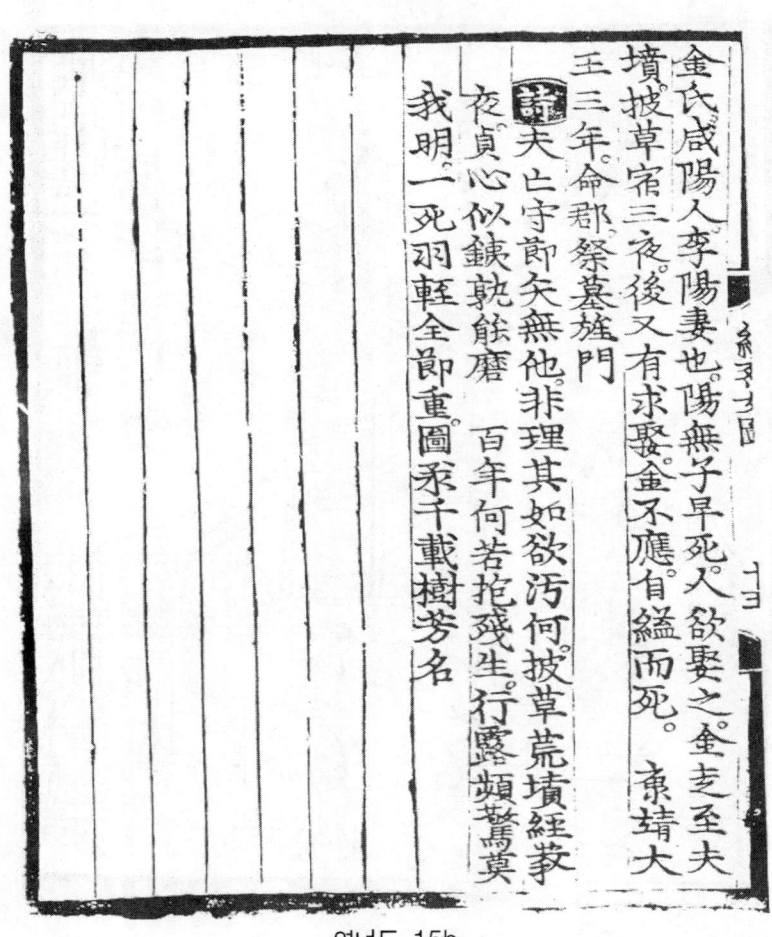

金氏咸陽人李陽妻也陽無子早死人欲要之金走至夫墳披草宿三夜後又有求娶金不應有縊而死康靖大王三年命郡祭墓旌門

詩 夫亡守節矢無他非理其如欲汚何披草荒墳經敎夜貞心似鍊眞能磨 百年何若抱殘生行露頻驚莫我明一死羽輕全節重圖承千載樹芳名

仇음방이고려예
寶산寺써하녀이라남지
니쥭걸늘제아비를어
미도말을어졋비녀거날
젼일유럭주거늘싀어
음방이蚤田蚤도
다리니게가디아니호려
호고逃를눈 호야풀
헤
감무즐즉세번녹포
도록고기와마놀파먹더
아니타라죤샹네어서주
구리라호고神션퇴을아
니호더니 康강靖쩡大
때죠왕죠용애연ᄌ바놀
챵문몬셰니라

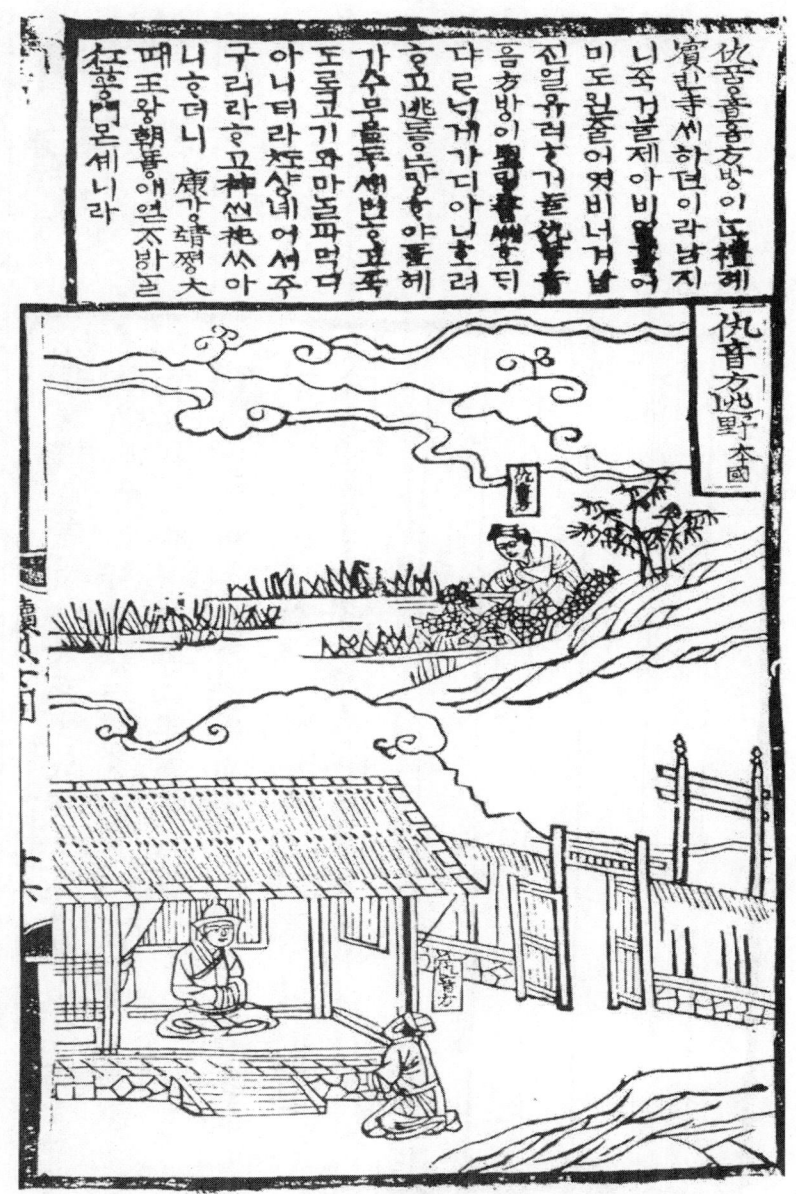

열녀도 16a

仇音方。禮賓寺婢也。夫死父哀其早寡。欲奪志。仇音方抵言不他適。逃匿于野者再三。終身不食肉。不茹葷。且冀速死不事巫祀。康靖大王四年事聞旌閭

詩 郎君早逝守孤身。操節貞堅玉不磷。信誓百年終耿耿。此生何忍事他人 割恨爺爺不諒人。逃潛荒野竟全身。絶葷去肉男心苦。肯惜餘生齠齔中

孫氏守志 本國

孫氏씨는洛陽양사
람미니亂란인河하의싸래
라열여소신제졔草초溪계
잇는安안한고손이로어러
계우두어나로 ᄒᆞ야족거
늘三삼살년에울오아杏
나죄親친히祭졔ᄒᆞ더
晩만 ᄒᆞ 얏 ᄉ ᄋᆞ늘한父뿌
母모ㅣ나 저믄 즐믈어엿
비너겨 남진을 요려 ᄒᆞ 눈
디라孫손氏씨주거도 ᄆᆞᆼᆼ
다ᄒᆞ더니한아비 ᄯᅳᆺ ᄒᆞ노
ᄂᆞ국의 원유려 ᄒᆞ거 ᄂᆞ가
孫손氏씨고마니댓슈ᅀᅦ가
목미ᄅᆡ도랏거ᄂᆞᆯ제모ㅣ힝
이보오그 르니라즉 자시

열녀도 17a

어버이지비가살며아츰
나죄의식졔호오어사
밥학며니히셜흘헤
주그니라

孫氏密陽府人胤河之女年十六嫁草溪人安近纔數日
近死泣殮三年躬奠朝夕䐁關祖父母憐其年欲奪志
孫氏以死固拒祖父怒強之孫氏潛入園中竹林自縊其
兄見而解之即歸舅姑家居焉朝夕必先祭夫然後乃食
年三十二而終

婉孌從人婦禮莊同牢數日便成孀三年泣血朝聲
奠一片丹心貫彼蒼翁媼如何莫我憐竹林潛縊節
彌堅平生得食長先薦不祭止夫禾下咽

열녀도 17b

梁랑氏씨노蒗무朱쥬人
사룬미니具콘吉길낭生싱
의겨지비라ᄒᆞ닯生싱이
죽거ᄂᆞᆯ草츔슙葬장ᄒᆞ고아
촘나죄로親친히祭졔ᄒᆞ
더니ᄒᆞᆫ도가祭졔ᄒᆞ고
라도록도라오디아니ᄒᆞᆯ
ᄉᆡ어버이황당ᄒᆞ야가
어딘보니草츔슙葬장ᄒᆞᆫᄃᆡ
열오掛궤棺관을안고셜워
ᄂᆞᆯ어브리블드러며오
거니마초아집읻내ᄒᆡᆯ
디엿더니梁량氏씨믇득
뼈여들을제오라비거
녀내니리두셔돌은ᄒᆞ야
졔자노폼빵이셔목이야

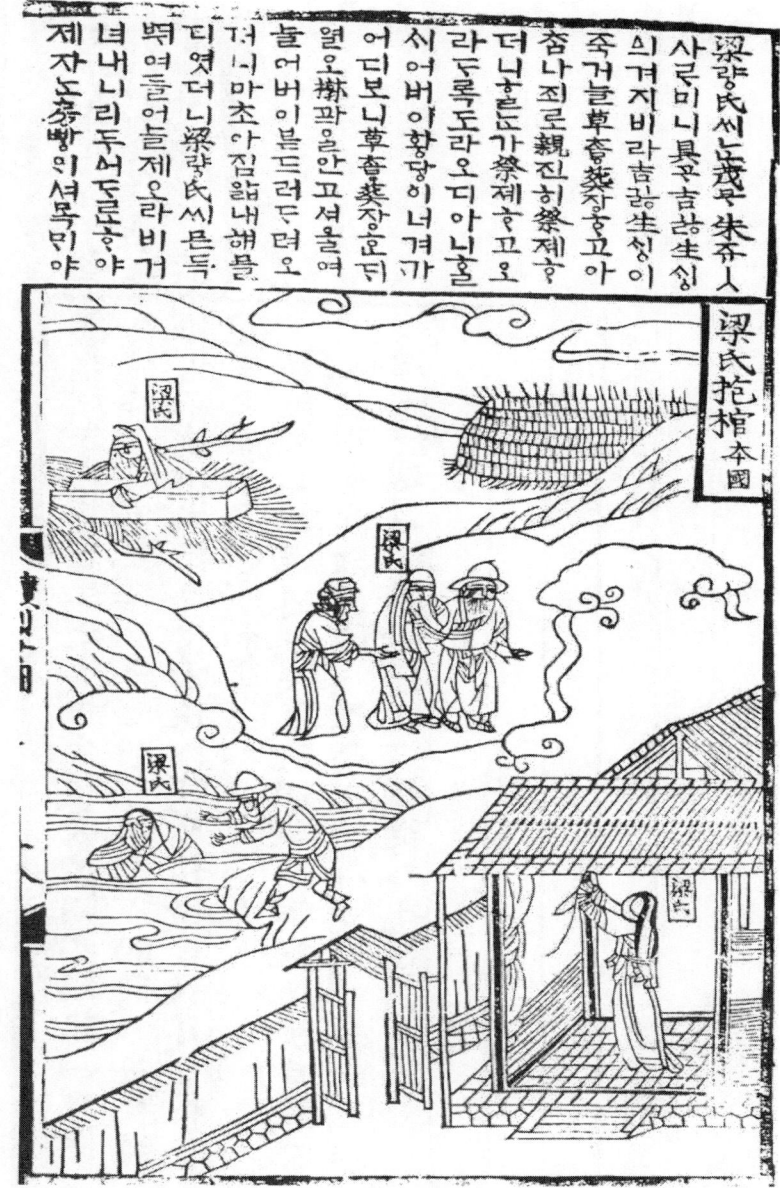

열녀도 18a

드라죽거늘어버이이어엿
비너겨제봄진싸흐딘무
트니라

梁氏茂朱人具吉生之妻吉生死藁殯朝夕親奠一日往
奠移時不返父母悵而尋之則開殯抱指而哭父母挾以
歸適家前川水方漲梁遽投入其兄援出居數日自縊于
寢房父母哀之同穴而葬
良人已逝我何依哭奠昕晡渡未瞤抱抵移時猶不
返與君泉壤欲同歸投入川中郤波攪此身未死即
深寃終然自縊諧心額同穴相隨入九原

權氏는安東東邑사
리민탑게生성의
라니히스물을지진求
송孝衷종지죽거늘親
친히옥지여집뒤혜다가
논고다긋설머근아기
리고三삼年년을사흠나
죄무겁게퇴남디아
더니홀연범이와아기
를더위여가거늘權권氏
를위여가거늘權권氏
를런녁소로아기
를원녁소로아기를
들어가더니집히앗고
호더니라오더한되아모
호며녀오더한되아모
시거든비취여보소셔
대버미부리고가니라

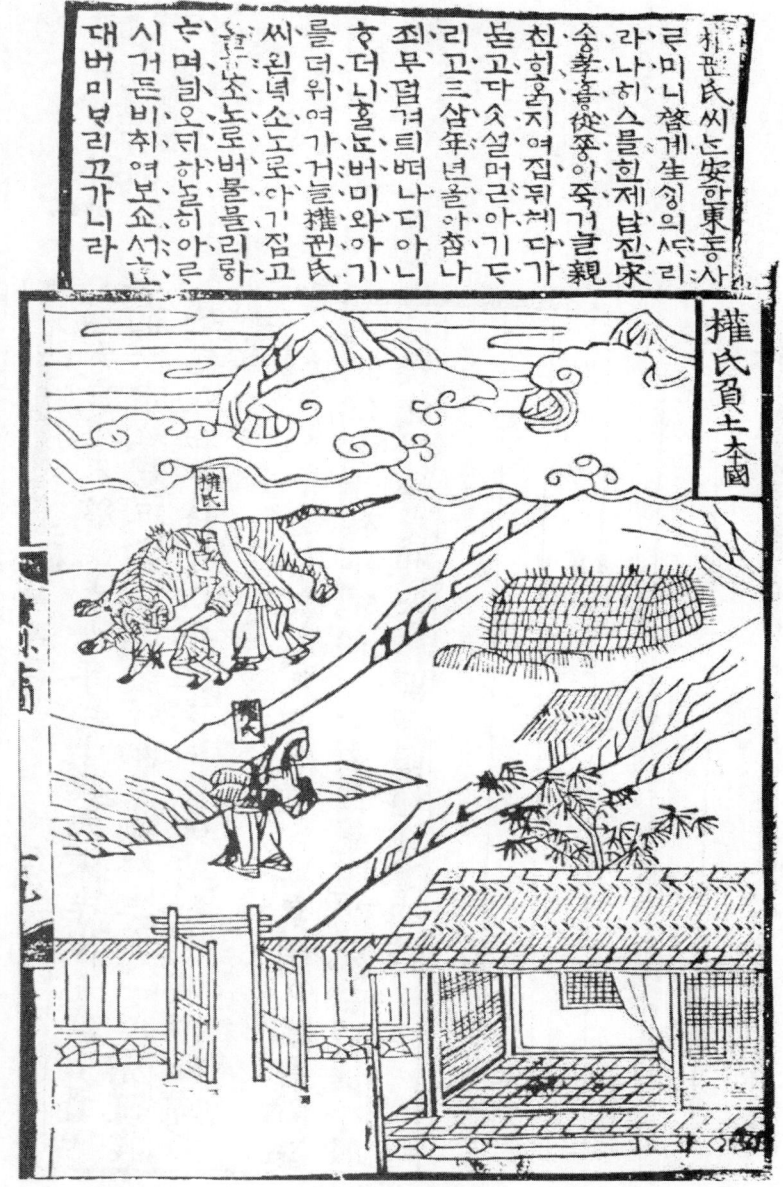

열녀도 19a

權氏安東人啓生之女。年二十。其夫宋孝從死親自負土
葬於家北麓五歲兒朝夕不離墓側終三年。一日虎攬其
子。權氏左手持子。右手拒虎曰皇天有知乞賜照臨。虎乃
棄去
[贊]良人早逝奈沉寃負土成墳舍北原。朝夕不曾離墓
側抱中唯有小兒存 一夕於兹攬弱兒顛踣徒手救
幾危此心貞烈天應照。猛獸何能奪母慈

金김氏씨도식부安안힉사
라미겨머셔셔남진죽거
늘어버이다로닐울일이
고져ᄒ더니金김氏씨
밍셰ᄒ야다로남ᄒ아
구려ᄒ매이비이두려
니열일이란金김氏씨죽
도록힌옷니버셔졔黃
니라ᄒ고고기먹디아니ᄒ
니라

열녀도 20a

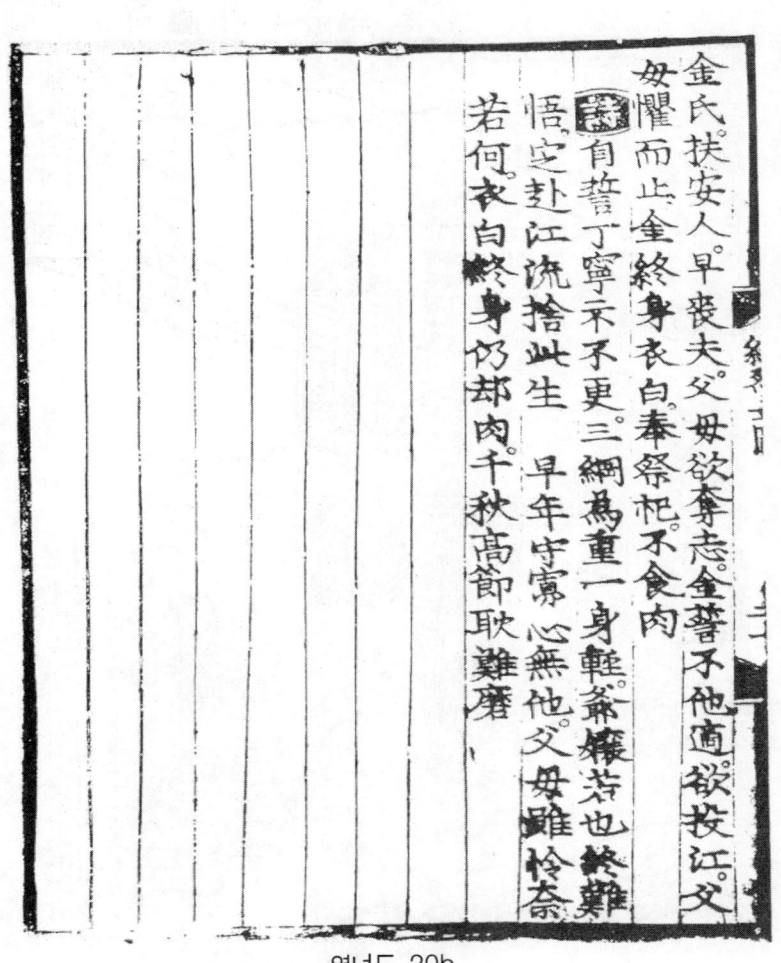

열녀도 20b

性성伊이는 金김灰히鄕향吏리許허屋츙이의 겨집이라 나히 스믈힌졔 남지니 죽거늘 슈려 죄쟝계 ᄆᆡ양 ᄯᅥ를 과 별뎐 셰조히 녀 졔샹과 이 어ᄂᆞ 時시節졀엔 차반도 초쟝맛고 時시節졀을오 졔 후에 소 졔를 가저 솔조쳐 지 셔 졔ᄒᆞ더라 샹강 통 우 ᄂᆞᆫ 미 더 뢰 일 이 저 허 갈 ᄎᆞ 고 오 뎌 여 셔 죽 디 몯 ᄒᆞ 면 노 흐 로 목 을 야 ᄌᆞ 구 리 랴 ᄒᆞ 고 三삼 년을 내 우러 사ᄅᆞᆷᄃᆞ려 마

열녀도 21a

조셔도아니ᄒᆞ더라엳
ᄉᆡ라 졍문을셰시니라

性伊金海府吏許檗同妻年二十夫歿了朝夕奠哭務欲潔精別置鼎俎以供每遇朔望備時物奠時服以祭祭畢焚之常恐有強暴之汚佩刀帶繩以自誓曰刀不解繩以繼之泣血三年未嘗與人對面事聞旌閭

䛐 生死幽明道豈殊饔飧精潔薦朝晡溫涼節邲啁時誰復向賓告厥夫 佩刀帶索愼周防 義重丘山命一苴 耿耿三年空泣血 門閭旌表耀窮鄉

열녀도 21b

禹氏노潭陽양사
롬미니金김惟유貞뎡의
쭐이라나히스믈을혜남
진어녜히재남지니죽
커러시머를섬씌더니
쟝어나믄혼병병블
야리지어민야을
커러드지죽병
느라더러니
우니남지더니禹
氏브레가버
눈라드러
어나지비장믈
가더니禹氏브니오
시니가ᄒᆞ야두주식이시
면貧賀큰뢰ᄒ야산
물져긔블러시어믜셤

열녀도 22a

禹氏潭陽人金惟貞妻年二十歸金四年而夫死事姑田氏甚孝家嘗失火田蒼且病不能起禹冒火負而出及夫葬畢父母欲奪志禹曰我有二子可資以生況良人死時屬我養姑其忍背之以死自誓父母不能強姑殁哀毀葬祭以禮

詩
堂上孀姑老病臻
甘辛只托未亡人
蒼黃冒火焦毛鬢
唯願姑生不計身
萬古綱常白日臨
此身甘死只貞心
分明記得臨亡語
泣向爺孃誓更深

풀이 둘이러니 太마춤비
반짝호려호고죽구모로
盟미맘뻐셔 내어버이구
되우디몯호니라스어미
죽거늘슬허호여고送
례다이호니라

열녀도 22b

姜氏抱屍 本國

姜시씨논南남原원사 루미니崔최죄自ᄌᆞ江강이 겨지비라남지니죽거ᄂᆞᆯ 屍시體톄ᄅᆞᆯ안고날웨ᄅᆞᆯ 밤아니머거주그니인연 ᄌᆞ손로紅홍門문셰니라

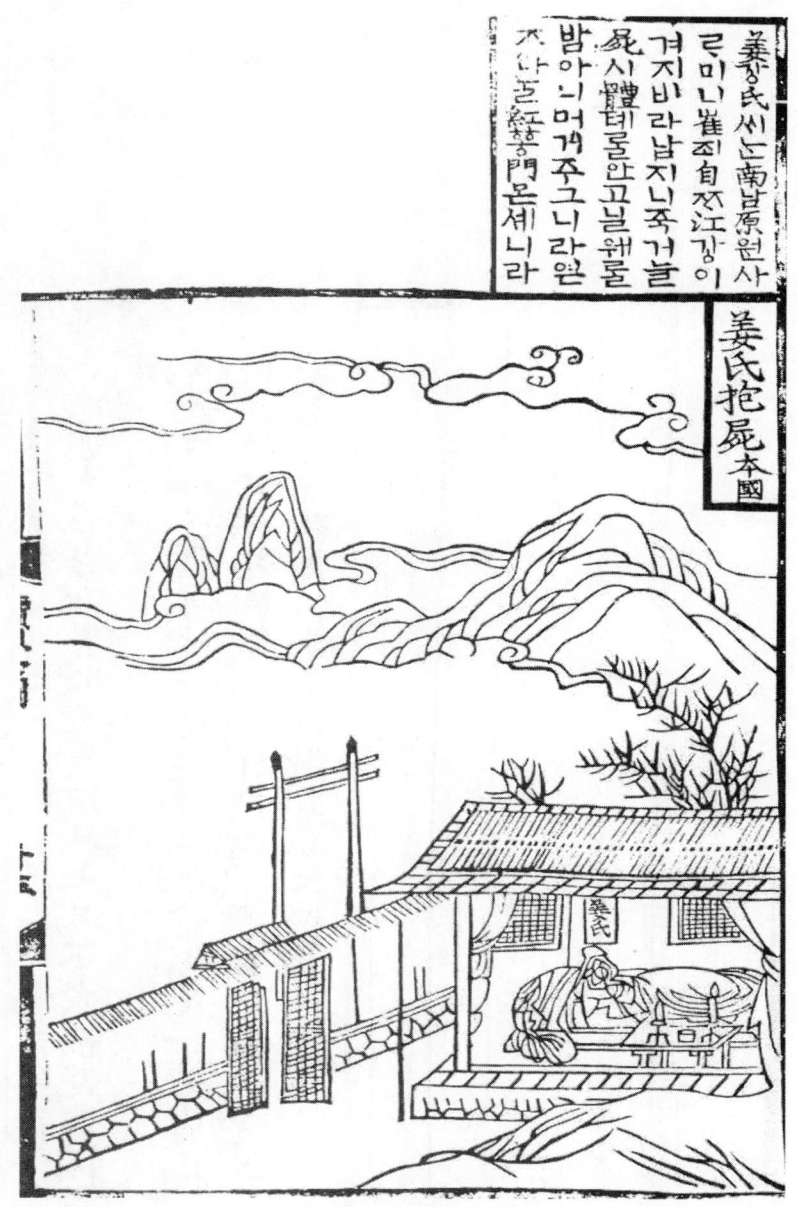

열녀도 23a

姜氏南原人崔自江妻夫死姜抱屍七日不食而死事聞
旌間
詩 夫上無扤更何逢七日悲號絶水漿生死一身貧已
許抱屍甘與死同藏 百年偕老願無窮一疾何知竟
莫醫子子苟生徒自苦此身寧與九泉期

열녀도 23b

조이는冊반城셩사르마라나히열여스새제납지니나봉라가버피게죽거늘조이슬탈히써만잇더니어버이제블들안슬가호야셩녜盟誓호터니다르모습곳머그면언제남진도사아래가보룡더니후는제어버이果然연남진일유럄호대조이알오목미양호주그니리왼조막놀나호門본셔니라

召史自誓本國

열녀도 24a

召史丹城人年十六其夫採薪為虎所害召史毀戚骨立恐父母奪志常自誓曰我若有他將何以見亡人於地下一日其父母果欲嫁召史知之縊死葦間旋間

詩 夫死於菟獨未亡叫呼天地兩茫茫一心自誓寧終 慶泉下相從是我常一齊不改固終身父母如何不 諒人決意難經全大節只令青史令名新

폭옥슉금이눈얿압陰읍 사람이라나히열붓데이 남지니쥭거놀놀식이베이 쫏차사더니제모을사르 밀길헤맛보아어루려귀 늘거스러죳디아니터니 그노미다죳차부니오나 눌죵옥슉금이면티몰홀 줄을알오옥민야으라주 그니라

열녀도 25a

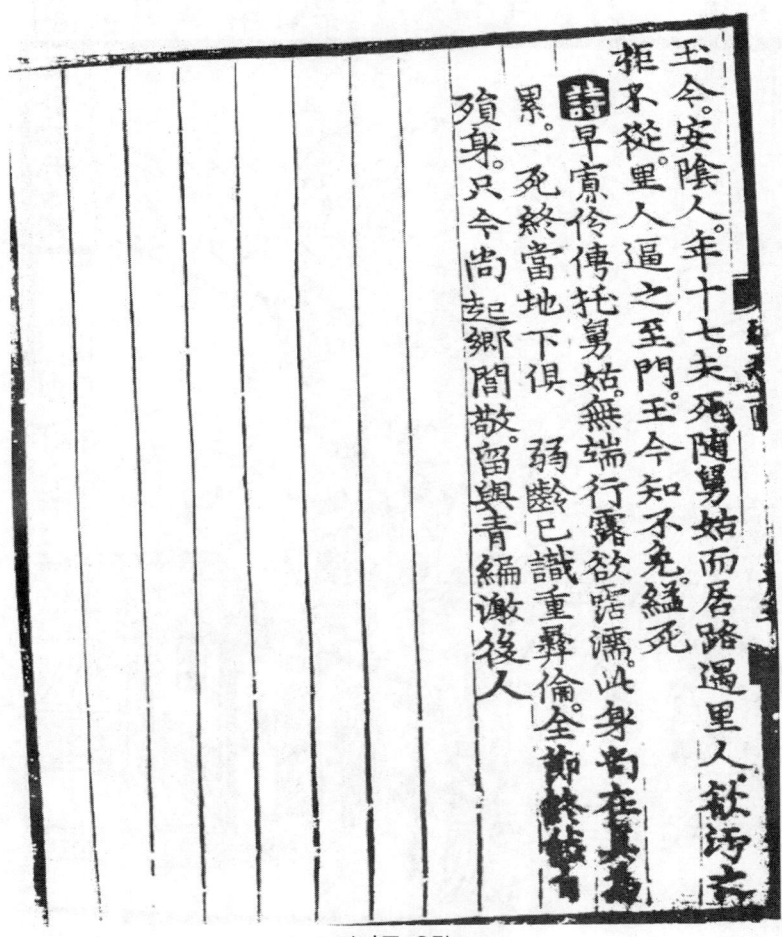

열녀도 25b

옥슈ㅣ자금은揚양根근사ㅣ
라미니愼신戒계中듕의
사리라鄕향吏리李니順슌
슌命명이로얻엇더니
쥭을초ㅣ죽거늘아슴
친히祭졔ᄒᆞ더니脫탈喪ᄒᆞ
상ᄒᆞ얀누어버이일롬
다른남쥬를어엿비너
미도외쥬를어엿비너
민호야期긔約약ᄒᆞ얀일
ᆫ덕ᄒᆞ야눈물온면을알
오젹목욕ᄒᆞᆷ야ᄎᆞ라
나히셜혼남ᄒᆡ러라나
위ᄒᆞ야ᄂᆞᆫ旌졍門문셰니라

열녀도 26a

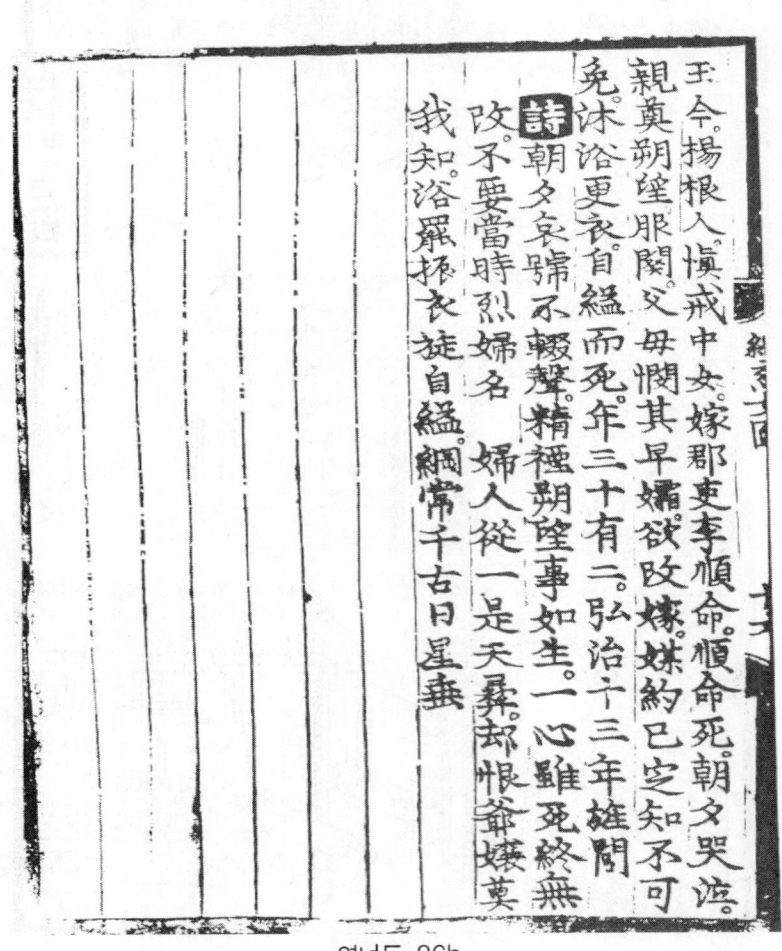

열녀도 26b

鄭뎡氏씨는尙썅州쥬음ㅣ
사룸미니校굘理리權권
達달의손의안해라擁옹
山산저긔慶병妃피를追
듀尊존호여컬을達달ㅅ주
기니라鄭뎡氏씨ㅅ골셔
치디아니ᄒᆞ며ᄃᆞᆯ도아니
마시몰두들남더니죵두
려닐오ᄃᆡ내젓ᄯᅢ죽쟤죽
디아니ᄂᆞ니오리오마로초마
죽디아니호모난진의死
시톄를데오나돈보아送
葬쟝ᄒᆞ고나도그뒤무
틈여ᄒᆞ다니내졍쳔을일

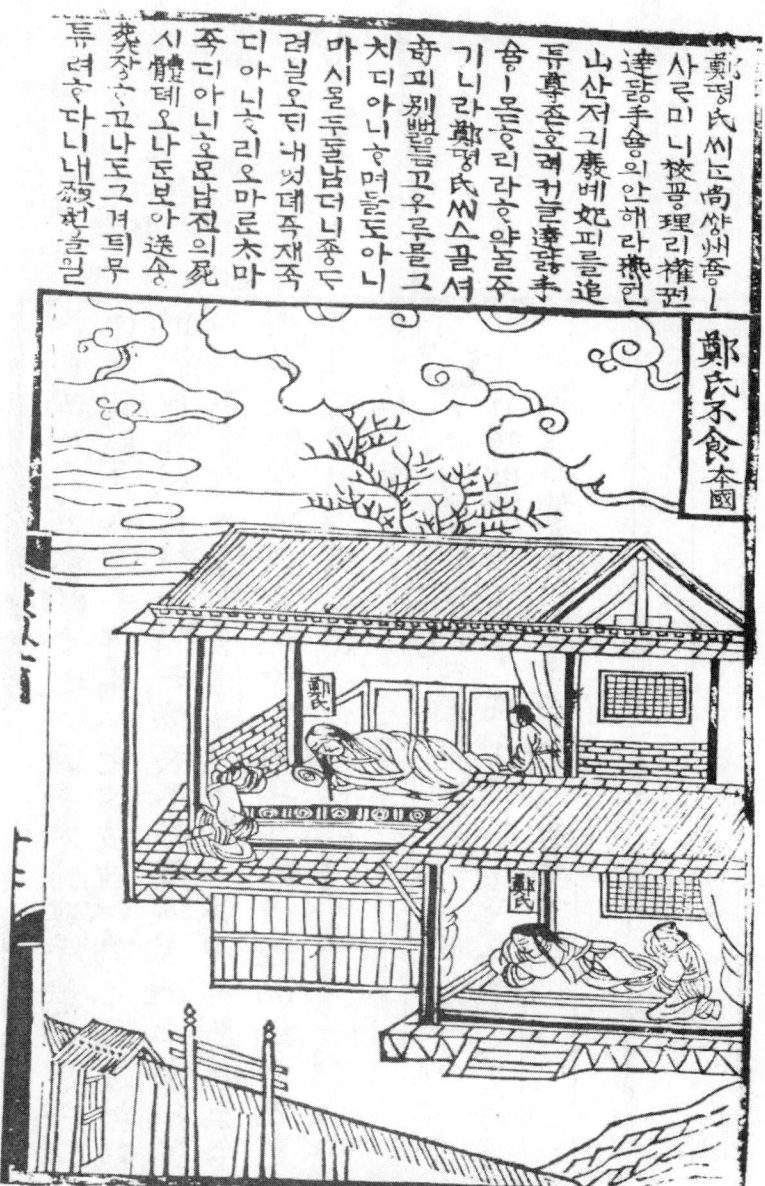

열녀도 27a

鄭氏尙州人監察繼金之女適安東權達手燕山甲子議追尊廢妃尹氏達手時為弘文館校理以為不可遂被殺時鄭氏在咸昌村舍聞之號哭不絶聲淚盡繼血食飮不入口者允六十餘日語侍婢曰我豈不能即死而氣力已盡待夫骸還葬我便托骨其側耳吾謁未遂而氣力已盡者其死矣乃痛哭而絶今 上初贈達手都承旨鄭氏淑夫人旌其閭

詩 良人非罪訟官刑計呼天決死生斷食六旬心力盡可憐臨絶語丁寧 壯士猶難處死宜婦人寧得有如斯至令雙墓旌褒重青史芳名萬古垂

우리몯ᄒᆞ야셔그우니ᇰ
마ᄎᆞᆷ스니내ᄌᆞ글로다ᄒᆞ
고ᄀᆞ장울오쥭그리라ᄒᆞ
라히달ᄒᆞ손ᄉᆞᆺ혼도ᄉᆡᆼ
입을지追贈ᄒᆞ고鄭
氏ᄉᆞ란淑夫人ᄭᅴ
封ᄒᆞ야 紅門셰시
니라

열녀도 27b

열녀도 28a

라李리氏시남진과兄형의
의싀 폄 더 브 러 사 더 니 어
버이말인 대 답 호 디 내
이몰의 뢰 후 야 사 리 아 니
라父 모 근 긔 피 라 스 어 버
이 늙 거 눌 종 신 토 록
효 도 호 리 라

다 늙 게 피 라 스 어 버
이 종신 호 야 신 호
효도 호 더 라

李氏冊城人、鄭李亨妻李亨死衰變終喪父母憐其早寡
欲奪志李氏號哭抵家前渚水自溺里人適見之呼其家
人拯出良久乃甦曰婦人從一而終不死何為不食數旬
父母知其志堅不敢強李氏取夫兄之女與居父母禁之
答曰非欲賴兒生活為亡夫守信之計耳姑舅俱年老終
身孝養

讚
從一而終節自堅。爺孃不諒忍生全。今也必死投堤
水 拯溺非人實是天 素心雖死豈能移歸奉姑嫜老
不棄守信為汝郎 姪養餘生非欲賴斯兒

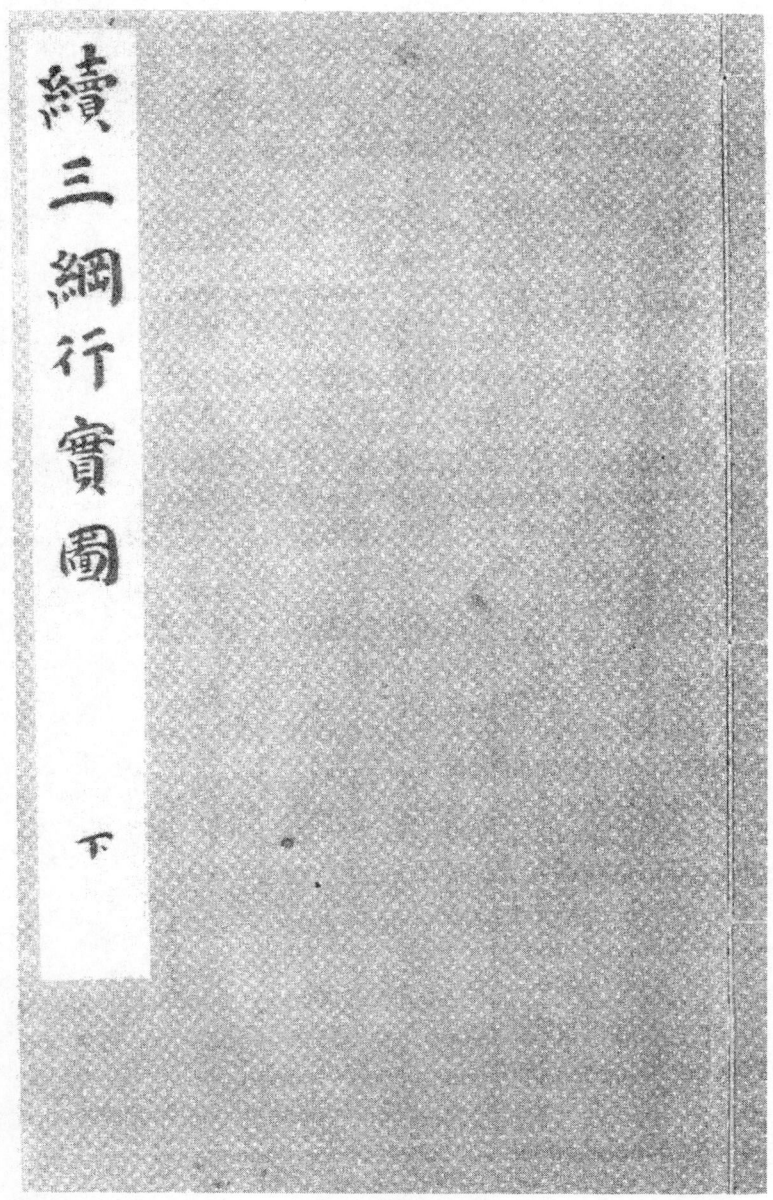

속삼강행실도 표지 하